Heinrich von Kleist wurde am 18. Oktober 1777 in Frankfurt an der Oder geboren. Er erschoß sich am 21. November 1811 am Wannsee bei Potsdam.

Geschichte meiner Seele ist der Titel einer verlorengegangenen Schrift des Dichters Heinrich von Kleist. Die Briefe, die Helmut Sembdner in diesem Band versammelt hat, berichten mit schonungsloser Ehrlichkeit von Kleists inneren Kämpfen und Erschütterungen. Sie geben zugleich die Möglichkeit, sein verschollenes Tagebuch zu rekonstruieren, jenes „Ideenmagazin", in welchem er seine Gedanken und Beobachtungen, vor allem aber auch, als eine Art Stilübung, dichterische Metaphern und Bilder aufzuzeichnen pflegte. Wie bei wenigen Dichtern, gehören Kleists Briefe untrennbar zu seinen Werken; sie ergänzen seine Dichtung und geben uns wichtige Aufschlüsse über sein Leben und Schaffen.

insel taschenbuch 281
Kleist
Geschichte meiner Seele

KLEIST
GESCHICHTE
MEINER
SEELE

DAS LEBENSZEUGNIS DER BRIEFE
HERAUSGEGEBEN VON
HELMUT SEMBDNER
INSEL VERLAG

Diese Ausgabe ist eine überarbeitete Fassung
der 1959 beim Carl Schünemann Verlag, Bremen,
erschienenen Edition.

insel taschenbuch 281
Erste Auflage 1977
© Insel Verlag Frankfurt am Main 1977
Vertrieb durch den Suhrkamp Taschenbuch Verlag
Umschlag nach Entwürfen von Willy Fleckhaus
Druck: Nomos Verlagsgesellschaft, Baden-Baden
Printed in Germany

3 4 5 6 7 8 – 88 87 86 85 84 83

GESCHICHTE MEINER SEELE

EINLEITUNG

Heinrich von Kleists Briefe gehören untrennbar zu seinem Werk; durch sie erst erscheinen uns Kleists Gestalt und Dichtung in ihrer vollen tragischen Größe. Sie sind für uns von höchstem Wert durch die hier von Kleist protokollierten Bekenntnisse persönlicher Art über seine Kunst- und Lebensanschauung, seine seelischen Kämpfe, Erschütterungen und Erfahrungen. Einen „selbstgeschriebenen Kommentar zu seinem Leben" nennt sie Georg Minde-Pouet, dem wir die grundlegende kritische Gesamtausgabe des Briefwerks verdanken, und er fügt hinzu, daß sie als ein Äquivalent für jene „Geschichte meiner Seele" gelten könnten, die Kleist einst für Rühle von Lilienstern verfaßt hatte und die später von einer Freundin als ein unschätzbares Werk bezeichnet wurde, ohne welches Kleists Schriften nur ein Fragment bleiben dürften.

Wie steht es nun mit dieser dem Titel nach so oft zitierten, mitunter sogar mit Kleists gleichfalls verschollenem Roman gleichgesetzten „Geschichte meiner Seele"? Wahrscheinlich wird es sich bei ihr im wesentlichen um die Darstellung seines einschneidenden Kant-Erlebnisses gehandelt haben. Kleist spricht damals, März 1801, im Brief an die Braut von der „Geschichte meiner Seele", die er nicht auf einem Blatte zusammenpressen könne, die er ihr aber einst weitläufiger mitteilen wolle. Sein Freund Rühle von Lilienstern hatte ihm in dieser entscheidenden Krise zu helfen versucht: für ihn wird er das, was er in den Briefen dieser Zeit aufs knappste zusammendrängte, nun breiter ausgeführt haben; so erkundigt er sich Anfang Juni angelegentlich, ob Rühle „die große Schrift", die er ihm von Berlin aus schickte, nicht erhalten habe. Wenn sich demnach das uns unbekannte Schriftstück mit einer begrenzten, wenn auch außerordentlich bedeutsamen Epoche seiner Entwicklung beschäftigt haben wird, wie sie sich in den Briefen vom Frühjahr 1801 widerspiegelt, so stellt die Gesamtheit von Kleists Briefbekenntnissen die Geschichte seiner Seele im weitesten Sinne dar; und mit einigem Recht durfte man der vorliegenden Sammlung diesen von Kleist geprägten Titel verleihen.

Davon abgesehen gewähren uns die Briefe überraschende Einblicke in die Werkstatt eines Schriftstellers, der sich von früh an methodisch übte, die Sprache als ein persönliches Ausdrucksmittel und Handwerkszeug in den Griff zu bekommen. Sein erstaunliches Vermögen, mit jedem Satz, den er niederschrieb, uns unmittelbar anzusprechen und zu ergreifen, gleichgültig, ob es sich um private Auslassungen, um publizistische Schriften oder um seine Dichtung handelt, erwuchs ihm nicht von ungefähr und war ihm ganz gewiß nicht durch seine Herkunft mitgegeben. Die märkischen Offiziersfamilien sprachen zu seiner Zeit ein erbärmliches Deutsch und ein nicht viel besseres Französisch. Kleist selbst, der auch später noch in der Anwendung grammatikalischer Gesetze keineswegs sicher war und häufig nach Märker Art den dritten und vierten Fall verwechselte, bemühte sich mit dem verbissenen Eifer des Autodidakten um eine sprachlich-stilistische Schulung. Schon der erste erhalten gebliebene Brief ist eine Art von Fleißarbeit, worin der Fünfzehnjährige seiner Tante einen detaillierten und dramatisch aufgeputzten Bericht über seine Rückreise zur Truppe gibt, sprachlich noch ungewandt und in Rechtschreibung und Grammatik einigermaßen fatal, aber doch schon offensichtlich mit Erfolg um einen persönlichen, unkonventionellen Ausdruck bemüht. Ihm verschaffe diese Erzählungs-Suade, so gesteht er der Tante, Beschäftigung und Vergnügen, und er verspricht weitere ausführliche Berichte. Außer einem Brief an die Schwester fehlen sonstige Zeugnisse aus dieser Zeit; aber zweifellos hat Kleist seine Übungen im Briefeschreiben fortgesetzt, soweit ihm der Militärdienst Zeit dazu ließ. Auch das umfangreiche Schriftstück, mit dem er sechs Jahre später seinem ehemaligen Lehrer Martini die Gründe für sein Ausscheiden aus dem Militär darlegt, ist keineswegs aus einem spontanen Impuls entstanden, sondern stellt ein mühsam erarbeitetes Exerzitium dar, das in mehrfach abgewandelter Form vorgelegen haben muß: Wir finden zahlreiche Passagen wörtlich, aber in anderer Anordnung und mit anderer Nutzanwendung in Kleists „Aufsatz, den sichern Weg des Glücks zu finden" wieder, den er – wahrscheinlich einige Zeit früher – für Rühle niederschrieb; beide Darstellungen aber dürften wiederum auf eine unbekannte dritte Fassung zurückgehen, die er für sich selbst ausgearbeitet haben wird.

Kleist ist unermüdlich in der Anfertigung von Aufsätzen und Abhandlungen. So verfaßt er im Mai 1799 für seine im Haus anwesende Schwester nach einem vorangegangenen kurzen Gespräch ein ausführliches Schreiben über die Bedeutung eines „Lebensplanes", wie überhaupt die Briefe oft nichts weiteres als schriftliche Ausarbeitungen eines ihn interessierenden Gesprächsthemas sind, wobei der vorgestellte Adressat die Rolle des stillen, aber für die „allmähliche Verfertigung der Gedanken" notwendigen Partners annehmen muß. Ein instruktives Beispiel für die Entstehung einer solchen Abhandlung gibt auch der Brief an Wilhelmine vom 15. September 1800: als Kleist merkt, daß das angeschlagene Thema von der „Aufklärung des Weibes" für einen Brief zu reichhaltig wurde, entschließt er sich, einen eigenen Aufsatz darüber zu liefern, den er dem Brief beilegt und worin er die betreffenden Passagen des Briefes wörtlich übernimmt. So wie sich hier aus einem Briefe ein Aufsatz entwickkelt, wird Kleist auch umgekehrt schon vorhandene Aufsätze seinen Briefen zugrunde gelegt haben.

Während der Frankfurter Studienzeit fühlt sich

Kleist gedrängt, das, was er in fleißiger Selbstschulung erworben hatte, weiterzugeben und nunmehr im Lehren zu lernen. So läßt er die Töchter des Zengeschen Hauses nach aufgegebenen Themen Aufsätze schreiben, die er gewissenhaft korrigiert, und arbeitet für seine spätere Braut einen schriftlichen Lehrgang über die „Hauptregeln der deutschen Sprache" in Fortsetzungen aus. Erhalten geblieben sind uns Anleitungen zu Niederschriften, in denen sich Wilhelmine nicht nur „in der Anwendung der Grammatik und im Stile", sondern auch „in dem Gebrauch unsrer höheren Seelenkräfte" üben sollte.

Einen neuen Einschlag bedeutet die Würzburger Reise. Während es sich bei den bisherigen Versuchen um oft noch recht rationalistisch anmutende Denk- und Stilübungen handelte, bemüht sich Kleist nunmehr in seinen Briefen und schriftlichen Aufgaben, zu einem poetischen Gestalten vorzudringen. Ohne sich selbst als Dichter zu bekennen, schreibt er doch schon von dem „Talent der Dichter", „das Arkadische oder überhaupt Interessante" auch in dem Alltäglichsten, das uns umgibt, herauszufinden. Er sucht die ihn umgebenden Erscheinungen nicht nur wahrzunehmen, sondern sie „moralisch" auszudeuten, sie in Beziehung zum Menschen zu setzen; denn ein gleiches Gesetz waltet nach seiner Überzeugung über der moralischen wie über der physischen Welt. Die empfangenen Natureindrücke werden für ihn zu Gleichnissen der menschlichen Seele, die er sprachlich zu gestalten sucht.

Die von ihm gefundenen Formeln und Metaphern, in denen er die Welt einfängt, werden, oft nach Jahren, in anderen Briefen und in neuen Zusammenhängen wiederholt, ein Zeichen, daß er sie in einem besonderen Heft notiert haben muß, aus dem er sie jederzeit wieder herausschreiben konnte. Dieses verschollene Heft, das wohl mit dem mehrfach von ihm erwähnten Tagebuch gleichgesetzt werden darf, bezeichnet Kleist

als sein „Ideenmagazin". Auch die Braut sucht er zur
Führung eines Tagebuches und zu Mitteilungen daraus
für sein Ideenmagazin anzuhalten. Damit könne sie
etwas zu seinem künftigen Erwerb beitragen; denn er
bilde sich jetzt, wie sie wisse, für das „schriftstellerische
Fach".

Die Briefe der nächsten Jahre sind voll von prä-
gnant formulierten Beobachtungen aus Natur und
Seelenleben, von Sentenzen und Metaphern, die sich
teilweise wörtlich an anderen Stellen wiederholen. Bei
manchen Briefen, wie den an Caroline von Schlieben
vom 18. Juli 1801 oder den zehn Tage später geschriebenen an Frau von Werdeck, gewinnt man den Eindruck, daß hier eine Handvoll glänzender Perlen des
„Ideenmagazins" zusammengesucht wurden, um an
einem neuen Faden zu einem besonderen Schmuckstück
aneinandergereiht zu werden. „Verhaltene Gedichte",
„Erstlinge seiner Muse" hat man Kleists Jugendbriefe
genannt; zumindest sind es sehr bewußt gestaltete Stil-
und Ausdrucksübungen des werdenden Dichters.

Wie aber steht es mit dem „Ideenmagazin", als ihm
in der Schweiz der endgültige Durchbruch zu seiner
Dichterberufung gelungen war? Hat er es ebenso wie
für seine Briefe nun für die Dichtungen benutzt und
sich, gleich Jean Paul, die passenden Sentenzen und
Gleichnisse jeweils herausgeschrieben? Bezeichnender-
weise kehren von den zahlreichen in den Briefen gesammelten Bildern nur ganz wenige in seinen Dramen
wieder: so das Bild von dem Torgewölbe in „Penthesilea" oder das Gleichnis von der Eiche in „Penthesilea" und „Familie Schroffenstein". Und doch erfüllte
sich in dem Bilderüberfluß seiner Dichtung die etwas
naiv geäußerte Hoffnung, daß durch das übende
Aufsuchen von „Ähnlichem" dann um so leichter ein
Gleichnis herbeigeführt werde, „wenn wir einmal grade
eins brauchen". Wir finden jetzt in den Briefen wohl
gelegentliche Reminiszenzen, die von der Arbeit an

einer Dichtung künden, so im Herbst 1808 flüchtige
Anklänge an das „Käthchen"; aber der Sentenzenreich-
tum und die Bilderjagd hören in den Briefen endgültig
auf. Das „Ideenmagazin" als Vorschule seines Dichter-
tums hatte seine Schuldigkeit getan; es hatte den Boden zubereiten helfen, auf dem der Same echter dich-
terischer Intuition aufkeimen konnte. Nun gewinnen
die Briefe einen anderen Charakter; sie sind nicht mehr
die „Erstlinge seiner Muse", sondern mehr als früher
wirkliche Mitteilungen sachlicher und persönlicher Art,
und wo sich jetzt noch wörtliche Wiederholungen finden, wie in den beiden Gesuchen an Prinz Wilhelm
und den preußischen König in der Abendblatt-Affäre,
da stammen sie nicht aus einem Ideenmagazin, sondern ergeben sich aus der naheliegenden Benutzung
des gleichen Konzeptes. In einem der allerletzten
Briefe zitiert Kleist, damit den Kreis beschließend, mit
dem „Reifsein zum Tode" gleichsam noch einmal sich
selbst.

Zuletzt sei hier auf die außerordentliche Bedeutung
der Kleistschen Briefe als lebensgeschichtliche Zeugnisse
hingewiesen. Von jeher waren sie die erste und wich-
tigste Quelle seiner Biographen. In diesem Sinn bildet
der vorliegende Band das notwendige Gegenstück zu
den unter dem Titel „Heinrich von Kleists Lebensspuren" gesammelten Dokumenten und Berichten der
Zeitgenossen. Gerade dort, wo uns sonstige Zeugnisse
im Stich lassen, vor allem für die Entwicklungsjahre
des werdenden Dichters, gewähren sie uns wichtige
Aufschlüsse. Während sich die zeitgenössischen Dokumente zum weitaus größten Teil auf die vier letzten
Lebensjahre des Dichters beziehen, das heißt auf seine
literarische Tätigkeit in Dresden und Berlin, stammen
über drei Viertel des Kleistschen Briefwerks aus dem
davorliegenden dritten Jahrzehnt seines Lebens. Briefe
und „Lebensspuren" ergänzen sich dabei aufs treff-
lichste. So besitzen wir beispielsweise von der so rätsel-

haften Würzburger Reise zwar eine Fülle von Kleistschen Briefen und nur sehr spärliche äußere Dokumente,
doch vermag uns unter diesen das kurze Ratsprotokoll
über den Stadtchirurgus Wirth andeutungsweise einen
Aufschluß über den äußeren Anlaß dieser Reise zu
geben. Das Panorama seines Lebens, aus der unmittel-
baren Perspektive des Dichters und der oft korrigieren-
den, aber auch verzerrten Sicht der Zeitgenossen gesehen, gewinnt bei aller noch verbleibenden Dunkel-
heit eine seltsame Plastik. Auch der Briefwechsel als
solcher findet in den „Lebensspuren", soweit uns die
Antworten der Partner überliefert sind, seine Ergän-
zung.

Kleists Briefe in der vorliegenden Zusammenstellung
mögen unter diesem dreifachen Aspekt verstanden
werden: als biographische Dokumente, als schriftstellerische Modelle aus der Werkstatt des „Ideenmagazins" und nicht zuletzt als die uns heute mehr denn je
berührende „Geschichte meiner Seele". Durch typo-
graphische Hilfsmittel wurde versucht, den Modell-
charakter der Briefe sichtbar werden zu lassen, indem
die wörtlich wiederholten oder sonst verschiedentlich
widergespiegelten Passagen durch Unterstreichungen
und Verweisungen hervorgehoben wurden. Auf diese
Weise gewinnen wir rekonstruierend eine Vorstellung
von dem Inhalt des „Ideenmagazins", zugleich aber
auch einen Einblick in Kleists immer wieder umfor-
mende und sorglich stilisierende Arbeitsweise.

Auslassungen innerhalb eines Brieftextes wurden
durch drei Punkte gekennzeichnet, Zusätze des Her-
ausgebers durch eckige Klammern, Unterstreichungen
Kleists durch Kursivdruck, doppelte Unterstreichungen
durch gesperrten Kursivdruck. Kleists eigentümliche
Interpunktion blieb gewahrt, dagegen wurde die Rechtschreibung, mit Ausnahme der Eigennamen, dem heutigen Gebrauch angepaßt und lediglich der erste Brief
in der originalgetreuen Schreibung wiedergegeben.

Zur vorliegenden Neuausgabe

Die Brieftexte selbst mit der typographischen Auszeichnung der auf Kleists „Ideenmagazin" deutenden
Passagen wurden mit freundlicher Genehmigung des
Carl Schünemann Verlags im Reprintverfahren aus
der ersten Auflage (Bremen 1957) übernommen. Der
Anmerkungsteil wurde neu gestaltet, textlich erweitert und auf einen neuen Forschungsstand gebracht.

Helmut Sembdner

KINDHEIT

1. In Wilhelmine von Kleists Stammbuch

[Frankfurt a. d. O., 1788]

2. An Frau von Massow
Frankfurt a. M., 13. (–18.) März 1793

Gnädigste Tante! Was soll ich Ihnen zuerst beschreiben, zuerst erzählen? Soll ich Ihnen den Anblick
schöner Gegenden, oder den Anblik schöner Städte,
den Anblick prächtiger Paläste oder geschmackvoller
Gärten, fürchterlicher Kanonen oder zahlreicher Truppen zuerst beschreiben. Ich würde das Eine vergeßen
und das Andere hinschreiben, wenn ich Ihnen nicht
von Anfang an alles erzählen wollte. Ich fahre also
in der Beschreibung meiner Reise fort.

Es war 10 Uhr als ich den Brief an Gustchen zu-
siegelte, und ihn dem Aufwärter übergab. Ich legte
mich im Bette. Es war seit 3 Tagen die erste ruhige
Nacht. Folgenden Tags am Donnerstag war es noch
nicht bestimt wenn wir abreisen wollten, und der
Kaufman beschloß bis Freytag früh um 7 Uhr auf
Briefe zu warten, und dann abzureisen. Ich besah mir
noch die Pleißenburg und die umliegende Gegend; ich
kann Ihnen aber dieses unmöglich genau beschreiben,
ich hätte zuviel zu thun; denn je näher ich nach Frankfurth kam je schöner je romantischer wurde die Gegend. – Ein Feuer das in unsere Nähe entstand, hielt
uns bis 11 Uhr wach; wir schliefen aus und fuhren
den Freitag, da noch keine Briefe kamen, von Leipzig
ab. Kapaun und Kuchen war aufgezehrt; ein Kalbs-
braten ersezte die Stelle. Auch rieth man mir, mich
wegen herumstreifenden Franzosen in der Nähe von
Frankfurth in Acht zu nehmen; mein Mantel wurde
also umgekehrt und die Sporen abgemacht. Wir kamen
über Alt Ranstaedt, einem Städtgen wo einst ein wig-
tiger Friede geschloßen ward, über Lützen bey den
Stein vorbey, welcher uns an den großen meuchel-

mördrisch gefallenen *Gustav Adolph* erinnerte, und
endlich nach *Rippach*. Hier sah ich im Posthause
den Stuhl auf welchen *Friedrich* nach der Bataille
von Roßbach ausruhte. Dieser Stuhl steht noch so,
wie er stand als König Friedrich davon aufstand;
über ihm ist ein Aschenkrug mit der Inschrift
gemahlt: Place de repos de Fréderic II R. d. P. apres
la bataille de Roßbach. Von hier fuhren wir über das
Schlachtfeld von Roßbach, durch das Schloß Weißen-
fels an dem Ufer der prächtigen Saale nach *Naumburg*.
Was ich hier für Gegenden sah, Tantchen das kann ich
Ihnen gar nicht beschreiben. Die Gegenden an der
Saale sind die schönsten in ganz Sachsen. Ich habe nie
geglaubt daß es in der Natur so schöne Landschaften
geben könne, als ich sie gemahlt gesehen habe; jezt
aber habe ich grade das Gegentheil erfahren. Vor
Naumburg liegt ein hoher Felsen; eine alte Burg stand
darauf. Man erzählte mir ein hundertjähriger Greis
sey der einzige Bewohner dieses Ritterschloßes; dies
hören, und den Entschluß gefaßt zu haben ihn zu
sehen, war Eins. Alles Protestirens des HErrn Romerio,
der sich nicht gern aufhalten wollte, ungeachtet, fing
ich an den schroffen Felsen hinanzuklettern. Ein Tritt
auf einen losen Stein welcher abbrach, und ein darauf-
folgender 5 fuß hoher Fall, schreckte mich von meinem
Vorhaben ab, und hätte schlimmere Folgen für mich
haben können, wenn unser 2ter Begleiter HErr *M e i e r*
mich nicht aufgefangen hätte. Wir sahen immer noch
die Saale an unserer Seite, ein Gegenstand der uns
den ganzen Tag sehr amüsirte. Jezt paßirten wir eine
Saline (Salzwerck) und von hier aus konnten wir nun
schon den Thüringer Wald *sehen*. Um 8 Uhr Abends
trafen wir in *Auerstaedt* ein. Hier übernachteten wir,
waren aber um 3 Uhr wieder in den Wagen und
kamen ohne viel gesehen zu haben in *Buttelstaedt*
an. Je weiter wir nun reisten, je majestätischer zeigte
sich uns das prächtige Gebürge ... Hinter Gotha kamen

wir nun wirklich in das mit Schnee bedekte Gebürge.
Nur Schade daß es finster war und daß ich also nichts
gesehen habe, folglich nichts erzählen kann. Wir begegneten auf der Farth von Gotha nach Eisenach
einem Menschen im tiefsten Gebürge, der uns mit
einem Straßenräuber nicht viel unähnliches zu haben,
schien. Er klammerte sich heimlich hinten an den
Wagen; und da dies der Postillion bemerkte so schlug
er nach ihm mit der Peitsche. Ganz still blieb er sitzen
und ließ schlagen. Der Postillion trat im Fahren auf
den Bock, und hieb mit der Peitsche so lange bis er
herunter war. Nun fing der Mensch gräßlich an zu
schreien. Dencken Sie sich nur ein Gebürge; wir ganz
allein in dessen Mitte, hier wo man jeden Laut doppelt
hört, hier schrie dieser Mensch so fürchterlich. Uns
schien es nicht *eine* Stimme, uns schienen es ihrer 20
zu seyn; denn an jedem Berge tönte das Geschrei doppelt stark zurück. Die Pferde, dadurch scheu gemacht
gingen durch, der Postillion der auf dem Bock
noch immer stand, fiel herunter, der Mensch brüllte
immer hinter uns her – bis endlich einer von uns der
Pferde Zügel haschte. Dem Räuber (denn dies war er
ganz gewiß) zeigten wir nun den blanken Säbel, und
frugen ihm was er eigentlich wollte; er antwortete mit
Schreyen und Toben und Lärmen. Der Postillion fuhr
scharf zu, und wir hörten den Menschen immer noch
von weitem pfeiffen. Unter diesem charmantem Con-
cert kamen wir des Nachts um 12 Uhr in *Eisenach*
an, fuhren aber um 3 Uhr schon wieder ab. Die
Chaußée die sich schon von Gotha anfing die reizte
uns, sie zu benutzen; ohne ihr hätten wir es nicht gewagt im Gebürge herumzuirren. Nach einer 2stündi-
gen Reise ohngefähr paßirten wir die Wartburg. Sie
entsinnen sich gewiß noch *Friedrichs mit der gebißnen
Wange?* und seiner Burg? – Da wir ohnedem wegen
der steilen Berge neben den Wagen giengen, so klet-
terte ich heimlich den Felsen zur Burg hinan. Ein

steiler Fußweg zeigte mir die Oeffnung zum Schloß.
Auf dem höchsten Felsen liegt hier weiter nichts als
ein altes eingefallnes Haus und 2 Thürme. So eine
antique eingefallne bemooste Burg können Sie sich auf
einem steilen Felsen beinah vorstellen; *die* Aussicht
aber die man hier genißt, kann man sich unmöglich
dencken. Hier sieht man über alle beschneyte Gebürge weg; hundertjährige Tannen und Eichen ver-
schönern es. In der Ferne sehen Sie eine meilenlange
Wiese, in dessen Mitte das Postamt *Berka* liegt, und
in noch weiterer Ferne bemerken Sie Berge die Sie
aber gleichsam nur wie durch einen blauen Flor sehen.
Ueber sie gieng eben die Sonne auf! – (Sonderbar ist
es was solch ein Anblick bei mir für Wirkungen zeigt.
Tausend andere heitert er auf; ich dachte an meine
Mutter und an Ihre Wohlthaten. Mehr darf ich Ihnen
nicht sagen. –) Ich eilte dem Wagen nach der schon
eine Strecke voran war, und in Abwechselungen der
schönsten Gegenden kamen wir in dem obenbenann-
ten Postamt, (das heißt in dem letzten sächsisch thürin-
gischen) an. Auf unserer Reise begegneten wir viele
Couriere und grade einer der hier von Frfth a Mayn
abstieg brachte Nachricht, daß die Franzosen von
den Kaiserl. aufs Haupt geschlagen, und viele Kanonen, Fahnen, und Soldaten erbeutet worden sind –
Nach einem kleinen Frühstück traten wir die Reise
nach *Vach* an; es verlor hier zwar schon das Gebürge
allein Ritterschlößer, Wiesen, Felsen und überhaupt
schöne Gegenden sahen wir dennoch. Zwar vermißten
wir den Anblick nie; denn auf unserer ganzen Reise
war keine Minute die uns Langeweile gewährte, außer
– die doppelt langen Minuten der Nacht. Aus dem
Fuldischen Postamt, kamen wir in dem Heßischen
Schüchtern und von hier wieder in dem erstern, in
Fulda selbst an, die schönste, nein die angenehmste
Stadt die ich je gesehen – (doch ich entsinne mich Ihnen
Leipzig als die schönste angepriesen zu haben. Sie

werden mir diesen Fehler verzeihen, denn zulezt weis
ich selbst das Schönste was ich gesehen habe nicht zu
nennen.) – Von Fulda kamen wir nach *Westminster,*
von hier nach *Kellnhausen,* und nach *Hanau.* Hier
fanden wir schon Preußen und Heßen und sahen
schon lauter Kriegsbewegungen, das heißt hier Canonen, dort Munitionswagens auf dem Felde herum-
fahren. Ich konnte nicht erwarten nach *Frankfurth*
zu kommen, und wir eilten also etwas und waren den
*11ᵗ Maerz anno 1793 um halb zwölf Uhr in Frank-
furth am Mayn* (und also grade 8 Tage auf der
Reise).

Mein erster Gang war natürlich zum Cap v Fran-
kenberg. Er glaubte mich nicht so früh zu sehen, doch
freut' es ihm. Seine Verwunderung nahm aber ab, als
ich ihm sagte daß Frfth a Oder für mich, seitdem ich
keine Mutter besitze, kein Aufenthalt der Freude mehr
sey. Er nahm waren Antheil an meinen Verlust und
wünschte mir Glück, wenigstens keine *verlaßne* Waise
zu seyn, und versprach sich meiner nur um desto mehr
anzunehmen. Ich eilte nun mein Quartier zu besuchen;
man stellte es mir frey mich eins auszusuchen. Ein
Unterofficier ging mit mir herum und ich besah mich
eins nach dem andern. Aber eh' ich alles in Ordnung
brachte war es finster, und es war 7 Uhr und hatte noch
kein Quartier. Mein lezter Versuch gelang. Der Kaufmann *Romerio* erlaubte mir eine Nacht in seiner Stube
zu schlafen. Den andern Tag meldete ich mir bey die
HErrn Staabs Officier, und alles auf der Parade freute
sich, mich so bald wieder bei ihnen zu sehen. – Nun
fand ich auch ein Quartier. Ein Vorzimmer und eine
Stube mit einer wirklich schönen japanischen Tapete
und mit schönen Mahlereyen ausgeziert gehört mir
und meinen Burschen ganz allein. Zwar ist sie so finster, daß ich dies was ich hier schreibe kaum erkennen
kann; zwar dringt keine Sonnenstrahl in die Mitte der
Stube, allein ich wäre zufrieden und wenns ein Keller

wäre. Was mich aber über alle Maaßen sonderbar vor-
kommt, ist dies, daß ich für ein eigenes Bette, worum
ich meine Wirthin gebeten habe, *wöchentlich* – 1 Rchsth.
sage *Einen Reichsthaler* geben muß. Es ist unerhört;
allein ich müßte es ihr geben und wenn sie auch nicht
einen Pfennig abließe. Eigentlich muß ich mit dem
Burschen zusammenschlafen, und dies geschähe auch
recht gern denn wenn der Mensch reinlich ist, so ist dies
gar nicht sonderbar. Allein auch er hat nur einen Stroh-
sack und eine Decke. Ich könnte dies meinem Capitaine
sagen, und er wäre gewiß so gütig für mich besser zu
sorgen; ich mag mich aber das nicht aussetzen, daß es
heißt, ich bin mit nichts zufrieden und es käme mir
nur ungewohnt vor. Das Mittag-eßen besteht in einer
Suppe und Gemüße, öfters als zum Beispiel heute fehlt
die Suppe. Kaffee und Zucker hab' ich selbst. Abend-
brod eß ich bei den Wirth eines meiner Cameraden,
bei einen herzensguten Mann, sehr gut und wohlfeil.
Was ich aber in meinem Quartier verzehre muß ich
aufs theuerste bezahlen. Glauben Sie etwa nicht daß
dies ein Appendix zu dem Gespräch sey was wir einmal hatten, nemlich daß die Söhne ihren Eltern öfters
von Unglücksfällen vorlügen dies ist der Fall nicht
und wird es nie sein. *Jezt* darf ich zu dem Mittel meine
Zuflucht noch nicht nehmen, und für die Folge da
werden Sie, Gnädigste Tante, schon sorgen. Gott sey
Dank daß es nicht mehr lange dauern wird, denn wir
marschiren Donnerstag oder Freytag (d. 21ᵗ oder 22ᵗ)
ganz gewiß. Vier Esquadrons von Götz haben eine
französische Batterie von 18 Canonen bei Rüremonde
erobert; 12 Stück 12 ₰dige stehen schon als Siegs Tro-
phaen auf dem hiesigen Römer Platz. Die Franzosen
oder vielmehr das Räubergesindel wird jezt aller wärts
geklopft ... Man erwartet täglich den Anfang des
Bombardements von Mainz, und so ganz ohne Nutzen
wird die Garde hier wohl nicht sein. Uebermorgen
ohngefähr (denn heute schreiben wir schon den 18ᵗ)

marchiren wir, wohin? das weiß kein Mensch noch
nicht, und wenn bestimmt, eben sowenig. Wahrscheinlich sollen wir eine Meile von hier die Stelle des Corps
von Hohenlohe *mit* ersetzen was über den Rhein setzen soll ...

Ich gefalle mich also hier in Frankfurth sehr gut,
und meiner völligen Zufriedenheit fehlt nichts als das
gewiße Bewustsein Ihrer aller Gesundheit. In den
vergnügtesten Augenblicken stört mich freilich öfters
der Gedancke beinahe 100 Meilen von Ihnen entfernt
zu seyn; von Ihnen allen, die Einzigen, die ich noch
lebhaft liebe und schäze, und an deren Liebe ich noch
natürlichen Anspruch machen darf. Der Gedancke an
Ihnen, Beste Tante, erpreßt mir Thränen, indem ich
zugleich an eine verlorne zärtliche Mutter denke, und
der Gedancke an Ihre Wohlthaten tröstet mich indem
ich nun keine *verlaßne* Waise zu sein glaube. Dies
alles, Tantchen, Schmerz und Freude, ist bey der Neuheit dieses unglücklichen Vorfalls natürlich; die beste
Trösterin aller Leiden, die Zeit, wird nach und nach
auch *mich* trösten, aber vergeßen werd' ich die Ur-
sach nie ...

Nun, Bestes Tantchen, ist auch meine ganze Erzählungs-Suade erschöpft denn in diesen Augenblik fällt
mir nichts bey was ich Ihnen noch mittheilen könnte,
und doch bin ich überzeugt noch vieles vergeßen zu
haben. Um Ihnen nun aber alles mitzutheilen, was mir
und die jezige Lage der Dinge anbetrift, so werde ich
immer fortfahren Ihnen meinen hiesigen Lebenswandel zu beschreiben. Mir verschaft das Beschäftigung
und Vergnügen, und vielleicht ist dies Ihnen auch nicht
ganz unangenehm. Freilich, lange werde ich Beschäftigung nicht mehr suchen dürfen; die wird sich auf
einem baldigen Marsch schon von selbst einfinden. –

Allen meinen Angehörigen, Theilnehmern und
Freunden bitte ich meine Empfehlung zu machen,
und mit der Bitte, ja meinen Mischmasch von Brief

nicht zu kritisiren und genau zu betrachten, habe ich
die Ehre mit der schuldigsten Ehrfurcht und aufrich-
tigsten Liebe mich zu nennen

Gnädigstes Tantchen

Ihr gehorsamer Knecht
Heinrich v. Kl.

3. *An Ulrike von Kleist*   Eschborn, 25. Februar 1795

Ein Geschenk, mit so außerordentlichen Aufopferungen von Seiten der Geberin verknüpft, als Deine für
mich gestrickte Weste, macht natürlich auf das Herz
des Empfängers einen außerordentlichen Eindruck. Du
schlägst jede Schlittenfahrt, jede Maskerade, jeden
Ball, jede Komödie aus, um, wie Du sagst, Zeit zu gewinnen, für Deinen Bruder zu arbeiten; Du zwingst
Dir eine Gleichgültigkeit gegen die für Dich sonst so
reizbaren Freuden der Stadt ab, um Dir das einfachere
Vergnügen zu gewähren, Deinen Bruder Dich zu ver-
binden. Erlaube mir, daß ich hierin sehr viel finde;
mehr, – als *gewöhnlich* dergleichen Geschenke an wahren inneren Wert in sich enthalten. Gewöhnlich denkt
sich der Geber so wenig bei der Gabe, als der Emp-
fänger bei dem Danke; gewöhnlich vernichtet die Art
zu geben, was die Gabe selbst vielleicht gut gemacht
haben würde. Aber Dein Geschenk heischt einen ganz
eignen Dank. Irre ich nicht, so hältst Du den Dank
für überflüssig, für gleichgültig, oder eigentlich für geschmacklos. Auch hast Du in gewisser Rücksicht recht,
wenn Du von jener Empfindung sprichst, die in dem
Munde einer gewissen Art von Menschen, weiter nichts
als der Klang einer hohlen Schelle ist. Was mich dahin
leitet, Dir zu danken, ist aber eine sehr natürliche
Empfindung, ist bloß Folge Deines glücklich gewähl-
ten Geschenks. Es flößt mir die wärmste Erkenntlich-
keit gegen eine Schwester ein, die mitten in dem rau-

schenden Gewühl der Stadt, für deren Freuden sie
sonst ein so fühlbares Herz hatte, an die Bedürfnisse
eines weit entfernten Bruders denkt, nach einem jahrelangen Schweigen an ihn schreibt, und mit der Arbeit
ihrer geschickten Hand, den Beweis ihrer Zuneigung
ihm gibt. Du siehst wenigstens, liebe Ullrique, daß ich
den Wert Deines Geschenkes zu schätzen weiß, und ich
wünsche mir Glück, wenn ich Dich davon überzeugt
habe ...

Die Nähe unserer Abreise nach Westfalen hindert
mich daran, die Briefe von der Tante und der Nogier
zu beantworten; einige nicht unwichtige Geschäfte erhalten mich diese kurze Zeit über, so ziemlich in Bewegung. Dagegen wird die erste Zeit der Ruhe, die wir
in Westfalen genießen, mir Gelegenheit geben, meine
Pflicht zu beobachten. Ich hoffe auch von da aus zugleich die Nachricht von meinem Avancement abschik-
ken zu können; der Marsch hat eine Änderung darin
gemacht, sonst wäre ich vielleicht jetzt schon Offizier.
Es macht mir indessen eine herzliche Freude, zu hören,
daß Leopold schon so früh zum Offizier reift. Der
Stand, in den er bisher gelebt hat, führt so manches
Unangenehme, so manche Unbequemlichkeit mit sich,
die sein junges Alter, vielleicht zu sehr angreifen würden. Auch hat ihm der Feldzug gegen die Polen genug
mit Erfahrungen bereichert, um einige Ansprüche auf
diese Stelle machen zu können. Gebe uns der Himmel
nur Frieden, um die Zeit, die wir hier so unmoralisch
töten, mit menschenfreundlicheren Taten bezahlen zu
können! –

4. *Für Luise von Linckersdorf [?]*   [Potsdam, 1798?]

Geschöpfe, die den Wert ihres Daseins empfinden,
die ins Vergangene froh zurückblicken, das Gegenwärtige genießen, und in der Zukunft Himmel über Himmel in unbegrenzter Aussicht entdecken; Menschen, die

sich mit allgemeiner Freundschaft lieben, deren Glück durch das Glück ihrer Nebengeschöpfe vervielfacht wird, die in der Vollkommenheit unaufhörlich wachsen – o wie selig sind sie!   [Wieland]

5. *An Christian Ernst Martini*
Potsdam, 18. (u. 19.) März 1799

Halten Sie mich für keinen Streitsüchtigen, mein Freund, weil ich diesen Brief mit jener Streitfrage anfange, die wir in unserer Unterredung wegen Kürze der Zeit unentschieden lassen mußten. Es ist nötig, mich hierüber zu erklären, um den Gesichtspunkt festzustellen, aus welchem ich die Absicht dieses Briefes beurteilt wissen will. Ich ersuche Sie im voraus, sich bei Lesung desselben mit Geduld zu rüsten; weil er in der Voraussetzung, daß der festzustellende Gesichtspunkt gefaßt und gebilligt wird, eine möglichst vollständige Darstellung meiner Denk- und Empfindungsweise enthalten soll. – Die Frage war die: „ob ein Fall möglich sei, in welchem ein denkender Mensch der Überzeugung eines andern mehr trauen soll, als seiner eigenen?" Ich sage: ein *denkender Mensch,* und schließe dadurch alle Fälle aus, in welchen ein blinder Glaube sich der Autorität eines andern unterwirft. Unter dieser Einschränkung scheint für unsere Streitfrage der einzige mögliche Fall der zu sein, wenn sich die Überzeugung des andern vorzugsweise auf die Erfahrung und die Weisheit des Alters gründet. Aber was heißt es: der Überzeugung eines andern trauen? Aus Gründen einsehen, daß seine Meinung wahr ist, das heißt, seine Meinung zur meinen machen, und ist es dann nicht immer nur meine eigene Überzeugung, welcher ich traue und folge? – Alles, was ein denkender Mensch tun soll, wenn die Überzeugung eines älteren und weiseren der seinigen widerspricht, ist, daß er gerechte Zweifel gegen die Wahrheit seiner Meinung erhebe, daß er sie streng und wiederholt prüfe und sich hüte, zu früh zu glauben, daß er sie aus allen Gesichtspunkten betrachtet und beleuchtet habe. Aber gegen seine Überzeugung glauben, heißt glauben, was man nicht glaubt, ist unmöglich.

Wenn man also nur seiner eigenen Überzeugung folgen darf und kann, so müßte man eigentlich niemand um Rat fragen, als sich selbst, als die Vernunft; denn niemand kann besser wissen, was zu meinem Glücke dient, als ich selbst; niemand kann so gut wissen, wie ich, welcher Weg des Lebens unter den Bedingungen meiner physischen und moralischen Beschaffenheit für mich einzuschlagen am besten sei; eben weil dies niemand so genau kennt, niemand sie so genau ergründen kann, wie ich. Alle diejenigen, die so schnell mit Ratgeben bei der Hand sind, kennen die Wichtigkeit und Schwierigkeit des Amtes nicht, dem sie sich unterziehen, und diejenigen, die sein Gewicht genug einsehen, scheuen sich, es zu verwalten, eben weil sie fühlen, wie schwer und selbst wie gefährlich es ist. Es ist also ein wahres Wort: daß man nur den um Rat fragen soll, der keinen gibt.

Aus diesem Grunde schreib ich an Sie, mein Freund! Aus diesem Grunde? Ja, mein Teurer! so paradox das auch klingen mag. Als ich Ihnen meinen Entschluß, den Abschied zu nehmen, um mich den Wissenschaften zu widmen, eröffnete, äußerten Sie mir zwar eine herzliche Teilnahme; aber Sie hüteten sich eben so sehr, diesen Entschluß zu erschüttern, wie ihn zu befestigen; Sie taten nichts, als mich zu einer neuen, strengen Prüfung desselben einzuladen. Ich erkenne aus dieser klugen Behutsamkeit, daß Sie das Geschäft eines Ratgebers genug zu würdigen wissen. Sie hielten mir nur Ihr Urteil zurück, weil Sie den Gegenstand dieses Urteils noch nicht genau kannten; wenn ich Sie aber in den Stand gesetzt habe, ihn zu beurteilen, werden Sie mir Ihre Meinung über denselben nicht verweigern, und ich kann sicher und gewiß sein, daß sie geprüft und überlegt ist.

Unterdeß fühle ich die Notwendigkeit, mich einem vernünftigen Manne gerade und ohne Rückhalt mitzuteilen, und seine Meinung mit der meinigen vergleichen zu können. Allen, die um meinen Entschluß wissen, meiner Familie, mit Ausschluß meiner Schwester Ulrike, meinem Vormunde, habe ich meinen neuen Lebensplan nur zum Teil mitgeteilt, und daher trafen auch alle Einwürfe von ihrer Seite denselben nur halb. Mich ihnen ganz zu eröffnen, war aus Gründen, deren Richtigkeit Sie nach vollendeter Durchlesung dieses Briefes einsehen werden, nicht ratsam.

Alle diese Leute schiffen ins hohe Meer und verlieren nach und nach die Küste mit ihren Gegenständen aus den Augen.

Gefühle, die sie selbst nicht mehr haben, halten sie auch gar nicht für vorhanden. Dieser Vorwurf trifft besonders meine sonst sehr ehrwürdige Tante, die nichts mehr liebt, als Ruhe und Einförmigkeit, und jede Art von Wechsel scheut, wäre es auch die Wanderung aus einer Wohnstube in die andere.

Um Sie aber in den Stand zu setzen, ein richtiges Urteil zu fällen, werde ich etwas weiter ausholen müssen, und ich wiederhole daher meine Bitte um Geduld, weil ich voraussehe, daß der Gegenstand und die Fülle seiner Betrachtung, mich fortreißen wird.

Ohne die entfernteren Gründe meines Entschlusses aufzusuchen, können wir sogleich bei dem verweilen, aus welchem er zunächst fließt: bei dem Wunsche, glücklich zu sein.

Dieser Grund ist natürlich und einfach und zugleich in gewisser Rücksicht der einzige, weil er im richtigen Sinn alle meine anderen Gründe in sich faßt.

Unsere ganze Untersuchung wird sich allein auf die Untersuchung dieses Wunsches einschränken, und um Sie in den Stand zu setzen, darüber zu urteilen, wird es nötig sein, den Begriff von Glück und wahrem Vorteil festzustellen. Aber ich stoße hier gleich auf eine große Schwierigkeit; denn die Begriffe von Glück sind so verschieden, wie die Genüsse und die Sinne, mit welchen sie genossen werden. Dem einen ist es Über-

a fluß, und wo, mein Freund, kann dieser Wunsch erfüllt werden, wo kann das Glück sich besser gründen, als da, wo auch die Werkzeuge des Genusses, unsere Sinne, liegen, worauf die ganze Schöpfung sich bezieht, worin die Welt mit ihren unendlichen Reizungen im

b Kleinen sich wiederholt. Da ist es auch allein unser Eigentum, es hangt von keinen äußeren Umständen ab; kein Tyrann kann es uns rauben, kein Bösewicht es stören; wir tragen es mit uns in alle Weltteile umher.

Diese Betrachtungen, die ich mir häufig und mit Vergnügen wiederhole, entzücken mich bei jeder meiner Vorstellung von denselben, weil ich mit ganzer Seele fühle, wie wahr sie sind und wie kräftig sie meinen Entschluß begünstigen und unterstützen. So

c übe ich mich unaufhörlich darin, das wahre Glück von allen äußeren Umständen zu trennen und es nur als Belohnung und Ermunterung an die Tugend zu knüpfen. Da erscheint es in schönerer Gestalt und auf sicherem Boden.

d Zwar wenn ich so das Glück als Belohnung der Tugend aufstelle, denke ich mir das erste als Zweck und das andere nur als Mittel. Dabei fühle ich aber, daß in diesem Sinne die Tugend nicht in ihrer höchsten Würde erscheint, ohne jedoch angeben zu können, wie das Mißverhältnis in der Vorstellung zu ändern sei. Es ist möglich, daß es das Eigentum einiger wenigen schöneren Seelen ist: die Tugend allein um der Tugend willen zu lieben.

Aber mein Herz sagt mir, daß auch die Erwartung

---

a = „Aufsatz, den sichern Weg des Glücks zu finden", 5. Absatz.   *b* = 6. Absatz.   *c* = 8. Absatz.   *d* = 9. Absatz.

und Hoffnung auf ein sinnliches Glück und die Aussicht auf tugendhafte, wenngleich nicht mehr so reine
Freuden nicht strafbar und verbrecherisch sei. Wenn
Eigennutz dabei zum Grunde liegt, ist es der edelste,
der sich denken läßt, der Eigennutz der Tugend
selbst.

Und dann dienen und unterstützen sich diese beiden   *e*
Gottheiten so wechselseitig, das Glück als Ermunterung
zur Tugend, die Tugend als Weg zum Glück, daß es
den Menschen wohl erlaubt sein kann, sie nebeneinander und ineinander zu denken. Es ist kein besserer
Sporn zur Tugend möglich, als die Aussicht auf ein
nahes Glück, und kein schönerer und edlerer Weg zum
Glücke denkbar, als der Weg der Tugend.

Sie hören mich so viel und lebhaft von der Tugend   *f*
reden – – – Lieber! ich schäme mich nicht zu gestehen,
was Sie befürchten: daß ich nicht deutlich weiß, wovon
ich rede, und tröste mich mit unseren Philistern, die
unter eben diesen Umständen von Gott reden. Sie er-   *f*
scheint mir nur wie ein hohes, erhabenes, unnennbares
Etwas, für das ich vergebens ein Wort suche, um es
durch die Sprache, vergebens eine Gestalt, um es durch
ein Bild auszudrücken. Und dennoch strebe ich diesem
unbegriffenen Dinge mit der innigsten Innigkeit entgegen, als stünde es klar und deutlich vor meiner Seele.
Alles, was ich davon weiß, ist, daß es die unvollkom-
menen Vorstellungen, deren ich jetzt nur fähig bin,
gewiß auch enthalten wird; aber ich ahnde noch etwas
Höheres, und das ist es wohl eigentlich, was ich nicht
ausdrücken und formen kann.

Mich tröstet die Erinnerung dessen, um wieviel   *g*
dunkler, verworrener als jetzt, in früheren Zeiten der
Begriff von Tugend in meiner Seele lag, und nur nach
und nach, seitdem ich denke und an meiner Bildung
arbeite, auch das Bild der Tugend für mich an Gestalt

e = 10. Absatz.   f = 12. Absatz.   g = 13. Absatz.

und Bildung gewonnen hat; daher hoffe und glaube ich, daß, so wie es sich in meiner Seele nach und nach mehr aufklärt, auch das Bild sich in immer deutlicheren Umrissen mir darstellen, und, je mehr es an Wahrheit gewinnt, meine Kräfte stärken und meinen Willen begeistern wird.

h Wenn ich Ihnen mit einigen Zügen die undeutliche Vorstellung bezeichnen sollte, die mich als Ideal der Tugend, im Bilde eines Weisen umschwebt, so würde ich nur die Eigenschaften, die ich hin und wieder bei einzelnen Menschen zerstreut finde und deren Anblick mich besonders rührt, zum Beispiel Edelmut, Standhaftigkeit, Bescheidenheit, Genügsamkeit, Menschenliebe, zusammenstellen können; aber freilich, eine Definition würde es immer noch nicht und mit nichts als einer Scharade zu vergleichen sein (verzeihen Sie mir das unedle Gleichnis!), der die sinnreiche Bezeichnung des Ganzen fehlt.

Es sei mit diesen wenigen Zügen genug. – Ich getraue mir zu behaupten, daß, wenn es mir gelingt, bei der möglichst vollkommenen Ausbildung meiner geistigen und körperlichen Kräfte, auch diese benannten Eigenschaften einst fest und unerschütterlich in mein Innerstes zu gründen, ich, unter diesen Umständen, nie unglücklich sein werde.

i Ich nenne nämlich Glück nur die vollen und überschwenglichen Genüsse, die – um es Ihnen mit *einem* Zuge darzustellen – in dem erfreulichen Anschauen der moralischen Schönheit unseres eigenen Wesens liegen. Diese Genüsse, die Zufriedenheit unsrer selbst, das Bewußtsein guter Handlungen, das Gefühl unserer durch alle Augenblicke unseres Lebens, vielleicht gegen tausend Anfechtungen und Verführungen standhaft behaupteten Würde sind fähig, unter allen äußern Umständen des Lebens, selbst unter den scheinbar

h = 14. Absatz.   i = 15. Absatz.

traurigsten, ein sicheres, tiefgefühltes, unzerstörbares
Glück zu gründen. Und verdienen wohl, bei diesen   *k*
Begriffen von Glück, Reichtum, Güter, Würden und
alle die zerbrechlichen Geschenke des Zufalls diesen
Namen ebenfalls?

So arm an Nüancen ist unsere deutsche Sprache nicht.
Ich finde vielmehr leicht ein paar Worte, die, was diese
Güter bewirken, sehr passend ausdrücken: Vergnügen
und Wohlbehagen. Um diese angenehmen Genüsse
sind Fortunens Günstlinge freilich reicher als ihre Stief-
kinder, und es sei! Die Großen der Erde mögen den   *l*
Vorzug vor den Geringern haben, zu schwelgen und
zu prassen. Alle Güter der Welt mögen sich ihren nach
Vergnügen lechzenden Sinnen darbieten, und sie mögen
ihrer vorzugsweise genießen. Nur, mein Freund, das
Vorrecht, *glücklich zu sein,* wollen wir ihnen nicht
einräumen. Mit Gold sollen sie den Kummer, wenn sie
ihn verdienen, nicht aufwiegen können. Es waltet ein
großes unerbittliches Gesetz über die ganze Menschheit, dem der Erste wie der Bettler unterworfen ist.
Der Tugend folgt die Belohnung, dem Laster die
Strafe. Kein Gold besticht ein empörtes Gewissen, und
wenn der lasterhafte Fürst auch alle Blicke, Mienen
und Reden besticht, wenn er auch alle Künste des
Leichtsinns und der Üppigkeit herbeiruft, um das häßliche Gespenst vor seinen Augen zu verscheuchen –
umsonst! Ihn quält und ängstigt sein Gewissen wie
den Geringsten seiner Untertanen. Vor diesem größten   *m*
der Übel mich zu schützen und jenes einzige Glück mir
zu erhalten und zu erweitern, soll allein mein innigstes
und unaufhörliches Bestreben sein, und wenn ich mich
bei der Sinnlichkeit der Jugend nicht entbrechen kann,
neben den Genüssen des ersten und höchsten innern
Glückes mir auch die Genüsse des äußern zu wünschen,
will ich wenigstens in diesen Wünschen so bescheiden

k = 22. Absatz.   l = 24. Absatz.   m = 25. Absatz.

und genügsam sein, wie es einem Schüler der Weisheit ansteht.

n Auf diese Begriffe von Glück und Unglück gründet sich zuerst und zunächst der Entschluß, den Mittelpfad zu verlieren, teils, weil die Güter, die er als Belohnung an jahrelange Anstrengung knüpft, Reichtum, Würden, Ehren, eben durch sie unglaublich an Vorteil und Reiz verlieren; teils, weil die Pflichten und Verhältnisse, die er gibt, die Möglichkeit einer vollkommenen Ausbildung und daher auch die Gründung des Glückes zerstören, das allein und einzig das Ziel meines Bestrebens sein soll. – –

o Was man nach der gemeinen Regel Glück und Unglück nennt, ist es nicht immer; denn bei allen Begünstigungen des äußern Glückes haben wir Tränen in den Augen des Ersten und bei allen Vernachlässigungen desselben ein Lächeln auf dem Antlitze des andern gesehen.

p Wenn also das Glück sich nur so unsicher auf äußere Dinge gründet, wo wird es sich dann sicher und unwandelbar gründen? Ein Traum kann diese Sehnsucht

q nach Glück nicht sein, die von der Gottheit selbst so unauslöschlich in unserer Seele erweckt ist und durch welche sie unverkennbar auf ein für uns mögliches Glück hindeutet. Glücklich zu sein ist ja der erste aller unsrer Wünsche, der laut und lebendig aus jeder Ader und jedem Nerv unsres Wesens spricht, der uns durch den ganzen Lauf unsres Lebens begleitet, der schon dunkel in den ersten kindischen Gedanken unsrer Seele lag, und den wir endlich als Greise mit in die Gruft nehmen werden – – – – –

Dem einen Ruhm, dem andern Vergessenheit, dem einen ein Szepter, dem andern ein Wanderstab! Auch zeigt sich uns das Ding in den wunderbar ungleichartigsten Gestalten, wird vermißt, wo alle Präparate

n = 26. Absatz.   o = 3. Absatz.   p = 4. Absatz.   q = 5. Absatz.

sein Dasein verkündigen, und gefunden, wo man es am wenigsten vermutet haben würde.

So sehen wir, zum Beispiel, die Großen der Erde im *r* Besitze der Güter dieser Welt. Sie leben in Gemächlichkeit und Überfluß: alle Schätze der Natur scheinen sich um sie und für sie zu versammeln, und darum nennt man sie Günstlinge des Glücks. Aber der Unmut trübt ihre Blicke, der Schmerz bleicht ihre Wangen, der Kummer spricht aus ihren Zügen. Dagegen sehen *s* wir einen armen Tagelöhner sich im Schweiße seines Angesichts sein Brot erwerben. Mangel und Armut umgeben ihn; sein ganzes Leben scheint ein ewiges Sorgen und Schaffen und Darben. Aber die Zufriedenheit blickt aus seinen Augen, die Freude lächelt aus seinem Antlitz, Frohsinn und Vergessenheit umschweben die ganze Gestalt. – – –

Den 19. März

Lesen Sie diesen Brief, wie ich ihn geschrieben habe, an mehreren hintereinanderfolgenden Tagen. Ich komme nun zu einem neuen Gegenstande, zu der Natur des Standes, den ich jetzt zu verlassen entschlossen bin, und es ist nötig, Ihnen auch hierüber meine Denkweise mitzuteilen, weil sie Ihnen einigen Aufschluß über die Ursachen meines Entschlusses gewähren wird.

Ich teile Ihnen zu diesem Zwecke einen Brief mit, den ich bei dem Eifer für die Güte meiner Sache vor einem Jahre in der Absicht an den König schrieb, um denselben an ihn abzuschicken; aber, nach Vollendung desselben, abzuschicken nicht für gut fand, weil ich fühlte, daß die Darstellung des Gegenstandes so fehlerhaft wie unvollständig ist, und daß die Sprache, die ich darin führe, nicht besonders geschickt ist, um zu

r = 1. Absatz.   *s* = 2. Absatz.

überzeugen und einzunehmen. Dennoch werden Sie unter vielen Irrtümern notwendig auch manche Wahrheit entdecken, und auf jeden Fall einsehen, daß der Gesichtspunkt, aus welchem ich den Soldatenstand betrachte, ein neuer, entscheidender Grund ist, ihn so bald wie möglich zu verlassen.

Denn eben durch diese Betrachtungen wurde mir der Soldatenstand, dem ich nie von Herzen zugetan gewesen bin, weil er etwas durchaus Ungleichartiges mit meinem ganzen Wesen in sich trägt, so verhaßt, daß es mir nach und nach lästig wurde, zu seinem Zwecke mitwirken zu müssen. Die größten Wunder militärischer Disziplin, die der Gegenstand des Erstaunens aller Kenner waren, wurden der Gegenstand meiner herzlichsten Verachtung; die Offiziere hielt ich für so viele Exerziermeister, die Soldaten für so viele Sklaven, und wenn das ganze Regiment seine Künste machte, schien es mir als ein lebendiges Monument der Tyrannei. Dazu kam noch, daß ich den übeln Eindruck, den meine Lage auf meinen Charakter machte, lebhaft zu fühlen anfing. Ich war oft gezwungen, zu strafen, wo ich gern verziehen hätte, oder verzieh, wo ich hätte strafen sollen; und in beiden Fällen hielt ich mich selbst für strafbar. In solchen Augenblicken mußte natürlich der Wunsch in mir entstehen, einen Stand zu verlassen, in welchem ich von zwei durchaus entgegengesetzten Prinzipien unaufhörlich gemartert wurde, immer zweifelhaft war, ob ich als Mensch oder als Offizier handeln mußte; denn die Pflichten beider zu vereinen, halte ich bei dem jetzigen Zustande der Armeen für unmöglich.

Und doch hielt ich meine moralische Ausbildung für eine meiner heiligsten Pflichten, eben weil sie, wie ich eben gezeigt habe, mein Glück gründen sollte, und so knüpft sich an meine natürliche Abneigung gegen den Soldatenstand noch die Pflicht, ihn zu verlassen.

Das, mein teurer Freund, ist die getreue Darstellung

der Gründe, die mich bewogen, den Soldatenstand zu
verlassen. Welche Gründe ich für die Wahl eines anderen Standes habe, braucht nicht untersucht zu werden;
denn wenn ich mich den Wissenschaften widmen will,
ist das für mich kein neuer Stand, weil ich schon, seit
ich in Potsdam, mehr Student als Soldat gewesen bin.
Ich habe mich ausschließlich mit Mathematik und Philosophie, – als den beiden Grundfesten alles Wissens,
beschäftigt und als Nebenstudien die griechische und
lateinische Sprache betrieben, welche letztere ich nun
zur Hauptsache erheben werde. Ich habe außer einer
nicht sehr bedeutenden Hülfe eines übrigens gescheuten Mannes, des Konrektors Bauer, jene beiden Wissenschaften und besonders die Philosophie ganz allein
studiert, und bin daher auch in den zwei Jahren, welche
ich der Mathematik, und in dem halben Jahre, welches
ich der Philosophie gewidmet habe, nicht weiter vorgerückt, als in jener Wissenschaft bis zur Vollendung
der gemischten Arithmetik –, mit Einschluß der Lehre
von den geometrischen Reihen und einigem der Geometrie, sowie in dieser nicht ganz bis zur Vollendung
der reinen Logik. Dagegen aber darf ich mich getrauen
zu behaupten, daß ich das, was ich betrieben habe,
weiß und fühle, nicht bloß über fremder Herren Länder
gewandelt zu sein, sondern es zu meinem Eigentume
gemacht zu haben. Sie fragten mich in Frankfurt,
welcher Grund mich bei dem schon lange gebildeten
Entschlusse, den Dienst zu verlassen, besonders bestimmt habe, es in diesem Zeitpunkte zu tun, und
luden mich ein, ihn zu prüfen. An den Grund, den ich
Ihnen vortragen werde, knüpft sich noch die nahe
Exerzierzeit, die mir eine kostbare Zeit rauben würde,
wenn ich ihr nicht zu entgehen suchte, und, Lieber,
dieser Grund ist an sich so zufällig und scheinbar unbedeutend, daß Sie sich so ganz in meine Denkungsart
versetzen müssen, um ihn wichtig genug zu finden,
diese Folge zu bestimmen. Vergessen Sie auch nur nicht,

daß der Wille, den Dienst zu verlassen, schon längst in meiner Seele lag.

Mich fesselte nichts in Potsdam als das Studium der reinen Mathematik, das ich hier zu beendigen wünschte, und ich glaubte, daß mir ohne alle Hülfe meines Lehrers dieses Studium, besonders für die Zukunft die Algebra, zu schwer fallen oder wenigstens durch diese Hülfe erleichtert werden würde. Haben Sie aber Lust, eine Geschichte zu hören, so will ich Ihnen den Vorfall erzählen, der mich von meiner irrigen Meinung heilte.

Ich studierte die Wissenschaft gesellschaftlich mit einem jüngeren Freunde vom Regiment. Wir hatten bei unserm Lehrer Bauer den Unterricht in der Geometrie angefangen, und, um schneller fortzurücken, die Einrichtung getroffen, daß wir uns zu jeder Stunde präparierten und in den Stunden selbst, ohne weiteren Vortrag von Seiten unseres Lehrers, abwechselnd der Reihe nach die Wahrheiten der Lehrsätze erwiesen, so daß unserem Lehrer kein anderes Geschäft, als die Beurteilung übrig blieb, ob wir die Resultate richtig gefaßt hätten. Schon diese Einrichtung war nicht viel mehr als eigenes Studium. Aber daß auch das Wenige, was wir von der Hülfe unseres Lehrers genossen, nicht wert sei, darum die Ausführung meines Entschlusses zu verschieben, ward mir klar, als wir kürzlich zu dem Beweise kamen, daß auch irrationale Verhältnisse der Linien wie rationale angesehen werden können, weil das Maß jeder Linie kleiner als jede denkbare Größe ist. Der Beweis war indirekt und so weitläufig geführt, daß ich bei einiger Übereilung den Schlüssen nicht ganz folgen konnte, wie denn überhaupt Kästners indirekte Beweise keine Einsicht in die Natur der Sache gewähren und immer mir auch unglaublich sein werden, weil ich mich unaufhörlich sträube, als wahr vorauszusetzen, was ich für falsch erkennen muß. Kurz, ich erschien für diesen Beweis unvorbereitet in den

Stunden, und unglücklicherweise traf mich die Reihe,
ihn zu führen. Ich konnte es nicht. Mein Lehrer demonstrierte mir ihn; aber was ich nicht verstehen kann,
wenn ich es lese, verstehe ich noch weit weniger, wenn
ich es höre; wenn ich einen Beweis lese, gehe ich nicht
eher zu der Folgerung, als bis ich den Grund einsehe,
und baue nicht fort, ehe ich nicht den Grundstein gelegt habe. Nichts stört mich in meiner Betrachtung,
und wenn mich irgendein sich ergebender Umstand
zum Nachdenken verführt, erkläre ich mich über diesen auch und gehe von dannen weiter, wo ich stehen
blieb. Wie ganz anders ist es dagegen, wenn ich höre!
Der Lehrer folgert und schließt nach dem Grade seiner
Einsicht, nicht nach dem Grade der meinigen. Der
Gang, den er nimmt, kann der beste sein; aber in meiner Seele bildete sich einmal der Entwurf eines anderen, und die Abweichung von diesem macht eine stö-
rende Diversion in meinem Denkgeschäfte, oder ich
falle mit Lebhaftigkeit über einen uns merkwürdigen
Umstand her, der noch nicht berührt worden ist, und
mich unwillkürlich beschäftigt, meine Aufmerksamkeit
vom Ziele abzieht, das mein Lehrer, tauben Ohren
predigend, mir indessen entgegenrückt. Kurz, ich begriff zum zweiten und dritten Male nicht, was der
Lehrer demonstrierte, und es blieb, zu meiner nicht
unempfundenen Schande, kein ander Mittel übrig,
als meinem Freunde das Geschäft des Demonstrierens
zu übertragen, der sich dessen auch vollkommen gut
entledigte. Zu meinem Troste gestand er mir, als wir
das Zimmer unsers Lehrers (diesmal für mich ein
Inquisitions-Tribunal, weil ich bei jeder Frage heiße
Tropfen schwitzte) verlassen hatten, daß er den Beweis
schon vor der Stunde vollkommen eingesehen habe
und ohnedies mit mir ein gleiches Schicksal gehabt
haben würde, weil auch er gleich mir aus derselben
Ursache der Demonstration des Lehrers (für deren
Richtigkeit ich übrigens stehe) nicht habe folgen kön-

nen. Ich eilte mit meinem Lehrbuche nach Haus, las, verstand, führte Beweis, streng systematisch, für die verschiedenen Fälle, und in zwei Tagen war ich in Frankfurt, um keinen Augenblick mehr die Erfüllung meines Entschlusses aufzuschieben. Man machte mir Einwürfe, fragte mich, welche Brotwissenschaft ich ergreifen wolle; denn daß dies meine Absicht sein müsse, fiel niemanden ein, zu bezweifeln. Ich stockte. Man ließ mir die Wahl zwischen Jurisprudenz und der Kameralwissenschaft.

Ich zeigte mich derselben nicht abgeneigt, ohne mich jedoch zu bestimmen. Man fragte mich, ob ich auf Konnexionen bei Hofe rechnen könne? Ich verneinte anfänglich etwas verlegen, aber erklärte darauf, um so viel stolzer, daß ich, wenn ich auch Konnexionen hätte, mich nach meinen jetzigen Begriffen schämen müßte, darauf zu rechnen. Man lächelte, ich fühlte, daß ich mich übereilt hatte. Solche Wahrheiten muß man sich hüten, auszusprechen. Man fing nun an, nach und nach zu zweifeln, daß die Ausführung meines Planes ratsam sei. Man sagte, ich sei zu alt, zu studieren. Darüber lächelte ich im Innern, weil ich mein Schicksal voraussah, einst als Schüler zu sterben, und wenn ich auch als Greis in die Gruft führe. Man stellte mir mein geringes Vermögen vor; man zeigte mir die zweifelhafte Aussicht auf Brot auf meinem neuen Lebenswege; die gewisse Aussicht auf dem alten. Man malte mir mein bevorstehendes Schicksal, jahrelang eine trockene Wissenschaft zu studieren, jahrelang und ohne Brot mich als Referendar mit trockenen Beschäftigungen zu quälen, um endlich ein kümmerliches Brot zu erwerben, mit so barocken Farben aus, daß, wenn es mir, wenn auch nur im Traume, hätte einfallen können, meine jetzige, in vieler Hinsicht günstige Lage darum mit diesem Lebensplane zu vertauschen, ich mich den unsinnigsten Toren hätte schelten müssen, der mir je erschienen wäre.

Aber alle diese Einwürfe trafen meinen Entschluß nicht. Nicht aus Unzufriedenheit mit meiner äußern Lage, nicht aus Mangel an Brot, nicht aus Spekulation auf Brot, – sondern aus Neigung zu den Wissenschaften, aus dem eifrigsten Bestreben nach einer Bildung, welche, nach meiner Überzeugung, in dem Militärdienste nicht zu erlangen ist, verlasse ich denselben. Meine Absicht ist, das Studium der reinen Mathematik und reinen Logik selbst zu beendigen und mich in der lateinischen Sprache zu befestigen, und diesem Zwecke bestimme ich einen jahrelangen Aufenthalt in Frankfurt. Alles was ich dort hören möchte, ist ein Kollegium über literarische Enzyklopädie. Sobald dieser Grund gelegt ist – und um ihn zu legen, muß ich die benannten Wissenschaften durchaus selbst studieren –, wünsche ich nach Göttingen zu gehen, um mich dort der höheren Theologie, der Mathematik, Philosophie und Physik, zu widmen, zu welcher letzteren ich einen mir selbst unerklärlichen Hang habe, obwohl in meiner früheren Jugend die Kultur des Sinnes für die Natur und ihre Erscheinungen durchaus vernachlässigt geblieben ist und ich in dieser Hinsicht bis jetzt nichts kann, als mit Erstaunen und Verwunderung an ihre Phänomene denken.

Diesen Studienplan lege ich Ihrer Prüfung vor und erbitte mir darüber Ihren Rat, weil ich hierin meine Vernunft nicht als alleinige Ratgeberin anerkennen, nicht vorzugsweise meiner Überzeugung trauen darf, und es einen Gegenstand betrifft, dessen ich unwissend bin, und über den andere aufgeklärt sind. – Welche Anwendung ich einst von den Kenntnissen machen werde, die ich zu sammeln hoffe, und auf welche Art und Weise ich mir das Brot, das ich für jeden Tag, und die Kleidung, die ich für jedes Jahr brauche, erwerben werde, weiß ich nicht. Mich beruhigt mein guter Wille, keine Art von Arbeit und Broterwerb zu scheuen, wenn sie nur ehrlich sind. Alle Beispiele von ungeschätztem Verstande und brotlosen, wiewohl geschickten Gelehrten und Künstlern, von denen es freilich, leider! wimmelt, erschrecken mich so wenig, daß ich ihnen vielmehr mit Recht dies Schicksal zuerkenne, weil niemand zu hungern braucht, wenn er nur arbeiten will. Alle diese Leute (mit Ausschluß der Kranken und Unvermögenden, welche freilich kein hartes Schicksal verdienen) sind entweder zu unwissend, um arbeiten zu können, oder zu stolz, um jede Art von Arbeit ergreifen zu wollen. Brauchbare und willige Leute werden immer gesucht und gebraucht. Diese Überzeugung beruht nicht auf der Tugend der Menschen, sondern auf ihrem Vorteile, und um so weniger soll sie mir, zu meinem Glücke, jemand rauben. Vielleicht ist es möglich, daß Zeit und Schicksale in mir Gefühle und Meinungen ändern; denn wer kann davor sicher sein! Es ist möglich, daß ich einst für ratsam halte, eine Bedienung, ein Amt zu suchen, und ich hoffe und glaube auch für diesen Fall, daß es mir dann leicht werden wird, mich für das Besondere eines Amtes zu bilden, wenn ich mich für das Allgemeine, für das Leben gebildet habe. Aber ich bezweifle diesen möglichen Schritt; weil ich die goldne Unabhängigkeit, oder, um nicht falsch verstanden zu werden, die goldne Abhängigkeit von der Herrschaft der Vernunft mich gewiß stets zu veräußern scheuen würde, wenn ich erst einmal so glücklich gewesen wäre, sie mir wieder erworben zu haben. Diese Äußerung ist es besonders, die ich zu verschweigen bitte, weil sie mir ohne Zweifel viele Unannehmlichkeiten von Seiten meines Vormundes verursachen würde, der mir schon erklärt hat, ein Mündel müsse sich für einen festen Lebensplan, für ein festes Ziel bestimmen. Sobald ich aber nur erst meinen Abschied erhalten habe, um dessen Bewilligung ich bereits nachgesucht, werde ich freimütig und offen zu Werke gehen. Welcher Erfolg dieses Schrittes im Hintergrunde der Zukunft meiner wartet, weiß allein

der, der schon jetzt wie in der Zukunft lebt. Ich hoffe
das Beste; wiewohl ich auch ohne Bestürzung an
schlimme Folgen denke. Auch in ihnen ist Bildung,
und vielleicht die höchste Bildung möglich, und sie
werden mich nicht unvorbereitet überraschen, wenigstens mich unfehlbar nicht meinen Entschluß bereuen
machen. Ja, täten sie dies, müßte ich dann nicht dasselbe fürchten, als wenn ich bliebe, wo ich bin? Man
kann für jeden Augenblick des Lebens nichts anderes
tun, als was die Vernunft für ihren wahren Vorteil
erkennt.

Ein zufälliger Umstand schützt mich vor dem tiefsten Elende, vor Hunger und Blöße in Krankheiten.
Ich habe ein kleines Vermögen, das mir in dieser Rücksicht – und weil es mir manchen Vorteil für meine Bildung verschaffen kann – sehr teuer ist, und das ich
mir, aus diesem Grunde, möglichst zu erhalten strebe.
Mein Glück kann ich freilich nicht auf diesen Umstand
gründen, den mir ein Zufall gab, und ich will es daher
nur wie ein Geschick, nicht wie eine angeborne Eigenschaft genießen, um mich, wenn ich es verlieren sollte,
wenigstens nicht ärmer zu fühlen, als ich war. Ich sinne
oft nach, welchen Weg des Lebens ich wohl eingeschla-
gen haben würde, wenn das Schicksal mich von allen
Gütern der Erde ganz entblößt hätte, wenn ich ganz
arm wäre? Und fühle eine nie empfundene Freude
Kopf und Herz wechselseitig kräftigen, daß ich dasselbe, ganz dasselbe getan haben würde.

Ja, Lieber! Nicht Schwärmerei, nicht kindische Zuversicht ist diese Äußerung. Erinnern Sie sich, daß ich
es für meine Pflicht halte, diesen Schritt zu tun; und
ein Zufall, außerwesentliche Umstände können und
sollen die Erfüllung meiner Pflicht nicht hindern, einen
Entschluß nicht zerstören, den die höhere Vernunft erzeugte, ein Glück nicht erschüttern, das sich nur im
Innern gründet. In dieser Überzeugung darf ich gestehen, daß ich mit einiger, ja großer Gewißheit einer

fröhlichen und glücklichen Zukunft entgegensehe. In
mir und durch mich vergnügt, o, mein Freund, wo
kann der Blitz des Schicksals mich Glücklichen treffen,
wenn ich es fest im Innersten meiner Seele bewahre?
Immer mehr erwärmt und begünstigt mein Herz den
Entschluß, den ich nun um keinen Preis der Könige
mehr aufgeben möchte, und meine Vernunft bekräf-
tigt, was mein Herz sagt, und krönt es mit der Wahrheit, daß es wenigstens weise und ratsam sei, in dieser
wandelbaren Zeit so wenig wie möglich an die Ordnung der Dinge zu knüpfen.

Diese getreue Darstellung meines ganzen Wesens,
das volle unbegrenzte Vertrauen, dessen Gefühle mir
selbst frohe Genüsse gewähren, weil eine zufällige Ab-
gezogenheit von den Menschen sie so selten macht,
wird auch Sie nicht ungerührt lassen, soll und wird
mir auch Ihr Vertrauen erwerben, um das ich im
eigentlichsten Sinne buhle. Den Funken der Teilnahme,
den ich bei der ersten Eröffnung meines Plans in Ihren
Augen entdeckte, zur Flamme zu erheben, ist mein
Wunsch und meine Hoffnung. Sein Sie mein Freund
im deutschen Sinne des Worts, so wie Sie einst mein
Lehrer waren, jedoch für länger, für immer!

Es wird mir lieb sein, wenn dieser Brief nebst bei-
liegendem Aufsatz meiner Schwester Ulrike zur Lesung überschickt wird. Sie ist die einzige von meiner
Familie, der ich mich ganz anzuvertrauen schuldig bin,
weil sie die einzige ist, die mich ganz verstehen kann.
Diesen Aufsatz bitte ich aufzubewahren, bis ich ihn
mir in Frankfurt selbst abfordere.

6. Revers   Frankfurt a. d. O., 17. April 1799

Nachdem Sr. Königlichen Majestät von Preußen
mir Endesunterschriebenem den aus freier Entschließung und aus eignem Antriebe um meine Studia zu
vollenden alleruntertänigst nachgesuchten Abschied

aus Höchstdero Kriegsdiensten in Gnaden bewilliget:
so reserviere ich mich hierdurch auf Höchstdero ausdrücklichen Befehl: daß ich weder ohne Dero aller-
höchsten Konsens jemals in auswärtige Kriegs- oder
Zivildienste treten, noch in Höchstdero Staaten wiederum in Königl. Kriegsdienste aufgenommen zu werden, anhalten will; dagegen ich mir vorbehalte, nach
Absolvierung meiner Studia Sr. Majestät dem Könige
und dem Vaterlande im Zivilstande zu dienen. Diesen
wohlüberdachten Revers habe ich eigenhändig ge- und
unterschrieben.

7. *Für Ulrike von Kleist*   [Frankfurt a. d. O., Mai 1799]

Wenn ich von jemandem Bildung erhalte, mein liebes Ulrikchen, so wünsche ich ihm dankbar auch wieder einige Bildung zurückzugeben; wenn ich aus seinem Umgange Nutzen ziehe, so wünsche ich, daß er auch in dem meinigen einigen Nutzen finde; nicht gern möchte ich, daß er die Zeit bei mir verlöre, die ich bei ihm gewinne.

Wie lehrreich und bildend Dein Umgang mir ist, wie vielen *wahren Vorteil* Deine Freundschaft mir gewährt, das scheue ich mich nicht, Dir offenherzig mitzuteilen; vielmehr es ist recht und billig, daß ein Wohltäter den ganzen Umfang seiner Wohltat kennen lernt, damit er sich selbst durch das Bewußtsein seiner Handlung und des Nutzens, den sie gestiftet hat, belohne. Du, mein liebes Ulrikchen, ersetzest mir die schwer zu ersetzende und wahrlich Dich ehrende Stelle meiner hochachtungswürdigen Freunde zu Potsdam. Ich scheue mich auch nicht Dir zu gestehen, daß die Aussicht auf Deine Freundschaft, so sehr ich sonst andere Universitäten zu beziehen wünschte, mich dennoch, wenigstens zum Teil, bestimmte, meinen Aufenthalt in Frankfurt zu wählen. Denn Grundsätze und Entschlüsse wie die meinigen, bedürfen der Unterstützung, um über so viele Hindernisse und Schwierigkeiten unwandelbar hinausgeführt zu werden. Du, mein liebes Ulrikchen, sicherst mir den guten Erfolg derselben. Du bist die einzige die mich hier ganz versteht. Durch unsere vertraulichen Unterredungen, durch unsere Zweifel und Prüfungen, durch unsere freundlichen und freundschaftlichen Zwiste, deren Gegenstand nur allein die Wahrheit ist, der wir beide aufrichtig entgegenstreben und in welcher wir uns

auch gewöhnlich beide vereinigen, durch alle diese Vorteile Deines Umgangs scheidet sich das Falsche in meinen Grundsätzen und Entschlüssen immer mehr von
dem Wahren, das sie enthalten, und reinigen sich folglich immer mehr, und knüpfen sich immer inniger an
meine Seele, und wurzeln immer tiefer, und werden
immer mehr und mehr mein Eigentum. Deine Mitwissenschaft meiner ganzen Empfindungsweise, Deine
Kenntnis meiner Natur schützt sie um so mehr vor
ihrer Ausartung; denn ich fürchte nicht allein mir
selbst, ich fürchte nun auch Dir zu mißfallen. Dein
Beispiel schützt mich vor alle Einflüsse der Torheit
und des Lasters, Deine Achtung sichert mir die meinige
zu. – Doch genug. Du siehst, wie unaufhaltsam mir
Dein Lob entfließt, mit wie vielem Vergnügen ich mich
als Deinen Schuldner bekenne. Ich schätze Dich als das
edelste der Mädchen, und liebe Dich, als die, welche
mir jetzt am teuersten ist. Wärst du ein Mann oder
nicht meine Schwester, ich würde stolz sein, das Schicksal meines ganzen Lebens an das Deinige zu knüpfen.
Doch genug hiervon. So viele von Dir empfangene
und innig empfundene Wohltaten will ich dadurch zu
belohnen suchen, daß ich unaufgefordert und mit der
Freimütigkeit der Freundschaft bis an das Geheimste
und Innerste Deines Herzens dringe; und finde ich es
nicht, wie ich es wünsche, finde ich Dich unentschieden,
wo Du längst entschieden sein solltest, finde ich Dich
schlummern, wo Du längst wach sein solltest, dann will
ich mit der Kühnheit der Freundschaft Dich wecken.
Traue mir zu, daß es meine innige Überzeugung ist,
auf welcher sich das jetzt Folgende gründet. Bei so vielen Fähigkeiten, die Deinen Verstand, bei so vielen
herrlichen Tugenden, die Dein Herz schmücken, scheint
es lieblos und unedel eine dunkle Seite an Dir dennoch auszuspüren. Aber grade diese dunkle Seite, ist
keine unbedeutende, gleichgültige. Ich denke, sie würde
Deinem Wesen die Krone aufsetzen, wenn sie im

Lichte stünde, und darum wünsche ich, sie zu erhellen. Und wenn auch das nicht wäre – wenn jemand so nahe am Ziele steht, so verdient er schon allein um der seltnen Erscheinung willen, daß man ihn ganz hinaufführe.

Tausend Menschen höre ich reden und sehe ich handeln, und es fällt mir nicht ein, nach dem Warum zu fragen. Sie selbst wissen es nicht, dunkle Neigungen leiten sie, der Augenblick bestimmt ihre Handlungen. Sie bleiben für immer unmündig und ihr Schicksal ein Spiel des Zufalls. Sie fühlen sich wie von unsichtbaren Kräften geleitet und gezogen, sie folgen ihnen im Gefühl ihrer Schwäche wohin es sie auch führt, zum Glücke, das sie dann nur halb genießen, zum Unglücke, das sie dann doppelt fühlen.

Eine solche sklavische Hingebung in die Launen des Tyrannen Schicksal, ist nun freilich eines freien, denkenden Menschen höchst unwürdig. Ein freier, denkender Mensch bleibt da nicht stehen, wo der Zufall ihn hinstößt; oder wenn er bleibt, so bleibt er aus Gründen, aus Wahl des Bessern. Er fühlt, daß man sich über das Schicksal erheben könne, ja, daß es im richtigen Sinne selbst möglich sei, das Schicksal zu leiten. Er bestimmt nach seiner Vernunft, welches Glück für ihn das höchste sei, er entwirft sich seinen Lebensplan, und strebt seinem Ziele nach sicher aufgestellten Grundsätzen mit allen seinen Kräften entgegen. Denn schon die Bibel sagt, willst du das Himmelreich erwerben, so lege selbst Hand an.

Solange ein Mensch noch nicht im Stande ist, sich selbst einen Lebensplan zu bilden, so lange ist und bleibt er unmündig, er stehe nun als Kind unter der Vormundschaft seiner Eltern oder als Mann unter der Vormundschaft des Schicksals. Die erste Handlung der Selbständigkeit eines Menschen ist der Entwurf eines solchen Lebensplans. Wie nötig es ist, ihn so früh wie möglich zu bilden, davon hat mich der Verlust von

sieben kostbaren Jahren, die ich dem Soldatenstande
widmete, von sieben unwiederbringlich verlornen Jahren, die ich für meinen Lebensplan hätte anwenden
gekonnt, wenn ich ihn früher zu bilden verstanden
hätte, überzeugt.

Ein schönes Kennzeichen eines solchen Menschen,
der nach sichern Prinzipien handelt, ist Konsequenz,
Zusammenhang, und Einheit in seinem Betragen. Das
hohe Ziel, dem er entgegenstrebt, ist das Mobil aller
seiner Gedanken, Empfindungen und Handlungen.
Alles, was er denkt, fühlt und will, hat Bezug auf
dieses Ziel, alle Kräfte seiner Seele und seines Körpers
streben nach diesem gemeinschaftlichen Ziele. Nie werden seine Worte seinen Handlungen, oder umgekehrt,
widersprechen, für jede seiner Äußerungen wird er
Gründe der Vernunft aufzuweisen haben. Wenn man
nur sein Ziel kennt, so wird es nicht schwer sein die
Gründe seines Betragens zu erforschen.

Ich wende mich nun zu Dir, mein liebes Ulrikchen.
Deiner denkenden Seele stünde jener hohe Charakter
der Selbständigkeit wohl an. Und doch vermisse ich
ihn an Dir. Du bist für jeden Augenblick des Lebens
oft nur zu bestimmt, aber Dein *ganzes* Leben hast Du
noch nicht ins Auge gefaßt. Aus diesem Umstande erkläre
ich mir die häufigen Inkonsequenzen Deines Betragens,
die Widersprüche Deiner Äußerungen und Handlungen. Denn ich sinne gern bei Dir über die Gründe derselben nach, aber ungern finde ich, daß sie nicht immer
übereinstimmen.

Du äußerst oft hohe vorurteilsfreie Grundsätze der
Tugend, und doch klebst Du noch oft an den gemeinsten Vorurteilen. Nie sehe ich Dich gegen den wahren
echten Wohlstand anstoßen, und doch bildest Du oft
Wünsche und Pläne, die mit ihm durchaus unverein-
bar sind. Ich hoffe Du wirst mich überheben, diese
Urteile mit Beispielen zu belegen. Du bist entweder
viel zu frei und vorurteillos, oder bei weitem nicht

genug. Die Folge davon ist, daß ich nicht bestimmen
kann, ob das, was Du willst und tust, recht sei, oder
nicht, und ich muß fürchten, daß Du selbst darüber
unentschieden bist.

Denn warum hättest Du mir, als ich Dir gestern die
rasche Frage tat, ob Du Dir einen bestimmten Lebensplan gebildet hättest, mit Verwirrung und Schüchternheit, wenigstens nicht mit jener Dir eigentümlichen
Reinheit und Gradheit geantwortet, Du verstündest
meine Frage nicht? Meine simple Frage deren Sinn
doch so offen und klar ist? Muß ich nicht fürchten, daß
Du nur in der Notwendigkeit mir eine Antwort geben
zu müssen, die Deiner nicht würdig ist, lieber diesen –
Ausweg gewählt hast?

Ein Lebensplan ist – – Mir fällt die Definition vom
Birnkuchen ein, die Du einst im Scherze Pannwitzen
gabst, und wahrlich, ich möchte Dir im Ernste eine
ähnliche geben. Denn bezeichnet hier nicht ebenfalls
ein einfacher Ausdruck einen einfachen Sinn? Ein Rei-
sender, der das Ziel seiner Reise, und den Weg zu seinem Ziele kennt, hat einen Reiseplan. Was der Reiseplan dem Reisenden ist, das ist der Lebensplan dem
Menschen. Ohne Reiseplan sich auf die Reise begeben,
heißt erwarten, daß der Zufall uns an das Ziel führe,
das wir selbst nicht kennen. Ohne Lebensplan leben,
heißt vom Zufall erwarten, ob er uns so glücklich
machen werde, wie wir es selbst nicht begreifen.

Ja, es ist mir so unbegreiflich, wie ein Mensch ohne
Lebensplan leben könne, und ich fühle, an der Sicherheit, mit welcher ich die Gegenwart benutze, an der
Ruhe, mit welcher ich in die Zukunft blicke, so innig,
welch ein unschätzbares Glück mir mein Lebensplan
gewährt, und der Zustand, ohne Lebensplan, ohne
feste Bestimmung, immer schwankend zwischen un-
sichern Wünschen, immer im Widerspruch mit meinen
Pflichten, ein Spiel des Zufalls, eine Puppe am Drahte
des Schicksals – dieser unwürdige Zustand scheint mir

so verächtlich, und würde mich so unglücklich machen, daß mir der Tod bei weitem wünschenswerter wäre.

Du sagst, nur Männer besäßen diese uneingeschränkte Freiheit des Willens, Dein Geschlecht sei unauflöslich an die Verhältnisse der Meinung und des Rufs geknüpft. – Aber ist es aus Deinem Munde, daß ich dies höre? Bist Du nicht ein freies Mädchen, so wie ich ein freier Mann? Welcher anderen Herrschaft bist Du unterworfen, als allein der Herrschaft der Vernunft?

Aber dieser sollst Du Dich auch vollkommen unterwerfen. *Etwas* muß dem Menschen heilig sein. Uns beide, denen es die Zeremonien der Religion und die Vorschriften des konventionellen Wohlstandes nicht sind, müssen um so mehr die Gesetze der Vernunft heilig sein. Der Staat fordert von uns weiter nichts, als daß wir die zehn Gebote nicht übertreten. Wer gebietet uns aber die Tugenden der Menschenliebe, der Duldung, der Bescheidenheit, der Sittsamkeit zu üben, wenn es nicht die Vernunft tut? Der Staat sichert uns unser Eigentum, unsre Ehre, und unser Leben; wer sichert uns aber unser inneres Glück zu, wenn es die Vernunft nicht tut?

So innig ich es nun auch wünsche, Dich überhaupt für die Annahme irgendeines Lebensplans zu bestimmen, weil ich Dir gern das Glück gönne, das die Kenntnis unsrer Bestimmung, der sichere Genuß der Gegenwart und die Ruhe für die Zukunft gewähren, so möchte ich doch nicht gern einen Einfluß auf die Annahme eines bestimmten Lebensplanes haben. Das möge allein das Werk Deiner Vernunft sein. Prüfe Deine Natur, beurteile welches moralische Glück ihr am angemessensten sei, mit einem Wort, bilde Dir einen Lebensplan, und strebe dann seiner Ausführung entgegen. Dann wird nie wieder geschehen, was ich vorher an Dir tadelte, dann werden sich Deine Wünsche und Deine Pflichten, Deine Worte und Deine Handlungen nie widersprechen.

Aber noch weit mehr als ich fürchte, Du möchtest noch bisher keinen Lebensplan gebildet haben, muß ich fürchten, daß Du grade den einzigen Lebensplan verworfen hast, der Deiner würdig wäre. Laß mich aufrichtig, ohne Rückhalt, ohne alle falsche Scham reden. Es scheint mir, – es ist möglich, daß ich mich irre, und ich will mich freuen, wenn Du mich vom Gegenteile überzeugen kannst, – aber es scheint mir, als ob Du bei Dir entschieden wärest, Dich nie zu verheiraten. Wie? Du wolltest nie Gattin und Mutter werden? Du wärst entschieden, Deine höchste Bestimmung nicht zu erfüllen, Deine heiligste Pflicht nicht zu vollziehen? Und *entschieden* wärst Du darüber? Ich bin wahrlich begierig die Gründe zu hören, die Du für diesen höchst strafbaren und verbrecherischen Entschluß aufzuweisen haben kannst.

Eine einzige simple Frage zerstört ihn. Denn wenn Du ein Recht hättest, Dich nicht zu verheiraten, warum ich nicht auch? Und wenn wir beide dazu ein Recht haben, warum ein Dritter nicht auch? Und wenn dieses ist, warum nicht auch ein Vierter, ein Fünfter, warum nicht wir alle? Aber das Leben, welches wir von unsern Eltern empfingen, ist ein heiliges Unterpfand, das wir unsern Kindern wieder mitteilen sollen. Das ist ein ewiges Gesetz der Natur, auf welches sich ihre Erhaltung gründet.

Diese Wahrheit ist so klar, und das Interesse, das sie bei sich führt, dem Herzen des Menschen so innig eingepflanzt, daß es mir schwer wird zu glauben, sie sei Dir unbekannt. Aber was soll ich glauben, wenn Dir der, nicht scherzhafte, nur allzu ernstliche Wunsch entschlüpft, Du möchtest die Welt bereisen? Ist es auf Reisen, daß man Geliebte suchet und findet? Ist es dort wo man die Pflichten der Gattin und der Mutter am zweckmäßigsten erfüllt? Oder willst Du endlich, wenn Dir auch das Reisen überdrüssig ist, zurückkehren, wenn nun die Blüte Deiner Jahre dahingewelkt ist,

und erwarten, ob ein Mann philosophisch genug denke,
Dich dennoch zu heiraten? Soll er Weiblichkeit von
einem Weibe erwarten, deren Geschäft es während ihrer
Reise war, sie zu unterdrücken?

Aber Du glaubst Dich trösten zu können, wenn Du
auch einen solchen Mann nicht fändest. Täusche Dich
nicht, Ulrickchen, ich fühle es, Du würdest Dich nicht
trösten, nein, wahrlich, bei Deinem Herzen würdest
Du Dich nicht trösten. Gesetzt, es wäre Dein Wille,
Dich nach der Rückkehr von Deiner Reise irgendwo in
einer schönen Gegend mit Deinem Vermögen anzukaufen. Ach, dem Landmann ist ein Gatte unentbehrlich.
Der Städter mag seiner entbehren, ich will es glauben,
das Geräusch der Stadt kann seine geheimen Wünsche
unterdrücken, er lernt das Glück nicht vermissen, das
er entbehrt. Aber der Landmann ist ohne Gattin immer
unglücklich. Da fehlt ihm Trost und Hülfe in Widerwärtigkeiten, da ist er in Krankheiten ohne Wartung
und Pflege, da sieht er sich allein stehen in der weiten
lebendigen Natur, er fühlt sich unvermißt und unbe-
weint, wenn er an den Tod denkt. Und selbst wenn
seine Bemühungen gedeihen und mit Früchten wuchern,
– wo will er hin mit allen Erzeugnissen der Natur? Da
fehlen ihm Kinder, die sie ihm verzehren helfen, da
drückt er wehmütig fremde Kinder an seine Brust
und reicht ihnen von seinem Überflusse. – Täusche Dich
daher nicht, Ulrikchen. Dann erst würdest Du innig
fühlen, welches Glück Du entbehren mußt, und um so
tiefer würde dies Dich schmerzen, je mehr Du es selbst
mutwillig verworfen hast.

Und was würde Dich für so vielen Verlust schadlos
halten können? Doch wohl nicht der höchst unreife
Gedanke frei und unabhängig zu sein? Kannst Du
Dich dem allgemeinen Schicksal Deines Geschlechtes
entziehen, das nun einmal seiner Natur nach die zweite
Stelle in der Reihe der Wesen bekleidet? Nicht einen
Zaun, nicht einen elenden Graben kannst Du ohne

Hülfe eines Mannes überschreiten, und willst allein
über die Höhen und über die Abgründe des Lebens
wandeln? Oder willst Du von Fremden fordern, was
Dir ein Freund gern und freiwillig leisten würde?

Aus allen diesen Gründen deren Wahrheit Du gewiß einsehen und fühlen wirst, gib jenen unseligen
Entschluß auf, wenn Du ihn gefaßt haben solltest. Du
entsagst mit ihm Deiner höchsten Bestimmung, Deiner
heiligsten Pflicht, der erhabensten Würde, zu welcher
ein Weib emporsteigen kann, dem einzigen Glücke,
das Deiner wartet.

Und wenn Mädchen wie Du sich der heiligen Pflicht,
Mütter und Erzieherinnen des Menschengeschlechts zu
werden, entziehen, was soll aus der Nachkommenschaft
werden? Soll die Sorge für künftige Geschlechter nur
der Üppigkeit feiler oder eitler Dirnen überlassen
sein? Oder ist sie nicht vielmehr eine heilige Verpflichtung tugendhafter Mädchen? – Ich schweige, und überlasse es Dir, diesen Gedanken auszubilden. –

8. *An Ulrike von Kleist*   Frankfurt a. d. O., 12. Nov. 1799

Ich war zuerst willens, der langen Verspätung dieses Briefes eine Rechtfertigung voranzuschicken; aber
es fällt mir ein, daß doch eben nicht viele Billigkeit
dazu gehört, sie zu entschuldigen, wenn man mich und
die Absicht meines Hierseins kennt. Ich habe mir ein
Ziel gesteckt, das die ununterbrochene Anstrengung
aller meiner Kräfte und die Anwendung jeder Minute
Zeit erfordert, wenn es erreicht werden soll. Ich habe
besonders in diesem meinem zweiten akademischen
Kursus eine Masse von Geschäften auf mich geladen,
die ich nicht anders als mit dem allermühsamsten Fleiße
bearbeiten kann; eine Masse von Geschäften, die selbst
nach dem Urteile Hüllmanns zu schwer für mich ist,
und von der ich daher, wenn ich sie dennoch trage, mit
Recht sagen kann, daß ich das fast Unmögliche mög-

lich gemacht habe. Unter diesen Umständen siehst Du
wohl ein, daß es bisher nötig war, mich oft mit einem
augenblicklichen Andenken an Dich zu begnügen; und
daß mir selbst jetzt die Zeit einer schriftlichen Unterhaltung mit Dir noch nicht geworden wäre, wenn durch
den Eintritt der Messe die akademischen Vorlesungen
nicht ausgesetzt worden wären. Diese vierzehn Tage
der Ruhe, diesen Sonntag für meine lange geschäfts-
volle Woche, benutze ich, um mich einmal nach Herzenslust zu vergnügen; und dieses Vergnügen soll ein
Brief an Dich sein.

Wenn man sich so lange mit ernsthaften abstrakten
Dingen beschäftigt hat, wobei der Geist zwar seine
Nahrung findet, aber das arme Herz leer ausgehen
muß, dann ist es eine wahre Freude, sich einmal ganz
seinen Ergießungen zu überlassen; ja es ist selbst nötig,
daß man es zuweilen ins Leben zurückrufe. Bei dem
ewigen Beweisen und Folgern verlernt das Herz fast
zu fühlen; und doch wohnt das Glück nur im Herzen,
nur im Gefühl, nicht im Kopfe, nicht im Verstande.
Das Glück kann nicht, wie ein mathematischer Lehrsatz bewiesen werden, es muß empfunden werden,
wenn es da sein soll. Daher ist es wohl gut, es zuweilen
durch den Genuß sinnlicher Freuden von neuem zu
beleben; und man müßte wenigstens täglich *ein* gutes
Gedicht lesen, *ein* schönes Gemälde sehen, *ein* sanftes
Lied hören – oder ein herzliches Wort mit einem
Freunde reden, um auch den schönern, ich möchte sagen
den menschlicheren Teil unseres Wesen zu bilden.

Dieses letzte Vergnügen habe ich seit Deiner Abwesenheit von hier gänzlich entbehren müssen, und
grade dieses ist es, dessen ich am meisten bedarf. Vorsätze und Entschlüsse wie die meinigen bedürfen der
Aufmunterung und der Unterstützung mehr als andere vielleicht, um nicht zu sinken. *Verstanden* wenigstens möchte ich gern zuweilen sein, wenn auch nicht
aufgemuntert und gelobt, von *einer* Seele wenigstens

möchte ich gern zuweilen verstanden werden, wenn
auch alle andern mich verkennen. Wie man in einem
heftigen Streite mit vielen Gegnern sich umsieht, ob
nicht *einer* unter allen ist, der uns Beifall zulächelt, so
suche ich zuweilen Dich; und wie man unter fremden
Völkern freudig einem Landsmann entgegenfliegt, so
werde ich Dir, mein liebes Ulrikchen, entgegenkommen.
Nenne es immerhin Schwäche von mir, daß ich mich
so innig hier nach Mitteilung sehne, wo sie mir so ganz
fehlt. Große Entwürfe mit schweren Aufopferungen
auszuführen, ohne selbst auf den Lohn *verstanden zu
werden* Anspruch zu machen, ist eine Tugend, die wir
wohl bewundern, aber nicht *verlangen* dürfen. Selbst
die größten Helden der Tugend, die jede andere Belohnung verachteten, rechneten doch auf diesen Lohn;
und wer weiß, was Sokrates und Christus getan haben
würden, wenn sie voraus gewußt hätten, daß keiner
unter ihren Völkern den Sinn ihres Todes verstehen
würde. Willst Du es doch eine Schwäche nennen, so ist
es höchstens die Schwäche eines Münzensammlers z. B.,
der zwar hauptsächlich für sich und zu seinem Vergnügen, zu seinem Nutzen sammelte, und daher auch
nicht zürnt, wenn die meisten gleichgültig bei seiner
sorgfältig geordneten Sammlung vorübergehen, aber
eben deswegen um so viel lieber einmal einen Freund
der Kunst in sein Kabinett führt. Denn meine Absichten und meine Entschlüsse sind solche Schaumün-
zen, die aus dem Gebrauche gekommen sind und nicht
mehr gelten; daher zeige ich sie gern zuweilen einem
Kenner der Kunst, damit er sie prüfe und mich über-
zeuge, ob, was ich so emsig und eifrig sammle und
aufbewahre, auch wohl echte Stücke sind, oder nicht.
    – Ich überlese jetzt den eben vorangegangnen Punkt,
und finde, daß er mir mißfallen würde, wenn ich ihn,
so wie Du hier, aus dem Munde eines jungen Menschen
hörte. Denn mit Recht kann man ein Mißtrauen in
solche Vorsätze setzen, die unter so vielen Menschen

keinen finden, der sie verstünde und billigte. Aber doch
ist es mit den meinigen so; verstanden werden sie nicht,
das ist gewiß, und daher, denke ich, werden sie nicht
gebilligt. Wessen Schuld es ist, daß sie nicht verstanden
werden – das getraue ich mich wenigstens nicht zu
meinem Nachteil zu entscheiden. Wenn ein Türke und
ein Franzose zusammenkommen, so haben sie wenigstens *gleiche* Verpflichtung, die Sprache des andern zu
lernen, um sich verständlich zu machen. Tausend Bande
knüpfen die Menschen aneinander, gleiche Meinungen,
gleiches Interesse, gleiche Wünsche, Hoffnungen und
Aussichten; – alle diese Bande knüpfen mich nicht an
sie, und dieses mag ein Hauptgrund sein, warum wir
uns nicht verstehen. Mein Interesse besonders ist dem
ihrigen so fremd, und ungleichartig, daß sie – gleichsam wie aus den Wolken fallen, wenn sie etwas davon
ahnden. Auch haben mich einige mißlungene Versuche,
es ihnen näher vor die Augen, näher ans Herz zu
rücken, für immer davon zurückgeschreckt; und ich
werde mich dazu bequemen müssen, es immer tief in
das Innerste meines Herzens zu verschließen.

Was ich mit diesem Interesse im Busen, mit diesem
heiligen, mir selbst von der Religion, von *meiner* Religion gegebnen Interesse im engen Busen, für eine Rolle
unter den Menschen spiele, denen ich von dem, was
meine ganze Seele erfüllt, nichts merken lassen darf, –
das weißt Du zwar nach dem äußern Anschein, aber
schwerlich weißt Du, was oft dabei im Innern mit mir
vorgeht. Es ergreift mich zuweilen plötzlich eine Ängst-
lichkeit, eine Beklommenheit, die ich zwar aus allen
Kräften zu unterdrücken mich bestrebe, die mich aber
dennoch schon mehr als einmal in die lächerlichsten
Situationen gesetzt hat.

Die einzige Gesellschaft, die ich täglich sehe, ist
Zengens, und ich würde um dieser peinlichen Verlegenheit willen, auch diese Gesellschaft schon aufgegeben
haben, wenn ich mir nicht vorgenommen hätte, mich

durchaus von diesem unangenehmen Gefühl zu entwöhnen. Denn auf meinem Lebenswege werden mir
Menschen aller Art begegnen, und jeden muß ich zu
nutzen verstehen. Dazu kommt, daß es mir auch zuweilen gelingt, recht froh in dieser Gesellschaft zu sein;
denn sie besteht aus lauter guten Menschen, und es
herrscht darin viele Eintracht, und das Äußerste von
Zwanglosigkeit. Die älteste Zengen, Minette, hat sogar
einen feineren Sinn, der für schönere Eindrücke zuweilen empfänglich ist; wenigstens bin ich zufrieden,
wenn sie mich zuweilen mit Interesse anhört, ob ich
gleich nicht viel von ihr wieder erfahre. Aber von
allem diesen ist nichts, wenn der ganze Haufen beisammen ist. Ein Gespräch kann man ihr sich durch-
kreuzendes Geschwätz nicht nennen. Wenn ein Gespräch geführt werden soll, so muß man bei dem
Gegenstande desselben verweilen, denn nur dadurch
gewinnt es Interesse; man muß ihn von allen seinen
Seiten betrachten, denn nur dadurch wird es mannig-
faltig und anziehend. Aber hier – doch Du kennst das.
Ich wollte Dir nur zeigen, daß das Interesse, das mir
die Seele erfüllt, schlecht mit dem Geiste harmoniert,
der in dieser Gesellschaft weht; und daß die Beklommenheit, die mich zuweilen ergreift, hieraus sehr gut
erklärt werden kann.

Ich sage mir zwar häufig zu meinem Troste, daß es
nicht die *Bildung für die Gesellschaft* ist, die mein
Zweck ist, daß diese Bildung, und mein Zweck, zwei
ganz verschiedne Ziele sind, zu denen zwei ganz verschiedne Wege nach ganz verschiednen Richtungen
führen – denn wenn man z. B. durch häufigen Umgang, vieles Plaudern, durch Dreistigkeit und Ober-
flächlichkeit zu dem einen Ziele kommt, so erreicht
man dagegen nur durch Einsamkeit, Denken, Behutsamkeit und Gründlichkeit das andere etc. Auch soll
mein Betragen jetzt nicht gefallen, das Ziel, das ich
im Sinne habe, soll für töricht gehalten werden, man

soll mich auf der Straße, die ich wandle, auslachen, wie man den Colomb auslachte, weil er *Ostindien* im *Westen* suchte. Nur dann erst bewunderte man ihn, als er noch mehr gefunden hatte, als er suchte – etc. Das alles sage ich mir zu meinem Troste. Aber dennoch möchte ich mich gern von dieser Beklommenheit entwöhnen, um so viel mehr, da ich mit Verdruß bemerke, daß sie mich immer öfter und öfter ergreift.

Aber ich fürchte, daß es mir in der Folge wie den meisten Gelehrten von Profession gehen wird; sie werden in ihrem äußern Wesen rauh, rêche, wie der Franzose sagt, und für das gesellige Leben untauglich. Ich finde das aus vielen Gründen sehr natürlich. Sie haben ein höheres Interesse liebgewonnen, und können sich nicht mehr an dem gemeinen Interesse erwärmen. Wenn ein anderer z. B. ein Buch, ein Gedicht, einen Roman gelesen hat, das einen starken Eindruck auf ihn machte und ihm die Seele füllte, wenn er nun mit diesem Eindruck in eine Gesellschaft tritt, er sei nun froh oder schwermütig gestimmt, er kann sich mitteilen, und man versteht ihn. Aber wenn ich einen mathematischen Lehrsatz ergründet habe, dessen Erhabenheit und Größe mir auch die Seele füllte, wenn ich nun mit diesem Eindruck in eine Gesellschaft trete, wem darf ich mich mitteilen, wer versteht mich? Nicht einmal ahnden darf ich lassen, was mich zur Bewunderung hinriß, nicht *einen* von allen Gedanken darf ich mitteilen, die mir die Seele füllen. – Und so muß man denn freilich zuweilen leer und gedankenlos erscheinen, ob man es gleich wohl nicht ist.

Der größte Irrtum ist dann wohl noch der, wenn man glaubt, ein Gelehrter schweige aus Stolz, etwa, weil er die Gesellschaft nicht der Mitteilung seiner Weisheit wert achtet. Ich wollte schwören daß es meistens grade das Gegenteil ist, und daß es vielleicht grade der äußerste Grad von Bescheidenheit ist, der ihm Stillschweigen auferlegt. Ich rede hier besonders von großen Gelehrten, die ihr Lob in allen Zeitschriften lesen. Man besucht sie häufig um den Giganten doch einmal in der Nähe zu betrachten; man erwartet von ihnen, das wissen sie selbst, lauter Sentenzen, man glaubt, daß sie wie in ihren Büchern reden werden. Sie reden aber nur wenige gemeine Dinge, man verläßt sie mit dem Verdacht, daß sie aus Stolz geschwiegen haben, ob sie zwar gleich nur aus Bescheidenheit schwiegen, weil sie nicht immer in den erwarteten Sentenzen reden konnten, und doch nicht gern, die gute Meinung, die man von ihnen hatte, zerstören wollten.

In solchen Lagen hat man die gelehrtesten Männer oft in der größten Verlegenheit gesehen. Unser gescheuter Professor Wünsch, der gewiß hier in Frankfurt obenan steht und alle übersieht, würde doch gewiß, des bin ich überzeugt, durch die abgeschmacktesten Neckereien des albernsten Mädchens in die größte Verlegenheit gesetzt werden können. Du weißt, wie es Rousseau mit dem Könige von Frankreich ging; und man braucht daher weder dumm noch feig zu sein, um vor einem Könige zu zittern. Ein französischer Offizier, der, als Ludwig der XIV. ihn heranrief, sich zitternd seinem Könige näherte, und von ihm mit kalter königlicher Überlegenheit gefragt wurde, warum er so zittere? hatte dennoch die Freimütigkeit zu antworten: Sire, ce n'est pas devant vos ennemis, que je tremble ainsi.

Meine Briefe werden lang, mein liebes Ulrikchen; und was das Schlimmste ist, ich rede immer von mir. Verzeihe mir diese kleine menschliche Schwachheit. Vieles verschweige ich noch, das ich bis zu deiner Rückkunft aufbewahre. Ob Dich Neuigkeiten mehr interessiert hätten, als der Inhalt dieses Briefes? – Wer weiß ...

Noch eine Hauptnachricht, die Dich vielleicht bewegen wird, sogleich nach Frankfurt zu kommen. Zengens und unsre Familie nebst viele andere Damen Frankfurts nehmen ein Kollegium über Experimental-

physik bei Wünsch. *Nehmen,* sagte ich? Das klingt ja
beinah, als wäre von Medizin die Rede. So übel
schmeckt es indessen nicht. Es ist eine Brunnenkur zum
Nutzen und Vergnügen. Du wirst sie nicht verschmä-
hen. Willst Du die Vorlesung von Anfang an beiwohnen, so mußt Du auf irgendeine Art suchen, *sogleich* nach Frankfurt zu kommen.

9. An Wilhelmine von Zenge

[Frankfurt a. d. O., Anfang 1800]

Inliegenden Brief bin ich entschlossen, morgen
abend Ihrem Vater zu übergeben. Ich fühle, seit
gestern abend, daß ich meinem Versprechen, nichts für
meine Liebe zu tun, das ein Betrug Ihrer würdigen
Eltern wäre, nicht treu bleiben kann. Vor Ihnen zu
stehen, und nicht sprechen zu dürfen, weil *andere* diese
Sprache nicht hören sollen, Ihre Hand in der meinigen
zu halten und *nicht sprechen* zu dürfen, weil ich mich
diese Sprache gegen *Sie* nicht erlauben will, ist eine
Qual, die ich aufheben will und muß. Ich will es daher erfahren, ob ich Sie *mit Recht* lieben darf, oder gar
nicht. Ist das letzte, so bin ich entschlossen, das Versprechen, welches ich Ihrem Vater in den letzten Zeilen
meines Briefes gebe, auszuführen. Ist es nicht, so bin
ich glücklich – Wilhelmine! *Bestes* Mädchen! Habe ich
in dem Briefe an Ihren Vater zu kühn in Ihre Seele
gesprochen? Wenn Ihnen etwas darin mißfällt, so
sagen Sie es mir morgen, und ich ändere es ab.

Ich sehe, daß das neue Morgenlicht meines Herzens
zu hell leuchtet, und schon zu sehr bemerkt wird. Ohne
diesen Brief könnte ich Ihrem Rufe schaden, der mir
doch teurer ist als alles in der Welt. Es komme nun
auch, was der Himmel über mich verhängt, ich bin
ruhig bei der Überzeugung, daß ich recht so tue.

N. S. Wenn Sie morgen einen Spaziergang nicht ab-
schlagen, so könnte ich von Ihnen erfahren, was Sie

von diesem Schritte urteilen und denken. – Von meiner
Reise habe ich, aus Gründen, die Sie selbst entschuldigen werden, nichts erwähnt. Schweigen Sie daher auch
davon. *Wir verstehen uns ja.*

10. An Wilhelmine von Zenge

[Frankfurt a. d. O., Anfang 1800]

– was soll ich aus dem Frohsinn, der auch Sie seit
gestern belebt, was soll ich aus den Freudentränen, die
Sie bei der Erklärung Ihres Vaters vergossen haben,
was soll ich aus der Güte, mit welcher Sie mich in diesen Tagen zuweilen angeblickt haben, was soll ich aus
dem innigen Vertrauen, mit welchem Sie in einigen der
verflossenen Abende, besonders gestern am Fortepiano,
zu mir sprachen, was soll ich aus der Kühnheit, mit
welcher Sie sich jetzt, weil Sie es dürfen, selbst in
Gegenwart andrer mir nähern, da Sie sonst immer
schüchtern von mir entfernt blieben – ich frage, was
soll ich aus allen diesen fast unzweifelhaften Zügen
anderes schließen, was anderes, Wilhelmine, als daß
ich geliebt werde?

Aber darf ich meinen Augen und meinen Ohren,
darf ich meinem Witze und meinem Scharfsinn, darf
ich dem Gefühle meines leichtgläubigen Herzens, das
sich schon einmal von ähnlichen Zügen täuschen ließ,
wohl trauen? Muß ich nicht mißtrauisch werden auf
meine Schlüsse, da Sie mir selbst schon einmal gezeigt
haben, wie falsch sie zuweilen sind? Was kann ich im
Grunde, reiflich überlegt, mehr glauben, als was ich
vor einem halben Jahre auch schon wußte, ich frage,
was kann ich mehr glauben, als daß Sie mich *schätzen*
und daß Sie mich *wie einen Freund* lieben?

Und doch wünsche ich *mehr,* und doch möchte ich
nun gern *wissen,* was Ihr Herz für mich fühlt. Wilhelmine! Lassen Sie mich einen Blick in Ihr Herz tun.
Öffnen Sie mir es einmal mit Vertrauen und Offen-

herzigkeit. So viel Vertrauen, so viel unbegrenztes Vertrauen von meiner Seite verdient doch wohl *einige* Erwiderung von der Ihrigen. Ich will nicht sagen, daß
Sie mich lieben müßten, weil ich Sie liebe; aber vertrauen müssen Sie sich mir, weil ich mich Ihnen unbe-
grenzt vertraut habe. – Wilhelmine! Schreiben Sie mir
einmal *recht innig und herzlich.* Führen Sie mich einmal in das Heiligtum Ihres Herzens das ich noch
nicht mit Gewißheit kenne. Wenn der Glaube, den ich
aus der Innigkeit Ihres Betragens gegen mich schöpfte,
zu kühn und noch zu übereilt war, so scheuen Sie sich
nicht es mir zu sagen. Ich werde mit den Hoffnungen,
die Sie mir gewiß nicht entziehen werden, zufrieden
sein. Aber auch dann, Wilhelmine, wenn mein Glaube
gegründet wäre, auch dann scheuen Sie sich nicht, sich
mir ganz zu vertrauen. Sagen Sie es mir, wenn Sie
mich lieben – denn warum wollten Sie sich dessen
schämen? *Bin ich nicht ein edler Mensch,* Wilhelmine?

Zwar eigentlich – – ich will es Ihnen nur offenherzig
gestehen, Wilhelmine, was Sie auch immerhin von
meiner Eitelkeit denken mögen – eigentlich bin ich es
fest überzeugt, daß Sie mich lieben. Aber, Gott weiß,
welche seltsame Reihe von Gedanken mich wünschen
lehrt, daß Sie es mir sagen möchten. Ich glaube, daß
ich entzückt sein werde, und daß Sie mir einen Augenblick, voll der üppigsten und innigsten Freude bereiten
werden, wenn Ihre Hand sich entschließen könnte,
diese drei Worte niederzuschreiben: *ich liebe Dich.*

Ja, Wilhelmine, sagen Sie mir diese drei herrlichen
Worte; sie sollen für die ganze Dauer meines künftigen Lebens gelten. Sagen Sie sie mir *einmal* und
lassen Sie uns dann bald dahin kommen, daß wir nicht
mehr nötig haben, sie uns zu wiederholen. Denn nicht
durch Worte aber durch Handlungen zeigt sich *wahre
Treue* und *wahre Liebe.* Lassen Sie uns bald recht *innig*
vertraut werden, damit wir uns ganz kennenlernen.
Ich weiß nichts, Wilhelmine, in meiner Seele regt sich

kein Gedanke, kein Gefühl in meinem Busen, das ich
mich scheuen dürfte Ihnen mitzuteilen. Und was könnten Sie mir wohl zu verheimlichen haben? Und was
könnte Sie wohl bewegen, die erste Bedingung der
Liebe, *das Vertrauen* zu verletzen? – Also offenherzig,
Wilhelmine, *immer offenherzig.* Was wir auch denken
und fühlen und wünschen – etwas Unedles kann es
nicht sein, und darum wollen wir es uns freimütig mitteilen. Vertrauen und Achtung, das sind die beiden
unzertrennlichen Grundpfeiler der Liebe, ohne welche
sie nicht bestehen kann; denn ohne Achtung hat
die Liebe keinen Wert und ohne Vertrauen keine
Freude.

Ja, Wilhelmine, auch die Achtung ist eine unwider-
rufliche Bedingung der Liebe. Lassen Sie uns daher
unaufhörlich uns bemühen, nicht nur die Achtung, die
wir gegenseitig für einander tragen, zu erhalten, sondern auch zu erhöhen. Denn dieser Zweck ist es erst,
welcher der Liebe ihren höchsten Wert gibt. *Edler und
besser sollen wir durch die Liebe werden,* und wenn
wir diesen Zweck nicht erreichen, Wilhelmine, so miß-
verstehen wir uns. Lassen Sie uns daher immer mit
sanfter menschenfreundlicher Strenge über unser gegen-
seitiges Betragen wachen. Von Ihnen wenigstens wünsche ich es, daß Sie mir offenherzig alles sagen, was
Ihnen vielleicht an mir mißfallen könnte. Ich darf mich
getrauen alle Ihre Forderungen zu erfüllen, weil ich
nicht fürchte, daß Sie überspannte Forderungen machen
werden. Fahren Sie wenigstens fort, sich immer so zu
betragen, daß ich mein höchstes Glück in Ihre Liebe
und in Ihre Achtung setze; dann werden sich alle die
guten Eindrücke, von denen Sie vielleicht nichts ahnden,
und die ich Ihnen dennoch innig und herzlich danke,
verdoppeln und verdreifachen. – Dafür will ich denn
auch an Ihrer Bildung arbeiten, Wilhelmine, und den
Wert des Mädchens, das ich liebe, immer noch mehr
veredlen und erhöhen.

Und nun noch eine Hauptsache, Wilhelmine. Sie
wissen, daß ich bereits entschlossen bin, mich für ein
Amt zu bilden; aber noch bin ich nicht entschieden, *für
welches Amt* ich mich bilden soll. Ich wende jede
müßige Stunde zum Behufe der Überlegung über diesen
Gegenstand an. Ich wäge die Wünsche meines Herzens
gegen die Forderungen meiner Vernunft ab; aber die
Schalen der Waage schwanken unter den unbestimm-
ten Gewichten. Soll ich *die Rechte* studieren? – Ach,
Wilhelmine, ich hörte letzthin in dem Naturrechte die
Frage aufwerfen, ob die Verträge der Liebenden gelten
könnten, weil sie in der Leidenschaft geschehen – und
was soll ich von einer Wissenschaft halten, die sich den
Kopf darüber zerbricht ob es ein Eigentum in der
Welt gibt, und die mir daher nur zweifeln lehren
würde, ob ich Sie auch wohl jemals mit Recht *die
Meine* nennen darf? Nein, nein, Wilhelmine, nicht die
Rechte will ich studieren, nicht die schwankenden un-
gewissen, zweideutigen Rechte der Vernunft will ich
studieren, an die Rechte meines Herzens will ich mich
halten, und ausüben will ich sie, was auch alle Systeme
der Philosophen dagegen einwenden mögen. – Oder
soll ich mich für das *diplomatische Fach* bestimmen? –
Ach, Wilhelmine, ich erkenne nur ein höchstes Gesetz
an, die *Rechtschaffenheit,* und die Politik kennt nur
ihren Vorteil. Auch wäre der Aufenthalt an fremden
Höfen kein Schauplatz für das Glück der Liebe. An
den Höfen herrscht die Mode, und die Liebe flieht vor
der unbescheidnen Spötterin. – Oder soll ich mich für
das *Finanzfach* bestimmen? – Das wäre etwas. Wenn
mir auch gleich der Klang rollender Münzen eben nicht
lieb und angenehm ist, so sei es dennoch. Der Einklang
unsrer Herzen möge mich entschädigen, und ich ver-
werfe diesen Lebensweg nicht, wenn er zu unserm Ziele
führen kann. – Auch noch ein Amt steht mir offen, ein
ehrenvolles Amt, das mir zugleich alle wissenschaftlichen Genüsse gewähren würde, aber freilich kein

glänzendes Amt, ein Amt, von dem man freilich als Bürger des Staates nicht, wohl aber als Weltbürger weiterschreiten kann – ich meine ein *akademisches Amt*. – Endlich bleibt es mir noch übrig, *die Ökonomie* zu studieren, um die wichtige Kunst zu lernen, mit geringen Kräften große Wirkungen hervorzubringen. Wenn ich mir diese große Kunst aneignen könnte, dann Wilhelmine, könnte ich ganz glücklich sein, dann könnte ich, ein freier Mensch, mein ganzes Leben Ihnen und meinem höchsten Zwecke – oder vielmehr, weil es die Rangordnung so will – meinem höchsten Zwecke und *Ihnen* widmen.

So stehe ich jetzt, wie Herkules, am fünffachen Scheidewege und sinne, welchen Weg ich wählen soll. Das Gewicht des Zweckes, den ich beabsichte, macht mich schüchtern bei der Wahl. Glücklich, glücklich, Wilhelmine, möchte ich gern werden, und darf man da nicht schüchtern sein, den rechten Weg zu verfehlen? Zwar ich glaube, daß ich auf jedem dieser Lebenswege glücklich sein würde, wenn ich ihn nur an Ihrer Seite zurücklegen kann. Aber, wer weiß, Wilhelmine, ob Sie nicht vielleicht besondere Wünsche haben, die es wert sind, auch in Erwägung gezogen zu werden. Daher fordere ich Sie auf, mir Ihre Gedanken über alle diese Pläne, und Ihre Wünsche, in dieser Hinsicht, mitzuteilen. Auch wäre es mir lieb von Ihnen zu erfahren, was Sie sich wohl eigentlich von einer Zukunft an meiner Seite versprechen? Ich verspreche nicht unbedingt den Wunsch zu erfüllen, den Sie mir mitteilen werden; aber ich verspreche bei gleich vorteilhaften Aussichten denjenigen Lebensweg einzuschlagen, der Ihren Wünschen am meisten entspricht. Sei es dann auch der mühsamste, der beschwerdenvollste Weg. Wilhelmine, ich fühle mich mit Mut und Kraft ausgerüstet, um alle Hindernisse zu übersteigen; und wenn mir der Schweiß über die Schläfe rollt und meine Kräfte von der ewigen Anstrengung ermatten, so soll mich

tröstend das Bild der Zukunft anlächeln und der Gedanke mir neuen Mut und neue Kraft geben: *ich arbeite
ja für Wilhelmine.*

11. Für Wilhelmine von Zenge
                    [Frankfurt a. d. O., Frühjahr 1800]

Frage. Eine Frau, die *achtungswürdig* ist, ist darum
noch nicht *interessant.* Wodurch erwirbt und erhält
sich nun wohl eine Frau *das Interesse* ihres Mannes?

Antwort. Es ist mit dem Interesse wie mit allen
Dingen dieser Erde. Es ist nicht genug, daß der Himmel sie *erschaffen* hat, er muß sie auch *unterhalten,*
wenn sie fortdauern sollen. Und nichts bedarf der
Nahrung, der sorgfältigsten, mehr, als das rätselhafte
Ding, das sich erzeugt, wir wissen nicht wie, und oft
wieder verschwindet, wir wissen nicht wie – *das Interesse.*

Interesse erwecken, und es sich selbst überlassen,
heißt einem Kinde das Leben geben, und es sich selbst
überlassen. Das eine stirbt wie das andere dahin,
nicht, weil man ihm etwas Schädliches zufügt, sondern
weil man ihm *nichts* zufügt.

Aber das Kind ist nicht so ekel in der Ernährung,
als das Interesse. Das Kind begnügt sich mit *einer*
Nahrung, das Interesse will immer eine ausgesuchte,
verfeinerte, wechselnde Nahrung. Es stirbt, wenn man
ihm heute und morgen vorsetzt, was es schon gestern
und vorgestern genoß.

Denn nichts ist dem Interesse so zuwider, als Einförmigkeit, und nichts ihm dagegen so günstig, als
Wechsel und Neuheit. Daher macht uns das Reisen
so vieles Vergnügen, weil mit den immer wechselnden
Standorten auch die Ansichten der Natur immer wechseln, und daher hat überhaupt das Leben ein so hohes,
ja das höchste Interesse, weil es gleichsam eine große
Reise ist und weil jeder Augenblick etwas Neues her-

beiführt, uns eine neue Ansicht zeigt oder eine neue
Aussicht eröffnet.

Nun ist aber nichts so fähig, eine immerwechselnde
Gestalt anzunehmen, als Talente. Die Tugend und die
Liebe tragen ihrer Natur nach immer nur *ein* Gewand,
und dürfen es ihrer Natur nach nicht wechseln. Talente
hingegen können mit Form und Einkleidung unaufhörlich wechseln und gefallen vielleicht eben nur darum, weil sie das können.

Daher wird eine Frau, die sich das Interesse ihres
Mannes erhalten will, ihre Talente, wenn sie von der
Natur damit beschenkt ist, immer ausbilden und üben
müssen, damit der Mann immer bei ihr den Genuß des
Schönen finde, den er nie ganz entbehren kann, und
den er sonst bei Fremden suchen müßte. Denn Tugend
und Liebe begründen zwar das Familienglück, aber
nur Talente machen es wirklich anziehend. Dabei ist
nicht eben notwendig, daß die Talente der Musik, des
Zeichnens, des Vorlesens etc. bis zur Vollkommenheit
ausgebildet sind, wenn nur überhaupt der *Sinn* für
das *wahre* Schöne dabei herrschend ist.

12. Für Wilhelmine von Zenge

[Frankfurt a. d. O., Frühjahr 1800]

Frage. Was ist wünschenswerter, *auf eine kurze Zeit,*
oder *nie* glücklich gewesen zu sein?

Antwort. Wenn man den Zustand dessen, der ein
Glück verlor, mit dem Zustande dessen vergleicht, der
nie ein Glück genoß, so schwanken die Schalen unter
den Gewichten fast gleicher Übel und es ist schwer
die Frage zu entscheiden. Doch scheint es, als ob sich
die Waage auf der Seite des letztern neigte.

Wer einst an den Brüsten des Glückes den goldnen
Traum des Lebens träumte, der streckt zwar, wenn ihn
das Schicksal mit rauher Stimme weckt, wehmütig die
Arme aus nach den göttlichen Gestalten, die nun auf

immer entfliehen, und sein Schmerz ist um so größer,
je größer das Glück war, dessen er genoß; aber ihm
ist doch aus dem Füllhorne des Segens, das von oben
herab sich öffnet, auch ein Blümchen zugefallen, das
ihn selbst in der Erinnerung noch erfreuen kann, wenn
es gleich längst verblüht ist. Ihm sind doch die Ansprüche, die er an dies Leben zu machen hatte, nicht
ganz unerfüllt geblieben, nicht mit allen seinen Forderungen ist er von der großen Erbschaft abgewiesen
worden, welche der Himmel den Kindern der Erde
vermacht hat, nicht murren wird er mit dem Vater der
Menschen, der ihn von seiner Liebe nicht ausschloß,
nicht mit bitterm Groll seine Geschwister beneiden, die
mit ihm nur zu gleichen Teilen gingen, nicht zürnen
auf den Genuß seines Glückes, weil er nicht ewig
währte, so wie man dem Frühlinge nicht zürnt, weil
er kurz ist, und den Tag nicht verwünscht, weil ihn
die Nacht ablöset. Mutiger und sicherer als wenn er
nie auf hellen Pfaden gewandelt wäre, wird er nun
auch die dunkeln Wege seines Lebens durchwandeln
und in der Erinnerung zuweilen mit wehmütiger Freude
die bemoosten Ruinen seines ehemaligen Glückes be- *a*
suchen, um das Herbstblümchen der Weisheit zu pflücken.

Aber wem von allen seinen brennenden Wünschen
auch nicht der bescheidenste erfüllt wurde, wer von
jenem großen Vermächtnis, von dessen Überfluß alle
seine Brüder schwelgen, auch nicht einmal den Pflicht-
teil erhalten hat, der steht da wie ein verstoßner
Sohn, ausgeschlossen von der Liebe des Allvaters, der
sein Vater nicht ist – und die Schale, auf welcher sein
Zustand ruht, neigt sich tief gegen die Schale des
andern. –

a = S. 214ᵃ.

13. An Wilhelmine von Zenge

Frankfurt a. d. O., 30. Mai 1800

Die wechselseitige Übung in der Beantwortung zwei-
felhafter Fragen hat einen so vielseitigen Nutzen für
unsre Bildung, daß es wohl der Mühe wert ist, die
Sache ganz so ernsthaft zu nehmen, wie sie ist, und
Dir eine kleine Anleitung zu leichteren und zweck-
mäßigeren Entscheidungen zu geben. Denn durch solche
schriftlichen Auflösungen interessanter Aufgaben üben
wir uns nicht nur in der Anwendung der Grammatik
und im Stile, sondern auch in dem Gebrauch unsrer
höheren Seelenkräfte; und endlich wird dadurch unser
Urteil über zweifelhafte Gegenstände festgestellt und
wir selbst auf diese Art nach und nach immer um eine
und wieder um eine interessante Wahrheit reicher.

Die Antwort auf meine erste Frage ist, ihrem Sinne
nach, ganz so, und die Antwort auf meine zweite
Frage, ihrem Sinne nach, vielleicht noch besser, als ich
sie selbst gegeben haben würde. Nur in der Einkleidung, in der Anordnung und in der Ausführung beider
Entscheidungen ließe sich einiges anführen, das zu
tadeln wäre.

Das behalte ich aber unseren mündlichen Unterhaltungen bevor, und begnüge mich, Dir hier bloß den
Weg vorzuzeichnen, den ich selbst bei der Beantwortung einer ähnlichen Frage einschlagen würde.

Gesetzt, Du fragtest mich, *welcher von zwei Ehe-*
leuten, deren jeder seine Pflichten gegen den andern
erfüllt, am meisten bei dem früheren Tode des andern
verliert; so würde alles, was in meiner Seele vorgeht,
ohngefähr in folgender Ordnung aneinanderhangen.

Zuerst fragt mein Verstand: *was willst Du?* das
heißt, mein Verstand will den Sinn Deiner Frage begreifen. Dann fragt meine Urteilskraft: *worauf kommt*
es an? das heißt, meine Urteilskraft will den Punkt
der Streitigkeit auffinden. Zuletzt fragt meine Ver-

nunft: *worauf läuft das hinaus?* das heißt, meine Vernunft will aus dem Vorangehenden das Resultat ziehen.

Zuerst stellt sich also mein Verstand den Sinn Deiner
Frage deutlich vor, und findet, daß Du Dir zwei Eheleute denkst, deren jeder für den andern tut, was er
seiner Natur nach vermag; daß Du also voraussetzest,
jeder verliere bei dem Tode des andern *etwas,* und
daß Du endlich eigentlich nur wissen willst, auf wessen Seite das Übergewicht des Verlustes befindlich ist.

Nun stellt sich meine Urteilskraft an die Quelle der
Streitigkeit, und fragt: was tut denn eigentlich jeder
der beiden Eheleute, seiner Natur nach, für den andern; und wenn sie dieses gefunden hat, so vergleicht
sie das, was beide für einander tun, und bestimmt daraus, wer von beiden am meisten für den andern tut.
Da findet nun die Urteilskraft zuerst, daß der Mann
nicht bloß der Mann seiner Frau, sondern auch noch
ein Bürger des Staates, die Frau hingegen nichts als
die Frau ihres Mannes ist; daß der Mann nicht bloß
Verpflichtungen gegen seine Frau, sondern auch Verpflichtungen gegen sein Vaterland, die Frau hingegen
keine andern Verpflichtungen hat, als Verpflichtungen
gegen ihren Mann; daß folglich das Glück des Weibes
zwar ein wichtiger und unerläßlicher, aber nicht der
einzige Gegenstand des Mannes, das Glück des Mannes
hingegen der *alleinige* Gegenstand der Frau ist; daß
daher der Mann *nicht mit allen* seinen Kräften für seine
Frau, die Frau hingegen mit ihrer *ganzen Seele* für
den Mann wirkt; daß die Frau, in der Erfüllung der
Hauptpflichten ihres Mannes, nichts empfängt, als
Schutz gegen Angriffe auf Ehre und Sicherheit, und
Unterhalt für die Bedürfnisse ihres Lebens, der Mann
hingegen, in der Erfüllung der Hauptpflichten seiner
Frau, die ganze Summe seines häuslichen, das heißt
überhaupt, *alles* Glückes von ihr empfängt; daß zu-
letzt der Mann nicht immer glücklich ist, wenn es die
Frau ist, die Frau hingegen immer glücklich ist, wenn

der Mann glücklich ist, und daß also das Glück des
Mannes eigentlich der Hauptgegenstand des Bestrebens beider Eheleute ist. Aus der Vergleichung dieser
Sätze bestimmt nun die Urteilskraft, daß der Mann
bei weitem, ja unendlich mehr von seiner Frau empfängt, als die Frau von ihrem Manne.

Nun übernimmt die Vernunft das letzte Geschäft,
und zieht aus jenem letzten Satze den natürlichen
Schluß, daß derjenige, der am meisten empfängt, auch
am meisten verlieren müsse, und daß folglich, da der
Mann unendlich mehr empfängt, als die Frau, er auch
unendlich mehr bei dem Tode derselben verlieren
müsse, als die Frau bei dem Tode ihres Mannes.

Auf diesem Wege wäre ich also durch eine Reihe
von Gedanken, deren jeden ich, ehe ich mich an die
Ausführung des Ganzen wage, auf einem Nebenblatte
aufzuschreiben pflege, auf das verlangte Resultat gekommen und es bleibt mir nun nichts übrig, als die
zerstreuten Gedanken in ihrer Verknüpfung von Grund
und Folge zu ordnen und dem Aufsatze die Gestalt
eines abgerundeten, vollständigen Ganzen zu geben.

Das würde nun ohngefähr auf diese Art am besten
geschehen:

„Der Mann ist nicht bloß der Mann seiner Frau, er
ist auch ein Bürger des Staates; die Frau hingegen ist
nichts, als die Frau ihres Mannes; der Mann hat nicht
bloß Verpflichtungen gegen seine Frau, er hat auch
Verpflichtungen gegen sein Vaterland; die Frau hingegen hat keine andern Verpflichtungen, als Verpflichtungen gegen ihren Mann; das Glück des Weibes ist
zwar ein *unerlaßlicher*, aber nicht der *einzige* Gegenstand des Mannes, ihm liegt auch das Glück seiner
Landsleute am Herzen; das Glück des Mannes hingegen ist *der einzige* Gegenstand der Frau; der Mann
ist nicht mit allen seinen Kräften für seine Frau tätig,
er gehört ihr nicht ganz, nicht ihr allein, denn auch
die Welt macht Ansprüche auf ihn und seine Kräfte;

die Frau hingegen ist mit ihrer ganzen Seele für ihren
Mann tätig, sie gehört niemandem an, als ihrem Manne,
und sie gehört ihm *ganz* an; die Frau endlich, empfängt, wenn der Mann seine Hauptpflichten erfüllt,
nichts von ihm, als Schutz gegen Angriff auf Ehre und
Sicherheit, und Unterhalt für die Bedürfnisse ihres
Lebens, der Mann hingegen empfängt, wenn die Frau
ihre Hauptpflichten erfüllt, die ganze Summe seines
irdischen Glückes; die Frau ist schon glücklich, wenn
es der Mann nur ist, der Mann nicht immer, wenn es
die Frau ist, und die Frau muß ihn erst glücklich
machen. Der Mann empfängt also unendlich mehr von
seiner Frau, als umgekehrt die Frau von ihrem Manne.

Folglich verliert auch der Mann unendlich mehr bei
dem Tode seiner Frau, als diese umgekehrt bei dem
Tode ihres Mannes. Die Frau verliert nichts als den
Schutz gegen Angriffe auf Ehre und Sicherheit, und
Unterhalt für die Bedürfnisse ihres Lebens; das erste
findet sie in den Gesetzen wieder, oder der Mann hat
es ihr in Verwandten, vielleicht in erwachsenen Söhnen hinterlassen; das andere kann sie auch als Hinter-
lassenschaft von ihrem Manne erhalten haben. Aber
wie will die Frau dem Manne hinterlassen, was er bei
ihrem Tode verliert? Er verliert die ganze Inbegriff
seines irdischen Glückes, ihm ist, mit der Frau, die
Quelle alles Glückes versiegt, ihm fehlt alles, wenn
ihm eine Frau fehlt, und alles, was die Frau ihm hinterlassen kann, ist das wehmütige Andenken an ein
ehemaliges Glück, das seinen Zustand noch um so trauriger macht."

14. An Ulrike von Kleist   Berlin, 14. August 1800

Noch am Abend meiner Ankunft an diesem Orte melde ich Euch, daß ich gesund und vergnügt bin, und bin darum so eilig, weil ich fürchte, daß Ihr, besonders an dem letztern, zweifelt.

Denn eine Reise, ohne angegebnen Zweck, eine so schnelle Anleihe, ein ununterbrochenes Schreiben und am Ende noch obenein Tränen – das sind freilich Kennzeichen eines Zustandes, die dem Anschein nach, Betrübnis bei teilnehmenden Freunden erwecken müssen.

Indessen erinnere Dich, daß ich bloß die Wahrheit verschweige, ohne indessen zu lügen, und daß meine Erklärung, das Glück, die Ehre, – und vielleicht das Leben eines Menschen durch diese Reise zu retten, vollkommen gegründet ist.

Gewiß würde ich nicht so geheimnisreich sein, wenn nicht meine beste Erkenntnis mir sagte, daß Verheimlichung meines Zweckes notwendig, *notwendig* sei.

Indessen Du, und noch ein Mensch, Ihr sollt beide mehr erfahren, als alle übrigen auf der Welt, und überhaupt alles, was zu verschweigen nicht notwendig ist.

Dabei baue ich aber nicht nur auf Deine unverbrüchliche Verschwiegenheit (indem ich will, daß das scheinbar Abenteuerliche meiner Reise durchaus versteckt bleibe, und die Welt weiter nichts erfahre, als daß ich in Berlin bin und Geschäfte beim Minister Struensee habe, welches zum Teil wahr ist), sondern auch auf Deine feste Zuversicht auf meine Redlichkeit, so daß selbst bei dem widersprechendsten Anschein Dein Glaube an dieselbe nicht wankt.

Unter diesen Bedingungen sollst Du alles erfahren, was ich sagen *kann,* welches Du aber ganz allein nur

für Dich behalten und der Welt nichts anderes mitteilen
sollst, als daß ich in Berlin bin. Ich glaube, daß das
Vortreffliche meiner Absicht, die Ausbreitung dieses
Satzes, selbst wenn er zuweilen eine Lüge sein sollte,
entschuldigt und rechtfertigt.

Ich suche jetzt zunächst einen edeln, weisen Freund
auf mit dem ich mich über die Mittel zu meinem
Zwecke beraten könne, indem ich mich dazu zu schwach
fühle, ob ich gleich stark genug war, den Zweck selbst
unwiderruflich festzustellen.

Wärst Du ein Mann gewesen – o Gott, wie innig
habe ich dies gewünscht! – wärst Du ein Mann gewesen – denn eine Frau konnte meine Vertraute nicht
werden, – so hätte ich diesen Freund nicht so weit zu
suchen gebraucht, als jetzt.

Ergründe nicht den Zweck meiner Reise, selbst wenn
Du es könntest. Denke, daß die Erreichung desselben
zum Teil an die Verheimlichung vor allen, *allen* Menschen beruht. Für jetzt wenigstens. Denn einst wird es
mein Stolz und meine Freude sein, ihn mitzuteilen.

Grüße W. v. Z. Sie weiß so viel, wie Du, aber nicht
viel mehr. – Schicke mir doch durch die Post meine
Schrift, über die Kantische Philosophie, welche Du besitzest, und auch die Kulturgeschichte, welche Auguste
hat; aber sogleich.

Ich kehre nicht so bald wieder. Doch das alles be-
hältst Du für Dich. Du sollst jedesmal den Ort erfahren, wo ich bin; Du wirst von diesem Vertrauen keinen Gebrauch machen, der der Erreichung meines
Zweckes hinderlich wäre.

Sei ruhig. Sei ganz ruhig. – Wenn auch die Hülle
des Menschen mit jedem Monde wechselt, so bleibt
doch eines in ihm unwandelbar und ewig: *das Gefühl
seiner Pflicht.*

15. An Wilhelmine von Zenge   Berlin, 16. August 1800

Mit welchen Empfindungen ich Frankfurt verlassen
habe – ach, liebes Mädchen, das kann ich Dir nicht beschreiben, weil Du mich doch nicht ganz verstehen
würdest. Als ich mich von Dir trennte, legte ich mich
noch ins Bett, und lag da wohl noch $1^1/_2$ Stunde, doch
mit offnen Augen, ohne zu schlafen. Als ich im Halbdunkel des Morgens abfuhr, war mirs, als hörte ich
ein Geräusch an dem einen Fenster Eures Saales. Mir
fuhr ein schneller Gedanke durch die Seele, ob Du das
wohl sein könntest. Aber Du warst es nicht, ob ich
gleich eine brennende Sehnsucht hatte, Dich noch einmal zu sehen. Der Wagen rollte weiter, indessen mein
Auge immer noch mit rückwärtsgewandtem Körper an
das geliebte Haus hing. Mir traten Tränen ins Auge,
ich wünschte herzlich zu weinen, aber ich bin schon zu
lange davon entwöhnt.

Auf meiner ganzen Reise nach Berlin ist der Gedanke an Dich nur selten, sehr selten aus meiner Seele
gewichen ... Als ich hineinfuhr in das Tor im Halbdunkel des Abends, und die hohen weiten Gebäude
anfänglich nur zerstreut und einzeln umherlagen, dann
immer dichter und dichter, und das Leben immer leben-
diger, und das Geräusch immer geräuschvoller wurde,
als ich nun endlich in die Mitte der stolzen Königsstadt war, und meine Seele sich erweiterte um so viele
zuströmende Erscheinungen zu fassen, da dachte ich:
wo mag wohl das liebe Dach liegen, das einst mich
und mein Liebchen schützen wird? Hier an der stolzen
Kolonnade? dort in jenem versteckten Winkel? oder
hier an der offnen Spree? Werde ich einst in jenem
weitläufigen Gebäude mit vierfachen Reihen von Fenstern mich verlieren, oder hier in diesem kleinen engen
Häuschen mich immer wieder finden? Werde ich am
Abend, nach vollbrachter Arbeit, hier durch dieses
kleine Gäßchen, mit Papieren unter dem Arm zu Fuß

nach meiner Wohnung gehen, oder werde ich mit Vieren stolz durch diese prächtige Straße vor jenes hohe Portal rollen? Wird mein liebes Minchen, wenn ich still in die Wohnung treten will, mir von oben herab freundlich zuwinken, und auf dieser dunkeln Treppe mir entgegenkommen, um früher den Kuß der Liebe auf die durstenden Lippen zu drücken, oder werde ich sie in diesem weiten Palast suchen und eine Reihe von Zimmern durchwandern müssen, um sie endlich auf dem gepolsterten Sofa unter geschmückten und geschminkten Weibern zu finden? Wird sie hier in diesem dunkeln Zimmer nur den dünnen Vorhang zu öffnen brauchen, um mir den Morgengruß zuzulächeln, oder wird sie von dem weitesten Flügel jenes Schlosses her am Morgen einen Jäger zu mir schicken, um sich zu erkundigen, wie der Herr Gemahl geschlafen habe? — — Ach, liebes Minchen, nein, gewiß, gewiß wirst Du das letzte nicht. Was auch die Sitte der Stadt für Opfer begehrt, die Sitte der Liebe wird Dir gewiß immer heiliger sein, und so mag denn das Schicksal mich hinführen, wohin es will, hier in dieses versteckte Häuschen oder dort in jenes prahlende Schloß, eines finde ich gewiß unter jedem Dache, *Vertrauen* und *Liebe*.

Aber, unter uns gesagt, je öfter ich Berlin sehe, je gewisser wird es mir, daß diese Stadt, so wie alle Residenzen und Hauptstädte kein eigentlicher Aufenthalt für die Liebe ist. Die Menschen sind hier zu zierlich, um wahr, zu gewitzigt, um offen zu sein. Die Menge von Erscheinungen stört das Herz in seinen Genüssen, man gewöhnt sich endlich in ein so vielfaches eitles Interesse einzugreifen, und verliert am Ende sein wahres aus den Augen ...

Mein erster Gang war zu *Struensee,* er war, was ich bloß fürchtete, nicht gewiß wußte, nicht zu Hause ...
— Mein zweiter Gang war zu *Beneken,* den ich aber

a

a = S. 202ª.

heute wiederholen muß, weil er nicht zu Hause war. – Mein dritter war in den Buchladen, wo ich Bücher und Karten für Ulriken, den *Wallenstein von Schiller* – Du freust Dich doch? – für Dich kaufte. Lies ihn, liebes Mädchen, ich werde ihn auch lesen. So werden sich unsre Seelen auch in dem dritten Gegenstande zusammentreffen. Laß ihn nach Deiner Willkür auf meine Kosten binden und schreibe auf der innern Seite des Bandes die bekannte Formel: H. v. K. an W. v. Z. Träume Dir so mit schönen Vorstellungen die Zeit unsrer Trennung hinweg. Alles was *Max Piccolomini* sagt, möge, wenn es einige Ähnlichkeit hat, für mich gelten, alles was *Thekla* sagt, soll, wenn es einige Ähnlichkeit hat, für Dich gelten ...

Soeben tritt ein bewaffneter Diener der Polizei zu mir herein, und fragt mich, ob ich, der ehemalige Lieut. v. K., mich durch Dokumente legitimieren könne. Gott sei Dank, dachte ich, daß du nicht ein französischer oder polnischer Emigrierter bist, sonst würde man dich wohl höflichst unverrichteter Sache wieder zum Tore hinaus begleiten. Wer weiß ob er nicht dennoch nach Frankfurt schreibt, um sich näher nach mir zu erkundigen. Denn der seltsame militärisch-akademische Zwitter schien ihm doch immer noch ein Anomalon (Ausnahme von der Regel) in dem Bezirk seiner Praxis zu sein ...

Ich eile zum Schlusse. Lies die Instruktion oft durch. Es wäre am besten wenn Du sie auswendig könntest. Du wirst sie brauchen. Ich vertraue Dir *ganz,* und darum sollst Du mehr von mir erfahren als irgendeiner.

Mein Plan hat eine Änderung erlitten, oder besser, die Mittel dazu; denn der Zweck steht fest. Ich fühle mich zu schwach, *ganz allein* zu handeln, wo etwas so Wichtiges aufs Spiel steht. Ich suche mir daher jetzt, ehe ich handle, einen *weisen, ältern* Freund auf, den ich Dir nennen werde, sobald ich ihn gefunden habe.

Hier ist er nicht, und in der Gegend auch nicht. Aber
er ist – – soll ich Dir den Ort nennen? Ja, das will ich
tun! *Ulrike* soll immer nur erfahren, wo ich *bin*, Du
aber, mein geliebtes Mädchen, *wo ich sein werde*. Also
kurz: Morgen geht es nach – – – – *Pasewalk. Pasewalk?* Ja, Pasewalk, Pasewalk. Was in aller Welt
willst du denn dort? – Ja, mein Kind, so fragt man
die Bauern aus! Begnüge Dich mit raten, bis es für
Dich ein Glück sein wird, zu *wissen.* In 5 oder höchstens 7 Tagen bin ich wieder hier, und besorge meine
Geschäfte bei Struensee. Dann ist die Reise noch nicht
zu Ende – Du erschrickst doch nicht? Lies Du nur fleißig zur Beruhigung meine Briefe durch, wie ich Deine
Aufsätze . . .

Hilf mir meinen Plan so ausführen, liebes Mädchen,
Dein Glück ist so gut dabei interessiert, ja vielleicht
mehr noch, als das meinige. Das alles wirst Du einst
besser verstehen. Lebe wohl. Predige nur in allen Deinen Briefen Carln Verschwiegenheit vor. Er soll gegen
niemanden viel von mir sprechen, und dringt einer
auf ihn ein, antworten, er wisse von nichts. Adieu.
Adieu. In 3 Tagen folgt ein zweiter Brief.

16. An Wilhelmine von Zenge   Pasewalk, 20. August 1800

Von meiner Reise läßt sich diesmal nichts sagen. Ich
bin durch Oranienburg, Templin, Prenzlow hierher-
gekommen, ohne daß sich von dieser ganzen Gegend
etwas Interessanteres sagen ließe, als dieses daß sie
ohne alles Interesse ist. Das ist nichts, als Korn auf
Sand, oder Fichten auf Sand, die Dörfer elend, die
Städte wie mit dem Besen auf ein Häufchen zusam-
mengekehrt. Denn rings um die Mauern ist alles so
rein und proper, daß man oft einen Knedelbaum vergebens suchen würde. Es scheint als ob dieser ganze
nördliche Strich Deutschlands von der Natur dazu bestimmt gewesen wäre, immer und ewig der Boden des

Meeres zu bleiben, und daß das Meer sich gleichsam nur aus Versehn so weit zurückgezogen und so einen Erdstrich gebildet hat, der ursprünglich mehr zu einem Wohnplatz für Walfische und Heringe, als zu einem Wohnplatz für Menschen bestimmt war.

Diesmal mußt Du also mit dieser magern Reisebeschreibung vorliebnehmen. Ich hoffe Dir künftig interessantere Dinge schreiben zu können. – Und nun zu dem, worauf Du gewiß mit Deiner ganzen Seele gespannt bist, und wovon ich Dir doch nur so wenig mitteilen kann. Doch alles, was jetzt für Dich zu wissen gut ist, sollst Du auch jetzt erfahren.

Du kannst doch Deine Lektion noch auswendig? Du liesest doch zuweilen meine Instruktion durch? Vergiß nicht, liebes Mädchen, was Du mir versprochen hast, *unwandelbares Vertrauen in meine Liebe zu Dir,* und *Ruhe über die Zukunft.* Wenn diese beiden Empfindungen immer in Deiner Seele lebendig wären, und durch keinen Zweifel niemals gestört würden, wenn ich dieses *ganz gewiß* wüßte, wenn ich die *feste Zuversicht* darauf haben könnte, o dann würde ich mit Freudigkeit und Heiterkeit meinem Ziele entgegengehen können. Aber der Gedanke – Du bist doch nur ein schwaches Mädchen, meine unerklärliche Reise, diese wochenlange, vielleicht monatelange Trennung – – o Gott, wenn Du krank werden könntest! Liebes, teures, treues Mädchen! Sei auch ein *starkes* Mädchen! Vertraue Dich mir ganz an! Setze Dein ganzes Glück auf meine Redlichkeit! Denke Du wärest in das Schiff meines Glückes gestiegen, mit allen Deinen Hoffnungen und Wünschen und Aussichten. *Du* bist schwach, mit Stürmen und Wellen kannst *Du* nicht kämpfen, darum vertraue Dich mir an, mir, der mit Weisheit die Bahn der Fahrt entworfen hat, der die Gestirne des Himmels zu seinen Führern zu wählen, und das Steuer des Schiffes mit starkem Arm, mit *stärkerm* gewiß als Du glaubst, zu lenken weiß! Wozu wolltest

Du klagen, Du, die Du das Ziel der Reise, und ihre
Gefahr nicht einmal kennst, ja vielleicht Gefahren
siehst, wo gar keine vorhanden sind? Sei also ruhig!
Solange der Steuermann noch lebt, sei ruhig! *Beide*
gehen unter in den Wellen, oder *beide* laufen glücklich
in den Hafen; kann sich die Liebe, die *echte* Liebe, ein
freundlicheres Schicksal wünschen? ...

Ich komme zu einer frohen Nachricht, die Dir gewiß
auch recht froh sein wird. Denn alles was mir zustößt,
sei es Gutes oder Böses, auch wenn Du es gar nicht
deutlich kennst, das trifft auch Dich, nicht wahr? Das
war die Grundlage unseres Bundes. Also höre! Mein
erster Plan ist ganz vollständig geglückt. Ich habe
einen *ältern, weisern* Freund gefunden, grade den, den
ich am innigsten wünsche. Er stand nicht einen Augenblick an, mich in meinem Unternehmen zu unterstützen. Er wird mich bis zu seiner Ausführung begleiten.
Nun bist Du doch ruhig? Du weißt doch, mit welcher
Achtung ich und Ulrike von einem gewissen *Brokes*
sprach, den wir auf *Rügen* kennengelernt haben? Der
ist es. – Gott gebe, daß mir die Hauptsache so glückt,
dann sind niemals zwei glücklichere Menschen gewesen,
als *Du* und *ich*. –

17. *An Wilhelmine von Zenge*
        Coblentz bei Pasewalk, 21. August 1800

Du kennst *mich*, und, wie ich hoffe, doch gewiß *im
Guten*. Daran halte Dich. Du kennst überdies immer
den Ort meines Aufenthaltes, und von dem Zwecke
meiner Reise weißt Du doch wenigstens so viel, daß er
vortrefflich ist. *Unser Glück* liegt dabei zum Grunde,
und es kann, welches eine Hauptsache ist, *nichts dabei
verloren*, doch *alles dabei gewonnen* werden. Also be-
ruhige Dich für immer, was auch immer vorfallen
mag ...

Und noch eins. Ich führe ein Tagebuch, in welchem

ich meinen Plan täglich ausbilde und verbessre. Da müßte ich mich denn zuweilen wiederholen, wenn ich die Geschichte des Tages darin aufzeichnen sollte, die ich Dir schon mitgeteilt habe. Ich werde also dieses ein für allemal darin auslassen, und die Lücken einst aus meinen Briefen an Dich ergänzen. Denn das Ganze, hoffe ich, wird Dir einst sehr interessant sein. Du mußt aber nun auch diese Briefe recht sorgsam aufheben; wirst Du? Oder war schon dieses Gesuch überflüssig? Liebes Mädchen, ich küsse Dich.

Und nun zur Geschichte des Tages. – Ach, mein bestes Minchen, wie unbeschreiblich beglückend ist es, einen weisen, zärtlichen Freund zu finden, da wo wir seiner grade recht innig bedürfen. Ich fühlte mich stark genug den hohen Zweck zu entwerfen, aber zu schwach um ihn allein auszuführen. Ich bedurfte nicht sowohl der Unterstützung, als nur eines weisen Rates, um die zweckmäßigsten Mittel nicht zu verfehlen. Bei meinem Freunde *Brokes* habe ich alles gefunden, was ich bedurfte, und dieser Mensch müßte auch Dir jetzt vor allen andern, *nach mir* vor allen andern teuer sein. Ihm habe ich mich ganz anvertraut, und er ehrte meinen Zweck, sobald er ihn kannte, so wie ihn denn jeder edle Mensch, der ihn fassen kann, ehren *muß*. Ach, mein teures *edles* Mädchen, wenn auch Du meinen Zweck ehren könntest, auch selbst ohne ihn zu kennen! Das würde mir ein Zeichen Deiner Achtung sein, ein Zeichen, das mich unaussprechlich stolz machen würde. Niemals, niemals wirst Du mir einen so unzweideutigen Beweis Deiner Achtung geben können, als jetzt. Ach, wenn Du dies versäumtest – – Wirst Du? Oder war auch diese Erinnerung überflüssig? Liebes Mädchen, ich küsse Dich wieder – –

Auch *Brokes* sieht ein, daß die Wahrscheinlichkeit eines glücklichen Erfolges groß ist. Wenigstens, sagte er, ist keine Gefahr vorhanden, in keiner Hinsicht, und wenn ich nur auf Deine Ruhe rechnen könnte, so wäre

ein Haupthindernis gehoben. Ich hatte über den Gedanken dieses Planes schon lange lange gebrütet. Sich
dem blinden Zufall überlassen, und warten, ob er uns
endlich in den Hafen des Glückes führen wird, das war
nichts für mich. Ich war Dir und mir schuldig, zu handeln. „Nicht aus des Herzens bloßem Wunsche keimt
etc." – „der Mensch soll mit der Mühe Pflugschar etc.
etc." – das sind herrliche, wahre Gedanken. Ich habe
sie so oft durchgelesen, und sie scheinen mir so ganz
aus Deiner Seele genommen, daß Deine Schrift das
übrige tut um mir vollends einzubilden, das Gedicht
wäre von keinem andern, als von Dir. Sooft ich es
wieder lese fühle ich mich gestärkt selbst zu dem
Größten, und so gehe ich denn fast mit Zuversicht
meinem Ziele entgegen. Doch werde ich vorher noch
gewiß *Struensee* sprechen, um mir auf jeden Fall den
Rückzug zu sichern. – *Brokes,* der schon diesen Herbst
zu einer Reise bestimmt hatte, wird mich begleiten.
Also kannst Du noch um so ruhiger sein. Du mußt
nichts als die größte Hoffnung auf die Zukunft in Deiner Seele nähren.

18. An Ulrike von Kleist

Koblentz bei Pasewalk, 21. August 1800

Du vergißt doch nicht, daß ich *Dir allein* meinen
Aufenthalt mitteile, und daß er aus Gründen jedem
andern Menschen verschwiegen bleiben muß? Ich habe
ein unumschränktes Vertrauen zu Dir, und darum verschweige ich Dir nichts, was zu verschweigen nicht notwendig ist. Vertraue auch mir, und tue keinen eigen-
mächtigen Schritt, der üblere Folgen haben könnte, als
Du glaubst. Elisabeth ehrte die Zwecke Posas, auch
ohne sie zu kennen. Die meinigen sind wenigstens gewiß der Verehrung jedes edeln Menschen wert.

Ich habe mich hier mit *Brokes* vereinigt. Er hat mit
mir denselben Zweck, und das könnte Dich noch ruhi-

ger machen, wenn Dich die Unerklärlichkeit meiner Reise beunruhigen sollte. *Brokes* ist ein trefflicher junger Mann, wie ich wenige in meinem Leben gefunden habe. Wir werden beide gemeinschaftlich eine Reise machen – nicht zu unserm Vergnügen, das schwöre ich Dir; wie hätte ich Dich so um Deine liebsten Freuden betrügen können? – Nein. Vielmehr es liegt ein *sehr ernster* Zweck zum Grunde, der uns wahrscheinlich nicht eher ein ganz ungestörtes Vergnügen genießen lassen wird, als bis er erreicht ist. Die Mitwissenschaft eines Dritten war unmöglich, wenigstens stand es nicht in meiner Willkür über das Geheimnis zu schalten; sonst würde meine *edelste* Schwester gewiß auch meine *Vertraute* geworden sein.

19. An Ulrike von Kleist   Berlin, 26. August 1800

Es steht eine Stelle in Deinem Briefe, die mir viele Freude gemacht hat, weil sie mir Dein festes Vertrauen auf meine Redlichkeit, selbst bei den scheinbar widersprechendsten Umständen, zusichert. Du wirst finden daß ich dessen bedarf. Ich teile *Dir* jetzt ohne Rückhalt alles mit, was ich nicht verschweigen muß. Ich reise mit Brockes nach Wien. Ich werde manches Schöne sehen, und jedesmal mit Wehmut daran denken, wie vergnügt Du dabei gewesen wärest, wenn es *möglich* gewesen wäre, Dich an dieser Reise Anteil nehmen zu lassen. Doch das Schöne ist diesmal nicht Zweck meiner Reise. Unterlasse alle Anwendungen, Folgerungen, und Kombinationen. Sie *müssen* falsch sein, weil Du mich nicht *ganz* verstehen kannst. Halte Dich bloß an das, was ich Dir gradezu mitteile. Das ist buchstäblich wahr.

Du bietest mir Deine ferneren Dienste an. Ich werde davon Gebrauch machen, ohne Deine Freundschaft zu mißbrauchen. Du wirkst unwissend zu einem Zwecke mit, der *vortrefflich* ist ...

Brokes heißt nicht Buchholz sondern *Bernhoff*. Die
Adresse also ist:
    An den Studenten der Ökonomie
    Herrn *Bernhoff*, Wohlgeboren, zu *Wien*
    (selbst abzuholen)
Willst Du mich mit einem Brief erfreuen, so ist die
Adresse:
    An den Studenten der Mathematik
    Herrn *Klingstedt*, Wohlgeb., zu *Wien*
    (selbst abzuholen)

20. An Wilhelmine von Zenge
                    Leipzig, 30. August (u. 1. Sept.) 1800

Ich reisete den 28. früh 11 Uhr mit *Brokes* in Begleitung *Carls* von Berlin ab nach Potsdam. Als ich vor
Linkersdorfs Hause vorbeifuhr, ward es mir im Busen
so warm. Jeder Gegenstand in dieser Gegend weckte
irgendwo in meiner Seele einen tiefen Eindruck wieder
auf. Ich betrachtete genau alle Fenstern des großen
Hauses, aber ich wußte im voraus, daß die ganze Familie verreiset war. Wie erstaunte ich nun, wie froh
erstaunte ich, als ich in jenem niedrig-dunkeln Zimmer,
zu welchem ich des Abends so oft geschlichen war,
Louisen entdeckte. Ich grüßte sie tief. Sie erkannte
mich gleich, und dankte mir sehr, sehr freundlich. Mir
strömten eine Menge von Erinnerungen zu. Ich mußte
einigemal nach dem einst so lieben Mädchen wieder
umsehen. Mir ward ganz seltsam zu Mute. Der Anblick dieses Mädchens, das mir einst so teuer war, und
dieses Zimmers, in welchem ich so viele Freude empfunden hatte – – – Sei ruhig. Ich dachte an Dich und
an die Gartenlaube, noch ein Augenblick, und ich ge-
hörte wieder *ganz Dir*.
    In Potsdam wohnten wir bei Leopolden. Ich sprach
einiges Notwendige mit Rühlen wegen unseres Aufenthaltes in Berlin. Dies war die eigentliche Absicht

unseres Verweilens in Potsdam ... Am andern Morgen früh 4 Uhr fuhr ich und *Brokes* wieder ab.

Die Reise ging durch die Mark – – also gibt es davon nichts Interessantes zu erzählen. Wir fuhren über *Treuenbritzen* nach *Wittenberg* und fanden, als wir auf der sächsischen Grenze das Auge einigemal zurück auf unser Vaterland warfen, daß dieses sich immer besser ausnahm, je weiter wir uns davon entfernten. Nichts als der Gedanke, mein *liebstes Wesen* darin zurückzulassen, machte mir die Trennung davon schwer.

In *Wittenberg* wäre manches Interessante zu sehen gewesen, z. B. Doktor *Luthers* und *Melanchthons* Grabmale. Auch wäre von hier aus die Fahrt an der Elbe entlang nach *Dresden* sehr schön gewesen. Aber das Vergnügen ist diesmal nicht Zweck unsrer Reise, und ohne uns aufzuhalten, fuhren wir gleich weiter, die Nacht durch nach *Leipzig* (über *Düben*).

Hier kamen wir den 30. (heute) früh um 11 Uhr an. Unser erstes Geschäft war, uns unter unsern neuen Namen in die Akademie inskribieren zu lassen, und wir erhielten die Matrikeln, welche uns zu Pässen verhelfen sollen, ohne alle Schwierigkeit. Weil aber die Post erst morgen abgeht, so blieb uns der Nachmittag noch übrig, den wir benutzten, die schönen öffentlichen Anlagen rund um diese Stadt zu besehen. Gegen Abend gingen wir beide ins Schauspiel, nicht um des erbärmlichen Stückes *Aböllino* willen, sondern um die Akteurs kennenzulernen, die hier sehr gelobt wurden. Aber wir fanden auch eine so erbärmliche Vorstellung, und dabei ein so ungesittetes Publikum, daß ich wenigstens schon im 2. Akt das Haus verließ. Ich ging zu Hause um Dir zu schreiben und erfülle jetzt in diesem Augenblick mein Versprechen und meine Pflicht. Aber ich bin von der durchwachten Nacht so ermüdet und daher, wie Du auch an diesem schlechten Briefe merken wirst, so wenig aufgelegt zum Schreiben, daß ich hier abbrechen muß, um mich zu Bette zu legen.

Gute Nacht, liebes Mädchen. Morgen will ich mehr schreiben und vielleicht auch Besseres. Gute Nacht.

den 1. September

Diesesmal empfange ich auf meiner Reise wenig Vergnügen *durch* die Reise. Zuerst ist das Wetter meistens immer schlecht, auch war die Gegend bisher nicht sonderlich, und wo es doch etwas Seltneres zu sehen gibt, da müssen wir, unser Ziel im Auge, schnell vorbeirollen. Wenn ich doch zuweilen vergnügt bin, so bin ich es durch die Erinnerung an Dich. Vorgestern auf der Reise, als die Nacht einbrach, lag ich mit dem Rücken auf dem Stroh unsers Korbwagens, und blickte grade hinauf in das unermeßliche Weltall. Der Himmel war malerisch schön. Zerrissene Wolken, bald ganz dunkel, bald hell vom Monde erleuchtet, zogen über mich weg. *Brokes* und *ich,* wir suchten beide und fanden Ähnlichkeiten in den Formen des Gewölks, er die seinigen, ich die meinigen. Wir empfanden den feinen Regen nicht, der von oben herab uns die Gesichter sanft benetzte. Endlich ward es mir doch zu arg und ich deckte mir den Mantel über den Kopf. Da stand die geliebte Form, die mir das Gewölk gezeigt hatte, ganz deutlich, mit allen Umrissen und Farben im engen Dunkel vor mir. Ich habe mir Dich in diesem Augenblick ganz lebhaft, und gewiß vollkommen wahr, vorgestellt, und bin überzeugt, daß an dieser Vorstellung nichts fehlte, nichts an Dir selbst, nichts an Deinem Anzuge, nicht das goldne Kreuz, und seine Lage, nicht der harte Reifen, der mich so oft erzürnte, selbst nicht das bräunliche Mal in der weichen Mitte Deines rechten Armes. Tausendmal habe ich es geküßt und Dich selbst. Dann drückte ich Dich an meine Brust und schlief in Deinen Armen ein. –

Du hast mir in Deinem vorigen Briefe geschrieben, Dein angefangner Aufsatz sei bald fertig. Schicke ihn mir nach Wien, sobald er vollendet ist. Du hast noch

viele Fragen von mir unbeantwortet gelassen und sie
werden Dir Stoff genug geben, wenn Du nur denken
und schreiben willst ...

Ich will Dir umständlicher die Geschichte unsrer
Immatrikulation erzählen.

Wir gingen zu dem Magnifikus, Prof. *Wenk,* eröff-
neten ihm, wir wären aus der Insel Rügen, wollten
kommenden Winter auf der hiesigen Universität zubringen; vorher aber noch eine Reise ins Erzgebirge
machen und wünschten daher jetzt gleich Matrikeln zu
erhalten. Er fragte nach unsern Vätern. *Brokes* Vater
war ein Amtmann, meiner ein invalider schwedischer
Kapitän. Er machte weiter keine Schwierigkeiten, las
uns die akademischen Gesetze vor, gab sie uns gedruckt, streute viele weise Ermahnungen ein, überlieferte uns dann die Matrikeln und entließ uns in Gnaden. Wir gingen zu Hause, bestellten Post, wickelten
unsre Schuhe und Stiefeln in die akademischen Gesetze
und hoben sorgsam die Matrikeln auf.

Nimm doch eine Landkarte zur Hand, damit Du
im Geiste den Freund immer verfolgen kannst. Ich
breite, sooft ich ein Stündchen Ruhe habe, immer meine
Postkarte vor mir aus, reise zurück nach Frankfurt,
und suche Dich auf des Morgens an Deinem Fenster
in der Hinterstube, Nachmittags an dem Fenster des
unteren Saales, gegen Abend in der dunkeln Laube,
und, wenn es Mitternacht ist, in Deinem Lager, das ich
nur einmal flüchtig gesehen habe, und das daher meine
Phantasie nach ihrer freiesten Willkür sich ausmalt.

21. An Wilhelmine von Zenge   Dresden, 3. (u. 4.) Sept. 1800

früh 5 Uhr

Gestern, den 2. September, spät um 10 Uhr abends,
traf ich nach einer 34stündigen Reise in diese Stadt ein.
Noch habe ich nichts von ihr gesehen, nicht sie selbst,

nicht ihre Lage, nicht den Strom, der sie durchschneidet, nicht die Höhen, die sie umkränzen; und wenn
ich schreibe, daß ich in Dresden bin, so *glaube* ich das
bloß, noch *weiß* ich es nicht . . .

Als wir von Leipzig abreiseten (mittags den 1. September), hatten wir unser gewöhnliches Schicksal,
schlechtes Wetter. Wir empfanden es auf dem offnen
Postwagen doppelt unangenehm. Die Gegend schien
fruchtbar und blühend, aber die Sonne war hinter   *a*
einem Schleier von Regenwolken versteckt, und wenn
die Könige trauern, so trauert auch das Land.

So kamen wir über immer noch ziemlich flachen
Lande gegen Abend nach *Grimma*. Als es schon finster
war, fuhren wir wieder ab. Denke Dir unser Erstaunen, als wir uns dicht vor den Toren dieser Stadt,
plötzlich in der Mitte eines Gebirges sahen. Dicht vor
uns lag eine Landschaft, ganz wie ein transparentes
Stück. Wir fuhren auf einem schauerlich schönen Wege,
der auf der halben Höhe eines Felsens in Stein gehauen
war. Rechts der steile Felsen selbst, mit überhangen-
dem Gebüsch, links der schroffe Abgrund, der den
Lauf der *Mulde* beugt, jenseits des reißenden Stromes
dunkelschwarze hohe belaubte Felsen, über welche in
einem ganz erheiterten Himmel der Mond heraufstieg.
Um das Stück zu vollenden lag vor uns, am Ufer der
Mulde, auf einem einzelnen hohen Felsen, ein zwei
Stock hohes viereckiges Haus, dessen Fenster sämtlich,
wie absichtlich, erleuchtet waren. Wir konnten nicht
erfahren, was diese seltsame Anstalt zu bedeuten habe,
und fuhren, immer mit hochgehobnen Augen, daran
vorbei, sinnend und forschend, wie man bei einem
Feenschlosse vorbeigeht.

So reizend war der Eingang in eine reizende Nacht.
Der Weg ging immer am Ufer der Mulde entlang, bei
Felsen vorbei, die wie Nachtgestalten vom Monde er-

a = S. 203ᵈ.

leuchtet waren. Der Himmel war durchaus heiter, der
Mond voll, die Luft rein, das Ganze herrlich. Kein
Schlaf kam in den ersten Stunden auf meine Augen.
Die Natur und meine brennende Pfeife erhielten mich
wach. Mein Auge wich nicht vom Monde. Ich dachte
an Dich, und suchte den Punkt im Monde, auf welchem vielleicht Dein Auge ruhte, und maß in Gedanken
den Winkel den unsre Blicke im Monde machten, und
träumte mich zurück auf der Linie Deines Blickes, um
so Dich zu finden, bis ich Dich endlich wirklich im
Traume fand.

Als ich erwachte, waren wir in *Waldheim,* einem
Städtchen, das wieder an der Mulde liegt. Besonders
als wir es schon im Rücken hatten und das Gebirgs-
städtchen hinter uns im niedrigen Tale lag, von buschigten Höhen umlagert, gab es eine reizende Ansicht.
Wir fuhren nun immer an dem Fuße des Erzgebirges
oder an seinem Vorgebirge entlang. Hin und wieder
blickten nackte Granitblöcke aus den Hügeln hervor.
Die ganze Gebirgsart ist aber Schiefer, welcher, wegen
seiner geblätterten Tafeln, ein noch wilderes zerrisse-
neres Ansehn hat, als der Granit selbst. Die allgemeine
Pflanze war die Harztanne; ein schöner Baum an sich,
der ein gewisses ernstes Ansehn hat, der aber die
Gegend auf welcher er steht meistens öde macht, vielleicht wegen seines dunkeln Grüns, oder wegen des
tiefen Schweigens das in dem Schatten seines Laubes
waltet. Denn es sind nur einige wenige, ganz kleine
Vögelarten, die, außer Uhu und Eule, in diesem Baume
nisten.

Ich ging an dem Ufer eines kleinen Waldbachs entlang. Ich lächelte über seine Eilfertigkeit, mit welcher
er schwatzhaft und geschmeidig über die Steine hüpfte.
Das ruht nicht eher, dachte ich, als bis es im Meere ist;
und dann fängt es seinen Weg von vorn an. – Und
doch – wenn es still steht, wie in dieser Pfütze, so ver-
fault es und stinkt.

Wir fanden dieses Gebirge wie alle, sehr bebaut und bewohnt; lange Dörfer, alle Häuser 2 Stock hoch, meistens mit Ziegeln gedeckt; die Täler grün, fruchtbar, zu Gärten gebildet; die Menschen warm und herzlich, meistens schön gestaltet, besonders die Mädchen. Das *Enge der Gebirge* scheint überhaupt auf das *Gefühl* zu wirken, und man findet darin viele Gefühlsphilosophen, Menschenfreunde, Freunde der Künste, besonders der Musik. Das *Weite des platten Landes* hingegen wirkt mehr auf den *Verstand,* und hier findet man die Denker und Vielwisser. Ich möchte an einem Orte geboren sein, wo die Berge nicht zu eng, die Flächen nicht zu weit sind. Es ist mir lieb, daß hinter Deinem Hause die Laube eng und dunkel ist. Da lernt man fühlen, was man in den Hörsälen nur zu oft verlernt.

Aber überhaupt steht der Sachse auf einem höhern Grad der Kultur, als unsre Landleute. Du solltest einmal hören, mit welcher Gewandtheit ein solches sächsisches Mädchen auf Fragen antwortet. Unsre (maulfaulen) Brandenburgerinnen würden Stunden brauchen, um abzutun, was hier in Minuten abgetan wird. Auch findet man häufig selbst in den Dörfern Lauben, Gärten, Kegelbahnen etc. so, daß hier nicht bloß, wie bei uns, für das Bedürfnis gesorgt ist, sondern daß man schon einen Schritt weitergerückt ist, und auch an das Vergnügen denkt.

Mittags (d. 2.) passierten wir *Nossen* und zum drittenmale die Mulde, die hier eine fast noch reizendere Ansicht bildet. Das östliche Ufer ist sanft abhangend, das westliche steil, felsig und buschig. Um die Kante eines Einschnittes liegt das Städtchen *Nossen,* auf einem Vorsprung, dicht an der Mulde, ein altes Schloß. Rechts öffnet sich die Aussicht durch das Muldetal nach den Ruinen des Klosters *Zelle.*

In diesem Kloster liegen seit uralten Zeiten die Leichname aller Markgrafen von Meißen. In neuern

Zeiten hat man jedem derselben ein Monument geben
wollen. Man hat daher die Skelette ausgegraben, und
die Knochen eines jeden möglichst genau zusammengesucht, wobei es indessen immer noch zweifelhaft
bleibt, ob jeder auch wirklich den Kopf bekommen
hat, der ihm gehört.

Gegen Abend kamen wir über *Wilsdruf,* nach den
Höhen von *Kesselsdorf;* ein Ort, der berühmt ist, weil
in seiner Nähe ein Sieg erfochten worden ist. So kann
man sich Ruhm erwerben in der Welt, ohne selbst das
mindeste dazu beizutragen.

Es war schon ganz finster, als wir von den Elbhöhen
herabfuhren, und im Mondschein die Türme von *Dres-*
den erblickten. Grade jener vorteilhafte Schleier lag
über die Stadt, der uns, wie Wieland sagt, mehr erwarten läßt, als versteckt ist. Man führte uns durch
enge Gassen, zwischen hohen, meistens fünf- bis sechs-
stöckigen Häusern entlang bis in die Mitte der Stadt,
und sagte uns vor der Post, daß wir am Ziele unsrer
Reise wären. Es war $1/_{2}11$ Uhr. Aber da die Elbbrücke
nicht weit war, so eilten wir schnell dahin, sahen rechts
die Altstadt, im Dunkel, links die Neustadt, im Dunkel, im Hintergrunde die hohen Elbufer, im Dunkel,
kurz alles in Dunkel gehüllt, und gingen zurück, mit
dem Entschluß, wiederzukehren, sobald nur die große
Lampe im Osten angesteckt sei.

Liebes Minchen. Soeben kommen wir von dem engl.
Ambassadeur, Lord *Elliot,* zurück, wo wir Dinge gehört haben, die uns bewegen, nicht nach Wien zu
gehen, sondern entweder nach *Würzburg* oder nach
Straßburg. Sei ruhig, und wenn das Herzchen unruhig wird, so lies die Instruktion durch, oder besieh
Deine neue Tasse von oben und unten ...

Übrigens bleibt alles beim alten. Ich gehe nicht weiter, als an einen dieser Orte, und kehre zu der einmal
bestimmten Zeit, nämlich vor dem 1. November gewiß
zurück, wenn nicht vielleicht noch früher.

Denke nicht darüber nach, und halte Dich, wenn die Unmöglichkeit, mich zu begreifen, Dich beunruhigt, mit blinder Zuversicht an Deinem Vertrauen zu meiner Redlichkeit, das Dich nicht täuschen wird, *so wahr Gott über mich lebt.*

Einst wirst Du alles erfahren, und mir mit Tränen danken ...

Abends um 8 Uhr

Ich habe den übrigen Teil des heutigen Tages dazu angewendet, einige Merkwürdigkeiten von *Dresden* zu sehen, und will Dir, was ich sah und dachte und fühlte, mitteilen.

Dresden hat enge Straßen, meistens 5 bis 6 Stock hohe Häuser, viel Leben und Tätigkeit, wenig Pracht und Geschmack. Die Elbbrücke ist ganz von Stein, aber nicht prächtig. Auf dem *Zwinger* (dem kurfürstl. Garten) findet man Pracht, aber ohne Geschmack. Das kurfürstliche Schloß selbst kann man kaum finden, so alt und russig sieht es aus.

Wir gingen in die berühmte Bildergalerie. Aber wenn man nicht genau vorbereitet ist, so gafft man so etwas an, wie Kinder eine Puppe. Eigentlich habe ich daraus nicht mehr gelernt, als daß hier viel zu lernen sei.

Wir hatten den Nachmittag frei, und die Wahl, das grüne Gewölbe, Pillnitz, oder *Tharandt* zu sehen. In der Wahl zwischen Antiquität, Kunst und Natur wählten wir das letztere und sind nicht unzufrieden mit unsrer Wahl.

Der Weg nach *Tharandt* geht durch den schönen *Plauenschen Grund.* Man fährt an der *Weißritz* entlang, die dem Reisenden entgegenrauscht. Mehr Abwechselung wird man selten in einem Tale finden. Die Schlucht ist bald eng, bald breit, bald steil, bald flach, bald felsig, bald grün, bald ganz roh, bald auf das Fruchtbarste bebaut. So hat man das Ende der Fahrt

erreicht, ehe man es wünscht. Aber man findet doch
hier noch etwas Schöneres, als man es auf diesem ganzen Wege sah.

Man steigt auf einen Felsen nach der Ruine einer
alten Ritterburg. Es war ein unglückseliger Einfall, die
herabgefallenen Steine wegzuschaffen und den Pfad
dahin zu bahnen. Dadurch hat das Ganze aufgehört
eine Antiquität zu sein. Man will sich den Genuß erkaufen, „wär's auch mit einem Tropfen Schweißes
nur". Du bist mir noch einmal so lieb geworden, seitdem ich um Deinetwillen reise . . .

In dem reizenden Tale von *Tharandt* war ich unbeschreiblich bewegt. Ich wünschte recht mit Innigkeit
Dich bei mir zu sehen. Solche Täler, eng und heimlich,
sind das wahre Vaterland der Liebe. Da würden wir
Freuden genossen haben, höhere noch als in der Gartenlaube. Und wie herrlich müßte einmal ein kurzes
Leben in der idealischen Natur auf Deine Seele wirken. Denn tiefe Eindrücke macht der Anblick der erhabenen edlen Schöpfung auf weiche, empfängliche
Herzen. Die Natur würde gewiß das Gefühl und den
Gedanken in Dir erwecken; ich würde ihn zu entwik-
keln suchen und selbst neue Gedanken und Gefühle
bilden. – O, einst müssen wir einmal *beide* eine schöne
Gegend besuchen. Denn da erwarten uns ganz neue
Freuden, die wir noch gar nicht kennen . . .

22. *An Wilhelmine von Zenge*   Öderan, 4. (u. 5.) Sept. 1800

Oderan im Erzgebirge, abends 9 Uhr

So heißt der Ort, der mich für diese Nacht empfängt. Er ist zwar von Dir nicht gekannt, aber er sorgt
doch für Deine Wünsche wie für einen alten Freund.
Denn er bietet mir ein Stübchen an, ganz wie das
Deinige in Frankfurt; und ich werde nicht einschlafen,
ohne tausendmal an Dich gedacht zu haben.

Unsere Reise ging von *Dresden* aus südwestlich, immer an dem Fuße des Erzgebirges entlang, über *Freiberg* nach *Oderan*. Die ganze Gegend sieht aus wie ein bewegtes Meer von Erde. Das sind nichts als *a* Wogen, immer die eine kühner als die andern. Doch sahen wir noch nichts von dem eigentlichen Hochgebirge . . .

Hier bin ich nun 6 Meilen von Dresden. *Brokes* wünscht hier zu übernachten, aus Gründen, die ich Dir in der Folge mitteilen werde. Ich benutzte noch die erste Viertelstunde, um Dir an *einem* Tage auch noch den *zweiten* Brief zu schreiben. Mein letzter Brief aus Dresden ist auch vom 4., von heute. Du sollst an Nachrichten von mir nicht Mangel haben. Aber diese Absicht ist nun erfüllt, und eigentlich bin ich herzlich müde. Also gute Nacht, liebes Mädchen. Morgen schreibe ich mehr.

Chemnitz, den 5. September, morgens 8 Uhr

Wie doch zwei Kräfte immer in dem Menschen sich streiten! Immer weiter von Dir führt mich die eine, die Pflicht, und die andere, die Neigung, strebt immer wieder zu Dir zurück. Aber die höhere Macht soll siegen, und sie wird es. Laß mich nur ruhig meinem Ziele entgegengehen, Wilhelmine. Ich wandle auf einem guten Wege, das fühle ich an meinem heitern Selbstbewußtsein, an der Zufriedenheit, die mir das Innere durchwärmt. Wie würde ich sonst mit solcher Zuversicht zu Dir sprechen? Wie würde ich sonst Dich noch mit inniger Freude die Meinige nennen können? Wie würde ich die schöne Natur, die jetzt mich umgibt, so froh und ruhig genießen können? Ja, liebes Mädchen, das letzte ist entscheidend. Einsamkeit in der offnen Natur, das ist der Prüfstein des Gewissens. In Gesellschaften, auf den Straßen, in dem Schauspiele

a = S. 192a, 203a.

mag es schweigen, denn da wirken die Gegenstände
nur auf den Verstand, und bei ihnen braucht man kein
Herz. Aber wenn man die weite, edlere, erhabenere
Schöpfung vor sich sieht, – ja da braucht man ein
Herz, da regt es sich unter der Brust und klopft an das
Gewissen. Der erste Blick flog in die weite Natur, der
zweite schlüpft heimlich in unser innerstes Bewußtsein.
Finden wir uns selbst häßlich, uns allein in diesem
Ideale von Schönheit, ja dann ist es vorbei mit der
Ruhe, und weg ist Freude und Genuß. Da drückt es
uns die Brust zusammen, wir können das Hohe und
Göttliche nicht fassen, und wandeln stumpf und sinn-
los wie Sklaven durch die Paläste ihrer Herren. Da
ängstigt uns die Stille der Wälder, da schreckt uns das
Geschwätz der Quelle, uns ist die Gegenwart Gottes
zur Last, wir stürzen uns in das Gewühl der Menschen,
um uns selbst unter der Menge zu verlieren, und wünschen uns nie, nie wiederzufinden.

Wie froh bin ich, daß doch wenigstens *ein Mensch*
in der Welt ist, der mich ganz versteht. Ohne *Brokes*
würde mir vielleicht Heiterkeit, vielleicht selbst Kraft
zu meinem Unternehmen fehlen. Denn ganz auf sein
Selbstbewußtsein zurückgewiesen zu sein, nirgends ein
Paar Augen finden, die uns Beifall zuwinken – und
doch *recht tun,* das soll freilich, sagt man, die Tugend
der Helden sein. Aber wer weiß, ob Christus am
Kreuze getan haben würde, was er tat, wenn nicht
aus dem Kreise wütender Verfolger seine Mutter und
seine Jünger feuchte Blicke des Entzückens auf ihn geworfen hätten.

Die Post ist vor der Türe, adieu. Ich nehme diesen
Brief noch mit mir. Er kömmt zwar immer weiter von
Dir ab und später wirst Du ihn nun erhalten. Aber
das Porto ist teuer, und *wir beide* müssen für ganzes
Geld auch das ganze Vergnügen genießen.

Noch einen Gedanken – –. Warum, wirst du sagen,
warum spreche ich so geheimnisreiche Gedanken halb

aus, die ich doch nicht ganz sagen will? Warum rede
ich von Dingen, die Du nicht verstehn kannst und
sollst? Liebes Mädchen, ich will es Dir sagen. Wenn
ich so etwas schreibe, so denke ich mich immer zwei
Monate älter. Wenn wir dann einmal, in der Gartenlaube, einsam, diese Briefe durchblättern werden, und
ich Dir solche dunkeln Äußerungen erklären werde,
und Du mit dem Ausruf des Erstaunens: ja so, so war
das gemeint – –

Adieu. Der Postillion bläst.

Lungwitz, um ¹/₂11 Uhr

O welch ein herrliches Geschenk des Himmels ist ein
schönes Vaterland! Wir sind durch ein einziges Tal
gefahren, romantisch schön. Da ist Dorf an Dorf, Garten an Garten, herrlich bewässert, schöne Gruppen von
Bäumen an den Ufern, alles wie eine englische Anlage.
Jeder Bauerhof ist eine Landschaft. Reinlichkeit und
Wohlstand blickt aus allem hervor. Man sieht aus dem
Ganzen, daß auch der Knecht und die Magd hier das
Leben genießen. Frohsinn und Wohlwollen spricht
uns aus jedem Auge an. Die Mädchen sind zum Teil
höchst interessant gebildet. Das findet man meistens in
allen Gebirgen. Wahrlich, wenn ich Dich nicht hätte,
und reich wäre, ich sagte à dieu à toutes les beautés
des villes. Ich durchreisete die Gebirge, besonders die
dunkeln Täler, spräche ein von Haus zu Haus, und
wo ich ein blaues Auge unter dunkeln Augenwimpern,
oder bräunliche Locken auf dem weißen Nacken fände,
da wohnte ich ein Weilchen und sähe zu ob das Mädchen auch im Innern so schön sei, wie von außen. Wäre
das, und wäre auch nur ein Fünkchen von Seele in ihr,
ich nähme sie mit mir, sie auszubilden nach meinem
Sinn. Denn das ist nun einmal mein Bedürfnis; und
wäre ein Mädchen auch noch so vollkommen, ist sie
fertig, so ist es nichts für mich. Ich selbst muß es mir
formen und ausbilden, sonst fürchte ich, geht es mir,

wie mit dem Mundstück an meiner Klarinette. Die
kann man zu Dutzenden auf der Messe kaufen, aber
wenn man sie braucht, so ist kein Ton rein. Da gab
mir einst der Musikus Baer in Potsdam ein Stück, mit
der Versicherung, das sei gut, *er* könne gut darauf
spielen. Ja, *er,* das glaub ich. Aber *mir* gab es lauter
falsche quiekende Töne an. Da schnitt ich mir von
einem gesunden Rohre ein Stück ab, formte es nach
meinen Lippen, schabte und kratzte mit dem Messer,
bis es in jeden Einschnitt meines Mundes paßte – – und
das ging herrlich. Ich spielte nach Herzenslust. –

Zuweilen bin ich auf Augenblicke ganz vergnügt.
Wenn ich so im offnen Wagen sitze, der Mantel gut
geordnet, die Pfeife brennend, neben mir Brockes,
tüchtige Pferde, guter Weg, und immer rechts und
links die Erscheinungen wechseln, wie Bilder auf dem
Tuche bei dem Guckkasten – und vor mir das schöne
Ziel, und hinter mir das liebe Mädchen – – und *in mir*
Zufriedenheit – dann, ja dann bin ich froh, recht herzlich froh.

Wenn *Du* einmal könntest so neben mir sitzen, zur
Linken, Arm an Arm, Hand in Hand, immer Gedanken wechselnd und Gefühle, bald mit den Lippen, bald
mit den Fingern – ja das würden schöne, süße herrliche Tage sein.

Was das Reisen hier schnell geht, das glaubst Du
gar nicht. Oder ist es die Zeit, die so schnell verstreicht?
Fünf Uhr war es, als wir von *Oderan* abfuhren, jetzt
ist es ½11, also in 5½ Stunde 4 Meilen. Jetzt geht es
gleich weiter nach Zwickau. Wir fliegen wie die Vögel
über die Länder. Aber dafür lernen wir auch nicht viel.
Einige flüchtige Gedanken sind die ganze Ausbeute
unsrer Reise.

Sind Sie in *Dresden* gewesen? – „Ja, durchgereist." –
Haben Sie das Grüne Gewölbe gesehen? – „Nein." –
Das Schloß? – „Von außen." – Königstein? – „Von
weitem." – Pillnitz, Moritzburg? – „Gar nicht." –

Mein Gott, wie ist das möglich? – „Möglich? Mein
Freund, das war *notwendig*." ...

Zwickau, 3 Uhr nachmittags

Jetzt habe ich das Schönste auf meiner ganzen bisherigen Reise gesehen, und ich will es Dir beschreiben.
Es war das Schloß *Lichtenstein*. Wir sahen von einem
hohen Berge herab, rechts und links dunkle Tannen,
ganz wie ein gewählter Vordergrund; zwischendurch
eine Gegend, ganz wie ein geschlossnes Gemälde. In
der Tiefe lag zur Rechten am Wasser das Gebirgsstädt-
chen; hinter ihm, ebenfalls zur Rechten, auf der Hälfte
eines ganz buschigten Felsens, das alte Schloß Lichtenstein; hinter diesem, immer noch zur Rechten, ein
höchster Felsen, auf welchem ein Tempel steht. Aber
zur Linken öffnet sich ein weites Feld, wie ein Teppich,
von Dörfern, Gärten und Wäldern gewebt. Ganz im
Hintergrunde ahndet das Auge blasse Gebirge, und
drüber hin, über die höchste matteste Linie der Berge,
schimmert der bläuliche Himmel, der Himmel im
Norden, der Himmel von Frankfurt, der Himmel, der
mein liebes Minchen beleuchtet, und beschützen möge,
bis ich es einst wieder in meine Arme drücke.

Ja, mein liebes Mädchen, das ist ein ganz andrer
Stil von Gegend, als man in unserm traurigen märkischen Vaterlande sieht. Zwar ist das Tal, das die Oder
ausspült, besonders bei Frankfurt sehr reizend. Aber
das ist doch nur ein bloßes Miniatürgemälde. Hier sieht
man die Natur gleichsam in Lebensgröße. Jenes ist
gleichsam wie die Gelegenheitsstücke großer Künstler,
flüchtig gezeichnet, nicht ohne meisterhafte Züge, aber
ohne Vollendung; dieses hingegen ist ein Stück, mit
Begeisterung gedichtet, mit Fleiß und Genie auf das
Tableau geworfen, und aufgestellt vor der Welt mit
der Zuversicht auf Bewunderung.

Dabei ist alles fruchtbar, selbst die höchsten Spitzen

bebaut, und oft bis an die Hälfte des Berges, wie in der Schweiz, laufen saftgrüne Wiesen hinan. –

Aber nun muß ich den Brief zusiegeln. Adieu. Schreibe mir doch ob Vater und Mutter nicht nach mir gefragt haben; und in welcher Art. Aber sei ganz aufrichtig. Ich werde ihnen flüchtige Gedanken, die natürlich sind, nicht verdenken. Aber bleibe Du standhaft, und verlasse Dich darauf, daß ich diesmal besser für Dich, und also für Deine Eltern sorge, als je in meinem Leben . . .

Geschwind noch ein paar Worte. Der Postillion ist faul und langsam, ich bin fleißig und schnell. Das ist natürlich, denn er arbeitet für Geld, und ich für den Lohn der Liebe.

Aber geschwind – Ich bin in die sogenannte *große* Kirche gewesen, hier in Zwickau. Da gibt es manches zu sehen. Zuerst ist der Eindruck des Innern angenehm und erhebend. Ein weites Gewölbe wird von wenigen und doch schlanken Pfeilern getragen. Wir sehen es gern, wenn mit geringen Kräften ausgewirkt wird, was große zu erfordern scheint. Ferner war zu sehn ein Stück von *Lucas Cranach,* mit Meisterzügen, aber ohne Plan und Ordnung, wie die durchlöcherten und gefärbten Stücke, die an den Türen der Bauern, Soldaten und Bedienten hangen; doch das kennst Du nicht. Ferner war zu sehn ein Modell des Heiligen Grabes zu Jerusalem aus Holz geschnitzt etc. etc.

Dabei fällt mir eine Kirche ein, die ich Dir noch nicht beschrieben habe; die *Nickolskirche* zu *Leipzig.* Sie ist im Äußern, wie die Religion, die in ihr gepredigt wird, antik, im Innern nach dem modernsten Geschmack ausgebaut. Aus der Kühnheit der äußeren Wölbungen sprach uns der Götze der abenteuerlichen Goten zu; aus der edeln Simplizität des Innern wehte uns der Geist der verfeinerten Griechen an. Schade, daß ein – – – ich hätte beinah etwas gesagt, was die Priester übelnehmen. Aber das weiß ich, daß die edeln

Gestalten der leblosen Steine wärmer zu meinem Herzen sprachen, als der hochgelehrte Priester auf seiner
Kanzel.

Reichenbach, abends 8 Uhr

Nur zwei Dinge möchte ich gewiß wissen, dann
wollte ich mich leichter über den Mangel aller Nachrichten von Dir trösten: erstens ob Du *lebst*, zweitens,
ob Du mich *liebst*. Oder nur das erste; denn dies,
hoffe ich, schließt bei Dir, wie bei mir, das andere ein.
Aber am liebsten fast möchte ich wissen, ob Du ganz
ruhig bist. Wenn Du nur damals an jenem Abend in
der Gartenlaube nicht geweint hättest, als ich Dir einen
doppelsinnigen Gedanken mitteilte, von dem Du gleich
den übelsten Sinn auffaßtest. Aber Du versprachst mir
Besserung, und wirst Dein Wort halten und vernünftig sein. Wie sollte es Dich einst reuen, Wilhelmine,
wenn Du mit Beschämung, vielleicht in kurzem, ein-
sähest, Deinem redlichsten Freunde mißtraut zu haben.
Und wie wird es Dich dagegen mit innigem Entzücken
erfüllen, wenn Du in wenigen Wochen, den Freund,
dem Du alles vertrautest, und der Dich in nichts be-
trog, in die Arme schließen kannst.

Adieu, liebes Mädchen, jetzt schließe ich den Brief.
In der nächsten Station fange ich einen andern Brief
an. Es werden doch Zwischenräume von Tagen sein,
ehe Du den folgenden Brief empfängst. Vielleicht
empfängst Du sie auch alle auf einmal. – Aber was
ich in der Nacht denken werde, weiß ich nicht, denn
es ist finster, und der Mond verhüllt. – Ich werde ein
Gedicht machen. Und worauf? – Da fielen mir heute
die Nadeln ins Auge, die ich einst in der Gartenlaube
aufsuchte. Unaufhörlich lagen sie mir im Sinn. Ich
werde in dieser Nacht ein Gedicht *auf* oder *an eine
Nadel* machen. Adieu. Schlafe wohl, ich wache für Dich.

23. An Wilhelmine von Zenge
[Würzburg, 9. oder 10. September 1800]

[Der Anfang fehlt] – – – Werde ich nicht bald einen Brief von Dir erhalten? Meine liebe, teure, einzige Freundin! – Wenn Du in so langer Zeit krank geworden sein solltest – wenn Du vielleicht gar nicht mehr wärst – o Gott! Dann wären alle Opfer, alle Bemühungen dieser Reise umsonst! Denn Liebe bedarf ich – und wo würde ich *so viele Liebe* wiederfinden? Für Dich tat ich, was ich nie für einen Menschen tat. – Du würdest mich inniger, treuer, zärtlicher, dankbarer, als irgendein Mädchen geliebt haben. – O Gott! das wäre schrecklich! Schreibe, schreibe bald. Täglich besuche ich die Post. *Bald* muß ich Nachricht von Dir erhalten, oder meine so lange erhaltene Ruhe wankt. – Schreibe mir nur immer nach Würzburg. Ich bleibe hier, bis ich von Dir Nachricht erhalten habe, ich könnte sonst nicht ruhig weiterreisen. Vielleicht, *ja wahrscheinlich* reise ich auch gar nicht weiter. Adieu.

24. An Wilhelmine von Zenge
Würzburg, 11. (u. 12.) September 1800

Mein liebstes Herzensmädchen, o wenn ich Dir sagen dürfte, wie vergnügt ich bin. – Doch das darf ich nicht. Sei Du auch vergnügt. Aber laß uns davon abbrechen. Bald, bald mehr davon.

Ich will Dir von etwas anderm vorplaudern.

Zuerst von dieser Stadt. Auch diese liegt ganz im Grunde, an einer Krümmung des Mains, von kahlen Höhen eingeschlossen, denen das Laub ganz fehlt und die von nichts grün schimmern, als von dem kurzen Weinstock. Beide Ufer des Mains sind mit Häusern bebaut ... Das Ganze hat ein echt katholisches Ansehn. Neununddreißig Türme zeigen an, daß hier ein Bischof wohne, wie ehemals die ägyptischen Pyramiden, daß hier ein König begraben sei. Die ganze Stadt wimmelt von Heiligen, Aposteln und Engeln, und wenn man durch die Straßen geht, so glaubt man, man wandle durch den Himmel der Christen. Aber die Täuschung dauert nicht lange. Denn Heere von Pfaffen und Mönchen, buntscheckig montiert wie die Reichstruppen, laufen uns unaufhörlich entgegen und erinnern uns an die gemeinste Erde.

Den Lauf der Straßen hat der regelloseste Zufall gebildet. In dieser Hinsicht unterscheidet sich Würzburg durch nichts, von der Anlage des gemeinsten Dorfes. Da hat sich jeder angebaut, wo es ihm grade gefiel, ohne eben auf den Nachbar viele Rücksicht zu nehmen. Daher findet man nichts als eine Zusammenstellung vieler einzelnen Häuser, und vermißt die Idee eines Ganzen, die Existenz eines allgemeinen Interesses. Oft ehe man es sich versieht ist man in einem Labyrinth von Gebäuden geraten, wo man sich den Faden der Ariadne wünschen muß, um sich herauszufinden. Das alles könnte man der grauen Vorzeit noch verzeihen; aber wenn heutzutage ganz an der Stelle der alten Häuser neue gebaut werden, so daß also auch die Idee, die Stadt zu ordnen, nicht vorhanden ist, so heißt das ein Versehen verewigen.

Das bischöfliche Residenzschloß zeichnete sich unter den Häusern aus. Es ist lang und hoch. Schön kann man es wohl nicht nennen. Der Platz vor demselben ist heiter und angenehm. Er ist von beiden Seiten durch eine Kolonnade eingeschlossen, deren jede ein Obelisk ziert. – Die übrigen Häuser befriedigen bloß die gemeinsten Bedürfnisse. Nur zuweilen hebt sich über niedrige Dächer eine Kuppel, oder ein Kloster oder das höhere Dach eines Domherrn empor.

Keine der hiesigen Kirchen haben wir so schön gefunden, als die Kirche zu *Eberach,* die ich Dir in meinem vorigen Briefe beschrieb. Selbst der Dom ist nicht so geschmackvoll und nicht so prächtig. Aber alle diese Kirchen sind von früh morgens bis spät abends besucht. Das Läuten dauert unaufhörlich fort. Es ist, als ob die Glocken sich selbst zu Grabe läuteten, denn wer weiß, ob die Franzosen sie nicht bald einschmelzen. Messen und Hora wechseln immer miteinander ab, und die Perlen der Rosenkränze sind in ewiger Bewegung. Denn es gilt die Rettung der Stadt, und da die Franzosen für ihren Untergang beten, so kommt es darauf an, wer am meisten betet.

Ich, mein liebes Kind, habe Ablaß auf 200 Tage. In einem Kloster auf dem Berge ... hinter dem Zitadell, lag vor einem wundertätigen Marienbilde ein gedrucktes Gebet, mit der Ankündigung, daß wer es mit Andacht läse, diesen Ablaß haben sollte. Gelesen habe ich es; doch da es nicht mit der gehörigen Andacht geschah, so werde ich mich doch wohl vor Sünden hüten, und nach wie vor tun müssen, was recht ist.

Wenn man in eine solche katholische Kirche tritt, und das weitgebogene Gewölbe sieht, und diese Altäre und diese Gemälde – und diese versammelte Menschenmenge mit ihren Gebärden –, wenn man diesen ganzen Zusammenfluß von Veranstaltungen, sinnend, betrachtet, so kann man gar nicht begreifen, wohin das alles führen solle. Bei uns erweckt doch die Rede des Priesters, oder ein Gellertsches Lied manchen herzerhebenden Gedanken; aber das ist hier bei dem Murmeln des Pfaffen, das niemand hört, und selbst niemand verstehen würde, wenn man es auch hörte, weil es lateinisch ist, nicht möglich. Ich bin überzeugt, daß alle diese Präparate nicht einen einzigen vernünftigen Gedanken erwecken.

Überhaupt, dünkt mich, alle Zeremonien ersticken das Gefühl. Sie beschäftigen unsern Verstand, aber das Herz bleibt tot. Die bloße Absicht, es zu erwärmen, ist, wenn sie sichtbar wird, hinreichend, es ganz zu erkalten. Mir wenigstens erfüllt eine Todeskälte das Herz, sobald ich weiß, daß man auf mein Gefühl gerechnet hat.

Daher mißglücken auch meist alle Vergnügungen, zu welchen große Anstalten nötig sind. Wie oft treten wir in Gesellschaften, in den Tanzsaal, ohne mehr zu finden, als die bloße Anstalt zur Freude, und treffen dagegen die Freude selbst oft da an, wo wir sie am wenigsten erwarteten.

Daher werde ich auch den *schönsten* Tag, den ich vor mir sehe, nicht nach der Weise der Menschen, sondern nach *meiner* Art zu feiern wissen.

Ich kehre zu meinem Gegenstande zurück. – Wenn die wundertätigen Marienbilder einigermaßen ihre Schuldigkeit tun, so muß in kurzem kein Franzose mehr leben. Wirksam sind sie, das merkt man an den wächsernen Kindern, Beinen, Armen, Fingern etc. etc., die um das Bild gehängt sind; die Zeichen der Wünsche, welche die heilige Mutter Gottes erfüllt hat. – In kurzem wird hier eine Prozession sein, zur Niederschlagung der Feinde, und, wie es heißt, „zur Ausrottung aller Ketzer". Also auch zu Deiner und meiner Ausrottung –

Ich wende mich jetzt zu einer vernünftigen Anstalt, die ich mit mehrerem Vergnügen besucht habe, als diese Klöster und Kirchen.

Da hat ein Mönch die Zeit, die ihm Hora und Messe übrig ließen, zur Verfertigung eines seltnen Naturalien-Kabinetts angewendet. Ich weiß nicht gewiß, ob es ein Benediktinermönch ist, aber ich schließe es aus dieser nützlichen Anwendung seiner Zeit, indem die Mönche dieses Ordens immer die fleißigsten und arbeitsamsten gewesen sind.

Er ist Professor bei der hiesigen Universität und heißt *Blank*. Er hat, mit Unterstützung des jetzigen Fürstbischofs, eines Herrn von *Fechenbach*, eine sehenswürdige Galerie von Vögeln und Moosen in dem hiesigen Schlosse aufgestellt. Das Gefieder der Vögel ist, *ohne die Haut*, auf Pergament geklebt, und so vor der Nachstellung der Insekten ganz gesichert. –

Verzeihe mir diese Umständlichkeit. Ich denke einst
diese Papiere für mich zu nützen ...

den 12. September

Was Dir das hier für ein Leben auf den Straßen ist,
aus Furcht vor den Franzosen, das ist unbeschreiblich.
Bald Flüchtende, bald Pfaffen, bald Reichstruppen,
das läuft alles buntscheckig durcheinander, und fragt
und antwortet, und erzählt Neuigkeiten, die in zwei
Stunden für falsch erklärt [werden].

Der hiesige Kommandant, General D'Allaglio, soll
wirklich im Ernst diese Festung behaupten wollen.
Aber sei ruhig. Es gilt bloß die Zitadelle, nicht die
Stadt. Auch diese ist zwar befestigt, aber sie liegt ganz
in der Tiefe, ist ganz unhaltbar, und für sie, sagt man,
sei schon eine Kapitulation im Werke. Nach meiner
Einsicht ist aber die Zitadelle ebenso unhaltbar. Sie ist
nach der Befestigungskunst des Mittelalters erbaut, das
heißt, schlecht. Es war eine unglückliche Idee hier eine
Festung anzulegen. Aber ursprünglich scheint es eine
alte Burg zu sein, die nur nach und nach erweitert worden ist. Schon die Lage ist ganz unvorteilhaft, denn in
der Nähe eines Flintenschusses liegt ein weit höherer
Berg, der den Felsen der Zitadelle ganz beherrscht. Man
will sich indessen in die Kasematten flüchten, und der
Kommandant soll geäußert haben, er wolle sich halten,
bis ihm das Schnupftuch in der Tasche brennt. Wenn er
klug ist, so zündet er es sich selbst an, und rettet so
sein Wort und sein Leben. Indessen ist wirklich die
Zitadelle mit Proviant auf drei Monate versehn. Auch
soll viel Geschütz oben sein – doch das alles *soll* nur
sein, hinauf auf das Zitadell darf keiner. Viele Schieß-
scharten sind da, das ist wahr, aber das sind vielleicht
bloße Metonymien.

Besonders des Abends auf der Brücke ist ein ewiges
Laufen hinüber und herüber. Da stehn wir denn in
einer Nische, Brokes und ich, und machen Glossen, und

schen es diesem oder jenem an, ob er seinen Wein in
Sicherheit hat, ob er sich vor der Säkularisation fürch-
tet oder ob er den Franzosen freundlich ein Glas Wein
vorsetzen wird. Die meisten, wenigstens von den Bür-
gern, scheinen die letzte Partie ergreifen zu wollen.
Das muß man ihnen aber abmerken, denn durch die
Rede erfährt man von ihnen nichts. Du glaubst nicht,
welche Stille in allen öffentlichen Häusern herrscht.
Jeder kommt hin, um etwas zu erfahren, niemand, um
etwas mitzuteilen. Es scheint, als ob jeder erst abwar-
ten wollte, wie man ihm kommt, um dann dem andern
ebenso zu kommen. Aber das ist eben das Eigentümliche der katholischen Städte. Da hängt man den Mantel, wie der Wind kommt.

Soeben erfahre ich die *gewisse* Nachricht, daß der
Waffenstillstand auf unbestimmte Zeit verlängert ist,
also schließe ich diesen Brief, damit Du so frühe als
möglich diese frohe Nachricht erhältst, die *unsre*
Wünsche reifen soll.

25. An Wilhelmine von Zenge
Würzburg, 13. (–18.) September 1800

Mädchen! Wie glücklich wirst Du sein! Und ich! Wie
wirst Du an meinem Halse weinen, heiße innige Freudentränen! Wie wirst Du mir mit Deiner ganzen Seele
danken! – Doch still! Noch ist nichts *ganz* entschieden,
aber – der Würfel liegt, und, wenn ich recht sehe, wenn
nicht alles mich täuscht, so stehen die Augen gut. Sei
ruhig. In wenigen Tagen kommt ein froher Brief an
Dich, ein Brief, Wilhelmine, der – – Doch ich soll ja
nicht reden, und so will ich denn noch schweigen auf
diese wenigen Tage. Nur diese *gewisse* Nachricht will
ich Dir mitteilen: ich gehe von hier nicht weiter nach
Straßburg, sondern bleibe in Würzburg. Eher als Du
glaubst, bin ich wieder bei Dir in Frankfurt. Küsse
mich, Mädchen, denn ich verdiene es.

Laß uns tun, als ob wir nichts Interessanteres miteinander zu plaudern hätten, als fremdartige Dinge. Denn das, was mir die ganze Seele erfüllt, darf ich Dir nicht, *jetzt noch nicht,* mitteilen.

Also wieder etwas von dieser Stadt.

Eine der vortrefflichsten Anstalten, die je ein Mönch hervorbrachte, ist wohl das hiesige *Julius-Hospital,* vom Fürstbischof *Julius* im 16. Jahrhundert gestiftet, von dem vorletzten Fürstbischof *Ludwig* um mehr als das Ganze erweitert, veredelt und verbessert. Das Stammgebäude schon ist ein Haus wie ein Schloß; aber nun sind noch, in ähnlicher Form, Häuser hinzugebaut worden, so daß die vordere Fassade 63 Fenster hat, und das Ganze ein geschloßnes Viereck bildet. Im innern Hofe ist ein großer Brunnen angelegt, hinten befindet sich ein vortrefflicher botanischer Garten, Badehäuser, ein anatomisches Theater und ein medizinisch-chirurgisches Auditorium.

Das Ganze ist ein Produkt der wärmsten Menschenliebe. Jedes Gebrechen gibt, *wenn es ganz arm ist,* ein Recht auf unbedingte kostfreie Aufnahme in diesem Hause. Die Wiederhergestellten und Geheilten müssen es wieder verlassen, die Unheilbaren und das graue Alter findet Nahrung, Kleidung und Obdach bis ans Ende des Lebens. Denn nur auf gänzliche Hülflosigkeit ist diese Anstalt berechnet, und wer noch auf irgendeine Art sich selbst helfen kann, der findet hier keinen Platz, weil er ihn einem Unglücklichern, Hülfsbedürftigern nehmen würde.

Dabei ist es besonders bemerkenswürdig und lobenswert, daß die religiöse Toleranz, die nirgends in diesem ganzen Hochstift anzutreffen ist, grade hier in diesem Spital, wo sie so nötig war, Platz gefunden hat, und daß *jeder* Unglückliche seine Zuflucht findet in dieser katholischen Anstalt, wäre es auch ein Protestant oder ein Jude.

Das Innere des Gebäudes soll sehr zweckmäßig ein-

gerichtet [sein]. Ordnung wenigstens und Plan habe ich
darin gefunden. Da beherbergt jedes Gebäude eine
eigne Art von Kranken, entweder die medizinische
oder chirurgische, und jeder Flügel wieder ein eignes
Geschlecht, die männlichen oder die weiblichen. Dann
ist ein besonderes Haus für Unheilbare, eines für das
schwache Alter, eines für die Epileptischen, eines für
die Verrückten etc. Der Garten steht jedem Gesitteten
offen. Es wird in großen Sälen gespeiset. Eine recht
geschmackvolle Kirche versammelt täglich die From-
men. Sogar die Verrückten haben da ihren vergitterten
Platz.

Bei den Verrückten sahen wir manches Ekelhafte,
manches Lächerliche, viel Unterrichtendes und Bemit-
leidenswertes. Ein paar Menschen lagen übereinander,
wie Klötze, ganz unempfindlich, und man sollte fast
zweifeln, ob sie Menschen zu nennen wären. Dagegen
kam uns munter und lustig ein überstudierter Professor entgegen, und fing an, uns auf lateinisch zu
harangieren, und fragte so schnell und flüchtig und
sprach dabei ein so richtiges, zusammenhangendes La-
tein, daß wir im Ernste verlegen wurden um die Antwort, wie vor einem gescheuten Manne. In einer Zelle
saß, schwarz gekleidet, mit einem tiefsinnigen, höchst
ernsten und düstern Blick, ein Mönch. Langsam schlug
er die Augen auf uns, und es schien, als ob er unser
Innerstes erwog. Dann fing er, mit einer schwachen, aber
doch tönenden und das Herz zermalmenden Stimme
an, uns vor der Freude zu warnen und an das ewige
Leben und an das heilige Gebet uns zu erinnern. Wir
antworteten nicht. Er sprach in großen Pausen. Zuweilen blickte er uns wehmütig an, als ob er uns doch
für verloren hielte. Er hatte sich einst auf der Kanzel
in einer Predigt versprochen und glaubte von dieser
Zeit an, er habe das Wort Gottes verfälscht. Von diesem gingen wir zu einem Kaufmann, der aus Verdruß
und Stolz verrückt geworden war, weil sein Vater das

Adelsdiplom erhalten hatte, ohne daß es auf den Sohn forterbte. Aber am schrecklichsten war der Anblick eines Wesens, den ein unnatürliches Laster wahnsinnig gemacht hatte. – Ein 18jähriger Jüngling, der noch vor kurzem blühend schön gewesen sein soll und noch Spuren davon an sich trug, hing da über die unreinliche Öffnung, mit nackten, blassen, ausgedorrten Gliedern, mit eingesenkter Brust, kraftlos niederhangendem Haupte, – eine Röte, matt und geadert, wie eines Schwindsüchtigen, war ihm über das totenweiße Antlitz gehaucht, kraftlos fiel ihm das Augenlid auf das sterbende, erlöschende Auge, wenige saftlose Greisenhaare deckten das frühgebleichte Haupt, trocken, durstig, lechzend hing ihm die Zunge über die blasse, eingeschrumpfte Lippe, eingewunden und eingenäht lagen ihm die Hände auf dem Rücken – er hatte nicht das Vermögen die Zunge zur Rede zu bewegen, kaum die Kraft den stechenden Atem zu schöpfen – nicht verrückt waren seine Gehirnsnerven aber matt, ganz entkräftet, nicht fähig seiner Seele zu gehorchen, sein ganzes Leben nichts als eine einzige, lähmende, ewige Ohnmacht – O lieber tausend Tode, als ein einziges Leben wie dieses! So schrecklich rächt die Natur den Frevel gegen ihren eignen Willen! O weg mit diesem fürchterlichem Bilde –

Nicht ohne Rührung und Ehrfurcht wandelt man durch die Hallen dieses weiten Gebäudes, wenn man alle diese großen, mühsamen, kostspieligen Anstalten betrachtet, wenn man die Opfer erwägt, die sie dem Stifter und den Unterhaltern kostet. Die bloße Erhaltung der ganzen Anstalt beträgt jährlich 60000 fl. Damit ist zugleich eine Art von chirurgischer Pepiniere verknüpft, so daß bei dem Hospital selbst die künftigen Ärzte desselben gebildet werden. Lehrer sind die praktischen Ärzte, wie Seybold, Brünningshausen etc.

Aber wenn man an den Nutzen denkt, den diese Anstalt bringt, wenn man fragt, ob mit so großen Auf-

opferungen auf einem minder in die Augen fallenden
Wege nicht noch weit mehr auszurichten sein würde,
so hört man auf, diese an sich treffliche Anstalt zu
bewundern, und fängt an zu wünschen, daß das ganze
Haus lieber gar nicht da sein möchte. Weit inniger
greift man in das Interesse des hülflosen Kranken ein,
wenn man ihn in seinem Hause, mit Heilung, Kleidung, Nahrung, oder statt der beiden letzten Dinge
mit Geld unterstützt. Ihn erfreut doch der stolze
Palast und der königliche Garten nicht, der ihn immer
an seine demütige Lage, an die Wohltat, die er nie
abtragen kann, erinnert; aller dieser Anschein von
Pracht wird schwerlich mehr, als den Kranken und sein
Gefühl durch den bittern Kontrast mit seinem Elende
noch mehr drücken. Es liegt eine Art von Spott darin,
erst ganz hilflos werden zu müssen um königlich zu
wohnen – – Eigentlich weiß ich mich nicht recht auszudrücken. Aber ich bin gewiß, daß gute, stille, lei-
dende Menschen weit lieber im stillen Wohltaten annehmen, als sie hier mit prahlerischer Publizität zu
empfangen. Auch würde wirklich jedem Kranken leichter geholfen werden, als hier, wo bei dem Zusammenfluß so vieles Elendes Herz und Mut sinken. Besonders die Verrückten können in ihrer eignen Gesellschaft nie zu gesundem Verstande kommen. Dagegen würde dies gewiß bei vielen möglich sein, wenn
mehrere vernünftige Leute, etwa die eigne Familie,
unter der Leitung eines Arztes, sich bemühte den
Unglücklichen zur Vernunft zurückzuführen. Man
könnte einwerfen, daß dies alles mehrere Kosten noch
verursachen würde, aber man bedenke nur daß die
bloße Einrichtung dieser Anstalt Millionen kostet,
und daß dies alles dann nicht nötig wäre. – Indessen
so viel ist freilich wahr, daß die ganze Wohltat dann
nicht so viel Ansehen hätte. Daß doch immer auch
Schatten sich zeigt, wo Licht ist!

den 14. September

Nirgends kann man den Grad der Kultur einer
Stadt und überhaupt den Geist ihres herrschenden
Geschmacks schneller und doch zugleich richtiger
kennenlernen, als – in den Lesebibliotheken.

Höre was ich darin fand, und ich werde Dir ferner
nichts mehr über den Ton von Würzburg zu sagen
brauchen.

„Wir wünschen ein paar gute Bücher zu haben." –
Hier steht die Sammlung zu Befehl. – „Etwa von
Wieland." – *Ich zweifle fast.* – „Oder von Schiller,
Goethe." – *Die möchten hier schwerlich zu finden sein.*
– „Wie? Sind alle diese Bücher vergriffen? Wird hier
so stark gelesen?" – *Das eben nicht.* – „Wer liest denn
hier eigentlich am meisten?" – *Juristen, Kaufleute und
verheiratete Damen.* – „Und die unverheirateten?" –
Sie dürfen keine fordern. – „Und die Studenten?" –
Wir haben Befehl, ihnen keine zu geben. – „Aber sagen
Sie uns, wenn so wenig gelesen wird, wo in aller Welt
sind denn die Schriften Wielands, Goethes, Schillers?"
– *Halten zu Gnaden, diese Schriften werden hier gar
nicht gelesen.* – „Also Sie haben sie gar nicht in der
Bibliothek?" – *Wir dürfen nicht.* – „Was stehn denn
also eigentlich für Bücher hier an diesen Wänden?" –
*Rittergeschichten, lauter Rittergeschichten, rechts die
Rittergeschichten mit Gespenstern, links ohne Ge-
spenster, nach Belieben.* – „So, so." – –

Nach Vergnügungen fragt man hier vergebens. Man
hat hier nichts im Sinn als die zukünftige himmlische
Glückseligkeit und vergißt darüber die gegenwärtige
irdische. Ein elender französischer Garten, der *Hut-
tensche,* heißt hier ein Rekreationsort. Man ist aber
hier so still und fromm, wie auf einem Kirchhofe.
Nirgends findet man ein Auge, das auf eine interessante Frage eine interessante Antwort verspräche.
Auch hier erinnert das Läuten der Glocken unaufhör-

lich an die katholische Religion, wie das Geklirr der Ketten den Gefangnen an seine Sklaverei. Mitten in einem geselligen Gespräche sinken bei dem Schall des Geläuts alle Knie, alle Häupter neigen, alle Hände falten sich; und wer auf seinen Füßen stehen bleibt, ist ein Ketzer.

den 15. September

Meine liebe, liebste Freundin! Wie sehnt sich mein Herz nach einem paar freundlicher Worte von Deiner Hand, nach einer kurzen Nachricht von Deinem Leben, von Deiner Gesundheit, von Deiner Liebe, von Deiner Ruhe! ... Zürnst Du vielleicht auf den Geliebten, der sich so mutwillig von der Freundin entfernte? Schiltst Du ihn leichtsinnig, den Reisenden, ihn, der auf dieser Reise Dein Glück mit unglaublichen Opfern erkauft und jetzt vielleicht – *vielleicht* schon gewonnen hat? Wirst Du mit Mißtrauen und Untreue dem lohnen, der vielleicht in kurzem mit den Früchten seiner Tat zurückkehrt? Wird er Undank bei dem Mädchen finden, für deren Glück er *sein Leben* wagte? Wird ihm der Preis nicht werden, auf den er rechnete, *ewige innige zärtliche Dankbarkeit?* ...

Was spricht man überhaupt von mir in Frankfurt? – Doch das wirst *Du* wohl nicht hören. Nun, es sei! Mögen sie sprechen, was sie wollen, mögen sie mich immerhin verkennen! Wenn *wir beide* uns nur *ganz* verstehen, so kümmert mich weiter kein Urteil, keine Meinung. Jedem will ich Mißtrauen verzeihen, nur *Dir* nicht; denn für Dich tat ich alles, um es Dir zu benehmen. – Verstehst Du die Inschrift der Tasse? Und befolgst Du sie? Dann erfüllst Du meinen innigsten Wunsch. Dann weißt Du, mich zu ehren.

Vielleicht erhalte ich auch den Aufsatz von Dir – oder ist er noch nicht fertig? Nun, übereile Dich nicht. Ein Frühlingssonnenstrahl reift die Orangenblüte, aber   *a*

a = S. 148^b.

ein Jahrhundert die Eiche. Ich möchte gern etwas Gutes, etwas Seltenes, etwas Nützliches von Dir erhalten das ich selbst gebrauchen kann; und das Gute bedarf Zeit, es zu bilden. Das Schnellgebildete stirbt schnell dahin. Zwei Frühlingstage – und die Orangenblüte ist verwelkt, aber die Eiche durchlebt ein Jahrtausend. Was ich von Dir empfange, soll mehr als auf zwei Augenblicke duften, ich will mich seiner erfreuen mein Leben lang.

Ja, Wilhelmine, wenn Du mir könntest die Freude machen, immer fortzuschreiten in Deiner Bildung mit Geist und Herz, wenn Du es mir gelingen lassen könntest, mir an Dir eine Gattin zu formen, wie ich sie für mich, eine Mutter, wie ich sie für meine Kinder wünsche, erleuchtet, aufgeklärt, vorurteilslos, immer der Vernunft gehorchend, gern dem Herzen sich hingebend – dann, ja dann könntest mir für eine Tat lohnen, für eine Tat –

Aber das alles wären vergebliche Wünsche, wenn nicht in Dir die Anlage zu jedem Vortrefflichen vorhanden wäre. Hineinlegen kann ich nichts in Deine Seele, nur entwickeln, was die Natur hineinlegte. Auch das kann *ich* eigentlich nicht, kannst nur *Du* allein. Du selbst mußt Hand an Dir legen, Du selbst mußt Dir das Ziel stecken, ich kann nichts als Dir den kürzesten, zweckmäßigsten Weg zeigen; und wenn ich Dir jetzt ein Ziel aufstellen werde, so geschieht es nur in der Überzeugung, daß es von Dir längst anerkannt ist. Ich will nur deutlich darstellen, was vielleicht dunkel in Deiner Seele schlummert.

a   Alle echte Aufklärung des Weibes besteht zuletzt darin, vernünftig über die Bestimmung ihres *irdischen* Lebens nachdenken zu können. Über den Zweck unseres ganzen *ewigen* Daseins nachzudenken, auszuforschen, ob der Genuß der Glückseligkeit, wie *Epikur*

a = S. 100ᵃ.

meinte, oder die Erreichung der Vollkommenheit, wie
Leibnitz glaubte, oder die Erfüllung der trocknen
Pflicht, wie *Kant* versichert, der letzte Zweck des Menschen sei, das ist selbst für Männer unfruchtbar und
oft verderblich. Wie können wir uns getrauen, in den   *a*
Plan einzugreifen, den die Natur für die Ewigkeit
entworfen hat, da wir nur ein so unendlich kleines
Stück von ihm, unser Erdenleben, übersehen? Also
wage Dich mit Deinem Verstande nie über die Grenzen Deines Lebens hinaus. Sei ruhig über die Zukunft.
Was Du für dieses Erdenleben tun sollst, das kannst
Du begreifen, was Du für die Ewigkeit tun sollst,
nicht; und so kann denn auch keine Gottheit mehr von
Dir verlangen, als die Erfüllung Deiner Bestimmung
auf dieser Erde. Schränke Dich also ganz für diese   *b*
kurze Zeit ein. Kümmre Dich nicht um Deine Bestimmung nach dem Tode, weil Du darüber leicht Deine
Bestimmung auf dieser Erde vernachlässigen könntest.

den 18. September 1800

   Als ich soweit gekommen war, fiel mir ein, daß
wohl manche Erläuterungen nötig sein möchten, um
gegen Deine Religionsbegriffe nicht anzustoßen. Zugleich sah ich, daß dieser Gegenstand zu reichhaltig
war für einen Brief, und entschloß mich daher Dir
einen eignen Aufsatz darüber zu liefern. Den Anfang
davon macht der beifolgende dritte Bogen. Laß uns
beide, liebe Wilhelmine, unsre Bestimmung ganz ins
Auge fassen, um sie künftig einst ganz zu erfüllen.
Dahin *allein* wollen wir unsre ganze Tätigkeit richten.
Wir wollen alle unsre Fähigkeiten ausbilden, eben nur
um diese Bestimmung zu erfüllen. Du wirst mich, ich
werde Dich darin unterstützen, und daher künftig in
diesem Aufsatze fortfahren.

a = S. 100ᵇ.   b = S. 103ᵃ.

Wie ich auf die Idee des Ganzen gekommen bin, das
wirst Du in der Folge leicht erraten. – Wie ich auf den
Gedanken gekommen bin, Dich vor religiösen Grübe-
leien zu warnen, das will ich Dir hiermit sagen. Nicht
weil sie etwa von Dir sehr zu befürchten wären, sondern darum, weil ich eben grade in einer Stadt lebe,
wo man über die Andacht die Tätigkeit ganz vergißt,
und auch darum, weil *Brokes* mich umgibt, der unaufhörlich mit der Natur im Streit ist, weil er, wie er
sagt, seine ewige Bestimmung nicht herausfinden kann,
und daher nichts für seine irdische tut. Doch darüber
in der Folge mehr.

[Beilage]

den 16. September 1800 zu Würzburg

a   Alle echte Aufklärung des Weibes besteht am Ende
wohl nur darin, meine liebe Freundin: *über die Bestimmung seines i r d i s c h e n Lebens vernünftig nachdenken zu können.*
Über die Bestimmung unseres *ewigen* Daseins nachzudenken, auszuforschen, ob der Genuß der Glückseligkeit (wie *Epikur* meinte) oder die Erreichung der
Vollkommenheit (wie *Leibnitz* glaubte) oder die Erfüllung der trocknen Pflicht (wie *Kant* versichert) der
letzte Zweck des Menschen sei, das, liebe Freundin, ist
selbst für Männer unfruchtbar und oft verderblich.
Solche Männer begehen die Unart, die ich beging, als
ich mich im Geiste von Frankfurt nach Stralsund, und
von Stralsund wieder im Geiste nach Frankfurt versetzte. Sie leben in der Zukunft, und vergessen darüber, was die Gegenwart von ihnen fordert.
    Urteile selbst, wie können wir beschränkte Wesen,
b   die wir von der Ewigkeit nur ein so unendlich kleines

a = S. 98ª.   b = S. 99ª.

Stück, unser spannenlanges Erdenleben übersehen, wie
können wir uns getrauen, den Plan, den die Natur für
die Ewigkeit entwarf, zu ergründen? Und wenn dies
nicht möglich ist, wie kann irgendeine gerechte Gottheit von uns verlangen, in diesen ihren ewigen Plan
einzugreifen, von uns, die wir nicht einmal imstande
sind, ihn zu denken?

Aber die Bestimmung unseres *irdischen* Daseins, die
können wir allerdings unzweifelhaft herausfinden, und
diese zu erfüllen, das kann daher die Gottheit auch
wohl mit Recht von uns fordern.

Es ist möglich, liebe Freundin, daß mir Deine Religion hierin widerspricht und daß sie Dir gebietet, auch
etwas für Dein künftiges Leben zu tun. Du wirst gewiß Gründe für Deinen Glauben haben, so wie ich
Gründe für den meinigen; und so fürchte ich nicht, daß
diese kleine Religionszwistigkeit unsrer Liebe eben
großen Abbruch tun wird. Wo nur die Vernunft herrschend ist, da vertragen sich auch die Meinungen leicht;
und da die Religionstoleranz schon eine Tugend ganzer Völker geworden ist, so wird es, denke ich, der
Duldung nicht sehr schwer werden, in zwei liebenden
Herzen zu herrschen.

Wenn Du Dich also durch die Einflüsse Deiner früheren Erziehung gedrungen fühltest, durch die Beob-
achtung religiöser Zeremonien auch etwas für Dein
ewiges Leben zu tun, so würde ich weiter nichts als
Dich warnen, ja nicht darüber Dein irdisches Leben zu
vernachlässigen.

Denn nur gar zu leicht glaubt man, man habe *alles*
getan, wenn man die ernsten Gebräuche der Religion
beobachtet, wenn man fleißig in die Kirche geht, täglich betet, und jährlich zweimal das Abendmahl nimmt.

Und doch sind dies alles nur *Zeichen* eines Gefühls,
das auch ganz anders sich ausdrücken kann. Denn mit
demselben Gefühle, mit welchem Du bei dem Abend-
mahle das Brot nimmst aus der Hand des Priesters,

mit demselben Gefühle, sage ich, erwürgt der Mexikaner seinen Bruder vor dem Altare seines Götzen.

Ich will Dich dadurch nur aufmerksam machen, daß alle diese religiösen Gebräuche nichts sind, als *menschliche* Vorschriften, die zu allen Zeiten verschieden waren und noch in diesem Augenblicke an allen Orten der Erde verschieden sind. *Darin* kann also das Wesen der Religion nicht liegen, weil es ja sonst höchst schwankend und ungewiß wäre. Wer steht uns dafür, daß nicht in kurzem ein zweiter *Luther* unter uns aufsteht, und umwirft, was jener baute. Aber in uns flammt eine Vorschrift – und die muß göttlich sein, weil sie ewig und allgemein ist; sie heißt: *erfülle Deine Pflicht;* und dieser Satz enthält die Lehren aller Religionen.

Alle anderen Sätze folgen aus diesem und sind in ihm gegründet, oder sie sind nicht darin begriffen, und dann sind sie unfruchtbar und unnütz.

Daß ein Gott sei, daß es ein ewiges Leben, einen Lohn für die Tugend, eine Strafe für das Laster gebe, das alles sind Sätze, die in jenem nicht gegründet sind, und die wir also entbehren können. Denn gewiß sollen wir sie nach dem Willen der Gottheit selbst entbehren können, weil sie es uns selbst unmöglich gemacht hat, es einzusehen und zu begreifen. Würdest Du nicht mehr tun, was recht ist, wenn der Gedanke an Gott und Unsterblichkeit nur ein Traum wäre? Ich nicht.

Daher *bedarf* ich zwar zu meiner Rechtschaffenheit dieser Sätze nicht; aber zuweilen, *wenn ich meine Pflicht erfüllt habe,* erlaube ich mir, mit stiller Hoffnung an einen Gott zu denken, der mich sieht, und an eine frohe Ewigkeit, die meiner wartet; denn zu beiden fühle ich mich doch mit meinem Glauben hingezogen, den mein Herz mir ganz zusichert und mein Verstand mehr bestätigt als widerspricht.

Aber dieser Glaube sei irrig, oder nicht, – gleichviel! Es warte auf mich eine Zukunft, oder nicht –

gleichviel! Ich erfülle für dieses Leben meine Pflicht, und wenn Du mich fragst: *warum?* so ist die Antwort leicht: eben *weil* es meine Pflicht ist.

Ich schränke mich daher mit meiner Tätigkeit ganz   *a* für dieses Erdenleben ein. Ich will mich nicht um meine Bestimmung nach dem Tode kümmern, aus Furcht, darüber meine Bestimmung für dieses Leben zu vernachlässigen. Ich fürchte nicht die Höllenstrafe der Zukunft, weil ich mein eignes Gewissen fürchte, und rechne nicht auf einen Lohn jenseits des Grabes, weil ich ihn mir diesseits desselben schon erwerben kann.

Dabei bin ich überzeugt, gewiß in den großen ewigen Plan der Natur einzugreifen, wenn ich nur den Platz ganz erfülle, auf den sie mich in dieser Erde setzte. Nicht umsonst hat sie mir diesen *gegenwärtigen* Wirkungskreis angewiesen, und gesetzt ich verträumte diesen und forschte dem *zukünftigen* nach – ist denn nicht die *Zukunft* eine *kommende Gegenwart,* und soll ich denn auch *diese* Gegenwart wieder verträumen?

Doch ich kehre zu meinem Gegenstande zurück. Ich habe Dir diese Gedanken bloß zur Prüfung vorgelegt. Ich fühle mich ruhiger und sicherer, wenn ich den Gedanken an die dunkle Bestimmung der Zukunft ganz von mir entferne, und mich allein an die gewisse und deutliche Bestimmung für dieses Erdenleben halte.

Ich will Dir nun meinen ersten Hauptgedanken erklären. *Bestimmung unseres irdischen Lebens* heißt Zweck desselben, oder die Absicht, zu welcher uns Gott auf diese Erde gesetzt hat. *Vernünftig darüber nachdenken* heißt nicht nur, diesen Zweck selbst deutlich kennen, sondern auch in allen Verhältnissen unseres Lebens immer die zweckmäßigsten Mittel zu seiner Erreichung herausfinden.

Das, sagte ich, wäre die ganze wahre Aufklärung des Weibes und die einzige Philosophie, die ihr ansteht.

a = S. 99*b*.

Deine Bestimmung, liebe Freundin, oder überhaupt die Bestimmung des Weibes ist wohl unzweifelhaft und unverkennbar; denn welche andere kann es sein, als diese, *Mutter zu werden, und der Erde tugendhafte Menschen zu erziehen?*

Und wohl Euch, daß Eure Bestimmung so einfach und beschränkt ist! Durch Euch will die Natur nur ihre Zwecke erreichen, durch uns Männer auch der Staat noch die seinigen, und daraus entwickeln sich oft die unseligsten Widersprüche.

(In der Folge mehr.)

den 18. nachmittags

Und nun noch eine Neuigkeit. Der Waffenstillstand war gestern schon wieder verflossen. Hier erwartet man nun täglich die Franzosen. Es heißt aber, daß mehrere Kaiserliche heranrücken. Die Festung soll nach wie vor behauptet werden. Sei Du aber ganz ruhig über mich. Diese Veränderung hat jetzt keinen Einfluß mehr auf die Erfüllung meines Plans, den ich *fast* schon erfüllt nennen kann. Doch muß ich noch einige Zeit hier bleiben und werde aber bei dem Kriege nichts als ein neutraler Zuschauer sein.

26. *An Wilhelmine von Zenge*

Würzburg, 19. (–23.) September 1800

Und immer noch keine Nachrichten von Dir, meine *liebe* Freundin? . . . Hast Du sie schon verdammt, diese Reise, deren Zweck Du noch nicht kennst? – Ach, ich verzeihe es Dir. Du wirst genug leiden durch Deine Reue – ich will Dich durch meinen Unwillen nicht noch unglücklicher machen. Kehre um, liebes Mädchen! Hast Du Dich aus Mißtrauen von mir losreißen wollen, so gib es jetzt wieder auf, jetzt, wo bald eine Sonne über mich aufgehen wird. Wie würdest Du, in kurzem, herüberblicken mit Wehmut und Trauer zu mir, von dem

Du Dich losgerissen hast grade da er Deiner Liebe am
würdigsten war? Wie würdest Du Dich selbst herab-
würdigen, wenn ich heraufstiege vor Deinen Augen
geschmückt mit den Lorbeern meiner Tat? *Das* würdest Du nicht ertragen. – Kehre um, liebes Mädchen.
Ich will Dir alles verzeihen. Knüpfe Dich wieder an
mich, tue es mit blinder Zuversicht. *Noch* weißt Du
nicht ganz, wen Du mit Deinen Armen umstrickst –
aber bald, bald! Und Dein Herz wird Dir beben, wenn
Du in meines blicken wirst, das *verspreche* ich Dir.

Hast Du noch nie die Sonne aufgehen sehen über
eine Gegend, zu welcher Du gekommen warst im Dunkel der Nacht? – Ich aber habe es. Es war vor 3 Jahren im *Harze*. Ich erstieg um Mitternacht den *Stufen-
berg* hinter *Gernrode*. Da stand ich, schauernd, unter
den Nachtgestalten wie zwischen Leichensteinen, und
kalt wehte mich die Nacht an, wie ein Geist, und öde
schien mir der Berg, wie ein Kirchhof. Aber ich irrte
nur, solange die Finsternis über mich waltete. Denn als
die Sonne hinter den Bergen heraufstieg, und ihr Licht
ausgoß über die freundlichen Fluren, und ihre Strahlen senkte in die grünenden Täler, und ihren Schimmer heftete um die Häupter der Berge, und ihre Farben malte an die Blätter der Blumen und an die Blüten
der Bäume – ja, da hob sich das Herz mir unter dem
Busen, denn da sah ich und hörte, und fühlte, und
empfand nun mit allen meinen Sinnen, daß ich ein
Paradies vor mir hatte. – Etwas Ähnliches verspreche
ich Dir, wenn die Sonne aufgehen wird über Deinen
unbegreiflichen Freund.

Zuweilen – ich weiß nicht, ob Dir je etwas Ähnliches glückte, und ob Du es folglich für wahr halten
kannst. Aber ich höre zuweilen, wenn ich in der Däm-   *a*
merung, einsam, dem wehenden Atem des Westwindes
entgegengehe, und besonders wenn ich dann die Augen

a = S. 216ᵈ.

schließe, ganze Konzerte, vollständig, mit allen Instrumenten von der zärtlichen Flöte bis zum rauschenden Kontra-Violon. So entsinne ich mich [daß ich] besonders einmal als Knabe vor 9 Jahren, als ich gegen den Rhein und gegen den Abendwind zugleich hinaufging, und so die Wellen der Luft und des Wassers zugleich mich umtönten, ein schmelzendes Adagio gehört habe, mit allem Zauber der Musik, mit allen melodischen Wendungen und der ganzen begleitenden Harmonie. Es war wie die Wirkung eines Orchesters, wie ein vollständiges Vaux-hall; ja, ich glaube sogar, daß alles was die Weisen Griechenlands von der Harmonie der Sphären dichteten, nichts Weicheres, Schöneres, Himmlischeres gewesen sei, als diese seltsame Träumerei.

Und dieses Konzert kann ich mir, ohne Kapelle, wiederholen, sooft ich will – aber sobald ein *Gedanke* daran sich regt, gleich ist alles fort, wie weggezaubert durch das magische: disparois!, Melodie, Harmonie, Klang, kurz die ganze Sphärenmusik.

So stehe ich nun auch zuweilen an meinem Fenster, wenn die Dämmerung in die Straße fällt, und öffne das Glas und die Brust dem einströmenden Abendhauche, und schließe die Augen, und lasse seinen Atem durch meine Haare spielen, und denke nichts, und horche – O wenn Du mir doch einen Laut von *ihr* herüberführen könntest, wehender Bote der Liebe! Wenn Du mir doch auf diese zwei Fragen: *lebt sie? liebt sie* (mich)? ein leises *ja* zuflüstern könntest! – Das *denke* ich – und fort ist das ganze tönende Orchester, nichts läßt sich hören als das Klingeln der Betglocke von den Türmen der Kathedrale ...

Es ist 12 Uhr nachts. Künftig will ich Dir sagen, warum ich so spät geschrieben habe. Gute Nacht, *geliebtes* Mädchen.

den 20. September

Wenn ich nur wüßte, ob alle meine Briefe pünktlich in Deine und in keines andern Menschen Hände gekommen sind, und ob auch dieser in die Deinigen kommen wird, ohne vorher von irgendeinem Neugierigen erbrochen worden zu sein, so könnte ich Dir schon manches mitteilen, was Dir zwar eben noch keinen Aufschluß, aber doch Stoff zu richtigen Vermutungen geben würde. Immer bei jedem Briefe ist es mir, als ob ich ein Vorgefühl hätte, er werde umsonst geschrieben, er gehe verloren, ein andrer erbreche ihn, und dergleichen; denn kann es nicht meinen Briefen gehen, wie den Deinigen? Und wie würdest Du dann zürnen über den Nachlässigen, Ungetreuen, der die Geliebte vergaß, sobald er aus ihren Mauern war, unwissend, daß er in jeder Stadt, an jedem Orte an Dich dachte, ja, daß seine ganze Reise nichts war als ein langer Gedanke an Dich? – Aber wenn ich denke, daß dieses Papier, auf das ich jetzt schreibe, das unter meinen Händen, vor meinen Augen liegt, einst in *Deinen* Händen, vor *Deinen* Augen sein wird, dann – küsse ich es, heimlich, damit es *Brokes* nicht sieht, – und küsse es wieder, das liebe Papier, das Du vielleicht auch an Deine Lippen drücken wirst – und bilde mir ein, es wären wirklich schon Deine Lippen. – Denn wenn ich die Augen zumache, so kann ich mir einbilden, was ich will.

Ich will Dir etwas von meinem hiesigen Leben schreiben, und wenn Du etwas daraus erraten solltest, so sei es – Denn ich schicke diesen Brief nicht eher ab, als bis ich Nachrichten von Dir empfangen habe, und folglich beurteilen kann, ob Du diese Vertraulichkeit wert bist, oder nicht.

Zuerst muß ich Dir sagen, daß ich nicht während dieser ganzen Zeit in dem Gasthofe gewohnt habe, der mich bei meiner Ankunft empfing. Sobald ich sicher

war, nicht nach *Straßburg* reisen zu dürfen, so sah ich
voraus, daß ich mich nun hier wohl einige Wochen
würde aufhalten müssen, und mietete mir daher, mit
Brokes, ein eignes Quartier, um dem teuren Gasthofe
zu entgehen.

Denn ob ich gleich im ganzen die Kosten dieser Reise
nicht gescheut habe, ja selbst zehnmal soviel, und noch
mehr, ihrem Zwecke aufgeopfert haben würde, so
suchen wir doch im einzelnen unsre Absicht so wohlfeil als möglich zu erkaufen. Indessen ob wir gleich
beide die Absicht haben, zu sparen, so verstehen wir es
doch eigentlich nicht, weder Brokes, noch ich. Dazu
gehört ein ewiges Abwägen des Vorteils, eine ewige
Aufmerksamkeit auf das geprägte Metall, die jungen
Leuten mit warmem Blute meistens fehlt, besonders
wenn sie auf Reisen das große Gepräge der Natur vor
sich sehen. Indessen jede Kleinigkeit, zu sehr verachtet,
rächt sich, und daher bin ich doch fest entschlossen,
mich an eine größere Aufmerksamkeit auf das Geld
zu gewöhnen. Recht herzlich lieb ist es mir, an Dir ein
ordnungsliebendes Mädchen gefunden zu haben, das
auch diese kleine Aufmerksamkeit nicht scheut. Wir
beide wollen uns darin teilen. Rechnungen sind doch
in größern Ökonomien notwendig. Im Großen muß
sie der Mann führen, im Kleinen die Frau. Ordnung
ist nicht ihr einziger Nutzen. Wenn man sich täglich
die Summe seines wachsenden Glückes zieht, so mehrt
sich die Lust, es zu mehren, und am Ende mehrt sich
das Glück wirklich. Ich bin überzeugt, daß mancher
Tausende zurücklegte, weil ihm die Berechnung des
ersten zurückgelegten Talers, den er nicht brauchte,
und der ihm nun wuchern soll, Freude machte.

Doch ich komme zurück. – Wir sind also aus unserm
prächtigen Gasthofe ausgezogen, in ein kleines, ver-
stecktes Häuschen, das Du gewiß nicht finden solltest,
wenn ich es Dir nicht bezeichnete. Es ist ein Eckhaus,
auf drei Seiten, ganz nahe, mit Häusern umgeben, die

finster aussehen, wie die Köpfe, die sie bewohnen. Das
möchte man, bis auf die Tonne des Diogenes, wohl
überhaupt finden, daß das Äußere der Häuser den
Charakter ihrer Bewohner ausdrückt. Hier z. B. hat
jedes Haus eine Menge Türen, und es könnte da vieles
einziehen; aber sie sind verschlossen bis auf eine, und
auch diese steht nur dem Seelsorger (oder   ) und
wenigen andern offen. Ebenso haben die Häuser einen
Überfluß von Fenstern, ja, man könnte sagen, die
ganze Fassade sei nichts als ein großes Fenster, und da
könnte denn freilich genug Tageslicht einfallen; aber
dicht davor steht eine hohe Kirche oder ein Kloster,
und es bleibt ewig Nacht. Grade ohngefähr wie bei den
Besitzern. – Unser Zimmer ist indessen ziemlich hell.
Wir haben das Eckzimmer mit vier Fenstern von zwei
Seiten. In Rom war ein Mann, der in Wänden von
Glas wohnte, um die ganze Stadt zum Zeugen aller
seiner Handlungen zu machen. Hier würde ganz Würzburg ein Zeuge der unsrigen sein, wenn es hier nicht
jene jesuitischen Jalousien gäbe, aus welchen man füg-
lich hinaussehen kann, ohne daß von außen hineingesehen werden könnte.

Jetzt, da wir so ziemlich alles gesehen haben in dieser Stadt, sind wir viel zu Hause, Brokes und ich, und
lesen und schreiben, wobei mir meine wissenschaftlichen Bücher, die ich aus Frankfurt mitnahm, nicht
wenig zustatten kommen. Von der Langenweile, die
ich nie empfand, weiß ich also auch hier nichts. Langeweile ist nichts als die Abwesenheit aller Gedanken,
oder vielmehr das Bewußtsein, ohne beschäftigende
Vorstellungen zu sein. Das kann aber einem denkenden Menschen nie begegnen, solange es noch Dinge
überhaupt für ihn auf der Welt gibt; denn an jeden
Gegenstand, sei er auch noch so scheinbar geringfügig,
lassen sich interessante Gedanken anknüpfen, und das
ist eben das Talent der Dichter, welche ebensowenig
wie wir in Arkadien leben, aber das Arkadische oder

überhaupt Interessante auch an dem Gemeinsten, das uns umgibt, herausfinden können. Wenn wir weiter nichts zu tun wissen, so treten wir ans Fenster, und machen Glossen über die Vorbeigehenden, aber gutmütige, denn wir vergessen nicht, daß, wenn wir auf der Straße gehn, die Rollen getauscht sind, und daß die kritisierten Schauspieler dann kritisierende Zuschauer geworden sind, und umgekehrt. Besonders der Markt an den Sonnabenden ist interessant, die Anstalten, die nötig sind, den Menschen acht Tage lang das Leben zu fristen, der Streit der Vorteile, indem jeder strebt, so wohlfeil zu kaufen und so teuer zu verkaufen als möglich, auch die Frau an der Ecke, mit einer Schar von Gänsen, denen die Füße gebunden sind, um sich, wie eine französische Mamsell mit ihren gnädigen Fräulein, denen oft noch obenein die Hände gebunden sind, etc. etc.

Unser Wirt heißt übrigens Wirth, und wir befinden uns in diesem doppelten Wirtshause recht wohl. Uns bedient ein Mädchen, mit einer holden Freundlichkeit, und sorgt für uns, wie für Brüder, bringt uns Obst, ohne in allem Ernste Geld zu nehmen, usf. Und wenn uns die Menschen gefallen, die uns grade umgeben, so gefällt uns die ganze Menschheit. Keine Tugend ist doch weiblicher als Sorge für das Wohl anderer, und nichts dagegen macht das Weib häßlicher und gleichsam der Katze ähnlicher als der schmutzige Eigennutz, das gierige Einhaschen für den eignen Genuß. Das läßt *a* sich freilich verstecken; aber es gibt *eine himmlische Güte des Weibes, alles,* was in ihre Nähe kommt, an sich zu schließen, und an ihrem Herzen zu hegen und zu pflegen mit Innigkeit und Liebe, wie die Sonne (die wir darum auch König*in* nennen, nicht König) alle Sterne, die in ihren Wirkungsraum schweben, an sich zieht mit sanften, unsichtbaren Banden, und in frohen

Kreisen um sich führt, Licht und Wärme und Leben
ihnen gebend – aber das läßt sich nicht anlernen. – – –
Gute Nacht, Wilhelmine. Es ist wieder 12 Uhr
nachts.

den 23. September

Endlich, endlich – ja Du lebst, und liebst mich noch!
Hier in diesem Briefe ist es enthalten, in dem ersten,
den ich seit 3 Wochen von Dir erhielt. Es ist Deine
Antwort auf meinen Dresdner Brief:

Abgeschickt:

den 1.	Brief aus Berlin	6. ————	Dresden
2.	———— Pasewalk	7. ————	Reichenbach
3.	———— Berlin	8. ————	Bayreuth
4.	———— Berlin	9. ————	Würzburg
5.	———— Leipzig	10. ————	Würzburg
	Empfangen:	11. ————	Würzburg
	3 Briefe.	und diesen 12.	

Deine Briefe aus Wien werden nun wohl auch bald
eintreffen.

Daß Du nach Berlin gegangen bist, ist mir herzlich
lieb, wenn Du dort mehr Beruhigung zu finden hoffst,
als in Frankfurt; sei vergnügt, denn jetzt darf Dir der
Erfolg meines Unternehmens keine Sorge mehr machen.
Aber sei auch vernünftig, und kehre ohne Widerwillen
nach dem Orte zurück, an dem Du doch noch lange
ohne mich wirst leben müssen. Honig wohnt in jeder
Blume, Freude an jedem Orte, man muß nur, wie die
Biene, sie zu finden wissen. Und wo kann sie sichrer
für Dich blühen, als da, wo einst der Schauplatz unsrer
ersten Liebe war, und wo auch Deine und meine Familie wohnt? – Doch darüber werde ich Dir noch mehr
schreiben. Jetzt nutze diese Veränderung Deines Wohn-
ortes so gut Du kannst. Auf eine kurze Zeit kann Berlin gefallen, auf eine lange nicht, mich nicht – Du müß-

test denn bei mir sein, denn das habe ich noch nicht versucht.

Adieu. Halte Dein Wort, und kehre zur bestimmten Zeit wieder nach Frankfurt zurück. Ich werde es auch tun. Lebe wohl und freue Dich auf den nächsten Brief, denn wenn nicht alles mich täuscht, so – –

27. *An Wilhelmine von Zenge*

Würzburg, 10. (u. 11.) Oktober 1800

Du denkst gewiß heute an mich, so wie ich den ganzen 18. August an Dich dachte, nicht wahr? – O mit welcher Innigkeit denke ich jetzt auch an Dich! Und welch ein unbeschreiblicher Genuß ist mir diese Überzeugung, daß unsere Gedanken sich gewiß jetzt in diesem Augenblicke begegnen! Ja, mein Geburtstag ist heute, und mir ist, als hörte ich die Wünsche, die heute Dein Herz heimlich für mich bildet, als fühlte ich den Druck Deiner Hand, der mir alle diese Wünsche mit einemmale mitteilt. Ja, sie werden erfüllt werden alle diese Wünsche, sei davon überzeugt, ich bin es. Wenn uns ein König ein Ordensband wünscht, heißt das nicht ihn uns versprechen? Er selbst hat die Erfüllung seines Wunsches in seiner Hand – Du auch, liebes Mädchen. Alles was ich *Glück* nenne, kann nur von Deiner Hand mir kommen, und wenn *Du* mir dieses Glück wünschest, ja dann kann ich wohl ganz ruhig in die Zukunft blicken, dann wird es mir gewiß
a zuteil werden. *Liebe* und *Bildung,* das ist alles, was ich begehre, und wie froh bin ich, daß die Erfüllung *dieser beiden unerläßlichen Bedürfnisse,* ohne die ich *jetzt* nicht mehr glücklich sein könnte, nicht von dem Himmel abhangt, der, wie bekannt, die Wünsche der armen Menschen so oft unerfüllt läßt, sondern *einzig und allein von Dir.*

a = S. 126ᵃ.

Du hast doch meinen letzten Brief, den ich am Anfange dieses Monats schrieb, und den ich einen *Hauptbrief* nennen möchte, wenn nicht bald ein zweiter erschiene, der noch wichtiger sein wird – Du hast ihn
doch erhalten? Vielleicht hast Du ihn in diesen Tagen
empfangen, vielleicht empfängst Du ihn in diesem
Augenblicke – O wenn ich jetzt neben Dir stehen
könnte, wenn ich Dir diesen unverständlichen Brief
erklären dürfte, wenn ich Dich vor Mißverständnisse
sichern könnte, wenn ich jede unwillige Regung Deines
Gefühls gleich in dem ersten Augenblick der Entstehung unterdrücken dürfte – – Zürne nicht, liebes
Mädchen, ehe Du mich *ganz* verstehst! Wenn ich mich
gegen Dich vergangen habe, so habe ich es auch durch
die teuersten Opfer wieder gut gemacht. Laß mir die
Hoffnung daß Du mir verzeihen wirst, so werde ich
den Mut haben, Dir alles zu bekennen. Höre nur erst
mein Bekenntnis an, und ich bin gewiß, daß Du dann
nicht mehr zürnen wirst.

Ich versprach Dir in jenem Briefe, entweder in
8 Tagen von hier abzureisen, oder Dir zu schreiben.
Diese Zeit ist verstrichen, und das erste war noch nicht
möglich. Beunruhige Dich nicht – meine Abreise kann
morgen oder übermorgen und an jedem Tage erfolgen, der mir etwas noch zu Erwartendes überbringt.
In der Folge werde ich mich deutlicher darüber erklären, laß das jetzt ruhen. Jetzt will ich mein Versprechen erfüllen und Dir, statt meiner, wenigstens
einen Brief schicken. Sei für jetzt zufrieden mit diesem
Stellvertreter, bald wird die Post mich selbst zu Dir
tragen.

Aber von *unserm Hauptgegenstande* kann ich Dir
jetzt noch nicht mehr schreiben, denn ich muß erst wissen, wie Du jenen letzten Brief aufgenommen hast.
Also von etwas anderem.

In meiner Seele sieht es aus, wie in dem Schreib-
tische eines Philosophen, der ein neues System ersann,

und einzelne Hauptgedanken auf zerstreute Papiere
niederschrieb. Eine große Idee – für Dich, Wilhelmine, schwebt mir unaufhörlich vor der Seele! Ich habe
Dir den Hauptgedanken schon am Schlusse meines
letzten Briefes, auch schon vorher auf einem einzelnen
Blatte mitgeteilt. Du hast ihn doch noch nicht vergessen? – –

Ich ersuchte Dich doch einst mir aufzuschreiben, was
Du Dir denn eigentlich von dem Glücke einer künftigen Ehe versprächst? – Errätst Du nicht, warum? Doch
wie kannst Du das erraten! – Ich sehe mit Sehnsucht
diesem Aufsatz entgegen, den ich immer noch nicht
von *Wien* erhalten habe. Sein erstes Blatt, das Du mir
mitteiltest, und das mir eine unaussprechliche, aber
bittersüße Freude gewährte, scheuchte mich aus Deinen
Armen und beschleunigte meine Abreise. Weißt Du
wohl noch, mit welcher Bewegung ich es am Tage vor
unsrer Trennung durchlas, und wie ich es unruhig mit
mir nach Hause nahm – und weißt Du auch, was ich
da, als ich allein war mit diesem Blatte, alles empfand?
Es zog mein ganzes Herz an Dich, aber es stieß mich
zugleich unwiderruflich aus Deinen Armen – Wenn ich
es jetzt wieder lesen werde, so wird es mich dahin
zurückführen. Damals war ich Deiner nicht würdig,
jetzt bin ich es. Damals weinte ich, daß Du so gut, so
edel, so achtungswürdig, so wert des höchsten Glückes
warst, jetzt wird es mein Stolz und mein Entzücken
sein. Damals quälte mich das Bewußtsein, Deine heiligsten Ansprüche nicht erfüllen zu können, und jetzt,
jetzt – – Doch still!

Jetzt, Wilhelmine, werde auch *ich* Dir mitteilen, was
ich mir von dem Glücke einer künftigen Ehe verspreche.
Ehemals durfte ich das nicht, aber jetzt – o Gott! Wie
froh macht mich das! – Ich werde Dir die Gattin *beschreiben,* die mich *jetzt* glücklich machen kann – – und
das ist die *große Idee,* die ich für Dich im Sinne habe.
Das Unternehmen ist groß, aber der Zweck ist es

auch. Ich werde jede Stunde, die mir meine künftige Lage übrig lassen wird, diesem Geschäfte widmen. Das wird meinem Leben neuen Reiz geben, und uns beide schneller durch die Prüfungszeit führen, die uns bevorsteht. In fünf Jahren, hoffe ich, wird das Werk fertig sein.

Fürchte nicht, daß die beschriebene Gattin *nicht von Erde* sein wird, und daß ich sie erst in dem Himmel finden werde. Ich werde sie in fünf Jahren auf dieser Erde finden und mit meinen irdischen Armen umschließen – Ich werde von der Lilie nicht verlangen, daß sie in die Höhe schießen soll, wie die Zeder, und der Taube kein Ziel stecken, wie dem Adler. Ich werde aus der Leinwand kein Bild hauen, und auf dem Marmor nicht malen. Ich kenne die Masse, die ich vor mir habe, und weiß, wozu sie taugt. Es ist ein Erz mit gediegenem Golde und mir bleibt nichts übrig, als das Metall von dem Gestein zu scheiden. Klang und Gewicht und Unverletzbarkeit in der Feuerprobe hat es von der Natur erhalten, die Sonne der Liebe wird ihm Schimmer und Glanz geben, und ich habe nach der metallurgischen Scheidung nichts weiter zu tun, als mich zu wärmen und zu sonnen in den Strahlen, die seine Spiegelfläche auf mich zurückwirft.

Ich selbst fühle wie matt diese Bildersprache gegen den Sinn ist, der mich belebt – – O wenn ich Dir nur einen Strahl von dem Feuer mitteilen könnte, das in mir flammt! Wenn Du es ahnden könntest, wie der Gedanke, aus Dir einst ein vollkommnes Wesen zu bilden, jede Lebenskraft in mir erwärmt, jede Fähigkeit in mir bewegt, jede Kraft in mir in Leben und Tätigkeit setzt! – Du wirst es mir kaum glauben, aber ich sehe oft stundenlang aus dem Fenster und gehe in zehn Kirchen und besehe diese Stadt von allen Seiten, und sehe doch nichts, als ein einziges Bild – Dich, Wilhelmine, und zu Deinen Füßen zwei Kinder, und auf Deinem Schoße ein drittes, und höre wie Du den kleinsten sprechen, den mittleren fühlen, den größten

denken lehrst, und wie Du den Eigensinn des einen zu
Standhaftigkeit, den Trotz des andern zu Freimütigkeit, die Schüchternheit des dritten zu Bescheidenheit,
und die Neugierde aller zu Wißbegierde umzubilden
weißt, sehe, wie Du ohne viel zu plaudern, durch
Beispiele Gutes lehrst und wie Du ihnen in Deinem
eignen Bilde zeigst, was Tugend ist, und wie liebens-
würdig sie ist – – Ist es ein Wunder, Wilhelmine, wenn
ich für *diese* Empfindungen die Sprache nicht finden
kann?

O lege den Gedanken wie einen diamantenen Schild
um Deine Brust: *ich bin zu einer Mutter geboren!* Jeder
andere Gedanke, jeder andere Wunsch fahre zurück
von diesem undurchdringlichen Harnisch. Was könnte
Dir sonst die Erde für ein Ziel bieten, das nicht ver-
achtungswürdig wäre? Sie hat nichts was Dir einen
Wert geben kann, wenn es nicht die *Bildung edler
Menschen* ist. Dahin richte Dein heiligstes Bestreben!
Das ist das einzige, was Dir die Erde einst verdanken
kann. Gehe nicht von ihr, wenn sie sich schämen müßte,
Dich nutzlos durch ein Menschenalter getragen zu haben!
Verachte alle die niederen Zwecke des Lebens. Dieser
einzige wird Dich über alle erheben. In ihm wirst Du
Dein wahres Glück finden, alle andern können Dich
nur auf Augenblicke vergnügen. Er wird Dir *Achtung
für Dich selbst* einflößen, alles andere kann nur Deine
Eitelkeit kitzeln; und wenn Du einst an seinem Ziele
stehst, so wirst Du mit Selbstzufriedenheit auf Deine
Jugend zurückblicken, und nicht wie tausend andere
unglückliche Geschöpfe Deines Geschlechts die versäumte Bestimmung und das versäumte Glück in bittern Stunden der Einsamkeit beweinen.

Liebe Wilhelmine, ich will nicht, daß Du aufhören
sollst, Dich zu putzen, oder in frohe Gesellschaften zu
gehen, oder zu tanzen; aber ich möchte Deiner Seele
nur den Gedanken recht aneignen, daß es höhere Freuden gibt, als die uns aus dem Spiegel oder aus dem

Tanzsaale entgegenlächeln. Das Gefühl, *im Innern schön zu sein,* und das Bild das uns der Spiegel des Bewußtseins in den Stunden der Einsamkeit zurückwirft, das sind Genüsse, die allein unsere heiße Sehnsucht nach Glück ganz stillen können.

Dieser Gedanke möge Dich auf alle Deine Schritte begleiten, vor den Spiegel, in Gesellschaften, in den Tanzsaal. Bringe der Mode, oder vielmehr dem Geschmack die kleinen Opfer, die er nicht ganz mit Unrecht von jungen Mädchen fordert, arbeite an Deinem Putze, frage den Spiegel, ob Dir die Arbeit gelungen ist – aber eile mit dem allen, und kehre so schnell als möglich zu Deinem höchsten Zwecke zurück. Besuche den Tanzsaal – aber sei froh, wenn Du von einem Vergnügen zurückkehrst, wobei nur die Füße ihre Rechnung fanden, das Herz aber und der Verstand den Pulsschlag ihres Lebens ganz aussetzten, und das Bewußtsein gleichsam ganz ausgelöscht war. Gehe in frohe Gesellschaften, aber suche Dir immer den Bessern, Edleren heraus, den, von dem Du etwas lernen kannst – denn das darfst Du in keinem Augenblicke Deines Lebens versäumen. Jede Minute, jeder Mensch, jeder Gegenstand kann Dir eine nützliche Lehre geben, wenn Du sie nur zu entwickeln verstehst – doch von diesem Gegenstande ein andermal mehr.

Und so laß uns denn beide, Hand in Hand, unserm Ziele entgegengehen, jeder dem seinigen, der ihm zunächstliegt, und wir beide dem letzten, nach dem wir beide streben. Dein nächstes Ziel sei, *Dich zu einer Mutter,* das meinige, *mich zu einem Staatsbürger* zu bilden, und das fernere Ziel, nach dem wir beide streben, und das wir uns beide wechselseitig sichern können, *sei das Glück der Liebe.*

Gute Nacht, Wilhelmine, meine Braut, einst meine Gattin, einst die *Mutter* meiner Kinder!

a = S. 197ª.

den 11. Oktober

Ich will aus diesem Briefe kein Buch machen, wie aus
dem vorigen, und Dir daher nur kurz noch einiges
vor dem Abgange der Post mitteilen.

Ich finde jetzt die Gegend um diese Stadt weit angenehmer, als ich sie bei meinem Einzuge fand; ja ich
möchte fast sagen, daß ich sie jetzt schön finde – und
ich weiß nicht, ob sich die Gegend verändert hat, oder
das Herz, das ihren Eindruck empfing. Wenn ich jetzt
auf der steinernen Mainbrücke stehe, die das Zitadell
von der Stadt trennt, und den gleitenden Strom betrachte, der durch Berge und Auen in tausend Krüm-
mungen heranströmt und unter meinen Füßen weg-
fließt, so ist es mir, als ob ich über ein Leben erhaben
stünde. Ich stehe daher gern am Abend auf diesem Gewölbe und lasse den Wasserstrom und den Luftstrom
mir entgegenrauschen. Oder ich kehre mich um, und
verfolge den Lauf des Flusses bis er sich in die Berge
verliert, und verliere mich selbst dabei in stille Betrachtungen. Besonders ein Schauspiel ist mir sehr
merkwürdig. Gradeaus strömt der Main von der
a Brücke weg, und pfeilschnell, als hätte er sein Ziel
schon im Auge, als sollte ihn nichts abhalten, es zu erreichen, als wollte er es, ungeduldig, auf dem kürzesten Wege ereilen – aber ein Rebenhügel beugt seinen
stürmischen Lauf, sanft aber mit festem Sinn, wie eine
Gattin den stürmischen Willen ihres Mannes, und zeigt
ihm mit edler Standhaftigkeit den Weg, der ihn ins
Meer führen wird – – und er ehrt die bescheidne Warnung und folgt der freundlichen Weisung, und gibt
sein voreiliges Ziel auf und durchbricht den Rebenhügel nicht, sondern umgeht ihn, mit beruhigtem
Laufe, seine blumigen Füße ihm küssend –

Selbst von dem Berge aus, von dem ich Würzburg

a = S. 204*b*, 217*b*.

zuerst erblickte, gefällt es mir jetzt, und ich möchte
fast sagen, daß es von dieser Seite am schönsten sei.
Ich sahe es letzthin von diesem Berge in der Abend-
dämmerung, nicht ohne inniges Vergnügen. Die Höhe
senkt sich allmählig herab, und in der Tiefe liegt die
Stadt. Von beiden Seiten hinter ihr ziehen im halben
Kreise Bergketten sich heran, und nähern sich freundlich, als wollten sie sich die Hände geben, wie ein paar
alte Freunde nach einer lange verflossenen Beleidi-
gung – aber der Main tritt zwischen sie, wie die bittere
Erinnerung, und sie wanken, und keiner wagt es, zuerst hinüberzuschreiten, und folgen beide langsam dem
scheidenden Strome, wehmütige Blicke über die Scheide-
wand wechselnd –

In der Tiefe, sagte ich, liegt die Stadt, wie in der   *a*
Mitte eines Amphitheaters. Die Terrassen der umschlie-   *b*
ßenden Berge dienten statt der Logen, Wesen aller
Art blickten als Zuschauer voll Freude herab und sangen und sprachen Beifall, oben in der Loge des Himmels stand Gott. Und aus dem Gewölbe des großen
Schauspielhauses sank der Kronleuchter der Sonne herab, und versteckte sich hinter die Erde – denn es sollte
ein Nachtstück aufgeführt werden. Ein blauer Schleier   *c*
umhüllte die ganze Gegend, und es war, als wäre der
azurne Himmel selbst herniedergesunken auf die Erde.
Die Häuser in der Tiefe lagen in dunkeln Massen da,
wie das Gehäuse einer Schnecke, hoch empor in die
Nachtluft ragten die Spitzen der Türme, wie die Fühl-
hörner eines Insektes, und das Klingeln der Glocken
klang wie der heisere Ruf des Heimchens – und hinten
starb die Sonne, aber hochrot glühend vor Entzücken,
wie ein Held, und das blasse Zodiakallicht umschim-
merte sie, wie eine Glorie das Haupt eines Heiligen – –
Vorgestern ging ich aus, einen andern Berg von der
Nordseite zu ersteigen. Es war ein Weinberg, und ein

a = S. 202*e*, 216*a*.   *b* = S. 216*b*.   *c* = S. 216*c*.

enger Pfad führte durch gesegnete Rebenstangen auf
seinen Gipfel. Ich hatte nicht geglaubt, daß der Berg
so hoch sei – und er war es vielleicht auch nicht, aber
sie hatten aus den Weinbergen alle Steine rechts und
links in diesen Weg geworfen, das Ersteigen zu er-
schweren – – grade wie das Schicksal oder die Menschen mir auf den Weg zu dem Ziele, das ich nun doch
erreicht habe. Ich lachte über diese auffallende Ähnlichkeit – liebes Mädchen, Du weißt noch nicht alles,
was mir in Berlin, und in Dresden, in Bayreuth, ja
selbst hier in Würzburg begegnet ist, das alles wird
noch einen langen Brief kosten. Damals ärgerte ich
mich ebenso über die Steine, die mir in den Weg geworfen wurden, ließ mich aber nicht stören, vergoß
zwar heiße Schweißtropfen, aber erreichte doch, wie
vorgestern, das Ziel. Das Ersteigen der Berge, wie der
Weg zur Tugend, ist besonders wegen der Aussicht,
die man eben vor sich hat, beschwerlich. Drei Schritte
weit sieht man, weiter nicht, und nichts als die Stufen,
die erstiegen werden müssen, und kaum ist ein Stein
überschritten, gleich ist ein andrer da, und jeder Fehltritt
schmerzt doppelt, und die ganze Mühseligkeit wird
gleichsam wiedergekaut – – aber man muß an die
Aussicht denken, wenn man den Gipfel erstiegen hat.
O wie herrlich war der Anblick des Maintales von
dieser Höhe! Hügel und Täler und Wasser, und Städte
und Dörfer, alles durcheinander wie ein gewirkter Fuß-
a   teppich! Der Main wandte sich bald rechts, bald links,
und küßte bald den einen, bald den andern Rebenhügel, und wankte zwischen seinen beiden Ufern, die
ihm gleich teuer schienen, wie ein Kind zwischen Vater
und Mutter. Der Felsen mit der Zitadelle sah ernst auf
die Stadt herab, und bewachte sie, wie ein Riese sein
Kleinod, und an den Außenwerken herum schlich ein
Weg, wie ein Spion, und krümmte sich in jede Bastion,

a = S. 191*c*.

als ob er rekognoszieren wollte, wagte aber nicht in die Stadt zu gehen, sondern verlor sich in die Berge –

Aber keine Erscheinung in der Natur kann mir eine so wehmütige Freude abgewinnen, als ein Gewitter am Morgen, besonders wenn es ausgedonnert hat. Wir hatten hier vor einigen Tagen dies Schauspiel – o es war eine prächtige Szene! Im Westen stand das nächt-liche Gewitter und wütete, wie ein Tyrann, und von Osten her stieg die Sonne herauf, ruhig und schwei-gend, wie ein Held. Und seine Blitze warf ihm das Ungewitter zischend zu und schalt ihn laut mit der Stimme des Donners – er aber schwieg der göttliche Stern, und stieg herauf, und blickte mit Hoheit herab auf den unruhigen Nebel unter seinen Füßen, und sah sich trö-stend um nach den andern Sonnen, die ihn umgaben, als ob er seine Freunde beruhigen wollte – Und einen letz-ten fürchterlichen Donnerschlag schleuderte ihm das Un-gewitter entgegen, als ob es seinen ganzen Vorrat von Galle und Geifer in einem Funken ausspeien wollte – aber die Sonne wankte nicht in ihrer Bahn, und nahte sich unerschrocken, und bestieg den Thron des Himmels – – und blaß, wie vor Schreck, entfärbte sich die Nacht des Ge-wölks, und zerstob wie dünner Rauch, und sank unter den Horizont, wenige schwache Flüche murmelnd – –

Aber welch ein Tag folgte diesem Morgen! Laue Luftzüge wehten mich an, leise flüsterte das Laub, große Tropfen fielen mit langen Pausen von den Bäu-men, ein mattes Licht lag ausgegossen über die Gegend, und die ganze Natur schien ermattet nach dieser gro-ßen Anstrengung, wie ein Held nach der Arbeit des Kampfes – Doch ich wollte ja kein Buch machen und will nur kurz und gut schließen. Schreibe mir, *ob Du mir verzeihen kannst,* und schicke den Brief an *Carln,* damit ich ihn bei meiner Ankunft in Berlin gleich empfange. Dann sollst Du mehr hören.

a vgl. Gewitterschilderung in „Die heilige Cäcilie".

28. An Ulrike von Kleist   Berlin, 27. Oktober 1800

Mein liebes, bestes Ulrickchen, wie freue ich mich wieder so nahe bei Dir zu sein, und so froh, o ich bin es nie in meinem Leben herzlich gewesen, ich *konnte* es nicht, jetzt erst öffnet sich mir etwas, das mich aus der Zukunft anlächelt, wie Erdenglück. *Mir*, mein edles Mädchen, hast Du mit Deiner Unterstützung das Leben gerettet – Du verstehst das wohl nicht? Laß das gut sein. Dir habe ich, nach Brokes, von meiner jetzigen innern Ruhe und Fröhlichkeit, das meiste zu danken, und ich werde das ewig nicht vergessen. Die Toren! Ich war gestern in Potsdam, und alle Leute glaubten, ich wäre darum so seelenheiter, weil ich angestellt würde – o die Toren!

Du möchtest wohl die einzige sein auf dieser Erde, bei der ich zweifelhaft sein könnte, ob ich das Geheimnis aufdecken soll oder nicht. Zweifelhaft, sagte ich; denn bei jedem andern bin ich *entschieden,* nie wird es aus meiner Seele kommen. Indessen die Erklärung wäre sehr weitläufig, auch bin ich noch nicht ganz entschieden. Ich weiß wohl, daß Du nicht neugierig bist, aber ohne Teilnahme bist Du auch nicht, und Deiner möchte ich am wenigsten gern kalt begegnen. Also laß mich nur machen. Wir werden uns schon einst verstehen. Für jetzt und immer bleibe verschwiegen über alles.

Nach Frankfurt möchte ich jetzt nicht gern kommen, um das unausstehliche Fragen zu vermeiden, da ich durchaus nicht antworten kann. Denn ob ich gleich das halbe Deutschland durchreiset bin, so habe ich doch im eigentlichsten Sinne nichts gesehen. Von Würzburg über Meiningen, Schmalkalden, Gotha, Erfurt,

Naumburg, Merseburg, Halle, Dessau, Potsdam nach
Berlin bin ich (47 Meilen) in 5 Tagen gereist, Tag und
Nacht, um noch vor dem 1. November hier zu sein ...
   Die Reise und besonders der Zweck der Reise war
zu kostbar für 300 Rth. Brokes hat mir mit fast
200 Rth. ausgeholfen. Ich muß diese Summe ihm jetzt
nach Dresden schicken. Er hat zu unaussprechlich viel
für mich getan, als daß ich daran denken dürfte, diese
Verpflichtung nur einen Augenblick zu versäumen. Du
weißt daß ich selbst über mein Vermögen nicht gebie-
ten kann, und Du errätst das übrige. Ich bin in einem
Jahre majorenn. Diese Summe zurückzuzahlen wird
mich nie reuen, ich achte mein ganzes Vermögen nicht
um das, was ich mir auf dieser Reise erworben habe.
Also deswegen sei unbesorgt. Antworte mir bald hierauf. Wenn mir diese kleine Unbequemlichkeit abge-
nommen wird, so wird es mir Mühe kosten, zu erdenken, was mir wohl auf der ganzen Erde zu meiner
Zufriedenheit fehlen könne. Das wird mir wohl tun
nach einem Leiden von 24 Jahren ...
   N. S. Sollte Tante gern in mein Büro wollen, wegen
der Wäsche, so sorge doch auf eine gute Art dafür, daß
der obere Teil, worin die Schreibereien, *gar nicht* geöffnet werde.

29. An Minister von Struensee   Berlin, 1. November 1800

   Ew. Exzellenz ersuche untertänigst um die Erlaubnis, den Sitzungen der technischen Deputation beiwohnen zu dürfen, damit ich in den Stand gesetzt
werde, aus dem Gegenstande der Verhandlungen selbst
zu beurteilen, ob ich mich getrauen darf, mich dem
Kommerz- und Fabrikenfache zu widmen.

30. An Wilhelmine von Zenge   Berlin, 13. November 1800

   Dein Brief hat mir eine ganz außerordentliche
Freude gewährt. Dich so anzuschmiegen an meine

Wünsche, so innig einzugreifen in mein Interesse – o
es soll Dir gewiß einst belohnt werden! Grade auf
diesem Lebenswege, wo Du alles fahren läßt, was doch
sonst die Weiber reizt, Ehre, Reichtum, Wohlleben,
grade auf diesem Wege wirst Du um so gewisser etwas
anderes finden, das doch mehr wert ist als das alles –
Liebe. Denn wo es noch andere Genüsse gibt, da teilt
sich das Herz, aber wo es nichts gibt als Liebe, da
öffnet sich ihr das ganze Wesen, da umfaßt es ihr
ganzes Glück, da werden alle ihre unendlichen Genüsse
erschöpft – ja, *gewiß,* Wilhelmine, Du sollst einst glücklich sein.

Aber laß uns nicht bloß frohen Träumereien folgen –
Es ist wahr, wenn ich mir das freundliche Tal denke,
das einst unsre Hütte umgrenzen wird, und *mich* in
dieser Hütte und *Dich* und die *Wissenschaften,* und
weiter nichts – o dann sind mir alle Ehrenstellen und
alle Reichtümer verächtlich, dann ist es mir, als könnte
mich nichts glücklich machen, als die Erfüllung dieses
Wunsches, und als *müßte* ich *unverzüglich* an seine Erreichung schreiten – – Aber die Vernunft muß doch
auch mitsprechen, und wir wollen einmal hören, was
sie sagt. Wir wollen einmal recht vernünftig diesen
ganzen Schritt prüfen.

Ich will kein Amt nehmen. Warum will ich es nicht?
– O wie viele Antworten liegen mir auf der Seele!
a Ich kann nicht eingreifen in ein Interesse, das ich mit
meiner Vernunft nicht prüfen darf. Ich soll tun, was
der Staat von mir verlangt, und doch soll ich nicht
untersuchen, ob das, was er von mir verlangt, gut ist.
Zu seinen unbekannten Zwecken soll ich ein bloßes
Werkzeug sein – ich kann es nicht. Ein eigner Zweck
steht mir vor Augen, nach ihm würde ich handeln
müssen, und wenn der Staat es anders will, dem Staate
nicht gehorchen *dürfen.* Meinen Stolz würde ich darin

a = S. 143b.

suchen, die Aussprüche meiner Vernunft geltend zu
machen gegen den Willen meiner Obern – nein, Wilhelmine, es geht nicht, ich passe mich für kein Amt. Ich
bin auch wirklich zu ungeschickt, um es zu führen.   *a*
Ordnung, Genauigkeit, Geduld, Unverdrossenheit, das
sind Eigenschaften, die bei einem Amte unentbehrlich
sind, und die mir doch ganz fehlen. Ich arbeite nur für
meine Bildung gern, und da bin ich unüberwindlich geduldig und unverdrossen. Aber für die Amtsbesoldung
Listen zu schreiben und Rechnungen zu führen – ach,
ich würde eilen, eilen, daß sie nur fertig würden, und
zu meinen geliebten Wissenschaften zurückkehren. Ich
würde die Zeit meinem Amte stehlen, um sie meiner
Bildung zu widmen – nein, Wilhelmine, es geht nicht,
es geht nicht. Ja, ich bin selbst zu ungeschickt mir ein   *b*
Amt zu erwerben. Denn zufrieden mir wirklich Kenntnisse zu erwerben, bekümmert es mich wenig, ob andere sie in mir wahrnehmen. Sie zur Schau aufstellen,
oder zum Kauf ausbieten, wäre mir ganz unmöglich –
und würde man denjenigen wohl begünstigen, der den
Stolz hat, jede Gunst zu entbehren, und der durch
keine andere Fürsprache steigen will, als durch die
Fürsprache seiner eignen Verdienste? – Aber das Ent-
scheidenste ist dieses, daß selbst ein Amt, und wäre es
eine Ministerstelle, mich nicht glücklich machen kann.
Mich nicht, Wilhelmine – denn eines ist gewiß, ich bin
einmal in meinem Hause glücklich, oder niemals, nicht
auf Bällen, nicht im Opernhause, nicht in Gesellschaften, und wären es die Gesellschaften der Fürsten, ja
wäre es auch die Gesellschaft unsres eignen Königs – –
und wollte ich darum *Minister* werden, um *häusliches
Glück* zu genießen? Wollte ich darum mich in eine
Hauptstadt begraben und mich in ein Chaos von verwickelten Verhältnissen stürzen, um still und ruhig bei
meiner Frau zu leben? Wollte ich mir darum Ehren-

a, b = S. 143ª.

stellen erwerben und mich darum mit Ordensbändern behängen, um Staat zu machen damit vor meinem Weibe und meinen Kindern? Ich will von der Freiheit nicht reden, weil Du mir schon einmal Einwürfe dagegen gemacht hast, ob Du zwar wohl gleich, wie alle Weiber, das nicht recht verstehen magst; aber *Liebe* und *Bildung* sind zwei unerläßliche Bedingungen meines künftigen Glückes – – und was könnte mir in einem Amte davon zuteil werden, als höchstens ein karger, sparsamer Teil von beiden? Wollte ich an die Wissenschaften gehen, so brächte mir der Sekretär einen Stoß voll Akten, und wollte ich einen großen Gedanken verfolgen, so meldete mir der Kammerdiener, daß das Vorzimmer voll Fremden stehe. Wollte ich den Abend bei meinem Weibe zubringen, so ließe mich der König zu sich rufen, und um mir auch die Nächte zu rauben, müßte ich in die Provinzen reisen und die Fabriken zählen. O wie würde ich den Orden und die Reichtümer und den ganzen Bettel der großen Welt verwünschen, wie würde ich bitterlich weinen, meine Bestimmung so unwiederbringlich verfehlt zu haben, wie würde ich mir mit heißer Sehnsucht trocknes Brot wünschen und mit ihm Liebe, Bildung und Freiheit – Nein, Wilhelmine, ich darf kein Amt wählen, weil ich das ganze Glück, das es gewähren kann, verachte.

Aber darf ich mich auch jedem Amte entziehen? Ach, Wilhelmine, diese spitzfündige Frage haben mir schon so viele Menschen aufgeworfen. Man müsse seinen Mitbürgern nützlich sein, sagen sie, und darin haben sie Recht – und darum müsse man ein Amt nehmen, setzen sie hinzu, aber darin haben sie Unrecht. Kann man denn nicht Gutes wirken, wenn man auch nicht eben dafür besoldet wird? O ich darf nur an *Brokes* denken –! Wie vieles Gute, Vortreffliche, tut täglich dieser herrliche Mensch. – Und dann, wenn ich einmal auf

a = S. 112*a*.

Kosten der Bescheidenheit die Wahrheit reden will –
habe ich nicht auch während meiner Anwesenheit in
Frankfurt unter unsern Familien manches Gute gestiftet –? Durch untadelhaften Lebenswandel den Glauben an die Tugend bei andern stärken, durch weise
Freuden sie zur Nachahmung reizen, immer dem Nächsten, der es bedarf, helfen mit Wohlwollen und Güte –
ist das nicht auch Gutes wirken? *Dich,* mein geliebtes
Mädchen, *ausbilden,* ist das nicht etwas Vortreffliches?
Und dann, *mich selbst* auf eine Stufe *näher der Gottheit* zu stellen – – o laß mich, laß mich! Das Ziel ist
gewiß hoch genug und erhaben, da gibt es gewiß Stoff
genug zum Handeln – – und wenn ich auch auf dieser   *a*
Erde nirgends meinen Platz finden sollte, so finde ich
vielleicht auf einem andern Sterne einen um so bessern.

Aber *kann* ich jedes Amt ausschlagen? das heißt, *ist
es möglich?* – Ach, Wilhelmine, wie gehe ich mit klop-
fendem Herzen an die Beantwortung dieser Frage!
Weißt Du wohl noch am letzten Abend den Erfolg
unsrer Berechnungen? – Aber ich glaube doch immer
noch – ich habe doch noch nicht alle Hoffnung verloren – – Sieh, Mädchen, ich will Dir sagen, wie ich
zuerst auf den Gedanken kam, daß es wohl möglich
sein müsse. Ich dachte, Du lebst in Frankfurt, ich in
Berlin, warum könnten wir denn nicht, ohne *mehr* zu
verlangen, zusammen leben? Aber das Herkommen
will, daß wir ein Haus bilden sollen, und unsere Geburt, daß wir mit Anstand leben sollen – o über die
unglückseligen Vorurteile! Wie viele Menschen genießen mit wenigem, vielleicht mit einem paar hundert Talern das Glück der Liebe – und wir sollten es
entbehren, weil wir von Adel sind? Da dachte ich, weg
mit allen Vorurteilen, weg mit dem Adel, weg mit
dem Stande – *gute Menschen* wollen wir sein und uns
mit der Freude begnügen, die die Natur uns schenkt.

a = S. 146ᵃ, 206ᶜ.

Lieben wollen wir uns, und *bilden,* und dazu gehört nicht viel Geld – aber doch etwas, *doch etwas* – und ist das, was wir haben, wohl hinreichend? Ja, das ist eben die große Frage. O wenn ich warten wollte, bis ich mir etwas erwerben kann, oder will, o dann bedürften wir weiter nichts als Geduld, denn das ist mir in der Folge gewiß. – Laß mich ganz aufrichtig sein, liebes Mädchen. Ich will von mir mit Dir reden, als spräche ich mit mir selbst. Gesetzt Du fändest die Rede eitel, was schadet es? Du bist nichts anders als ich, und vor Dir will ich nicht besser erscheinen, als vor mir selbst, auch Schwächen will ich vor Dir nicht verstecken. Also aufrichtig und ohne allen Rückhalt.

Ich bilde mir ein, daß ich Fähigkeiten habe, seltnere Fähigkeiten, meine ich – Ich glaube es, weil mir keine Wissenschaft zu schwer wird; weil ich rasch darin vorrücke, weil ich manches schon aus eigener Erfindung hinzugetan habe – und am Ende glaube ich es auch darum, weil alle Leute es mir sagen. Also kurz, ich glaube es. Da stünde mir nun für die Zukunft das ganze schriftstellerische Fach offen. Darin fühle ich, daß ich sehr gern arbeiten würde. – O da ist die Aussicht auf Erwerb äußerst vielseitig. Ich könnte nach Paris gehen und die neueste Philosophie in dieses neugierige Land verpflanzen – doch das siehst Du alles so vollständig nicht ein, als ich. Da müßtest Du schon meiner bloßen Versicherung glauben, und ich versichere Dir hiermit, daß wenn Du mir nur ein paar Jahre, höchstens sechs, Spielraum gibst, ich dann gewiß Gelegenheit finden werde, mir Geld zu erwerben.

Aber so lange sollen wir noch getrennt sein –? Liebe Wilhelmine, ich will auch hierin ganz aufrichtig sein. Ich fühle, daß es mir notwendig ist, *bald* ein Weib zu haben. Dir selbst wird meine Ungeduld nicht entgangen sein – ich muß diese unruhigen Wünsche, die mich unaufhörlich wie Schuldner mahnen, zu befriedigen suchen. Sie stören mich in meinen Beschäftigun-

gen – auch damit ich moralisch gut bleibe, ist es nötig –
Sei aber ganz ruhig, ich bleibe es *gewiß*. Nur kämpfen
möchte ich nicht gern. Man muß sich die Tugend so
leicht machen als möglich. Wenn ich nur erst ein Weib
habe, so werde ich meinem Ziele ganz ruhig und ganz
sicher entgegen gehen – aber bis dahin – o werde *bald*,
bald, mein Weib.

Also ich wünsche es mit meiner ganzen Seele und
entsage dem ganzen prächtigen Bettel von Adel und
Stand und Ehre und Reichtum, wenn ich nur Liebe bei
Dir finde. Wenn es nur möglich ist, daß wir so ohne
Mangel beieinander leben können etwa sechs Jahre
lang, nämlich bis so lange, wo ich mir etwas zu erwerben hoffe, o dann bin ich glücklich.

Aber ist dies möglich –? O Du gutes, treffliches Mädchen! *Ist* es möglich, so ist es nur *durch Dich* möglich.
Hätte mich mein Schicksal zu einem andern Mädchen
geführt, das nicht so anspruchslos und genügsam wäre,
wie Du, ja dann müßte ich diesen innigsten Wunsch
unfehlbar unterdrücken. Aber auch Du willst nichts,
als Liebe und Bildung – o beides sollst Du von mir erhalten, von dem ersten mehr selbst, als Du fordern
wirst, von dem andern, soviel ich geben kann, aber
beides mit Freuden. Ich erwarte mit Sehnsucht Deine
Berechnung. Du kannst das alles besser prüfen als ich.
Aber laß Dich nicht verführen von Deiner Liebe. Sei
karg gegen mich, aber nicht gegen Dich ... Fordere
lieber *mehr* als Du brauchst, als *weniger*. Es steht ja
doch immer in der Folge bei Dir, mir zufließen zu
lassen, was Du übrig hast, und dann werde ich es gewiß immer gern von Dir annehmen. Ist es unter diesen
Bedingungen nicht möglich, daß wir uns bald vereinigen – *nicht möglich,* nun denn, so *müssen* wir auf gün-
stigere Zeiten hoffen – aber dann ist die Aussicht dunkel, o sehr dunkel – und das Schrecklichste wäre mir,
Dich betrogen zu haben, Dich, die mich so innig liebte –
o weg mit dem abscheulichen Gedanken.

Indessen ich weiß doch noch ein Mittel, selbst wenn unser Vermögen Deiner Berechnung nicht entspräche. Es ist dieses, mir durch Unterricht wenigstens jährlich ein paar hundert Taler zu erwerben. Lächle nicht und bemühe Dich nur ja, alle Vorurteile zu bekämpfen. Ich bin sehr fest entschlossen, den ganzen Adel von mir abzuwerfen. Viele Männer haben geringfügig angefangen und königlich ihre Laufbahn beschlossen. Shakespeare war ein Pferdejunge und jetzt ist er die Bewunderung der Nachwelt. Wenn Dir auch die eine Art von Ehre entgeht, so wird Dir doch vielleicht einst eine andere zuteil werden, die höher ist – Wilhelmine, warte zehn Jahre und Du wirst mich nicht ohne Stolz umarmen.

Mein Plan in diesem Falle wäre dieser. Wir hielten uns irgendwo in Frankreich auf, etwa in dem südlichen Teile, in der französischen Schweiz, in dem schönsten Erdstriche von Europa – und zwar aus diesem Grunde, um Unterricht dort in der deutschen Sprache zu geben. Du weißt, wie überhäuft mit Stunden hier bei uns die Emigrierten sind; das möchte in Frankreich noch mehr der Fall sein, weil es da weniger Deutsche gibt, und doch von der Akademie und von allen französischen Gelehrten unaufhörlich die Erlernung der deutschen Sprache anempfohlen wird, weil man wohl einsieht, daß jetzt von keinem Volke der Erde mehr zu lernen ist, als von den Deutschen. Dieser Aufenthalt in Frankreich wäre mir aus drei Gründen lieb. Erstlich, weil es mir in dieser Entfernung leicht werden würde, ganz nach meiner Neigung zu leben, ohne die Ratschläge guter Freunde zu hören, die mich und was ich eigentlich begehre, ganz und gar nicht verstehen; zweitens, weil ich so ein paar Jahre lang ganz unbekannt leben könnte und ganz vergessen werden würde, welches ich recht eigentlich wünsche; und drittens, welches der Hauptgrund ist, weil ich mir da recht die französische Sprache aneignen könnte, welches zu der entworfnen

Verpflanzung der neuesten Philosophie in dieses Land,
wo man von ihr noch gar nichts weiß, notwendig ist. –
Schreibe mir unverhohlen Deine Meinung über dieses.
– Aber daß ja niemand etwas von diesem Plane erfährt. Wenn Du nicht mein künftiges Weib wärest, so
hätte ihn vor der Ausführung kein Mensch von mir
erfahren. – Lerne nur auf jeden Fall recht fleißig die
französische Sprache. – Wie Vater zur Einwilligung
zu bringen ist, davon ein andermal. – Ist das alles
nicht ausführbar, so bleibt uns, bis zum Tode, eins
gewiß, nämlich *meine Liebe Dir,* und *Deine Liebe mir.*
Ich wenigstens gebe nie einem andern Mädchen meine
Hand, als Dir.

Und nun muß ich schließen. Ich kann jetzt nicht
mehr so lange Briefe schreiben, als auf der Reise, denn
jetzt muß ich für Dich und mich arbeiten. Und doch
habe ich Dir noch so vieles zu sagen, z. B. über Deine
Bildung. O wenn ich bei Dir wäre, so wäre das alles
weit kürzer abgemacht. Ich wollte Dir bei meiner Anwesenheit in Frankfurt vorschlagen, ob Du Dir nicht
ein Tagebuch halten wolltest, nämlich ob Du nicht alle
Abend aufschreiben wolltest, was Du am Tage sahst,
dachtest, fühltest etc. Denke einmal darüber nach, ob
das nicht gut wäre. Wir werden uns in diesem unruhigen Leben so selten unsrer bewußt – die Gedanken   *a*
und die Empfindungen verhallen wie ein Flötenton im
Orkane – so manche Erfahrung geht ungenutzt verloren – das alles kann ein Tagebuch verhüten. Auch
lernen wir dadurch Freude aus uns selbst entwickeln,
und das möchte wohl gut sein für Dich, da Du von
außen, außer von mir, wenige Freude empfangen
wirst. Das könntest Du mir dann von Zeit zu Zeit
mitteilen – aber Du müßtest Dich darum nicht weniger
strenge prüfen – ich werde nicht hart sein – denke an
Deine Verzeihung meines Fehltritts. –

a = S. 202*d*.

31. Für Wilhelmine von Zenge Berlin, 16. (u. 18.) Nov. 1800

Man erzählt von *Newton,* es sei ihm, als er einst
unter einer Allee von Fruchtbäumen spazieren ging,
ein Apfel von einem Zweige vor die Füße gefallen.
Wir beide würden bei dieser *gleichgültigen* und *unbe-
deutenden* Erscheinung nicht viel Interessantes gedacht
haben. Er aber knüpfte an die Vorstellung der Kraft,
welche den Apfel zur Erde trieb, eine Menge von folgenden Vorstellungen, bis er durch eine Reihe von
Schlüssen zu dem Gesetze kam, nach welchem die Weltkörper sich schwebend in dem unendlichen Raume erhalten.

Galilei mußte zuweilen in die Kirche gehen. Da
mochte ihm wohl das Geschwätz des Pfaffen auf der
Kanzel ein wenig langweilig sein, und sein Auge fiel
auf den Kronleuchter, der von der Berührung des An-
steckens noch in schwebender Bewegung war. Tausende
von Menschen würden, wie das Kind, das die schwe-
bende Bewegung der Wiege selbst fühlt, dabei vollends eingeschlafen sein. Ihm aber, dessen Geist immer
schwanger war mit großen Gedanken, ging plötzlich
ein Licht auf, und er erfand das Gesetz des Pendels,
das in der Naturwissenschaft von der äußersten Wichtigkeit ist.

Es war, dünkt mich, *Pilatre,* der einst aus seinem
Zimmer den Rauch betrachtete, der aus einer Feueresse
wirbelnd in die Höhe stieg. Das mochten wohl viele
Menschen vor ihm auch gesehen haben. Sie ließen es
aber dabei bewenden. Ihm aber fiel der Gedanke ein,
ob der Rauch, der doch mit einer gewissen Kraft in die
Höhe stieg, nicht auch fähig wäre, mit sich eine gewisse
Last in die Höhe zu nehmen. Er versuchte es und ward
der Erfinder der Luftschiffahrtskunst.

Colomb stand grade an der Küste von Portugal, als
der Wind ein Stück Holz ans Ufer trieb. Ein andrer,
an seiner Stelle, würde dies vielleicht nicht wahr-

genommen haben, und wir wüßten vielleicht noch nichts von Amerika. Er aber, der immer aufmerksam war auf die Natur, dachte, in der Gegend, von welcher das Holz herschwamm, müsse wohl ein Land liegen, weil das Meer keine Bäume trägt, und er ward der Entdecker des 4. Weltteiles.

In einer holländischen Grenzfestung saß seit langen Jahren ein Gefangener. In dem Gefängnisse, glaubt man, lassen sich nicht viele interessante Betrachtungen anstellen. Ihm aber war jede Erscheinung merkwürdig. Er bemerkte eine gewisse Übereinstimmung in dem verschiedenen Bau der Spinngewebe mit der bevorstehenden Witterung, so daß er untrüglich das Wetter vorhersagen konnte. Dadurch ward er der Urheber einer höchst wichtigen Begebenheit. Denn als in dem französischen Kriege Holland unter Wasser gesetzt worden war, und Pichegru im Winter mit einem Heere über das Eis bis an diese Festung vordrang, und nun plötzlich Tauwetter einfiel und der französische Feldherr, seine Armee vor dem Wassertode zu retten, mit der größten Eilfertigkeit zurückzukehren befahl, da trat dieser Gefangene auf und ließ dem General sagen, er könne ruhig stehen bleiben, in zwei Tagen falle wieder Frost ein, er stehe mit seinem Kopfe für die Erfüllung seiner Prophezeiung — — und Holland ward erobert. —

Diese Beispiele mögen hinreichend sein, Dir, mein liebes Mädchen, zu zeigen, daß *nichts* in der ganzen Natur unbedeutend und gleichgültig und *jede* Erscheinung der Aufmerksamkeit eines *denkenden* Menschen würdig ist.

Von Dir werde ich freilich nicht verlangen, daß Du durch Deine Beobachtungen die Wissenschaft mit Wahrheiten bereicherst, aber Deinen Verstand kannst Du damit bereichern und tausendfältig durch aufmerksame Wahrnehmung aller Erscheinungen üben.

Das ist es, liebes Mädchen, wozu ich Dir in diesem Bogen die Anleitung geben will.

Mir leuchtet es immer mehr und mehr ein, daß die
Bücher schlechte Sittenlehrer sind. Was wahr ist, sagen
sie uns wohl, auch wohl, was *gut* ist, aber es dringt in
die Seele nicht ein. Einen Lehrer gibt es, der ist vortrefflich, wenn wir ihn verstehen; es ist *die Natur.*

Ich will Dir das nicht durch ein langes Geschwätz
beweisen, sondern lieber durch Beispiele zeigen, die
wohl immer, besonders bei Weibern, die beste Wirkung tun möchten.

Ich ging an jenem Abend vor dem wichtigsten Tage
meines Lebens in Würzburg spazieren. Als die Sonne
herabsank war es mir als ob mein Glück unterginge.
Mich schauerte wenn ich dachte, daß ich vielleicht *von
allem* scheiden müßte, von allem, was mir teuer ist.

Da ging ich, in mich gekehrt, durch das gewölbte
Tor, sinnend zurück in die Stadt. Warum, dachte ich,
sinkt wohl das Gewölbe nicht ein, da es doch *keine*
Stütze hat? Es steht, antwortete ich, *weil alle Steine
auf einmal einstürzen wollen* – und ich zog aus diesem
Gedanken einen unbeschreiblich erquickenden Trost,
der mir bis zu dem entscheidenden Augenblicke immer
mit der Hoffnung zur Seite stand, daß auch ich mich
halten würde, wenn alles mich sinken läßt.

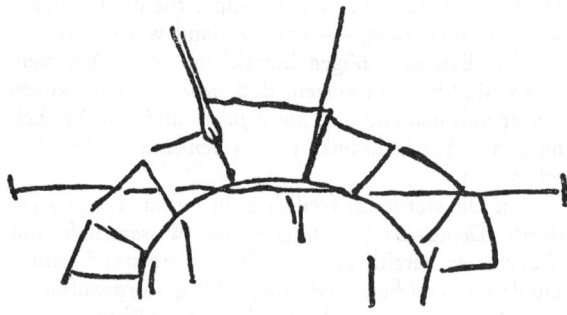

*a = Penthesilea Vers 1349 f.: „Stehe fest, wie das Gewölbe
steht, weil seiner Blöcke jeder stürzen will!"*

Das, mein liebes Minchen, würde mir kein Buch gesagt haben, und das nenne ich recht eigentlich *lernen
von der Natur.*

Einen ähnlichen Trost hatte ich schon auf der Hin-
reise nach W[ürzburg]. Ich stand nämlich mit dem Rücken
gegen die Sonne und blickte lange in einen lebhaften
Regenbogen. So fällt doch, dachte ich, immer ein Strahl
von Glück auf unser Leben, und wer der Sonne selbst
den Rücken kehrt und in die trübe Wetterwolke schaut,
dem wirft ihr schönres Bild der Regenbogen zu.

In jener herrlichen Nacht, als ich von Leipzig nach
Dresden reisete, dachte ich mit wehmütiger Freude:
am Tage sehn wir wohl die schöne Erde, doch wenn es   *a*
Nacht ist, sehn wir in die Sterne.

O es gibt Augenblicke, wo uns solche Winke der
Natur, wie die freundliche Rede eines Lehrers, entzücken können.

den 18. November

Bemühe Dich also von jetzt an, recht aufmerksam
zu sein auf *alle* Erscheinungen, die Dich umgeben.
Keine ist unwichtig, *jede,* auch die scheinbar unbedeu-
tendste, enthält doch etwas, das merkwürdig ist, wenn
wir es nur wahrzunehmen wissen. Aber bestrebe Dich,
nicht bloß die Erscheinungen *wahrzunehmen,* sondern
auch *etwas von ihnen zu lernen.* Frage bei jeder Erscheinung entweder: *worauf deutet das hin?* und dann
wird die Antwort Dich mit irgendeiner nützlichen
Lehre bereichern; oder frage wenigstens, wenn das
nicht geht: *womit hat das eine Ähnlichkeit?* und dann
wird das Auffinden des Gleichnisses wenigstens Deinen Verstand schärfen.

Ich will Dir auch dieses durch einige anleitende Beispiele erläutern.

Daß Du nicht, wie das Tier, den Kopf zur *Erde*

a = S. 206*b*.

neigst, sondern aufrecht gebaut bist und in den *Himmel* sehen kannst – worauf deutet das hin? – beantworte mir einmal das.

Du hast *zwei Ohren* und doch nur *einen* Mund. Mit den Ohren sollst Du *hören,* mit dem Munde sollst Du *reden.* – Das hältst Du wohl für etwas sehr Gleichgültiges? Und doch läßt sich daraus eine höchst wichtige Lehre ziehen. Frage Dich einmal selbst, worauf das hindeutet, daß Du mehr Ohren hast als Münder? – Troschke könnte die Antwort gebrauchen.

Du *allein* singst nur einen *Ton,* ich *allein* singe auch nur einen *Ton;* wenn wir einen *Akkord* hören wollen, so müssen wir beide *zusammen* singen. – Worauf deutet das hin?

b   Wenn Du spazieren gehst und in die Sonne blickst, so wenden Dir alle Gegenstände ihre Schattenseite zu. – Eine Lehre möchte sich daraus nicht ziehen lassen, aber ein sehr interessantes Gleichnis. Also frage Dich einmal: womit hat das eine Ähnlichkeit?

Ich ging letzthin in der Nacht durch die Königsstraße. Ein Mann kam mir entgegen mit einer Laterne. Sich selbst leuchtete er auf den Weg, mir aber machte er es noch dunkler. – Mit welcher Eigenschaft des Menschen hat diese Blendlaterne Ähnlichkeit?

Ein Mädchen, das verliebt ist, und es vor der Welt verbergen will, spielt in Gegenwart ihres Geliebten gewöhnlich mit dem Fächer. Ich nenne einen solchen Fächer einen Telegraphen (zu deutsch: Fernschreiber) der Liebe. – Warum?

a   Der Sturm reißt den Baum um, aber nicht das Veilchen, der leiseste Abendwind bewegt das Veilchen, aber nicht den Baum. – Womit hat das eine vortreffliche Ähnlichkeit?

Solche und ähnliche Fragen wirf Dir, mein liebes Minchen, selbst recht oft auf und suche sie dann zu

a = vgl. S. 222ᶜ.   b = S. 220ᵇ.

beantworten. An Stoff zu solchen Fragen kann es Dir niemals fehlen, *wenn Du nur recht aufmerksam bist auf alles,* was Dich umgibt. Kannst Du die Frage nicht gleich beantworten, so glaube nicht, daß die Antwort unmöglich sei; aber setze die Beantwortung aus, denn *unangenehm* darfst Du Dir diese Beschäftigung nicht machen, die unserm ganzen Leben großen Reiz geben, die Wichtigkeit aller uns umgebenden Dinge erhöhen und eben dadurch für uns höchst angenehm werden kann. Das heißt recht eigentlich unsern Verstand *gebrauchen* – und dazu haben wir ihn doch?

Wenn Dir aber die Antwort gelingt, so zeichne den ganzen Gedanken gleich auf, in einem dazu bestimmten Hefte. Denn *festhalten* müssen wir, was wir uns selbst *erworben* haben – auch will ich Dir in der Folge noch einen andern Grund sagen, warum es gut ist, wenn Du das aufschreibst.

Also von heute an mußt Du jeden Spaziergang bedauern oder vielmehr bereuen, der Dich nicht wenigstens um einen Gedanken bereichert hätte; und wenn gar ein ganzer Tag ohne solche *moralische Revenüen* vergeht, und wenn gar ganze Wochen ohne solche Einkünfte verstreichen, – dann – dann – – Ja, mein liebes Minchen, *ein* Kapital müssen wir haben, und wenn es kein *Geld* ist, so muß es *Bildung* sein, denn mit dem *Körper* können wir wohl darben, aber mit dem *Geiste* müssen wir es niemals, niemals – und wovon wollen wir leben, wenn wir nicht bei Zeiten sammeln?

Widme Dich also diesem Geschäft so oft als möglich, ja bei der Arbeit selbst. Dadurch wird recht eigentlich die Arbeit veredelt, wenn sie nicht nur unsern Körper sondern auch unsern Geist beschäftigt. Daß dieses allerdings möglich sei, wirst Du bei einiger Betrachtung leicht finden.

Wenn Dir beim Stricken des Strumpfes eine Masche von der Nadel fällt, und Du, ehe Du weiter strickst, behutsam die Masche wieder aufnimmst, damit nicht

der eine aufgelöste Knoten alle die andern auflöse
und so das ganze künstliche Gewebe zerstört werde –
welche nützliche Lehre gibt Dir das für Deine Bildung,
oder wohin deutet das?

a Wenn Du in der Küche das kochendheiße Wasser in
das kühlere Gefäß gießest, und die sprudelnde Flüssig-
keit, indem sie das Gefäß ein wenig erwärmt, selbst dadurch abgekühlt wird, bis die Temperaturen (Wärme-
grade) in beiden sich ins Gleichgewicht gesetzt haben –
welche vortreffliche Hoffnung ist daraus für uns beide,
und besonders für mich zu ziehen, oder worauf deutet
das hin?

Ja, um Dir ein Beispiel von der gemeinsten Beschäftigung zu geben– wenn Du ein schmutziges Schnupftuch mit Wasser auswäschst, welches Buch kann Dir
eine so hohe, erhabene Lehre geben, als diese Arbeit?
Bedürfen wir mehr als *bloß rein* zu sein, um mit der
schönsten Farbe der Unschuld zu *glänzen*?

Aber die beste Anleitung, Dich im Selbstdenken zu
üben, möchte doch wohl ein nützliches Buch sein, etwa
Wünschs kosmologische (weltbürgerliche) Unterhaltungen, das ich Dir geschenkt habe. Wenn Du das täglich
ein Stündchen in die Hand nähmest, so würdest Du
davon einen doppelten Nutzen haben. Erstens, die
Natur selbst näher kennenzulernen, und dann Stoff zu
erhalten, um eigne Gedanken anzuknüpfen.

Nämlich so: Gesetzt Du fändest darin den Satz, daß
die *äußere* (vordere) Seite des Spiegels nicht eigentlich
bei dem Spiegel die Hauptsache sei, ja, daß diese
eigentlich weiter nichts ist, als ein notwendiges Übel,
b indem sie das eigentliche Bild nur verwirrt, daß es
aber hingegen vorzüglich auf die Glätte und Politur
der *inneren* (hinteren) Seite ankomme, wenn das Bild
recht rein und treu sein soll – – welchen Wink gibt uns
das für unsere eigne Politur, oder wohin deutet das?

a vgl. S. 144ᵃ.　*b = S. 147ᵃ, 169ᵇ.*

Oder gesezt Du fändest darin den Satz, daß zwei Marmorplatten nur dann unzertrennlich aneinander hangen, wenn sie sich in *allen* ihren Punkten berühren. Womit haben die Marmorplatten Ähnlichkeit?

Oder, daß die Pflanze ihre Nahrung mehr aus der Luft und dem Regen, also mehr aus dem *Himmel* ziehen muß, als aus der *Erde*, um zu gedeihen – welche zarte Pflanze des Herzens muß das auch?

Bei jedem solchen interessanten Gedanken müßtest Du also immer fragen, entweder: wohin deutet das, wenn man es auf *den Menschen* bezieht? oder: was hat das für eine Ähnlichkeit, wenn man es mit *dem Menschen* vergleicht? Denn der Mensch und die Kenntnis seines ganzen Wesens muß Dein höchstes Augenmerk sein, weil es einst Dein Geschäft sein wird, Menschen zu bilden.

Gesetzt also, Du fändest in diesem Buche, daß die Luftsäure (eine Luftart) sich aus der Fäulnis entwickele und doch auch vor der Fäulnis sichere; so müßtest Du nun fragen, welche Ähnlichkeit hat das wohl, wenn man es in irgendeiner Hinsicht mit dem Menschen vergleicht? Da wirst Du leicht finden, daß sich aus dem Laster des Menschen etwas entwickele, das davor sichert, nämlich die Reue.

Wenn Du liesest, daß die glänzende Sonne keine Flecken habe, wenn man sie nicht mühsam mit dem Teleskop aufsuche, um sie zu finden – welch eine vortreffliche Lehre gibt uns das?

O letzthin ward ich plötzlich durch einen bloßen Anblick zurückgeführt im Geiste durch anderthalb Jahre in jene Zeit, wo wir noch unempfindlich nebeneinander wohnten, unbewußt, daß wir uns einst so nahe verwandt sein würden. Ich öffnete nämlich das Schubfach meines Tisches, in welchem mein Feuerzeug, Stahl und Stein lag. Da liegen sie nebeneinander, dachte ich, als ob sie zu einander nicht gehörten, und wenden einander ihre kalten Seiten zu, und noch läßt sich der Funke nicht ahnden, der doch in beiden

schlummert – – Aber jetzt umschließe ich Dich innig
mit meinem *warmen* Herzen, mein liebes, liebes Minchen – o der *erste* Funke fing Feuer – vielleicht wäre
er doch erloschen, aber Du hast es wohl verstanden,
ihn zur Flamme anzufachen – o erhalte sie in der Glut,
mein eignes Glück hängt daran, aber von Dir nur
hängt es ab. O wache, wie die Vestalinnen, über die
heilige Flamme, daß sie nicht erlösche, lege von Zeit
zu Zeit etwa ein neues erworbenes Verdienst hinzu,
und schlafe nie ein auf den Stufen – o dann wird die
Flamme ewig lodern und beide, *uns beide,* erwärmen.

Und nun lebe wohl. – Doch ich wollte Dir ja noch
einen andern Grund sagen, warum es gut wäre, Deine
eigenen Gedanken aufzuschreiben. Er ist dieser. Du
weißt daß ich mich jetzt für das schriftstellerische Fach
bilde. Ich selbst habe mir schon ein kleines Ideenmagazin angelegt, das ich Dir wohl einmal mitteilen
und Deiner Beurteilung unterwerfen möchte. Ich ver-
größere es täglich. Wenn Du auch einen kleinen Beitrag dazu liefertest, so könntest Du den Stolz haben,
zu einem künftigen Erwerb auch etwas beizutragen. –
Verstehst Du mich? –

32. An Wilhelmine von Zenge   Berlin, 22. November 1800

Deinen Brief empfing ich grade, als ich sinnend an
dem Fenster stand und mit dem Auge in den trüben
Himmel, mit der Seele in die trübe Zukunft sah. Ich
war nicht recht froh, – da glaubte ich durch Deinen
Brief aufgeheitert zu werden – aber Du schreibst mir,
daß auch Dich die Zukunft beunruhigt, ja daß Dich
diese Unruhe sogar krank macht – o da ward ich ganz
traurig, da konnte ich es in dem engen Zimmer nicht
mehr aushalten, da zog ich mich an, und lief, ob es
gleich regnete, im Halbdunkel des Abends, durch die
kotigen Straßen dieser Stadt, mich zu zerstreuen und
mein Schicksal zu vergessen.

Liebe Wilhelmine! Wenn diese Stimmung in uns herrschend wird, so werden wir die Zeit der Geduld, die uns das Schicksal auferlegt, sehr unglücklich durchleben.

Wenn ich mir ein Glück dachte, das unsere Herzen, das meinige wenigstens, ganz ausfüllen könnte, wenn dieses Glück nicht ganz erreichbar ist, wenn die Vorschläge zu seiner Erreichung Dir unausführbar scheinen, ist denn darum alles verloren? Noch habe ich die Laufbahn in dem Fabrikwesen nicht verlassen, ich wohne den Sitzungen der technischen Deputation bei, der Minister hat mich schriftlich eingeladen, mich anstellen zu lassen, und wenn Du darauf bestehst, so will ich nach zwei Jahren drei Jahre lang reisen und dann ein Amt übernehmen, das uns wohl Geld und Ehre, aber wenig häusliches Glück gewähren wird.

Liebe Wilhelmine, vergißt Du denn, daß ich nur darum so furchtsam bin, ein Amt zu nehmen, weil ich fürchte, daß wir beide darin nicht recht glücklich sein würden? Vergißt Du, daß mein ganzes Bestreben dahin geht, Dich und mich *wahrhaft* glücklich zu machen? Willst Du etwas anderes, als bloß häusliches Glück? Und ist es nicht der einzige Gegenstand meiner Wünsche, Dir und mir dieses Glück, aber ganz uneingeschränkt, zu verschaffen?

Also sei ruhig. Bei allem, was ich unternehmen werde, wird mir immer jenes letzte Ziel vorschweben, ohne das ich auf dieser Erde niemals glücklich sein kann, nämlich, einst und zwar sobald als möglich, das Glück der Ehe zu genießen.

Glaubst Du nicht, daß ich bei so *vielen* Bewegungsgründen, mich zu einem brauchbaren Mann zu bilden, endlich brauchbar werden werde? Glaubst Du nicht, daß ich Kräfte genug sammeln werde, einst Dich und mich zu ernähren? Glaubst Du nicht, daß ich mir, bei der vereinten Richtung aller meiner Kräfte auf ein einziges Ziel, endlich ein so bescheidnes Glück, wie das häusliche, erwerben werde?

Daß Dir die Trennung von Deiner Familie so schmerzhaft scheint, ist natürlich und gut. Es entspricht zwar meinen Wünschen nicht, aber Du weißt, warum meine Wünsche gegen die Deinigen immer zurückstehen. *Mein* Glück ist freilich an niemanden gebunden, als bloß an Dich – indessen daß es bei Dir anders ist, ist natürlich, und ich verzeihe es Dir gern.

Aber der Aufenthalt bei T[ante] M[assow] und die Verknüpfung unsrer Wirtschaft mit der ihrigen, würde uns doch so abhängig machen, uns so in ein fremdes Interesse verflechten, und unsrer Ehe so ihr Eigentümliches, nämlich eine *eigne* Familie zu bilden, rauben, daß ich Dich bloß an alle diese Übel erinnern zu brauchen glaube, um Dich zu bewegen, diesen Vorschlag aufzugeben.

Dagegen könnte ich bei meiner Majorennität das ganze Haus selbst übernehmen und bewirtschaften, woraus mancher Vorteil vielleicht entspringen könnte. Ich könnte auch in der Folge ein akademisches Lehramt in Frankfurt übernehmen, welches noch das einzige wäre, zu dem ich mich gern entschließen könnte. Du siehst also, daß noch Aussichten genug vorhanden sind, um ruhig zu sein ...

33. An Ulrike von Kleist　　　　　Berlin, 25. November 1800

Ich habe jetzt manches auf dem Herzen, das ich zwar allen verschweigen muß, aber doch *Dir* gern mitteilen möchte, weil ich von Dir nicht fürchten darf, ganz mißverstanden zu werden.

Indessen das würde, wenn ich ausführlich sein wollte, einen gar zu langen Brief kosten, und daher will ich Dir nur ganz kurz einige Hauptzüge meiner jetzigen Stimmung mitteilen.

Ich fühle mich nämlich mehr als jemals abgeneigt, ein Amt zu nehmen. Vor meiner Reise war das anders – jetzt hat sich die Sphäre für meinen Geist und für

mein Herz ganz unendlich erweitert – das mußt Du
mir *glauben,* liebes Mädchen.

Solange die Metallkugel noch kalt ist, so läßt sie
sich wohl hineinschieben in das enge Gefäß, aber sie
paßt nicht mehr dafür, wenn man sie glühet – fast so
wie der Mensch nicht für das Gefäß eines Amtes, wenn
ein höheres Feuer ihn erwärmt.

Ich fühle mich zu ungeschickt mir ein Amt zu erwerben,   *a*
zu ungeschickt es zu führen, und am Ende verachte ich
den ganzen Bettel von Glück zu dem es führt.

Als ich diesmal in Potsdam war, waren zwar die
Prinzen, besonders der jüngere, sehr freundlich gegen
mich, aber der König war es nicht – und wenn er meiner nicht bedarf, so bedarf ich seiner noch weit weniger. Denn mir möchte es nicht schwer werden, einen
andern König zu finden, ihm aber, sich andere Untertanen aufzusuchen.

Am Hofe teilt man die Menschen ein, wie ehemals
die Chemiker die Metalle, nämlich in solche, die sich
dehnen und strecken lassen, und in solche, die dies
nicht tun – Die ersten, werden dann fleißig mit dem
Hammer der Willkür geklopft, die andern aber, wie
die Halbmetalle, als unbrauchbar verworfen.

Denn selbst die besten Könige entwickeln wohl gern
das schlummernde Genie, aber das entwickelte drücken
sie stets nieder; und sie sind wie der Blitz, der ent-
zündliche Körper wohl entflammt, aber die Flamme
ausschlägt.

Ich fühle wohl, daß es unschicklich ist, so etwas
selbst zu sagen, indessen kann ich nicht leugnen, daß
mir der Gedanke durch die Seele geflogen ist, ob es
mir nicht einst so gehen könnte?

Wahr ist es, daß es mir schwer werden würde, in   *b*
ein Interesse einzugreifen, das ich gar nicht prüfen darf
– und das muß ich doch, wenn ich bezahlt werde?

a = S. 125ᵃ, ᵇ.   b = S. 124ᵃ.

Es wäre zwar wohl möglich, daß ich lernen könnte, es wie die andern zu machen – aber Gott behüte mich davor.

a   Ja, wenn man den warmen Körper unter die kalten wirft, so kühlen sie ihn ab – und darum ist es wohl recht gut, wenn man fern von den Menschen bleibt.

Das wäre auch recht eigentlich mein Wunsch – aber wie ich das ausführen werde, weiß ich noch nicht, und nie ist mir die Zukunft dunkler gewesen als jetzt, obgleich ich nie heitrer hineingesehen habe als jetzt.

Das Amt, das ich annehmen soll, liegt ganz außer dem Kreise meiner Neigung. Es ist praktisch so gut wie die andern Finanzämter. Als der Minister mit mir von dem Effekt einer Maschine sprach, so verstand ich ganz natürlich darunter den mathematischen. Aber wie erstaunte ich, als sich der Minister deutlicher erklärte, er verstehe unter dem Effekt einer Maschine, nichts anders, als das Geld, das sie einbringt.

Übrigens ist, soviel ich einsehe, das ganze preußische Kommerzsystem sehr *militärisch* – und ich zweifle, daß es an mir einen eifrigen Unterstützer finden würde. Die Industrie ist eine Dame und man hätte sie fein und höflich, aber herzlich einladen sollen, das arme Land mit ihrem Eintritt zu beglücken. Aber da will man sie mit den Haaren herbeiziehn – ist es ein Wunder, wenn sie schmollt? Künste lassen sich nicht, wie die militärischen Handgriffe erzwingen. Aber da glaubt man, man habe alles getan, wenn man Messen zerstört, Fabriken baut, Werkstühle zu Haufen anlegt – Wem man eine Harmonika schenkt, ist der darum schon ein Künstler? Wenn er nur die Musik erst verstünde, so würde er sich schon selbst ein Instrument bauen. Denn Künste und Wissenschaften, wenn sie sich selbst nicht helfen, so hilft ihnen kein König auf. Wenn man sie in ihrem Gange nur nicht stört, das ist

a vgl. S. 138ᵃ.

alles, was sie von den Königen begehren. – Doch ich kehre zur Hauptsache zurück.

Ich werde daher wahrscheinlich diese Laufbahn nicht verfolgen. Doch möchte ich sie gern mit Ehren verlassen und wohne daher während dieses Winters den Sessionen der technischen Deputation bei. Man wollte mir dies zwar anfänglich nicht gestatten, ohne angestellt zu sein, und der Minister drohte mir sogar schriftlich, daß wenn ich mich jetzt nicht gleich anstellen ließe, sich in der Folge für mich wenig Aussichten zeigen würden. Ich antwortete aber, daß ich mich nicht entschließen könnte, mich in ein Fach zu werfen, ohne es genau zu kennen, und bestand darauf, diesen Winter den Sessionen bloß beizuwohnen, ohne darin zu arbeiten. Das ward mir denn endlich, unter der Bedingung, das Gelübde der Verschwiegenheit abzulegen, gestattet. Im nächsten Frühjahr werde ich mich bestimmt erklären.

Bei mir ist es indessen doch schon so gut, wie gewiß, bestimmt, daß ich diese Laufbahn nicht verfolge. Wenn ich aber dieses Amt ausschlage, so gibt es für mich kein besseres, wenigstens kein praktisches. Die Reise war das einzige, das mich reizen konnte, solange ich davon noch nicht genau unterrichtet war. Aber es kommt dabei hauptsächlich auf List und Verschmitztheit an, und darauf verstehe ich mich schlecht. Die Inhaber ausländischer Fabriken führen keinen Kenner in das Innere ihrer Werkstatt. Das einzige Mittel also, doch hineinzukommen, ist Schmeichelei, Heuchelei, kurz Betrug – Ja, man hat mich in diese Kunst zu betrügen schon unterrichtet – nein, mein liebes Ulrikchen, das ist nichts für mich.

Was ich aber für einen Lebensweg einschlagen werde –? Noch weiß ich es nicht. Nach einem andern Amte möchte ich mich dann schwerlich umsehen. Unaufhörliches Fortschreiten in meiner Bildung, Unabhängigkeit und häusliche Freuden, das ist es, was ich unerläßlich zu meinem Glücke bedarf. Das würde mir kein Amt geben, und daher will ich es mir auf irgendeinem andern Wege erwerben und sollte ich mich auch mit Gewalt von allen Vorurteilen losreißen müssen, die mich binden.

Aber behalte dies alles für Dich. *Niemand* versteht es, das haben mir tausend Erfahrungen bestätigt.

„Wenn Du Dein Wissen nicht nutzen willst, warum strebst Du denn so nach Wahrheit?" So fragen mich viele Menschen, aber was soll man ihnen darauf antworten? Die einzige Antwort, die es gibt, ist diese: *weil es Wahrheit ist!* – Aber wer versteht das?

Darum will ich jetzt so viel als möglich alle Vertrauten und Ratgeber vermeiden. Kann ich meine Wünsche nicht ganz erfüllen, so bleibt mir immer noch ein akademisches Lehramt übrig, das ich von allen Ämtern am liebsten nehmen würde.

Also sei auch Du so ruhig, mein liebes Ulrikchen, als

a ich es bin, und denke mit mir, daß wenn ich hier keinen Platz finden kann, ich vielleicht auf einem andern Sterne einen um so bessern finden werde.

34. An Wilhelmine von Zenge Berlin, 29. (u. 30.) Nov. 1800

Ganz außerordentlich habe ich mich über Deinen Brief gefreut, und über tausend Dinge in ihm, teils über die Antworten auf meine Fragen, teils über Deine erb- und eigentümlichen Gedanken, auch darum, daß Du meine Vorschläge zu Deiner Bildung so gern erfüllst, aber ganz besonders, daß Du diesen Vorschlag so gut *verstanden* hast. Nutzen und Vergnügen sind gewiß selten so innig verknüpft, als in dieser Beschäftigung, wo man gleichsam mit der Natur selbst spricht, und sie zwingt, auf unsre Fragen zu antworten. Ihre *nützliche* Seite konnte Dir nicht entgehen, aber daß

a = S. 127ᵃ, 206ᶜ.

Du auch *Vergnügen* daran findest, das ist es, was mich besonders freut, weil es meine Hoffnung, daß in Dir mehr als das Gemeine enthalten sein möchte, immer mehr und mehr bestätigt. O auch mir sind es die liebsten Stunden, in welchen ich die Natur frage, was recht ist, und edel und gut und schön. Täglich widme ich, zur Erholung, ein Stündchen diesem Geschäfte, und denke niemals ohne Freude an den Augenblick (in Würzburg), wo ich zum erstenmal auf den Gedanken kam, auf diese Art bei der großen Lehrmeisterin Natur in die Schule zu gehen.

Deine Antworten auf meine Fragen haben durchgängig den Sinn getroffen, und ich will nur, Deinem Wunsche gemäß, Deine erb- und eigentümlichen Gedanken prüfen.

Zuerst freut es mich überhaupt, daß Du das Talent besitzest, *wahrzunehmen.* Das, mein liebes Kind, ist kein gemeines Talent. *Sehen und hören* etc. können alle Menschen, aber *wahrnehmen,* das heißt mit der Seele den Eindruck der Sinne auffassen und denken, das können bei weitem nicht alle. Sie haben nichts als das tote Auge, und das nimmt das Bild der Natur so wenig wahr, wie die Spiegelfläche des Meeres das Bild des Himmels. Die Seele muß tätig sein, sonst sind doch alle Erscheinungen der Natur verloren, wenn sie auch auf alle Sinne wirkten – und es freut mich, daß diese *erste Bedingung,* von der Natur zu lernen, nämlich, jede ihrer Erscheinungen mit der Seele aufzufassen, so gut bei Dir erfüllt ist.

Ganz vortrefflich, besonders dem Sinne nach, ist der Gedanke, daß es bei dem Menschen, wie bei dem Spiegel, auf seine eigne Beschaffenheit ankommt, wie fremde Gegenstände auf ihn einwirken sollen. Das ist vielleicht der beste Gedanke, den jemals ein Mädchen vor dem Spiegel gehabt hat. Aber nun, mein liebes   *a*

a = S. 169ᵇ, 138ᵇ.

Kind, müssen wir auch die Lehre nutzen, und fleißig
an dem Spiegel unserer Seele schleifen, damit er glatt
und klar werde, und treu das Bild der schönen Natur
a zurückwerfe. Wie mancher Mensch würde aufhören,
über die Verderbtheit der Zeiten und der Sitten zu
schelten, wenn ihm nur ein einzigesmal der Gedanke
einfiele, ob nicht vielleicht bloß der Spiegel, in welchen
das Bild der Welt fällt, schief und schmutzig ist? Wie
oft stand nicht vielleicht ein solcher Mensch schon vor
dem Spiegel, der ihm die lehrreiche Warnung zurief,
wenn er sie verstanden hätte – *ja wenn er sie verstanden hätte! –!*

Auch recht gut, dem Sinne nach, sind die beiden
andern Gedanken, obschon nicht von einem so ein-
greifenden Interesse. Ich will Dir daher bloß einiges
über ihre Darstellung mitteilen.

Du fragst, warum das Tier so schnell, der Mensch
so langsam sich ausbilde? Die Frage ist doch allerdings
sehr interessant. Zur Antwort möchte überhaupt schon
der allgemeine Grundsatz dienen, daß die Natur
immer um so viel mehr Zeit braucht, ein Wesen zu
bilden, je vollkommner es werden soll. Das findet sich
b selbst im Pflanzenreiche bestätigt. Die Gartenpflanze
braucht ein paar Frühlingsmorgen, die Eiche ein halbes
Jahrhundert, um auszuwachsen. Du aber vergleichst,
um die Antwort zu finden, den Menschen mit einer
vollstimmigen Sonate, das Tier mit einer eintönigen
Musik. Dadurch möchtest Du wohl nicht ausgedrückt
haben, was Du Dir eigentlich gedacht hast. Eigentlich
hast Du wohl nicht den Menschen, sondern *seine Bestimmung* mit der Sonate vergleichen wollen, und dann
wird das Gleichnis allerdings richtig. Nämlich er ist
bestimmt, mit allen Zügen seines künstlichen Instru-
ments einst jene große Komposition des Schöpfers auszuführen, indessen das Tier, auf seiner Rohrpfeife,

a = S. 169ᶜ.   b = S. 97ᵃ.

nichts mehr als den einzigen Ton hören lassen soll, den sie enthält. Daher konnte dies freilich seine geringfügige Bestimmung früher erreichen, als der Mensch seine unendlich schwere und mannigfaltige – nicht wahr, das wolltest Du sagen?

Bei einem Bilde oder einem Gleichnis kommt es überhaupt auf möglichst genaue Übereinstimmung und Ähnlichkeit in allen Teilen der beiden verglichnen Gegenstände an. Alles, was von dem einen gilt, muß bei dem andern irgendeine Anwendung finden. Willst Du Dich einmal üben ein recht interessantes Gleichnis herauszufinden, so vergleiche einmal den Menschen mit einem Klavier. Da müßtest Du dann Saiten, Stimmung, den Stimmer, Resonanzboden, Tasten, den Spieler, die Noten etc. etc. in Erwägung ziehen, und zu jedem das Ähnliche bei dem Menschen herausfinden.

Auch gibt es noch verschiedene andere Mittel, auf eine leichte und angenehme Art Deinen Scharfsinn in dem Auffinden des Ähnlichen zu prüfen. Schreibe Dir z. B. auf verschiedene Blätter folgende Fragen auf, und wenn Du die Antwort gefunden hast, diese darunter. Z. B. Was ist *lieblich?* Ein Maitag; eine Fürsichenblüte; eine frohe Braut etc. etc. – Was ist *erhebend?* Ein Sonnenaufgang; ein Choral am Morgen (ich denke an die schönen Morgen, wenn ich in unsrem Garten arbeitete, und der Choral der Hoboisten aus dem Eurigen zu mir herüberscholl) – Was ist *furchtbar?* Ein herannahendes Gewitter; das Kräuseln der Wellen für den Seemann etc. etc. – Was ist *rührend?* Reden bei der Leiche; ein Sonnenuntergang; Unschuld und Einfalt; Fleiß und Dürftigkeit etc. etc. – Was ist *schrecklich?* Blitz und Schlag in einem Augenblick; des Nachbars Haus oder gar die eigne Treppe in Flammen etc. etc. – Was ist *niederschlagend?* Regen am Morgen einer entworfnen Lustpartie; Kälte in der Antwort, wenn man herzlich und warm fragte; ein schlechtes Kleid, wenn die Gesellschaft es bemerkt; eine Grobheit, die uns aus Mißverständnis zugefügt wird, etc. etc. – Was ist *anbetungswürdig?* Christus am Kreuz; eine Unschuld in Ketten, ohne Klagen und Tränen; ein unerschrocknes Wort vor dem Tribunal blutbegieriger Richter oder, wie Schiller sagt, Männerstolz vor Königsthronen etc. etc. – Was ist *tröstend?* In den Himmel zu sehen; ein herrenhutischer Kirchhof; eine Erbschaft für den traurenden Neffen; ein Licht in der Nacht für den Verirrten. – Was ist *lächerlich?* Im Mondschein über den Schatten eines Laternenpfahles zu springen, in der Meinung es sei ein Graben; die ersten Versuche eines Kindes zu gehen (aber auf weichem Grase); ein ungeschickter Landjunker, der aus Liebe tanzt. – Was ist *unerträglich?* Geschwätz für den Denker; Trostgründe für den Leidenden; Windstille unter der Linie etc. etc. – Was ist *Erwartung erregend?* Ein Pfeifen im Walde; ferne Kanonenschüsse im Kriege; das Klingeln zum Aufziehn des Vorhangs im Theater etc. etc. – Was ist *einladend?* Eine reife Fürsiche; eine aufgeblühte Rose; ein Mund wie eine Kirsche etc. etc. – Was ist *verführerisch?* Schmeicheleien, und zwar für jeden, denn wer sich auch nicht gern schmeicheln hört, der nimmt doch nicht übel, wenn man ihm dies sagt etc. etc. – Was ist *abschreckend?* Keine Antwort; ein großer Hund, der uns in die Beine springt, wenn wir in ein Haus treten. – Was ist *Zutrauen erweckend?* Keine Umstände; auch wenn man mir eine Pfeife Tabak anbietet etc. etc. – Was ist *majestätisch?* Ein Sonnenaufgang über dem Meer; ein englisches Admiralsschiff, das mit vollem Winde segelt; ein Wasserfall; ein fernes Gebirge etc. etc. etc. etc. – – – – Genug, genug, genug. Auf diese Art kannst Du durch eine Menge von Antworten Deinen Verstand schärfen und üben. Das führt uns dann um so leichter ein Gleichnis herbei, wenn wir einmal grade eins brauchen.

35. An Ulrike von Kleist [Frankfurt a. d. O., Dez. 1800]

Ich bin auf 8 Tage in Frankfurt, aber nicht so vergnügt, als wenn Du hier wärest. Ich mußte mir diese
Zerstreuung machen, weil mich das Brüten über die
schwangere Zukunft wieder ganz verstimmt hatte. In
meinem Kopfe sieht es aus, wie in einem Lotterie-
beutel, wo neben einem großen Lose 1000 Nieten lie-   *a*
gen. Da ist es wohl zu verzeihen, wenn man ungewiß
mit der Hand unter den Zetteln herumwühlt. Es hilft
zwar zu nichts, aber es entfernt doch den furchtbaren
Augenblick, der ein ganzes Lebensgeschick unwiderruflich entscheidet. Mehr als einmal bin ich nahe gewesen mich endlich geduldig in ein Amt zu fügen, bei
dem doch viele Männer, wie sie es sagen, froh sind;
und am Ende könnte man sich selbst mit dem Apollo
trösten, der auch verdammt ward, Knechtdienste auf
Erden zu tun. Aber immer noch reizt mich mein früheres, höheres Ziel, und noch kann ich es nicht (wie
viele es können) verächtlich als unerreichbar verwer-
fen, ohne vor mir selbst zu erröten. Das Schlimmste
bei dieser Ungewißheit ist, daß niemand mir raten
kann, weil ich mich keinem andern ganz erklären
kann. –

36. An Wilhelmine v. Zenge Berlin, 11. (u. 12.) Januar 1801

Ja, liebes Mädchen, sooft ich Dir gleich nach Empfang Deines Briefes antworte, kannst Du immer überzeugt sein, daß er mir herzliche Freude gewährt hat;
nicht etwa, weil er schön oder künstlich geschrieben ist
– denn das achte ich wenig, und darum brauchst Du
Dir wenig Mühe zu geben – sondern weil er Züge
enthält, die mir Dein Herz liebenswürdiger und Deine
Seele ehrwürdiger machen. Denn da ich Dich selbst

a vgl. S. 215*a*.

nicht sehen und beurteilen kann, was bleibt mir übrig, als aus Deinen Briefen auf Dich zu schließen? Denn das glaube ich tun zu dürfen, indem ich Deine Worte nicht bloß für Worte, sondern für Deinen Schattenriß halte. Daher ist mir jeder Gedanke, der Dich in ein schöneres Licht stellt, jede Empfindung, die Dich schmückt, teuer, wie das Unterpfand einer Tat, wie das Zeichen Deines moralischen Wertes; und ein solcher Brief, der mir irgendeine schönere Seite Deiner Seele zeigt und dadurch unwillkürlich, unerwartet, überraschend mir das Bewußtsein Dich zu besitzen plötzlich hell und froh macht, ein solcher Brief, sage ich, wirkt auf meine Liebe, wie ein Öltropfen auf die verlöschende Flamme, die von ihm benetzt plötzlich hell und lustig wieder herauflodert.

Ja, liebe Wilhelmine, wenn jemals die Erinnerung an Dich in mir immer kälter und kälter werden sollte, so bin ich in meinem heiligsten Innern überzeugt, daß es einzig Deine Schuld sein würde, nie die meinige. Nur dann könnte und müßte ich gleichgültig gegen Dich werden, wenn die Erfahrung mich lehrte, daß der Stein, den ich mit meiner ganzen Seele bearbeitete, den Glanz aus ihm hervorzulocken, kein Edelstein wäre – Ich würde Dich darum nicht verlassen, – denn warum solltest *Du* den Irrtum büßen, den *ich* beging? Aber unglücklich würde ich sein, und Du würdest nicht glücklich sein, weil ich es nicht sein kann; denn das Gemeine kann man nur brauchen, nur das Edlere kann man lieben, und nur die Liebe macht das Leben süß.

Aber sei der Liebe würdig und nie wird es Dir daran fehlen. Nicht als ein Geschenk fordre sie von mir, Du kannst sie Dir erwerben, Du kannst sie von mir erzwingen, und nur so wird sie Dich und mich glücklich machen; denn das Herz ist das einzige Eigentum, das wir uns lieber rauben lassen, als auf Bitten und Gesuche verschenken. Nie ist es einem Mädchen leichter gewesen, sich die Liebe ihres Geliebten zu er-

halten, als Dir, denn ganz unglücklich würde ich selbst
sein, wenn ich sie Dir je entziehen müßte. Ich würde
Dich dann nicht verlassen – denn meine Pflicht ist mir
höher selbst als mein Glück; aber eben das würde mich
ganz unglücklich machen.

Daher kann ein Wechsler die Echtheit der Bank-
note, die sein Vermögen sichern soll, nicht ängstlicher
untersuchen, als ich Deine Seele; und jeder schöne Zug,
den ich an ihr entdecke, ist mir lieber, ja lieber selbst,
als wenn ich ihn an mir selbst entdeckte. Manches
Mädchen habe ich schon mit Dir verglichen, und bin
ernst geworden, z. B. die Lettow, die Duhattois etc.;
manches ist auch hier in Berlin, das ich gegen Dich
halte, und ernst macht mich jedesmal diese Vergleichung; aber Du hast eine jahrelange Bekanntschaft,
die innigste Vertraulichkeit, eine beispiellose Tat und
ebenso beispiellose Verzeihung für Dich, und wenn Du
nur ein weniges noch, nur die Ähnlichkeit mit meinem
Ideale, nur den ernsten Willen, es einst in Dir darzustellen, in Deine Wagschale legst, so sinkt die andere mit allen Mädchen und mit allen Schätzen der
Erde.

Ein Gedanke, Wilhelmine, steht in Deinem Briefe,
der mich mit unbeschreiblicher Freude und Hoffnung
erfüllt; ein Gedanke, nach dem meine Seele dürstete,
wie die Rose in der Mittagsglut nach dem Tau – den
ich Dir aber nicht in die Seele zu pflanzen wagte, weil
er, wie die Orange, keine Verpflanzung leidet und nur
dann Früchte trägt, wenn ihn die Kraft des eignen
Bodens hervortreibt –: Du schreibst mir, daß Dir jetzt
ein Gefühl die Seele bewegte, als ob eine neue Epoche
für Dich anheben würde. – Liebe Wilhelmine! Soll ich
Dir gestehen, daß ich mich oft schon, sinnend, mit
Ernst und Wehmut fragte, warum sie nicht schon
längst eingetreten war? So viele Erfahrungen hatten
die Wahrheit in mir bestätigt, daß die Liebe immer
unglaubliche Veränderungen in dem Menschen hervor-

bringt; ich habe schwache Jünglinge durch die Liebe
stark werden sehen, rohe ganz weichherzig, unemp-
findliche ganz zärtlich; Jünglinge, die durch Erziehung
und Schicksal ganz vernachlässigt waren, wurden fein,
gesittet, edel, frei; ihr ganzes Wesen erlitt schnell eine
große Reform und gewöhnlich fing sie bei dem Anzuge an; sie kleideten sich sorgsamer, geschmackvoller,
gewählter; dann kam die Reform an dem Körper,
seine Haltung ward edler, sein Gang sicherer, seine
Bewegungen zierlicher, offner, freimütiger, und hierbei blieb es, wenn die Liebe nicht von der höheren Art
war; aber war sie es, so kam nun auch die große Revo-
lution an die Seele; Wünsche, Hoffnungen, Aussichten,
alles wechselte; die alten rohen Vergnügungen wurden
verworfen, feinere traten an ihre Stelle; die vorher
nur in dem lauten Gewühl der Gesellschaft, bei Spiel
und Wein, vergnügt waren, überließen sich jetzt gern
in der Einsamkeit ihren stillen Gefühlen; statt der
abenteuerlichen Ritterromane, ward eine simple Erzählung von Lafontaine, oder ein erhebendes Lied von
Hölty die Lieblingslektüre; nicht mehr wild mit dem
Pferde strichen sie über die Landstraßen, still und einsam besuchten sie schattige Ufer, oder freie Hügel, und
lernten Genüsse kennen, von deren Dasein sie sonst
nichts ahndeten; tausend schlummernde Gefühle er-
wachten, unter ihnen die Wohltätigkeit meistens am
lebhaftesten; wo ein Hülfloser lag, da gingen sie, ihm
zu helfen; wo ein Auge in Tränen stand, da eilten sie,
_a_ sie zu trocknen; alles was schön ist und edel und gut
und groß, das faßten sie mit offner, empfänglicher
Seele auf, es darzustellen in sich; ihr Herz erweiterte
sich, die Seele hob sich ihnen unter der Brust, sie um-
faßten irgendein Ideal, dem sie sich verähnlichen wollten – Ich selbst hatte etwas Ähnliches an mir erfahren;
und nun mußte ich mich wohl bei Dir fragen: Warum

_a_ = S. 200_a_.

– warum –? Das war meine erste Frage; und die
zweite: liebt sie mich etwa nicht? War doch meine
erste Ahndung, daß sie mich nur zu lieben glaubt, weil
ich sie liebe, gegründet –?

Das, liebes Mädchen, war, im Vorbeigehn gesagt,
die eigentliche Ursache meiner Traurigkeit an jenem
Abende. Damals wollte und konnte ich sie Dir nicht
sagen, und auch jetzt würde ich sie Dir verschwiegen
haben, wenn Du mir den Gedanken nicht selbst aus
der Seele genommen hättest. Du selbst fühlst nun, daß
Dir eine Epoche bevorstehe, und ich ahnde mit unaussprechlicher Freude, daß es die Liebe ist, die sie Dir
eröffnet.

Unsre Väter und Mütter und Lehrer schelten immer
so erbittert auf die Ideale, und doch gibt es nichts, das
den Menschen wahrhaft erheben kann, als sie allein.
Würde wohl etwas Großes auf der Erde geschehen,
wenn es nicht Menschen gäbe, denen ein hohes Bild vor
der Seele steht, das sie sich anzueignen bestreben?
Posa würde seinen Freund nicht gerettet, und Max
nicht in die schwedischen Haufen geritten sein. Folge
daher nie dem dunkeln Triebe, der immer nur zu dem
Gemeinen führt. Frage Dich immer in jeder Lage
Deines Lebens ehe Du handelst: wie könntest Du
hier am edelsten, am schönsten, am vortrefflichsten
handeln? – und was Dein erstes Gefühl Dir antwortet,   *a*
das tue. Das nenne ich das Ideal, das Dir immer vorschweben soll.

Aber wenn Deine Seele diese Gedanken bestätigt, so
gibt es doch noch mehr für Dich zu tun – Weißt Du,
welchen Erfolg an jenem vorletzten Abend Dein guter,
vernünftiger Rat hatte, doch zuweilen mit Deinem
Vater ein wenig zu sprechen? *Ich tat es auf der Stelle.*

Daß Du endlich auch jenen guten Rat mit dem
Tagebuche befolgst, freut mich herzlich und ich ver-

a = S. 254a.

spreche Dir davon im voraus viel Gutes. An dem meinigen arbeite ich auch fleißig und aufmerksam, und gelegentlich können wir sie einmal, wenigstens stellenweise, austauschen ...

Hier noch einige Nüsse zum Knacken.

1. Wenn die Flamme sich selbst den Zugwind verschafft und so immer höher herauflodert, inwiefern ist sie mit der Leidenschaft zu vergleichen?

2. Wenn der Sturm kleine Flammen auslöscht, große aber noch größer macht, inwiefern ist er mit dem Unglück zu vergleichen?

3. Wenn du den Nebel siehst, der andere Gegenstände verhüllt, aber nicht den, der Dich selbst umgibt, womit ist das zu vergleichen?

37. An Wilhelmine v. Zenge   Berlin, 21. (u. 22.) Januar 1801

Ich habe bei Clausius zu Mittag gespeiset und mich gegen Abend (jetzt ist es 7 Uhr) weggeschlichen, um ein Stündchen mit Dir zu plaudern. Wie froh macht mich die stille Einsamkeit meines Zimmers gegen das laute Gewühl jener Gesellschaft, der ich soeben entfloh! Ich saß bei Minna, und das war das einzige Vergnügen, das ich genoß – die andern waren lauter Menschen, die man sieht und wieder vergißt, sobald man die Türe hinter sich zugemacht hat. Eine magdeburgische Kaufmannsfamilie waren die Hauptpersonen des Festes. Der Vater, ein Hypochonder, gesteht, er sei weit fröhlicher gewesen, als er ehemals *nur* 100 000 Rth. besaß – – Mutter und Tochter tragen ganz Amerika an ihrem Leibe, die Mutter das nördliche, Labrador, die Tochter das südliche, Peru. Jene trägt auf ihrem Kopfe einen ganzen Himmel von Diamanten, Sonne, Mond und Sterne, und es scheint, als ob sie mit *diesem* Himmel zufrieden sei; diese hat ihren Busen in zehnfache Ketten von Gold geschlagen, und es hat das Ansehn, als ob er, unter diesen Fesseln,

nichts Höheres begehrte. Man wird, wenn man vor
ihnen steht, ganz kalt, wie der Stein und das Metall,
womit sie bepanzert sind. Leckerbissen sind es, die der
Fischer über den Angelhaken zieht, damit der Fisch
ihn nicht sehe – und auf gut Glück wirft er ihn aus
in den Strom – aber wer den Betrug kennt, schaudert;
denn so schön der Schmuck auch ist, so fürchte ich doch,
daß er an ihnen das – Schönste ist.

Doch nichts mehr von ihnen – von Dir, liebes Minchen, laß mich sprechen; ihnen konnte ich aus meiner
Seele kein Wort schenken – für Dich habe ich tausende
auf dem Herzen.

Ich muß Dir auf zwei Briefe antworten; aber ich
kann es nur kurz – o über jeden Gedanken möchte ich
tagelang mit Dir plaudern, aber Du kennst es, das
einzige, was ich höher achte – Nicht verloren nenne
ich die Stunden, die ich Dir widme, aber ich sollte sie
doch meinen, oder vielmehr *unseren* Zwecken nicht
entziehen … Daß Du so tief und innig empfinden
kannst, war mir eine neue, frohe Entdeckung. Große
Empfindungen zeigen eine starke, umfassende Seele an.
Wo der Wind das Meer nur flüchtig kräuselt, da ist es
flach, aber wo er Wellen türmt, da ist es tief – Ich
umarme Dich mit Stolz, mein starkes Mädchen …

Du hast ein gutes Vertrauen zu dem Strome, der die
Eisscholle trug, ein Vertrauen, das wir beide rechtfertigen können und wollen und werden. Soweit auch
die Klippe hervorragt in den Lauf des Stromes, die
Scholle, die er trägt, scheiternd an sich zu ziehn – sein
Lauf ist zu sicher, er führt sie, wenn sie auch die Klippe
berührt, ruhig fort ins Meer – –

Ganz willige ich Deinen Vorschlag, ein oder ein paar
Wochen mit Schreiben zu pausieren, um nur dann desto
mehr schreiben zu können. Sorge und Mühe muß Dir
dieser Briefwechsel nie machen, der nur die Stelle eines
Vergnügens, nämlich uns mündlich zu unterhalten,
ersetzen soll …

den 22. Januar

Ich komme nun zu Deinem andern Briefe.

Schmerzhaft ist es mir, wenn Du mir sagst, daß ich selbst an der Vernachlässigung Deines eignen Äußern schuld bin – – So freilich, wie Du diesen Gegenstand betrachtest, kannst Du recht haben. Du verstehst unter dem Äußern nur Deine Kleidung, und daß diese nicht mehr so gewählt und preziös ist und nicht mehr so viel Geld und was noch schlimmer ist so viel Zeit kostet, daran mag ich freilich schuld sein und es reut mich nicht. Ich bin immer in Wohnzimmern lieber als in den sogenannten Putzstuben, wo ich mich eng und gepreßt fühle, weil ich kaum auftreten und nichts anrühren darf. Fast auf eine ähnliche Art unterscheide ich die bloß angezognen, und die geschmückten Mädchen. Dieser künstliche Bau von Seide und Gold und Edelsteinen, die Sorge, die daraus hervorleuchtet, die vergangne für seine Aufführung, die gegenwärtige für seine Erhaltung, die hervorstechende Absicht, Augen auf sich zu ziehn, und in Ermangelung eignen Glanzes durch etwas zu glänzen, das ganz fremdartig ist und gar keinen innern Wert hat, das alles führt die Seele auf einen Ideengang, der unmöglich den Mädchen günstig sein kann. Daher schaden sie sich meistens selbst durch den Staat – daß Du aber diesen abgelegt hast, das habe ich nie an Dir getadelt. Ich habe Dich nie ordnungs- und geschmacklos angezogen gefunden, und das würde ich Dir gewiß haben merken lassen; denn eine einfache und gefällige Unterstützung ihrer natürlichen Reize ist den Mädchen mehr als bloß erlaubt und die gänzliche Vernachlässigung desselben ist gewiß tadelnswürdig. Aber, liebes Mädchen, an Deiner Kleidung habe ich ja nie etwas ausgesetzt, und wenn ich einmal *stillschweigend* Dich fühlen ließ, daß mir an Deinem *Äußern* etwas zu wünschen übrig blieb, so verstand ich darunter etwas ganz anderes. – – Doch dieses ist gar kein Gegenstand für die Sprache, noch weit weniger für die Belehrung. *Dieses* Äußere kann nicht zugeschnitten werden, wie ein Kleid, es gründet sich in der Seele, von ihr muß es ausgehen, und sie muß es der Haltung, der Bewegung mitteilen, weil es sonst bloß theatralisch ist.

Wenn Du mich nicht verstehen solltest, so halte darum diese unverständliche Sprache nicht für Geschwätz. Fahre nur fort Dich auszubilden, und wenn sich einst auch Dein Sinn für das Schöne erhöht und verfeinert hat, so lies dies einmal wieder. Dann wirst Du es verstehn.

Deine Übereilung in der Teegesellschaft bei Tante Massow darf ich nicht mehr richten; Du hast Dich schon selbst gerichtet. Fahre fort so aufmerksam auf Dich selbst zu sein, und wenn auch jetzt zuweilen Blicke in Dein Inneres Dich schmerzen, künftig werden sie Dich entzücken. – Keine Tugend ist weiblicher, als Duldsamkeit bei den Fehlern andrer. Darüber will ich Dir künftig etwas schreiben. Erinnere mich daran.

38. An Wilhelmine von Zenge   Berlin, 31. Januar 1801

Huth hat mich in sein Interesse gezogen und mich   *a*
aus meiner Einsamkeit ein wenig in die gelehrte Welt
von Berlin eingeführt, – worin es mir aber, im Vorbeigehn gesagt, so wenig gefällt, als in der ungelehrten.
Allein Du selbst kannst daraus schließen, wie karg ich
mit der Zeit sein mußte, um notwendige Arbeiten nicht
ganz zu versäumen. Gern möchte ich für Geld Stunden
kaufen, wenn dies möglich wäre, und manchem würde
damit gedient sein, der daran einen Überfluß hat und
nicht weiß, was er damit anfangen soll. Die wenigen
Stunden, die mir nach so vielen Zerstreuungen übrig
blieben, mußte ich ganz meinem Zwecke widmen –

a = S. *169ª*.

heute endlich hat mir der Himmel einen freien Abend
geschenkt und Dir soll er gewidmet sein . . .

Laß mich jetzt einmal ein Wort von meinem Freunde
Brokes reden, von dem mein Herz ganz voll ist – Er
hat mich verlassen, er ist nach Mecklenburg gegangen,
dort ein Amt anzutreten, das seiner wartet – – und
mit ihm habe ich den *einzigen* Menschen in dieser
volkreichen Königsstadt verloren, der mein *Freund*
war, den einzigen, den ich recht *wahrhaft* ehrte und
liebte, den einzigen, für den ich in Berlin Herz und
Gefühl haben konnte, den einzigen, dem ich es ganz
geöffnet hatte und der jede, auch selbst seine geheim-
sten Falten kannte. Von keinem andern kann ich dies
letzte sagen, niemand versteht mich ganz, niemand
kann mich ganz verstehen, als *er* und *Du* – ja selbst
Du vielleicht, liebe Wilhelmine, wirst mich und meine
künftigen Handlungen nie ganz verstehen, wenn Du
nicht für das, was ich höher achte, als die Liebe, einen
so hohen Sinn fassen kannst, als er.

Ich habe Dir schon oft versprochen, Dir etwas von
diesem herrlichen Menschen mitzuteilen, der gewiß
von den wenigen, die die Würde ihrer Gattung behaupten, einer ist, und nicht der schlechteste unter
diesen wenigen. – Eigentlich weiß ich jetzt gar nichts
von ihm zu reden, als bloß sein Lob, und ob ich schon
gleich mich entsinne, zuweilen auch an diesem den
Charakter der Menschheit, nämlich nicht ganz vollkommen zu sein, entdeckt zu haben, so ist doch jetzt
mein Gedächtnis für seine Fehler ganz ausgestorben
und ich habe nur eines für seine Tugenden. Ich füge
dieses hinzu, damit Du etwa nicht glaubst, daß mein
Lob aus einer verblendeten Seele entsprang. Wahr ist
es, daß die Menschen uns, wie die Sterne, bei ihrem
Verschwinden höher erscheinen, als sie wirklich stehen;
aber dieser ist in dem ganzen Zeitraume unsrer vertrauten Bekanntschaft nie von der Stufe herabgestie-
gen, auf welcher ich ihn Dir jetzt zeigen werde. Ich

habe ihn anhaltend beobachtet und in den verschieden-
sten Lagen geprüft und mir das Bild dieses Menschen
mit meiner ganzen Seele angeeignet, als ob es eine Erscheinung wäre, die man nur einmal, und nicht wieder
sieht.

Ja wenn Du unter den Mädchen wärest, was dieser
unter den Männern – – Zwar dann müßte ich freilich
auch erschrecken. Denn müßte ich dann nicht auch
sein, wie er, um von Dir geliebt zu werden?

Ich sage Dir nichts von seiner Gestalt, die nicht
schön war, aber sehr edel. Er ist groß, nicht sehr stark,
hat ein gelbbräunliches Haar, ein blaues Auge, viel
Ruhe und Sanftmut im Gesicht, und ebenso im Betragen.

Ebensowenig kann ich Dir von seiner Geschichte
sagen. Er hatte eine sehr gebildete und zärtlich liebende
Mutter, seine Erziehung war ein wenig poetisch, und
ganz dahin abzweckend, sein Herz weich und für
alle Eindrücke des Schönen und Guten schnell empfänglich zu machen. Er studierte in Göttingen, lernte
in Frankfurt am Main die Liebe kennen, die ihn nicht
glücklich machte, ging dann in dänische Militärdienste,
wo es sein freier Geist nicht lange aushielt, nahm dann
den Abschied, konnte sich nicht wieder entschließen, ein
Amt zu nehmen, ging, um doch etwas Gutes zu stiften,
mit einem jungen Manne zum zweitenmale auf die
Universität, der sich dort unter seiner Anleitung bildete, dessen Eltern interessierten sich für ihn am
mecklenburgschen Hofe, der ihm nun jetzt ein Amt
anträgt, das er freilich annehmen muß, weil es sein
Schicksal so will.

Auch von seinen Tugenden kann ich Dir nur weniges
im allgemeinen sagen, weil sonst dieser Bogen nicht
hinreichen würde. Er war durchaus immer edel, nicht
bloß der äußern Handlung nach, auch dem innersten
Bewegungsgrunde nach. Ein tiefes Gefühl für Recht
war immer in ihm herrschend, und wenn er es geltend

machte, so zeigte er sich zu gleicher Zeit immer so stark und doch so sanft. Sanftheit war überhaupt die Basis seines ganzen Wesens. Dabei war er von einer ganz reinen, ganz unbefleckten Sittlichkeit, und ein Mädchen könnte nicht reiner, nicht unbefleckter sein, als er. Frei war seine Seele und ohne Vorurteil, voll Güte und Menschenliebe, und nie stand ein Mensch so unscheinbar unter den andern, über die er doch so unendlich erhaben war. Ein einziger Zug konnte ihn schnell für einen Menschen gewinnen; denn so wie es sein Bedürfnis war, Liebe zu finden, so war es auch sein Bedürfnis, Liebe zu geben. Nur zuweilen gegen Gelehrte war er hart, nicht seine Handlung, sondern sein Wort, indem er sie meistens Vielwisser nannte. Sein Grundsatz war: <u>Handeln ist besser als Wissen.</u> Daher sprach er selbst zuweilen verächtlich von der Wissenschaft, und nach seiner Rede zu urteilen so schien es, als wäre er immer vor allem geflohen, was ihr ähnlich sieht – – aber er meinte eigentlich bloß die Vielwisserei, und wenn er, statt dieser, wegwerfend von den Wissenschaften sprach, so bemerkte ich mitten in seiner Rede, daß er in keiner einzigen ganz fremd und in sehr vielen ganz zu Hause war. Von den meisten hatte er die Hauptzüge aufgefaßt und von den andern wenigstens doch diejenigen Züge, die in sein Ganzes paßten – denn dahin, nämlich alles in sich immer in Einheit zu bringen und zu erhalten, dahin ging sein unaufhörliches Bestreben. Daher stand sein Geist auf einer hohen Stufe von Bildung, obgleich nur eigentlich, wie er sagte, die Ausbildung seines Herzens sein Geschäft war. Denn zwischen diesen beiden Parteien in dem menschlichen Wesen, machte er einen scharfen, schneidenden Unterschied. Immer nannte er den Verstand kalt, und nur das Herz wirkend und schaffend. Daher hatte er ein unüberwindliches Mißtrauen

a = *S. 171ᵃ, 239ᵃ.*

gegen jenen, und hingegen ein ebenso unerschütterliches
Vertrauen zu diesem gefaßt. Immer seiner ersten
Regung gab er sich ganz hin, das nannte er seinen Ge-
fühlsblick, und ich selbst habe nie gefunden, daß dieser
ihn getäuscht habe. Er sprach immer wegwerfend von
dem Verstande, obgleich er in einer solchen Rede selbst
zeigte, daß er mehr habe, als andere, die damit prah-
len. Übrigens war das Sprechen über seinen innern Zustand eben nicht, wie es scheinen möchte, sein Bedürfnis, selten teilte er sich einzelnen mit, vielen nie. In
Gesellschaften war er meist still und leidend, wie überhaupt in dem ganzen Leben, und dennoch war er in
Gesellschaft immer gern gesehen. Ja ich habe nie
einen Menschen gesehen, der so viel Liebe fand bei
allen Wesen – und oft habe ich mich sinnend in Gedanken vertieft, wenn ich sah, daß sogar Deines Bruders Spitz, der gegen seinen Herrn und gegen mich nie
recht zärtlich war, dagegen unbeschreiblich freudig um
dieses Menschen Knie sprang, sobald er in die Stube
trat. Aber er war von einem ganz liebenden, kind-
lichen Wesen, ein natürlicher Freund aller Geschöpfe
– liebe Wilhelmine, es ist keine Sprache vorhanden,
um das Bild dieses Menschen recht treu zu malen –
Ich will daher von seinem Wesen nur noch das
ganz Charakteristische herausheben – das war seine
Uneigennützigkeit. – Liebe Wilhelmine! Bist Du wohl
schon recht aufmerksam gewesen auf Dich und auf
andere? Weißt Du wohl, was es heißt, *ganz uneigennützig* sein? Und weißt Du auch wohl, was es heißt, es
immer, und aus der *innersten Seele* und mit *Freudigkeit* es zu sein? – Ach, es ist schwer – Wenn Du das nicht
innig fühlst, so widme einmal einen einzigen Tag dem
Geschäft, es an Dir und an andern zu untersuchen. Sei
einmal recht aufmerksam auf Dich und auf die Dich
umgebenden Menschen, – Du wirst Dich und sie oft,
o sehr oft, wenn auch nur in Kleinigkeiten, in Lagen
sehen, wo das eigne Interesse mit fremdem streitet

– dann prüfe einmal das Betragen, aber besonders den
Grund, und oft wirst Du vor andern oder vor Dir
selbst erröten müssen – Vielleicht hat die Natur Dir
a jene Klarheit, zu Deinem Glücke, versagt, jene traurige Klarheit, die mir zu jeder Miene den Gedanken,
zu jedem Worte den Sinn, zu jeder Handlung den
Grund nennt. Sie zeigt mir alles, was mich umgibt,
und mich selbst, in seiner ganzen armseligen Blöße,
und der farbige Nebel verschwindet, und alle die gefällig geworfnen Schleier sinken und dem Herzen ekelt
zuletzt vor dieser Nacktheit – O glücklich bist Du,
wenn Du das nicht verstehst. Aber glaube mir, es ist
sehr schwer immer ganz uneigennützig zu sein.

Und diese *schwerste* von allen Tugenden, o nie hat
ihr Heiligenschein diesen Menschen verlassen, solange
ich ihn kannte auch nicht auf einen Augenblick. Immer
von seiner liebenden Seele geführt, wählte er in jedem
streitenden Falle *nie sein eignes, immer das fremde*
Interesse; und das tat er nicht nur in wichtigen Lagen,
nicht nur in solchen Lagen, wo die Augen der Menschen auf ihn gerichtet waren (denn da zeigt sich freilich mancher durch eine Anstrengung uneigennützig,
der es ohne diese Anstrengung nicht wäre), – auch in
den unscheinbarsten, unbemerktesten Fällen (und das
ist bei weitem mehr) zeigte sich seine Seele immer von
derselben unbefleckten Uneigennützigkeit, selbst in solchen Augenblicken, wo wir im gemeinen Leben gern
einen kleinen Eigennutz verzeihen, und das immer
ganz im Stillen, ganz anspruchlos, ohne die mindeste
Rechnung auf Dank, ja selbst dann, wenn es ohne
meine, durch das Entzücken über diese nie erblickte
Erscheinung, immer rege Aufmerksamkeit, gar nicht
empfunden und verstanden worden wäre.

Ich kann Dir zu dem allen Beispiele geben. – Als ich
ihm in Pasewalk meine Lage eröffnete, besann er sich

a = S. 170ᵃ.

nicht einen Augenblick, mir nach Wien zu folgen. Er
sollte schon damals ein Amt nehmen, er hing innig an
seiner Schwester und sie noch inniger an ihm. Ja es ist
eine traurige Gewißheit, daß diese plötzliche, geheim-
nisvolle Abreise ihres Bruders, und das Gefühl, nun
von ihrem einzigen Freunde verlassen zu sein, einzig
und allein das arme Weib bewogen hat, einen Gatten
sich zu wählen, mit dem sie jetzt doch nicht recht
glücklich ist – So teuer, Wilhelmine, ward unser Glück
erkauft. Werden wir nicht auch etwas tun müssen, es
zu verdienen?

Doch ich kehre zurück. Er – ich brauche ihn doch
nicht mehr zu nennen? er vergaß sein ganzes eignes
Interesse, und folgte mir. Um mir den Verdacht zu ersparen, als sei *ich* der eigentliche Zweck der Reise, und
als hätte *ich* ihn nur bewegt mir zu folgen, welches
meiner Absicht schaden konnte, gab er bei seiner
Familie der ganzen Reise den Anstrich, als geschehe
sie nur um seinetwillen. Er selbst hat nur ein kleines
Kapital, von mir wollte er sich die Kosten der Reise
nicht vergüten lassen, er opferte 600 Rth. von seinem
eignen Vermögen, mir zu folgen, und *uns beide* glücklich zu machen – Du liebst ihn doch auch?

Aber das ist doch noch nicht *die* Uneigennützigkeit,
die ich meine. Es ist wahr, daß ich ihr die ganze glück-
liche Wendung meines Schicksals verdanke, aber doch
ist das nicht die Uneigennützigkeit, die mich entzückt.
Das alles, fühle ich, würde ich für ihn auch getan
haben – – aber er hat noch weit mehr getan, o weit
mehr! Es ist ganz unscheinbar, und Du wirst vielleicht
darüber lächeln, wenn Du es nicht verstehst – aber
mich hat es entzückt. Höre.

Wenn wir beide in den Postwagen stiegen, so nahm
er sich immer den Platz, der am wenigsten bequem
war. – Von dem Stroh, das zuweilen in den Fußboden
lag, nahm er sich nie etwas, wenn es nicht hinreichte,
die Füße beider zu erwärmen. – Wenn ich in der Nacht

zuweilen schlafend an seine Brust sank, so hielt er
mich, ohne selbst zu schlafen – Wenn wir in ein Nacht-
quartier kamen, so wählte er für sich immer das
schlechteste Bett. – Wenn wir zusammen Früchte aßen,
blieben immer die schönsten, saftvollsten für mich
übrig. – Wenn man uns in Würzburg Bücher aus der
Lesegesellschaft brachte, so las er nie in dem zuerst,
das mir das liebste war – Als man uns zum erstenmale
die französischen und deutschen Zeitungen brachte,
hatte ich, ohne Absicht, zuerst die französischen ergriffen. Sooft die Zeitungen nun wieder kamen, gab er
mir immer die französischen. Ich merkte das, und
nahm mir einmal die deutschen. Seitdem gab er mir
immer die deutschen. – Um die Zeit, in welcher mein
Arzt mich besuchte, ging er immer spazieren. Ich hatte
ihm nie etwas gesagt, aber es mochte schlechtes oder
gutes Wetter sein, er verließ das Zimmer und ging spazieren. – Nie kam er in meine Kammer, auch darum
hatte ich ihn nicht gebeten, aber er erriet es, und nie
ließ er sich darin sehen. – Ich brannte während der
Nacht Licht in meiner Kammer, und der Schein fiel
durch die geöffnete Tür grade auf sein Bett. Nachher
habe ich gelegentlich erfahren, daß er viele Nächte
deswegen gar nicht geschlafen habe; aber nie hat er es
mir gesagt. O noch einen Zug werde ich Dir einst erzählen, aber jetzt nicht – noch ein Opfer, das ihn
nötigte *jede Nacht* mit dem bloßen übergeworfnen
Mantel über den kalten Flur zu gehen, und von dem
ich auch nicht das mindeste erfuhr, bis spät nachher –
Aber Du lächelst wohl über diese *Kleinigkeiten.* – ?
O Wilhelmine, wie schlecht verstehst Du Dich dann
auf die Menschen! Große Opfer sind Kleinigkeiten,
die kleinen sind es, die schwer sind; und es war leichter, mir nach Wien zu folgen, leichter mir 600 Rth. zu
opfern, als mit nie ermüdendem Wohlwollen und mit
immer stiller und anspruchloser Beeiferung meinen Vorteil mit dem seinigen zu erkaufen und in der unend-

lichen Mannigfaltigkeit von Lagen sich nie, auch nicht
auf einen Augenblick, anders zu zeigen, als *ganz uneigennützig* ...

39. An Ulrike von Kleist   Berlin, 5. Februar 1801

– Ach, Du weißt nicht, wie es in meinem Innersten
aussieht. Aber es interessiert Dich doch? – O gewiß!
Und gern möchte ich Dir alles mitteilen, wenn es möglich wäre. Aber es ist nicht möglich, und wenn es auch
kein weiteres Hindernis gäbe, als dieses, daß es uns an
einem Mittel zur Mitteilung fehlt. Selbst das einzige,
das wir besitzen, die Sprache taugt nicht dazu, sie
kann die Seele nicht malen, und was sie uns gibt, sind
nur zerrissene Bruchstücke. Daher habe ich jedesmal
eine Empfindung, wie ein Grauen, wenn ich jemandem
mein Innerstes aufdecken soll; nicht eben, weil es sich
vor der Blöße scheut, aber weil ich ihm nicht *alles* zeigen kann, nicht *kann,* und daher fürchten muß, aus
den Bruchstücken falsch verstanden zu werden. Indessen: auf diese Gefahr will ich es bei Dir wagen und
Dir so gut ich kann, in zerrissenen Gedanken mitteilen, was Interesse für Dich haben könnte.
    Noch immer habe ich mich nicht für ein Amt ent-
scheiden können, und Du kennst die Gründe. Es gibt
Gründe für das Gegenteil, und auch diese brauche ich
Dir nicht zu sagen. Gern will ich immer tun, was recht
ist, aber was soll man tun, wenn man dies nicht weiß?
Dieser innere Zustand der Ungewißheit war mir unerträglich, und ich griff um mich zu entscheiden zu
jenem Mittel, durch welches jener Römer in dem Zelte
Porsennas diesen König, als er über die Friedensbedin-
gungen zauderte, zur Entscheidung zwang. Er zog
nämlich mit Kreide einen Kreis um sich und den König
und erklärte, keiner von ihnen würde den Kreis überschreiten, ehe der Krieg oder der Friede entschieden
wäre. Fast ebenso machte ich es auch. Ich beschloß,

nicht aus dem Zimmer zu gehen, bis ich über einen Lebensplan entschieden wäre; aber 8 Tage vergingen, und ich mußte doch am Ende das Zimmer unentschlossen wieder verlassen. – Ach Du weißt nicht, Ulrike, wie mein Innerstes oft erschüttert ist – – Du verstehst dies doch nicht falsch? Ach, es gibt kein Mittel, sich andern *ganz* verständlich zu machen, und der Mensch hat von Natur keinen andren Vertrauten, als sich selbst.

Indessen sehe ich doch immer von Tage zu Tage mehr ein, daß ich ganz unfähig bin, ein Amt zu führen. Ich habe mich durchaus daran gewöhnt, eignen Zwecken zu folgen, und dagegen von der Befolgung fremder Zwecke ganz und gar entwöhnt. Letzthin hatte ich eine äußerst widerliche Empfindung. Ich war nämlich in einer Session, denen ich immer noch beiwohne, weil ich nicht recht weiß, wie ich mich davon losmachen soll, ohne zu beleidigen. Da wird unter andern Berichten, auch immer im kurzen Nachricht erteilt von dem Inhalt gewisser Journale über Chemie, Mechanik etc. Eines der Mitglieder schlug einen großen Folianten auf, der der 5. Teil eines neu herausgekommenen französischen Werkes über Mechanik war. Er sagte in allgemeinen Ausdrücken, er habe das Buch freilich nur flüchtig durchblättern können, allein es scheine ihm, als ob es wohl allerdings manches enthalten könne, was die Deputation und ihren Zweck interessiert. Darauf fragte ihn der Präsident, ob er glaubte, daß es nützlich wäre, wenn es von einem Mitgliede ganz durchstudiert würde; und als er dies bejahend beantwortete, so wandte sich der Präsident schnell zu mir und sagte: nun, Herr v. K., das ist etwas für Sie, nehmen Sie dies Buch zu sich, lesen Sie es durch und statten Sie der Deputation darüber Bericht ab. – Was in diesem Augenblicke alles in meiner Seele vorging kann ich Dir wieder nicht beschreiben. Ein solches Buch kostet wenigstens ein Jahr Studium, ist neu, folglich sein Wert noch gar nicht entschieden, würde meinen ganzen Studienplan stören etc. etc. Ich hatte aber zum erstenmal in 2 Jahren wieder einen Obern vor mir und wußte in der Verlegenheit nichts zu tun, als mit dem Kopfe zu nicken. Das ärgerte mich aber nachher doppelt, ich erinnerte mich mit Freuden, daß ich noch frei war, und beschloß das Buch ungelesen zu lassen, es folge daraus, was da wolle. – Ich muß fürchten, daß auch dieses mißverstanden wird, weil ich wieder nicht alles sagen konnte.

In Gesellschaften komme ich selten. Die jüdischen würden mir die liebsten sein, wenn sie nicht so preziös mit ihrer Bildung täten. An dem Juden Cohen habe ich eine interessante Bekanntschaft gemacht, nicht sowohl seinetwillen, als wegen seines prächtigen Kabinetts von physikalischen Instrumenten, das er mir zu benutzen erlaubt hat. Zuweilen bin ich bei Clausius, wo die Gäste meistens interessanter sind, als die Wirte. Einmal habe ich getanzt und war vergnügt, weil ich zerstreut war. *Huth* ist hier und hat mich in die gelehrte Welt eingeführt, worin ich mich aber so wenig wohl befinde, als in der ungelehrten. Diese Menschen sitzen sämtlich wie die Raupe auf einem Blatte, jeder glaubt seines sei das beste, und um den Baum bekümmern sie sich nicht.

Ach, liebe Ulrike, ich passe mich nicht unter die Menschen, es ist eine traurige Wahrheit, aber eine Wahrheit; und wenn ich den Grund ohne Umschweif angeben soll, so ist es dieser: sie gefallen mir nicht. Ich weiß wohl, daß es bei dem Menschen, wie bei dem Spiegel, eigentlich auf die eigne Beschaffenheit beider ankommt, wie die äußern Gegenstände darauf einwirken sollen; und mancher würde aufhören über die Verderbtheit der Sitten zu schelten, wenn ihm der Gedanke einfiele, ob nicht vielleicht bloß der Spiegel, in

a

b

c

a = S. 159ᵇ.   b = S. 147ᵃ, 138ᵇ.   c = S. 148ᵃ.

welchen das Bild der Welt fällt, schief und schmutzig ist. Indessen wenn ich mich in Gesellschaften nicht wohl befinde, so geschieht dies weniger, weil andere, als vielmehr weil ich mich selbst nicht zeige, wie ich es wünsche. Die Notwendigkeit, eine Rolle zu spielen, und ein innerer Widerwillen dagegen machen mir jede Gesellschaft lästig, und froh kann ich nur in meiner eignen Gesellschaft sein, weil ich da ganz wahr sein darf. Das darf man unter Menschen nicht sein, und keiner ist es –

a Ach, es gibt eine traurige Klarheit, mit welcher die Natur viele Menschen, die an dem Dinge nur die Oberfläche sehen, zu ihrem Glücke verschont hat. Sie nennt mir zu jeder Miene den Gedanken, zu jedem Worte den Sinn, zu jeder Handlung den Grund – sie zeigt mir alles, was mich umgibt, und mich selbst in seiner ganzen armseligen Blöße, und dem Herzen ekelt zuletzt vor dieser Nacktheit – – Dazu kommt bei mir eine unerklärliche Verlegenheit, die unüberwindlich ist, weil sie wahrscheinlich eine ganz physische Ursache hat. Mit der größten Mühe nur kann ich sie so verstecken, daß sie nicht auffällt – o wie schmerzhaft ist es, in dem Äußern ganz stark und frei zu sein, indessen man im Innern ganz schwach ist, wie ein Kind, ganz gelähmt, als wären uns alle Glieder gebunden, wenn man sich nie zeigen kann, wie man wohl möchte, nie frei handeln kann, und selbst das Große versäumen muß, weil man vorausempfindet, daß man nicht standhalten wird, indem man von jedem äußern Eindrucke abhangt und das albernste Mädchen oder der elendste Schuft von Elegant uns durch die matteste Persiflage vernichten kann. – Das alles verstehst Du vielleicht nicht, liebe Ulrike, es ist wieder kein Gegenstand für die Mitteilung, und der andere müßte das alles aus sich selbst kennen, um es zu verstehen.

Selbst die Säule, an welcher ich mich sonst in dem

a = S. 164ª.

Strudel des Lebens hielt, wankt – – Ich meine, die Liebe
zu den Wissenschaften. – Aber wie werde ich mich hier
wieder verständlich machen? – Liebe Ulrike, es ist ein
bekannter Gemeinplatz, daß das Leben ein schweres
Spiel sei; und warum ist es schwer? Weil man beständig und immer von neuem eine Karte ziehen soll und
doch nicht weiß, was Trumpf ist; ich meine darum,
weil man beständig und immer von neuem handeln
soll und doch nicht weiß, was recht ist. *Wissen* kann
unmöglich das Höchste sein – handeln ist besser als   *a*
wissen. Aber ein Talent bildet sich im stillen, doch ein
Charakter nur in dem Strome der Welt. Zwei ganz
verschiedne Ziele sind es, zu denen zwei ganz verschiedne Wege führen. Kann man sie beide nicht vereinigen, welches soll man wählen? Das höchste, oder
das, wozu uns unsre Natur treibt? – Aber auch selbst
dann, wenn bloß Wahrheit mein Ziel wäre, – ach, es
ist so traurig, weiter nichts, als gelehrt zu sein. Alle
Männer, die mich kennen, raten mir, mir irgendeinen
Gegenstand aus dem Reiche des Wissens auszuwählen
und diesen zu bearbeiten – Ja freilich, das ist der Weg
zum Ruhme, aber ist dieser mein Ziel? Mir ist es unmöglich, mich wie ein Maulwurf in ein Loch zu graben
und alles andere zu vergessen. Mir ist keine Wissenschaft lieber als die andere, und wenn ich eine vor-
ziehe, so ist es nur, wie einem Vater immer derjenige
von seinen Söhnen der liebste ist, den er eben bei sich
sieht. – Aber soll ich immer von einer Wissenschaft
zur andern gehen, und immer nur auf ihrer Oberfläche
schwimmen und bei keiner in die Tiefe gehen? Das ist
die Säule, welche schwankt.

Ich habe freilich einen Vorrat von Gedanken zur
Antwort auf alle diese Zweifel. Indessen reif ist noch
keiner. – – Goethe sagt, wo eine Entscheidung soll geschehen, da muß vieles zusammentreffen. – Aber ist es

a = S. 162ᵃ, 239ᵃ.

nicht eine Unart nie den Augenblick der Gegenwart
ergreifen zu können, sondern immer in der Zukunft
zu leben? – Und doch, wer wendet sein Herz nicht
gern der Zukunft zu, wie die Blumen ihre Kelche der
Sonne? – Lerne Du nur fleißig aus dem Gaspari, und
vergiß nicht die Laute. Wer weiß, ob wir es nicht früh
oder spät brauchen.

40. *An Wilhelmine von Zenge*   Berlin, 22. März 1801

Liebe Herzens-Wilhelmine, diese Stunde ist seit
unsrer Trennung eine von den wenigen, die ich vergnügt nennen kann, ja vielleicht die erste. – Nach vielen unruhigen Tagen kam ich heute von einer Fußreise
aus Potsdam zurück. Als ich zu Carln in das Zimmer
trat, fragte ich nach Briefen von Dir, und als er mir
den Deinigen gab, brach ich ihn nicht ganz ohne Besorgnis auf, indem ich fürchtete, er möchte voll Klagen
und Scheltwörter über mein langes Stillschweigen sein.
Aber Du hast mir einen Brief geschrieben, den ich in
aller Hinsicht fast den *liebsten* nennen möchte – Es
war mir fast, als müßte ich stolz darauf sein; *denn,*
sagte ich zu mir selbst, wenn W.s Gefühl sich so verfeinert, ihr Verstand sich so berichtigt, ihre Sprache
sich so veredelt hat, wer ist daran – – wem hat sie
es zu – – – ...
Sei ruhig, solange Du in Deinem Innersten fühlst,
daß Du meiner Liebe wert bist, und wenn Du an
jedem Abend nach einem heiter verflossenen Tage in
Deinem Tagebuche die Summe Deiner Handlungen
ziehest, und nach dem Abzuge ein Rest bleibt für die
guten, und ein stilles, süßes, mächtigschwellendes Gefühl Dir sagt, daß Du eine Stufe höher getreten bist
als gestern, so – – so lege Dich ruhig auf Dein Lager,
und denke mit Zuversicht an mich, der vielleicht in
demselben Augenblicke mit derselben Zuversicht an
Dich denkt, und *hoffe* – nicht zu heiß, aber auch

nicht zu kalt – auf bessere Augenblicke, als die schönsten in der Vergangenheit – – auf bessere noch? – Ich
sehe das Bild, und die Nadeln, und Vossens Luise
und die Gartenlaube und die mondhellen Nächte, –
und doch – – Still! – „Wer rief?" – mir wars, als drück-
test Du mir den Mund mit Küssen zu . . .

Es hätte sich nicht leicht ein Umstand ereignen können, der imstande wäre, Dich so schnell auf eine höhere
Stufe zu führen, als Deine Neigung für Rousseau. Ich
finde in Deinem ganzen Briefe schon etwas von seinem
Geiste – das zweite Geschenk, das ich Dir, von heute
an gerechnet, machen werde, wird das Geschenk von
Rousseaus sämtlichen Werken sein. Ich werde Dir dann
auch die Ordnung seiner Lesung bezeichnen – für jetzt
laß Dich nicht stören, den Emil ganz zu beendigen. –

Ich komme jetzt zu dem Gedanken aus Deinem
Briefe, der mir in meiner Stimmung der teuerste sein
mußte, und der meiner verwundeten Seele fast so wohl
tat, wie Balsam einer körperlichen Wunde.

Du schreibst: „Wie sieht es aus in Deinem Innern?
Du würdest mir viele Freude machen, wenn Du mir
etwas mehr davon mitteiltest, als bisher; glaube mir,
ich kann leicht fassen, was Du mir sagst, und ich möchte
gern Deine Hauptgedanken mit Dir teilen."

Liebe Wilhelmine, ich erkenne an diesen fünf Zeilen
mehr als an irgend etwas, daß Du wahrhaft meine
Freundin bist. Nur unsre äußern Schicksale interessieren die Menschen, die innern nur den Freund. Unsere
äußere Lage kann ganz ruhig sein, indessen unser
Innerstes ganz bewegt ist – Ach, ich kann Dir nicht
beschreiben, wie wohl es mir tut, einmal jemandem,
der mich versteht, mein Innerstes zu öffnen. Eine
ängstliche Bangigkeit ergreift mich immer, wenn ich
unter Menschen bin, die alle von dem Grundsatze ausgehen, daß man ein Narr sei, wenn man ohne Vermögen jedes Amt ausschlägt. Du wirst nicht so hart
über mich urteilen, – nicht wahr?

Ja, allerdings dreht sich mein Wesen jetzt um einen Hauptgedanken, der mein Innerstes ergriffen hat, er hat eine tiefe erschütternde Wirkung auf mich hervorgebracht – Ich weiß nur nicht, wie ich das, was seit drei Wochen durch meine Seele flog, auf diesem Blatte zusammenpressen soll. Aber Du sagst ja, Du kannst mich fassen – also darf ich mich schon etwas kürzer fassen. Ich werde Dir den Ursprung und den ganzen Umfang dieses Gedankens, nebst allen seinen Folgerungen einst, wenn Du es wünschest, weitläufiger mitteilen. Also jetzt nur so viel.

Ich hatte schon als Knabe (mich dünkt am Rhein durch eine Schrift von Wieland) mir den Gedanken angeeignet, daß die Vervollkommnung der Zweck der Schöpfung wäre. Ich glaubte, daß wir einst nach dem Tode von der Stufe der Vervollkommnung, die wir auf diesem Sterne erreichten, auf einem andern weiter fortschreiten würden, und daß wir den Schatz von Wahrheiten, den wir hier sammelten, auch dort einst brauchen könnten. Aus diesen Gedanken bildete sich so nach und nach eine eigne Religion, und das Bestreben, nie auf einen Augenblick hienieden stillzustehen, und immer unaufhörlich einem höhern Grade von Bildung entgegenzuschreiten, ward bald das einzige Prinzip meiner Tätigkeit. *Bildung* schien mir das einzige Ziel, das des Bestrebens, *Wahrheit* der einzige Reichtum, der des Besitzes würdig ist. – Ich weiß nicht, liebe Wilhelmine, ob Du diese zwei Gedanken: *W a h r h e i t* und *B i l d u n g ,* mit einer solchen Heiligkeit denken kannst, als ich – Das freilich, würde doch nötig sein, wenn Du den Verfolg dieser Geschichte meiner Seele verstehen willst. Mir waren sie so heilig, daß ich diesen beiden Zwecken, Wahrheit zu sammeln, und Bildung mir zu erwerben, die *kostbarsten* Opfer brachte – Du kennst sie. – Doch ich muß mich kurz fassen.

Vor kurzem ward ich mit der neueren sogenannten Kantischen Philosophie bekannt – und Dir muß ich

jetzt daraus einen Gedanken mitteilen, indem ich nicht
fürchten darf, daß er Dich so tief, so schmerzhaft erschüttern wird, als mich. Auch kennst Du das Ganze nicht
hinlänglich, um sein Interesse vollständig zu begreifen.
Ich will indessen so deutlich sprechen, als möglich.

Wenn alle Menschen statt der Augen grüne Gläser
hätten, so würden sie urteilen müssen, die Gegenstände, welche sie dadurch erblicken, *sind* grün – und
nie würden sie entscheiden können, ob ihr Auge ihnen
die Dinge zeigt, wie sie sind, oder ob es nicht etwas
zu ihnen hinzutut, was nicht ihnen, sondern dem Auge
gehört. So ist es mit dem Verstande. Wir können nicht
entscheiden, ob das, was wir Wahrheit nennen, wahrhaft Wahrheit ist, oder ob es uns nur so scheint. Ist das
letzte, so *ist* die Wahrheit, die wir hier sammeln, nach
dem Tode nicht mehr – und alles Bestreben, ein Eigen-   *a*
tum sich zu erwerben, das uns auch in das Grab folgt,
ist vergeblich –

Ach, Wilhelmine, wenn die Spitze dieses Gedankens
Dein Herz nicht trifft, so lächle nicht über einen andern, der sich tief in seinem heiligsten Innern davon
verwundet fühlt. Mein einziges, mein höchstes Ziel ist   *b*
gesunken, und ich habe nun keines mehr –

Seit diese Überzeugung, nämlich, daß hienieden
keine Wahrheit zu finden ist, vor meine Seele trat,
habe ich nicht wieder ein Buch angerührt. Ich bin un-
tätig in meinem Zimmer umhergegangen, ich habe mich
an das offne Fenster gesetzt, ich bin hinausgelaufen ins
Freie, eine innerliche Unruhe trieb mich zuletzt in Ta-   *c*
bagien und Kaffeehäuser, ich habe Schauspiele und
Konzerte besucht, um mich zu zerstreuen, ich habe
sogar, um mich zu betäuben, eine Torheit begangen,
die Dir Carl lieber erzählen mag, als ich; und dennoch
war der einzige Gedanke, den meine Seele in diesem
äußeren Tumulte mit glühender Angst bearbeitete,

a = S. 178ᵃ.   *b* = S. 178ᵇ.   *c* = S. 178ᵈ.

immer nur dieser: dein *einziges,* dein *höchstes* Ziel ist
gesunken –

d   An einem Morgen wollte ich mich zur Arbeit zwingen, aber ein innerlicher Ekel überwältigte meinen
Willen. Ich hatte eine unbeschreibliche Sehnsucht an
Deinem Halse zu weinen, oder wenigstens einen Freund
an die Brust zu drücken. Ich lief, so schlecht das Wetter auch war, nach Potsdam, ganz durchnäßt kam ich
dort an, drückte Leopold, Gleißenberg, Rühle ans
Herz, und mir ward wohler – –

Rühle verstand mich am besten. Lies doch, sagte er
mir, den *Kettenträger* (ein Roman). Es herrscht in
diesem Buche eine sanfte, freundliche Philosophie, die
dich gewiß aussöhnen wird, mit allem, worüber du
zürnst. Es ist wahr, er selbst hatte aus diesem Buche
einige Gedanken geschöpft, die ihn sichtbar ruhiger
und weiser gemacht hatten. Ich faßte den Mut diesen
Roman zu lesen.

Die Rede war von Dingen, die meine Seele längst
schon selbst bearbeitet hatte. Was darin gesagt ward,
war von mir schon längst im voraus widerlegt. Ich
fing schon an unruhig zu blättern, als der Verfasser
nun gar von ganz fremdartigen politischen Händeln
weitläufig zu räsonieren anfing – Und das soll die
Nahrung sein für meinen glühenden Durst? – Ich legte
still und beklommen das Buch auf den Tisch, ich
drückte mein Haupt auf das Kissen des Sofa, eine
unaussprechliche Leere erfüllte mein Inneres, auch das
letzte Mittel, mich zu heben, war fehlgeschlagen – Was
sollst du nun tun, rief ich. Nach Berlin zurückkehren
ohne Entschluß? Ach, es ist der schmerzlichste Zustand
e   ganz ohne ein Ziel zu sein, nach dem unser Inneres,
frohbeschäftigt, fortschreitet – und das war ich jetzt –

Du wirst mich doch nicht falsch verstehen, Wilhelmine? – Ich fürchte es nicht.

d = S. 178ᵉ.   e = S. 178ᶜ.

In dieser Angst fiel mir ein Gedanke ein.

Liebe Wilhelmine, laß mich reisen. Arbeiten kann   *f*
ich nicht, das ist nicht möglich, ich weiß nicht zu welchem Zwecke. Ich müßte, wenn ich zu Hause bliebe,   *g*
die Hände in den Schoß legen, und denken. So will ich
lieber spazieren gehen, und denken. Die Bewegung auf
der Reise wird mir zuträglicher sein, als dieses Brüten
auf einem Flecke. Ist es eine Verirrung, so läßt sie sich   *h*
vergüten, und schützt mich vor einer andern, die vielleicht unwiderruflich wäre. Sobald ich einen Gedanken ersonnen habe, der mich tröstet, sobald ich einen
Zweck gefaßt habe, nach dem ich wieder streben kann,
so kehre ich um, ich schwöre es Dir. Mein Bild schicke
ich Dir, und Deines nehme ich mit mir. Willst Du es
mir unter diesen Bedingungen erlauben?

N. S. Heute schreibe ich Ulriken, daß ich wahrscheinlich, wenn Du es mir erlaubst, nach Frankreich
reisen würde. Ich habe ihr versprochen, nicht das
Vaterland zu verlassen, ohne es ihr vorher zu sagen.
Will sie mitreisen, so muß ich es mir gefallen lassen.
Ich zweifle aber, daß sie die Bedingungen annehmen
wird. Denn ich kehre um, *sobald ich weiß, was ich tun*   *i*
soll. Sei ruhig. Es muß etwas Gutes aus diesem innern
Kampfe hervorgehn.

41. An Ulrike von Kleist　　　　　Berlin, 23. März 1801

Ich kann Dir jetzt nicht so weitläufig schreiben,
warum ich mich entschlossen habe, Berlin sobald als
möglich zu verlassen und ins Ausland zu reisen. Es
scheint, als ob ich eines von den Opfern der Torheit
werden würde, deren die Kantische Philosophie so
viele auf das Gewissen hat. Mich ekelt vor dieser
Gesellschaft und doch kann ich mich nicht losringen
aus ihren Banden. Der Gedanke, daß wir hienieden

f = S. 178*f*.　　*g* = S. 178*g*.　　*h* = S. 178*i*.　　*i* = S. 178*h*.

von der Wahrheit nichts, gar nichts, wissen, daß das, was wir hier Wahrheit nennen, nach dem Tode ganz *a* anders heißt, und daß folglich das Bestreben, sich ein Eigentum zu erwerben, das uns auch in das Grab folgt, ganz vergeblich und fruchtlos ist, dieser Gedanke hat mich in dem Heiligtum meiner Seele erschüttert. – *b* Mein *einziges* und *höchstes* Ziel ist gesunken, ich habe keines mehr. Seitdem ekelt mich vor den Büchern, *c* ich lege die Hände in den Schoß, und suche ein neues Ziel, dem mein Geist, frohbeschäftigt, von neuem entgegenschreiten könnte. Aber ich finde es nicht, und *d* eine innerliche Unruhe treibt mich umher, ich laufe auf Kaffeehäuser und Tabagien, in Konzerte und Schauspiele, ich begehe, um mich zu zerstreuen und zu betäuben, Torheiten, die ich mich schäme aufzuschreiben, und doch ist der einzige Gedanke, den in diesem äußern Tumult meine Seele unaufhörlich mit glühender Angst bearbeitet, dieser: dein einziges, und höchstes *e* Ziel ist gesunken – – Ich hab mich zwingen wollen zur Arbeit, aber mich ekelt vor allem, was Wissen heißt. Ich kann nicht einen Schritt tun, ohne mir deutlich bewußt zu sein, wohin ich will? – Mein Wille ist zu *f* reisen. Verloren ist die Zeit nicht, denn arbeiten könnte ich doch nicht, ich wüßte nicht, zu welchem Zwecke? Ich will mir einen Zweck suchen, wenn es einen gibt. *g* Wenn ich zu Hause bliebe, so müßte ich die Hände in den Schoß legen und denken; so will ich lieber spa- *h* zieren gehen, und denken. Ich kehre um, sobald ich *i* weiß, was ich tun soll. Ist es eine Verirrung, so läßt sie sich vergüten und schützt mich vielleicht vor einer andern, die unwiderruflich wäre. Ich habe Dir versprochen, das Vaterland nicht zu verlassen, ohne Dich davon zu benachrichtigen, und ich erfülle mein Wort. Willst Du mitreisen, so steht es in Deiner Willkür. Einen frohen Gesellschafter wirst Du nicht finden, auch

a–i = S. 175–177*a–i*.

würden die Kosten nicht gering sein, denn mein Zu-
schuß kann nicht mehr sein, als 1 Rth. für jeden Tag.
Willst Du aber dennoch, so mache ich Dir gleich einige
Vorschläge ...

42. An Wilhelmine von Zenge   Berlin, 28. März 1801

Liebe Wilhelmine, ich ehre Dein Herz, und Deine
Bemühung, mich zu beruhigen, und die Kühnheit, mit
welcher Du Dich einer eignen Meinung nicht schämst,
wenn sie auch einem berühmten System widerspräche –
Aber der Irrtum liegt nicht im Herzen, er liegt im
Verstande und nur der Verstand kann ihn heben. Ich
habe mich unbeschreiblich über den Aufwand von
Scharfsinn gefreut, den Du bei dem Gegenstande der
Kristallinse anwendest; ich habe Dich besser verstanden, als Du Dich selbst ausdrückst, und *alles,* was Du
darüber sagst, ist wahr. Aber ich habe mich nur des
Auges in meinem Briefe als eines *erklärenden* Beispiels
bedient, weil ich Dir selbst die trockne Sprache der
Philosophie nicht vortragen konnte. Alles, was Du
mir nun dagegen einwendest, *kann* wahr sein, ohne
daß der Zweifel gehoben würde – Liebe Wilhelmine,
ich bin durch mich selbst in einen Irrtum gefallen, ich
kann mich auch nur *durch mich selbst* wieder heben.
Diese Verirrung, wenn es eine ist, wird unsre Liebe
nicht den Sturz drohen, sei darüber ganz ruhig. Wenn
ich ewig in diesem rätselhaften Zustand bleiben müßte,
mit einem innerlich heftigen Trieb zur Tätigkeit, und
doch ohne Ziel – ja dann freilich, dann wäre ich ewig
unglücklich, und selbst Deine Liebe könnte mich dann
nur zerstreuen, nicht mit Bewußtsein beglücken. Aber
ich werde das Wort, welches das Rätsel löset, schon
finden, sei davon überzeugt – nur ruhig kann ich jetzt
nicht sein, in der Stube darf ich nicht darüber brüten,
ohne vor den Folgen zu erschrecken. Im Freien werde
ich freier denken können. Hier in Berlin finde ich

nichts, das mich auch nur auf einen Augenblick erfreuen
könnte. In der Natur wird das besser sein. Auch werde
ich mich unter Fremden wohler befinden, als unter Ein-
heimischen, die mich für verrückt halten, wenn ich es
wage, mein Innerstes zu zeigen. Lebe wohl.

43. An Wilhelmine von Zenge   Berlin, 9. April 1801

Meine teure, meine *einzige* Freundin! Ich nehme
Abschied von Dir! – Ach, mir ist es, als wäre es auf
ewig! Ich habe mich wie ein spielendes Kind auf die
Mitte der See gewagt, es erheben sich heftige Winde,
gefährlich schaukelt das Fahrzeug über den Wellen,
das Getöse übertönt alle Besinnung, ich kenne nicht
einmal die Himmelsgegend, nach welcher ich steuern
soll, und mir flüstert eine Ahndung zu, daß mir mein
Untergang bevorsteht –

Ach, ich weiß es, diese Zeilen sind nicht dazu ge-
macht, Dir den Abschied zu erleichtern. Aber willst
Du nicht mitempfinden, wenn ich leide? O gewiß!
Wärst Du sonst meine *Freundin?*

Ich will Dir erzählen, wie in diesen Tagen das
Schicksal mit mir gespielt hat.

Du kennst die erste Veranlassung zu meiner bevorstehenden Reise. Es war im Grunde nichts, als ein
innerlicher Ekel vor aller wissenschaftlichen Arbeit.
Ich wollte nur nicht müßig die Hände in den Schoß
legen und brüten, sondern mir lieber unter der Bewegung einer Fußreise ein neues Ziel suchen, da ich das
alte verloren hatte, und zurückkehren, sobald ich es
gefunden hätte. Die ganze Idee der Reise war also
eigentlich nichts als ein großer Spaziergang. Ich hatte
aber Ulriken versprochen, nicht über die Grenzen des
Vaterlandes zu reisen, ohne sie mitzunehmen. Ich kün-
digte ihr daher meinen Entschluß an. Als ich dies aber

a vgl. S. 208ª.

tat, hoffte ich zum Teil, daß sie ihn wegen der großen
Schnelligkeit und der außerordentlichen Kosten nicht
annehmen würde, teils fürchtete ich auch nicht, daß,
wenn sie ihn annähme, dieser Umstand die eigentliche
Absicht meiner Reise verändern könnte. Doch höre
wie das blinde Verhängnis mit mir spielte. Ich erkun-
digte mich bei verschiedenen Männern, ob ich Pässe
zur Reise haben müßte. Sie sagten mir, daß wenn ich
allein auf der Post reisete, ich mit meiner Studenten-
matrikel wohl durchkommen würde; in Gesellschaft
meiner Schwester aber und eines Bedienten müßte ich
durchaus einen Paß haben, weil sonst diese Reise eines
Studenten mit seiner unverheirateten Schwester gewiß
auffallen würde, wie ich selbst fürchte. Pässe waren
aber nicht anders zu bekommen, als bei dem Minister
der auswärtigen Angelegenheiten, Herrn v. Alvens-
leben, und auch bei diesem nicht anders, als wenn man
einen hinreichenden Zweck zur Reise angeben kann.
Welchen Zweck sollte ich aber angeben? Den *wahren?*
konnte ich das? Einen *falschen?* durfte ich das? – Ich
wußte nun gar nicht, was ich tun sollte. Ich war schon
im Begriff, Ulriken die ganze Reise abzuschreiben, als
ich einen Brief bekam, daß sie in 3 Tagen hier schon
eintreffen würde. Vielleicht, dachte ich nun, läßt sie
sich mit einer kleineren Reise begnügen, und war schon
halb und halb willens ihr dies vorzuschlagen; aber
Carl hatte schon an so viele Leute so viel von meiner
Reise nach Paris erzählt, und ich selbst war damit
nicht ganz verschwiegen gewesen, so daß nun die
Leute schon anfingen, mir Aufträge zu geben – – sollte
sich nun mein Entschluß auf einmal wie ein Wetter-
hahn drehen? – Ach, Wilhelmine, wir dünken uns frei,
und der Zufall führt uns allgewaltig an tausend fein-
gesponnenen Fäden fort. Ich *mußte* also nun reisen,
ich mochte wollen oder nicht, und zwar nach Paris, ich
mochte wollen oder nicht. Ich erzählte Carln diese
ganze seltsame Veränderung meiner Lage, er tröstete

mich, und sagte, ich möchte mich jetzt nur in die Verhältnisse fügen, er hoffte, es würde vielleicht recht gut
werden, und besser, als ich es glaubte. Denn das ist
sein Glaube, daß wenn uns das Schicksal einen Strich
durch die Rechnung macht, dies grade oft zu unserm
Besten ausfalle. Darf ich es hoffen – ? – Ich mußte
also nun auch Pässe fordern. Aber welchen Zweck
sollte ich angeben? – Ach, meine *liebe* Freundin, kann
man nicht in Lagen kommen, wo man selbst mit dem
besten Willen doch etwas tun *muß,* was nicht ganz
recht ist? Wenn ich nicht reisete, hätte ich da nicht
Ulriken angeführt? Und wenn ich reisete, und also
Pässe haben mußte, mußte ich da nicht etwas Un-
wahres zum Zwecke angeben? – Ich gab also denjenigen Zweck an, der wenigstens nicht ganz unwahr
ist, nämlich auf der Reise zu lernen (welches eigentlich
in *meinem* Sinne ganz wahr ist) oder wie ich mich
ausdrückte: in Paris zu studieren, und zwar Mathematik und Naturwissenschaft – – Ach, Wilhelmine, *ich*
studieren? In *dieser* Stimmung? – – Doch es mußte so
sein. Der Minister, und alle Professoren und alle Bekannten wünschen mir Glück – am Hofe wird es ohne
Zweifel bekannt – soll ich nun zurückkehren über den
Rhein, so wie ich hinüberging? Habe ich nicht selbst
die Erwartung der Menschen gereizt? Werde ich nun
nicht in Paris im Ernste etwas lernen *müssen?* Ach,
Wilhelmine, in meiner Seele ziehen die Gedanken
durcheinander, wie Wolken im Ungewitter. Ich weiß
nicht, was ich tun und lassen soll – alles, was die Menschen von meinem Verstande erwarten, ich kann es
nicht leisten. Die Mathematiker glauben, ich werde
dort Mathematik studieren, die Chemiker, ich werde
von Paris große chemische Kenntnisse zurückbringen
– und doch wollte *ich* eigentlich nichts, als allem Wissen entfliehen. Ja ich habe mir sogar Adressen an französische Gelehrte müssen mitgeben lassen, und so
komme ich denn wieder in jenen Kreis von kalten,

trocknen, einseitigen Menschen, in deren Gesellschaft
ich mich nie wohl befand. – Ach liebe Freundin, ehemals dachte ich mit so großer Entzückung an eine
Reise – jetzt nicht. Ich versprach mir sonst so viel davon – jetzt nicht. Ich ahnde nichts Gutes – Ich hatte
eine unbeschreibliche Sehnsucht Dich noch einmal zu
sehen, und war schon im Begriff Dir selbst zu Fuße
das Bild zu bringen. Aber immer ein neues Verhältnis
und wieder ein neues machte es mir unmöglich. Ja,
hätte mir Carl sein Pferd gegeben, ich hätte Dich doch
noch einmal umarmt; aber er wollte und konnte auch nicht.

Und so lebe denn wohl! – Ach, Wilhelmine, schenkte
mir der Himmel ein grünes Haus, ich gäbe alle Reisen,
und alle Wissenschaft, und allen Ehrgeiz auf immer
auf! Denn nichts als Schmerzen gewährt mir dieses
ewig bewegte Herz, das wie ein Planet unaufhörlich
in seiner Bahn zur Rechten und zur Linken wankt,
und von ganzer Seele sehne ich mich, wonach die ganze   *a*
Schöpfung und alle immer langsamer und langsamer
rollenden Weltkörper streben, nach *Ruhe!* ...

Beifolgendes Bild konnte ich, wegen Mangel an
Geld, das ich sehr nötig brauche, nicht einfassen lassen.
Tue Du es auf meine Kosten. *Einst* ersetze ich sie Dir.
Möchtest Du es ähnlicher finden, als ich. Es liegt etwas
Spöttisches darin, das mir nicht gefällt, ich wollte er
hätte mich *ehrlicher* gemalt – Dir zu gefallen, habe ich
fleißig während des Malens gelächelt, und so wenig ich
auch dazu gestimmt war, so gelang es mir doch, wenn
ich an Dich dachte. Du hast mir so oft mit der Hand
die Runzeln von der Stirn gestrichen, darum habe ich
in dem Gemälde wo es nicht möglich war dafür gesorgt, daß es auch nicht nötig war. *So,* ich meine so
freundlich, werde ich immer aussehen, wenn, wenn – –
o Gott! *Wann?* – Küsse das Bild auf der Stirn, da
küsse ich es jetzt auch ...

a = S. 185a, 193a.

44. Für Minna Clausius   Berlin, 11. April 1801

Es gibt Menschen wie die ersten Arabesken; man
versteht sie nicht, wenn man nicht Raphael ist.

*

Heinrich Kleist

45. An Geheimrat Kunth   Berlin, 12. April 1801

Das Wohlwollen, mit welchem Ew. Wohlgeb. meine
erste Bitte, nämlich den Sitzungen der hochlöbl. techn.
Deputation beiwohnen zu dürfen, unterstützten, macht
mich schüchtern bei einer Erklärung, die ich doch, von
höheren Rücksichten bestimmt, nicht unterdrücken
darf; bei der Erklärung, daß ich, nach einer ernstlichen
Prüfung meiner Kräfte, die Laufbahn, die ich betreten
hatte, nicht verfolgen darf, weil sich meine Neigung
für das rein Wissenschaftliche ganz entschieden hat.
Bloß die Erinnerung, daß Ew. Wohlgeb. selbst, schon
bei Ihrem ersten Urteile über meine Kräfte, die Wahl
eines praktischen Wirkungskreises für mich nicht billig-
ten, gibt mir den Mut, diesen Irrtum selbst offenherzig
zu gestehen ...

46. An Wilhelmine von Zenge   Berlin, 14. April 1801

Liebe Freundin, die paar Zeilen, die Du mir geschrieben hast, atmen zugleich so viel Wehmut und
Würde, daß selbst Dein Anblick mich kaum weniger
hätte rühren können. Wenn ich mir Dich denke, wie
Du in Deinem Zimmer sitzest, mein Bild vor Dir, das
Haupt auf die Arme gedrückt, die Augen voll Tränen
– ach, Wilhelmine, dann kommt dieser Gedanke noch
zu meinem eignen Kummer, ihn zu verdoppeln. Dir
hat die Liebe wenig von ihren Freuden, doch viel von
ihrem Kummer zugeteilt, und Dir schon zwei Tren-
nungen zugemessen, deren jede gleich gefährlich war.
Du hättest ein so ruhiges Schicksal verdient, warum
mußte der Himmel Dein Los an einen Jüngling knüp-

fen, den seine seltsamgespannte Seele ewig unruhig
bewegt? Ach, Wilhelmine, Du bist so vielen Glückes
würdig, *ich* bin es Dir schuldig, Du hast mir durch so
vielen Edelmut die Schuld auferlegt – warum kann
ich sie nicht bezahlen? Warum kann ich Dir nichts
geben zum Lohne, als Tränen? – O Gott gebe mir nur
die *Möglichkeit* diese Tränen einst wieder mit Freuden vergüten zu können! – *Liebe, teure* Freundin, ich
fordre nicht von Dir, daß Du mir den Kummer ver-
heimlichst, wenn Du ihn fühlst, so wie ich selbst immer
das süßeste Recht der Freundschaft, nämlich das schwere
Herz auszuschütten, übe; aber laß uns beide uns bemühen, so ruhig und so heiter unter der Gewitterwolke
zu stehen, als es nur immer möglich ist. Verzeihe mir
diese Reise – ja *verzeihen,* ich habe mich nicht in dem
Ausdrucke vergriffen, denn ich fühle nun selbst, daß
die erste Veranlassung dazu wohl nichts, als eine Übereilung war. Lies doch meine Briefe von dieser Zeit an
noch einmal durch und frage Carln recht über mich aus
– Mir ist diese Periode in meinem Leben und dieses
gewaltsame Fortziehen der Verhältnisse zu einer Handlung, mit deren Gedanken man sich bloß zu spielen
erlaubt hatte, äußerst merkwürdig. Aber nun ist es
unabänderlich geschehen und ich *muß* reisen – Ach,
Wilhelmine, wie hätte sich mir noch vor drei Jahren
die Brust gehoben unter der Vorempfindung einer *solchen* Reise! Und jetzt –! Ach, Gott weiß, daß mir das
Herz blutet! Frage nur Carln, der mich alle Augenblicke einmal fragt: was seufzest Du denn? – Aber nun
will ich doch so viel Nutzen ziehn aus dieser Reise,
wie ich kann, und auch in Paris etwas lernen, wenn es
mir möglich sein wird. Vielleicht geht doch noch etwas
Gutes aus dieser verwickelten Begebenheit meines Lebens hervor – liebe Wilhelmine, soll ich Dir sagen, daß
ich es fast *hoffe*? Ach, ich sehne mich unaussprechlich   *a*

a = S. 183*a*, 193*a*.

nach Ruhe! Alles ist dunkel in meiner Zukunft, ich
weiß nicht, was ich wünschen und hoffen und fürchten
soll, ich fühle daß mich weder die Ehre, noch der
Reichtum, noch selbst die Wissenschaften allein ganz
befriedigen können; nur ein einziger Wunsch ist mir
ganz deutlich, *Du* bist es, Wilhelmine – O Gott, wenn
mir einst das bescheidne Los fallen sollte, das ich be-
a   gehre, ein Weib, ein eignes Haus und *Freiheit* – o dann
wäre es nicht zu teuer erkauft mit allen Tränen, die
ich, und mit allen die Du vergießest, denn mit Ent-
zückungen wollte ich sie Dir vergüten. Ja, laß uns
hoffen – Was ich begehre, genießen Millionen, der
Himmel gewährt Wünsche gern, die in seinen Zweck
eingreifen, warum sollte er grade uns beide von seiner
Güte ausschließen? Also Hoffnung und Vertrauen auf
den Himmel und auf uns! Ich will mich bemühen, die
ganze unselige Spitzfündigkeit zu vergessen, die schuld
an dieser innern Verwirrung ist. Vielleicht gibt es dann
doch Augenblicke auf dieser Reise, in welchen ich vergnügt bin. O möchten sie auch Dir werden! Fahre nur
fort, Dich immer auszubilden, ich müßte unsinnig sein
mit den Füßen von mir zu stoßen, was sich zu meinem
eignen Genuß von Tage zu Tage veredelt. Gewinne
Deinen Rousseau so lieb wie es Dir immer möglich ist,
auf *diesen* Nebenbuhler werde ich nie zürnen. Ich
werde Dir oft schreiben, das nächstemal von Dresden,
etwa in 8 Tagen.

a = S. 209*ᵃ*, 228*ᵇ*.

47. An Wilhelmine von Zenge   Dresden, 4. Mai 1801

Heute lag ich auf den Brühlschen Terrassen, ich hatte
ein Buch mitgenommen, darin zu lesen, aber ich war
zerstreut und legte es weg. Ich blickte von dem hohen
Ufer herab über das herrliche Elbtal, es lag da wie ein
Gemälde von Claude Lorrain unter meinen Füßen – es
schien mir wie eine Landschaft auf einen Teppich ge-
stickt, grüne Fluren, Dörfer, ein breiter Strom, der sich   *a*
schnell wendet, Dresden zu küssen, und hat er es geküßt, schnell wieder flieht – und der prächtige Kranz
von Bergen, der den Teppich wie eine Arabeskenborde
umschließt – und der reine blaue italische Himmel,
der über die ganze Gegend schwebte – Mich dünkte,
als schmeckte süß die Luft, holde Gerüche streuten mir
die Fruchtbäume zu, und überall Knospen und Blüten,
die ganze Natur sah aus wie ein funfzehnjähriges
Mädchen – Ach, Wilhelmine, ich hatte eine unaussprechliche Sehnsucht, nur einen Tropfen von Freude
zu empfangen, es schien ein ganzes Meer davon über
die Schöpfung ausgegossen, nur ich allein ging leer
aus – Ich wünschte mir nur so viel Heiterkeit, und
auch diese nur auf eine so kurze Zeit als nötig wäre,
Dir einen heitern kurzen Brief zu schreiben. Aber der
Himmel läßt auch meine bescheidensten Wünsche unerfüllt. Ich beschloß, auch für diesen Tag noch zu
schweigen – Da sah ich Dich im Geiste, wie Du täglich
auf Nachrichten harrest, täglich sie erwartest und täglich getäuscht wirst, ich dachte mir, wie Du Dich
härmst und Dich mit falschen Vorstellungen quälst,
vielleicht mich krank glaubst, oder wohl gar – Da

a = S. 191*b*, 203*b*.

stand ich schnell auf, rief Ulriken, die lesend hinter
mir saß, mir zu folgen, ging in mein Zimmer, und
sitze nun am Tische, Dir wenigstens zu schreiben, daß
ich noch immer lebe und noch immer Dich liebe.

Liebe, *teure* Freundin, erlaß mir eine weitläufigere
Mitteilung, ich kann Dir nichts Frohes schreiben, und
der Kummer ist eine Last, die noch schwerer drückt,
wenn mehrere daran tragen. Noch habe ich seit meiner
Abreise von Berlin keine wahrhaft vergnügte Stunde
genossen, zerstreut bin ich wohl gewesen, aber nicht
vergnügt – Meine heitersten Augenblicke sind solche,
wo ich mich selbst vergesse – und doch, gibt es Freude,
ohne ruhiges Selbstbewußtsein? Ach, Wilhelmine, Du
bist glücklich gegen mich, weil Du eine Freundin hast –
ich kann Ulriken alles mitteilen, nur nicht, was mir
das Teuerste ist. Du glaubst auch nicht, wie ihr lustiges,
zu allem Abenteuerlichen aufgewecktes Wesen, gegen
mein Bedürfnis absticht – Ach, könnte ich vier Monate
aus meinem Leben zurücknehmen! Adieu, adieu, ich
will vergessen, was nicht mehr zu ändern ist – Lebe
wohl, mit dem *ersten* frohen Augenblick erhältst Du
einen recht langen Brief von mir. Bis dahin laß mich
schweigen – wenn Du fürchtest, daß ich Dich kälter
lieben werde, so quälst Du Dich vergeblich. O Gott,
wenn mir ein *einziger Wunsch* erfüllt würde, mich aus
diesem Labyrinthe zu retten –

48. Für Henriette von Schlieben   Dresden, 17. Mai 1801

Tue recht und scheue niemand.

Mit dieser hohen Lehre, welche Sie zugleich in der
Demut und im Stolze, über Ihre Pflichten und über
Ihre Rechte unterrichtet, erinnere ich Sie zugleich an
die *christliche* Religion, an eine gute Handlung, an
einen schönen Abend und an Ihren Freund

Heinrich Kleist, aus Frankfurt a. Oder.

49. An Wilhelmine von Zenge   Leipzig, 21. Mai 1801

Sonst, ja sonst war es meine Freude, mir selbst oder
Dir mein Herz zu öffnen, und meine Gedanken
und Gefühle dem Papier anzuvertrauen; aber das
ist nicht mehr so – Ich habe selbst mein eignes Tagebuch vernachlässigt, weil mich vor allem Schreiben
ekelt. Sonst waren die Augenblicke, wo ich mich meiner
selbst bewußt ward, meine schönsten – jetzt muß ich
sie vermeiden, weil ich mich und meine Lage fast nicht
ohne Schaudern denken kann – Doch nichts in diesem
Tone. Auch dieses war ein Grund, warum ich Dir so
selten schrieb, weil ich voraussah, daß ich Dir doch
nichts von mir schreiben könnte, was Dir Freude
machen würde. In den letzten Tagen meines Aufenthaltes in Dresden hatte ich schon einen Brief an Dich
bis zur Hälfte vollendet, als ich einsah, daß es besser
war, ihn ganz zurückzuhalten, weil er Dir doch nichts,
als Kummer gewährt haben würde. Ach, warum kann
ich dem Wesen, das ich glücklich machen sollte, nichts
gewähren, als Tränen? Warum bin ich, wie Tankred,
verdammt, das, was ich liebe, mit jeder Handlung zu
verletzen? – Doch davon laß mich ein für allemal
schweigen. Das Bewußtsein Dich durch meine Briefe,
statt zu erfreuen, zu betrüben, macht sie mir selbst so
verhaßt, daß ich bei diesen letzten Zeilen schon halb
und halb willens war, auch dieses Schreiben zu zerreißen
– Doch eines muß vollendet werden – und ich will Dir
darum nur kürzlich die Geschichte meines Aufenthaltes in Dresden mitteilen, die Dich nicht betrüben wird,
wenn ich Dir bloß erzähle, was ich sah und hörte, nicht
was ich dachte und empfand.

Ich zweifle, daß ich auf meiner ganzen bevorstehenden Reise, selbst Paris nicht ausgenommen, eine
Stadt finden werde, in welcher die Zerstreuung so
leicht und angenehm ist, als Dresden. Nichts war so
fähig mich so ganz ohne alle Erinnerung wegzu-

führen von dem traurigen Felde der Wissenschaft, als
diese in dieser Stadt gehäuften Werke der Kunst. Die
Bildergalerie, die Gipsabgüsse, das Antikenkabinett,
die Kupferstichsammlung, die Kirchenmusik in der
katholischen Kirche, das alles waren Gegenstände bei
deren Genuß man den Verstand nicht braucht, die nur
allein auf Sinn und Herz wirken. Mir war so wohl bei
diesem ersten Eintritt in diese für mich ganz neue Welt
voll Schönheit. Täglich habe ich die griechischen Ideale
und die italienischen Meisterstücke besucht, und jedesmal, wenn ich in die Galerie trat, stundenlang vor dem
a einzigen Raphael dieser Sammlung, vor jener Mutter
Gottes gestanden, mit dem hohen Ernste, mit der
stillen Größe, ach Wilhelmine, und mit Umrissen, die
mich zugleich an zwei geliebte Wesen erinnerten –
Wie oft, wenn ich auf meinen Spaziergängen junge
Künstler sitzen fand, mit dem Brett auf dem Schoß,
den Stift in der Hand, beschäftigt die schöne Natur zu
kopieren, o wie oft habe ich diese glücklichen Menschen
beneidet, welche kein Zweifel um das Wahre, das sich
nirgends findet, bekümmert, die nur in dem Schönen
leben, das sich doch zuweilen, wenn auch nur als Ideal,
ihnen zeigt. Den einen fragte ich einst, ob man, wenn
man sonst nicht ohne Talent sei, sich wohl im 24. Jahre
noch mit Erfolg der Kunst widmen könnte? Er antwortete mir, daß Wouvermann, einer der größten
Landschaftsmaler, erst im 40. ein Künster geworden
sei. – Nirgends fand ich mich aber tiefer in meinem
Innersten gerührt, als in der katholischen Kirche, wo
die größte, erhebenste Musik noch zu den andern Kün-
sten tritt, das Herz gewaltsam zu bewegen. Ach, Wilhelmine, unser Gottesdienst ist keiner. Er spricht nur
zu dem kalten Verstande, aber zu allen Sinnen ein
katholisches Fest. Mitten vor dem Altar, an seinen un-
tersten Stufen, kniete jedesmal, ganz isoliert von den

a = S. 199a, 245a.

andern, ein gemeiner Mensch, das Haupt auf die höheren Stufen gebückt, betend mit Inbrunst. Ihn quälte kein Zweifel, er *glaubt* – Ich hatte eine unbeschreibliche Sehnsucht mich neben ihn niederzuwerfen, und zu weinen – Ach, nur einen Tropfen Vergessenheit, und mit Wollust würde ich katholisch werden –. Doch davon wollte ich ja eben schweigen. – Dresden hat eine große, feierliche Lage, in der Mitte der umkränzenden Elbhöhen, die in einiger Entfernung, als ob sie aus Ehrfurcht nicht näher zu treten wagten, es umlagern. Der Strom verläßt plötzlich sein rechtes Ufer, und wendet sich schnell nach Dresden, seinen Liebling zu küssen. Von der Höhe des Zwingers kann man seinen Lauf fast bis nach Meißen verfolgen. Er wendet sich bald zu dem rechten, bald zu dem linken Ufer, als würde die Wahl ihm schwer, und wankt, wie vor Entzücken, und schlängelt sich spielend in tausend Umwegen durch das freundliche Tal, als wollte er nicht in das Meer – Wir haben von Dresden aus Moritzburg, Pillnitz, Tharandt, das Du schon kennst, und Freiberg besucht. In Freiberg sind wir beide in das Bergwerk gestiegen. Ich mußte es, damit ich, wenn man mich fragt: sind Sie dort gewesen? doch antworten kann: ja. Ein weiteres Interesse hatte ich jetzt nicht dabei, so sehr mich die Kenntnis, die man sich hier erwerben kann, auch sonst interessiert hätte. Denn wenn das Herz ein Bedürfnis hat, so ist es kalt gegen alles, was es nicht befriedigt, und nur mit halbem Ohre habe ich gehört, wie tief der Schacht ist, wohin der Gang streicht, wieviel Ausbeute er gibt, usw. – Ich hatte ein paar Adressen nach Dresden mit, von denen ich aber nur eine gebrauchte und die andern verbrannt habe. Denn für ein Herz, das sich gern jedem Eindruck hingibt, ist nichts gefährlicher, als Bekanntschaften, weil sie durch neue Verhältnisse das Leben immer noch ver-

a = S. 202f.   *b* = S. 203*b*, 187*a*.   *c* = S. 203*c*, 120*a*.

wickelter machen, das schon verwickelt genug ist. Doch
diese Verstandesregel war es eigentlich nicht, die mich
davon abhielt. Ich fand aber in Dresden ein paar so
liebe Leute, daß ich über sie alle andern vergaß ...
Unter diesen waren besonders zwei Fräulein v. Schlieben, arm und freundlich und gut, die Eigenschaften,
die zusammengenommen mit zu dem Rührendsten gehören, das ich kenne. Wir sind gern in ihrer Gesellschaft gewesen, und zuletzt waren die Mädchen auch so
gern in der unsrigen, daß die eine am Abend bei unserem Abschied aus vollem Herzen weinte. – Von
Dresden aus machten wir auch noch eine große Streiferei nach Töplitz, 8 Meilen, eine herrliche Gegend,
besonders von dem nahegelegenen Schloßberge aus, wo
a das ganze Land aussieht wie ein bewegtes Meer von
Erde, die Berge, wie kolossalische Pyramiden, in den
schönsten Linien geformt, als hätten die Engel im
Sande gespielt – Von Töplitz fuhren wir tiefer in Böhmen nach Lowositz, das am südlichen Fuße des Erzgebirges liegt, da, wo die Elbe hineintritt. Wie eine
Jungfrau unter Männern erscheint, so tritt sie schlank
und klar unter die Felsen – Leise mit schüchternem
Wanken naht sie sich – das rohe Geschlecht drängt sich,
den Weg ihr versperrend, um sie herum, der Glänzend-
Reinen ins Antlitz zu schauen – sie aber ohne zu har-
ren, windet sich, flüchtig, errötend, hindurch – In
Aussig ließen wir den Wagen zu Lande fahren, und
fuhren noch 10 Meilen auf der Elbe nach Dresden.
Ach, Wilhelmine, es war einer von jenen lauen, süßen,
halb dämmernden Tagen, die jede Sehnsucht, und alle
Wünsche des Herzens ins Leben rufen – Es war so still
auf der Fläche des Wassers, so ernst zwischen den
hohen, dunkeln Felsenufern, die der Strom durchschnitt. Einzelne Häuser waren hie und da an den
Felsen gelehnt, wo ein Fischer oder ein Weinbauer sich

a = S. 79ª, 203ª.

angesiedelt hatte. Mir schien ihr Los unbeschreiblich
rührend und reizend – das kleine einsame Hüttchen
unter dem schützenden Felsen, der Strom, der Kühlung
und Nahrung zugleich herbeiführt, Freuden, die keine
Idylle malen kann, Wünsche, die nicht über die Gipfel
der umschließenden Berge fliegen – ach, liebe Wilhelmine, ist Dir das nicht auch alles so rührend und
reizend wie mir? Könntest Du bei *diesem* Glück nicht
auch alles aufgeben, was jenseits der Berge liegt? *Ich*
könnte es – ach, ich sehne mich unaussprechlich nach   *a*
Ruhe. Für die Zukunft leben zu wollen – ach, es ist ein
Knabentraum, und nur wer für den Augenblick lebt,
lebt für die Zukunft. Ja wer erfüllt eigentlich getreuer
seine Bestimmung nach dem Willen der Natur, als der
Hausvater, der Landmann? – Ich malte mir ein ganzes
künftiges Schicksal aus – ach, Wilhelmine, mit Freuden
wollte ich um dieses Glück allen Ruhm und allen Ehrgeiz aufgeben – Zwei Fischer ruderten gegen den
Strom, und trieften von Schweiß. Ich nahm unserm
Schiffer das Ruder und fing aus Leibeskräften zu arbeiten [an]. Ja, fiel mir ein, das ist ein Scherz, wie aber
wenn es Ernst wäre –? Auch das, antwortete ich mir,
und beschloß eine ganze Meile lang unaufhörlich zu
arbeiten. Es gelang mir doch nicht ohne Anstrengung
und Mühe – aber es gelang mir. Ich wischte mir den
Schweiß ab, und setzte mich neben Ulriken, und faßte
ihre Hand – sie war kalt – ich dachte an den Lohn,
an Dich – –

50. An Wilhelmine von Zenge   Göttingen, 3. Juni 1801

– Du bist nicht zufrieden, daß ich Dir das Äußere
meiner Lage beschreibe, ich soll Dir auch etwas aus
meinem Innern mitteilen? Ach, liebe Wilhelmine, leicht
ist das, wenn alles in der Seele klar und hell ist, wenn

a = S. 183ᵃ, 185ᵃ.

man nur in sich selbst zu blicken braucht, um deutlich darin zu lesen. Aber wo Gedanken mit Gedanken, Gefühle mit Gefühlen kämpfen, da ist es schwer zu nennen, was in der Seele herrscht, weil noch der Sieg unentschieden ist. Alles liegt in mir verworren, wie die Werchfasern im Spinnrocken, durcheinander, und ich bin vergebens bemüht mit der Hand des Verstandes den Faden der Wahrheit, den das Rad der Erfahrung hinausziehen soll, um die Spule des Gedächtnisses zu ordnen. Ja selbst meine Wünsche wechseln, und bald tritt der eine, bald der andere ins Dunkle, wie die Gegenstände einer Landschaft, wenn die Wolken drüber hinziehn. – Was Du mir zum Troste sagst, ist wirklich das Tröstlichste, das ich kenne. Ich selbst fange an, zu glauben, daß der Mensch zu etwas mehr da ist, als bloß zu *denken – Arbeit,* fühle ich, wird das einzige sein, was mich ruhiger machen kann. Alles was mich beunruhigt ist die Unmöglichkeit, mir ein Ziel des Bestrebens zu setzen, und die Besorgnis, wenn ich zu schnell ein falsches ergriffe, die Bestimmung zu verfehlen und so ein ganzes Leben zu verpfuschen – Aber sei ruhig, ich werde das *rechte* schon finden. Falsch ist jedes Ziel, das nicht die reine Natur dem Menschen steckt. Ich habe fast eine Ahndung von dem rechten – wirst Du, Wilhelmine, mir dahin folgen, wenn Du Dich überzeugen kannst, daß es das rechte ist –? Doch laß mich lieber schweigen von dem, was selbst in mir noch ganz undeutlich ist ... Sei zufrieden mit diesen wenigen Zügen aus meinem Innern. Es ist darin so wenig bestimmt, daß ich mich fürchten muß etwas aufzuschreiben, weil es dadurch in gewisser Art bestimmt *wird.* Errate daraus was Du willst – gewiß ist es, daß ich kein andres Erdenglück wünsche, als *durch Dich.* Fahre fort, liebes Mädchen, Dich immer fähiger zu machen, zu beglücken. Rousseau ist mir der liebste durch den ich Dich bilden lassen mag, da ich es selbst nicht mehr unmittelbar, wie sonst, kann. Ach, Wilhel-

mine, Du hast mich an frohe Zeiten erinnert, und alles
ist mir dabei eingefallen, auch das, woran Du mich
nicht erinnert hast. Glaubst Du wohl, daß ein Tag
vergeht, ohne daß ich an Dich dächte –? Dein Bild
darf ich so oft nicht betrachten als ich wohl möchte,
weil mir jeder unbescheidner Zeuge zuwider ist. Mehr
als einmal habe ich gewünscht, meinem ersten Entschluß, *allein* zu reisen, treu geblieben zu sein – Ich
ehre Ulrike ganz unbeschreiblich, sie trägt in ihrer
Seele alles, was achtungswürdig und bewundrungs-
wert ist, vieles mag sie besitzen, vieles geben können,   *a*
aber es läßt sich, wie Goethe sagt, nicht an ihrem
Busen ruhen – Doch dies bleibt, wie alles, unter uns –
Von unsrer Reise kann ich Dir auch manches wieder
erzählen. Wir reisen, wie Du vielleicht noch nicht
weißt, mit eignen Pferden, die wir in Dresden gekauft
haben. Johann leistet uns dabei treffliche Dienste, wir
sind sehr mit ihm zufrieden, und denken oft mit Dankbarkeit an Carln, der ihn uns freiwillig abtrat ...
Gestern endlich habe ich zum erstenmale an meine
Familie nach Pommern geschrieben – sollte man wohl
glauben, daß ein Mensch, der in seiner Familie *alles*
fand, was ein Herz binden kann, Liebe, Vertrauen,
Schonung, Unterstützung mit Rat und Tat, sein Vaterland verlassen kann, ohne selbst einmal schriftlich Abschied zu nehmen von seinen Verwandten? – Und doch
sind sie mir die liebsten und teuersten Menschen auf
der Welt! So widersprechen sich in mir Handlung und
Gefühl – Ach, es ist ekelhaft, zu leben – Schreibe also
Carln, er solle nicht zürnen, wenn Briefe von mir aus-
blieben, großmütig sein, und zuweilen etwas von sich
hören lassen, Neuigkeiten schreiben und dergleichen.
Bitte ihn doch auch, er möchte sich einmal bei *Rühle*
erkundigen, ob dieser denn gar keine Briefe von mir
erhalten hat, auch nicht die große Schrift, die ich ihm

a = S. 204ᵉ, 218ᵇ.

von Berlin aus schickte? Er möchte ihn doch antreiben, einmal an mich zu schreiben, da mir sehr viel daran gelegen wäre, wenigstens zu wissen, ob die Schrift nicht verloren gegangen ist. – Ich will Dich doch von Leipzig nach Göttingen führen, aber ein wenig schneller, als wir reiseten. Denn wir wandern, wie die alten Ritter, von Burg zu Burg, halten uns auf und wechseln gern ein freundliches Wort mit den Leuten. Wir suchen uns in jeder Stadt immer die Würdigsten auf, in Leipzig Plattner, Hindenburg, in Halle Klügel, in Göttingen Blumenbach, Wrisberg etc. etc. Aber Du kennst wohl diese Namen nicht? Es sind die Lehrer der Menschheit. – In Leipzig fand endlich Ulrike Gelegenheit zu einem Abenteuer, und hörte verkleidet einer öffentlichen Vorlesung Plattners zu. Das geschah aber mit Vorwissen des Hofrats, indem er selbst wünschte, daß sie, Störung zu vermeiden, lieber in Mannskleidern kommen möchte, als in Weiberröcken. Alles lief glücklich ab, der Hofrat und ich, wir waren die einzigen in dem Saale, die um das Geheimnis wußten. – In Halberstadt besuchten wir *Gleim,* den bekannten Dichter, einen der rührendsten und interessantesten Greise, die ich kenne. An ihn waren wir zwar durch nichts adressiert, als durch unsern Namen; aber es gibt keine bessere Adresse als diesen. Er war nämlich einst ein vertrauter Freund Ewald Kleists, der bei Frankfurt fiel. Kurz vor seinem Tode hatte dieser ihm noch einen Neffen Kleist empfohlen, für den jedoch Gleim niemals hatte etwas tun können, weil er ihn niemals sah. Nun glaubte er, als ich mich melden ließ, ich sei es, und die Freude mit der er uns entgegenkam war unbeschreiblich. Doch ließ er es uns nicht empfinden, als er sich getäuscht, denn alles, was Kleist heißt, ist ihm teuer. Er führte uns in sein Kabinett, geschmückt mit Gemälden seiner Freunde. Da ist keiner, sagte er, der nicht ein schönes Werk schrieb, oder eine große Tat beging. Kleist tat beides und Kleist steht oben an –

Wehmütig nannte er uns die Namen der vorangegang-
nen Freunde, trauernd, daß er noch zurück sei. Aber
er ist 83 Jahr und so die Reihe wohl auch bald an ihn
– Er besitzt einige hundert Briefe von Kleist, auch sein
erstes Gedicht. Gleim war es eigentlich, der ihm zuerst
die Aussicht nach dem Parnaß zeigte, und die Veranlassung ist seltsam und merkwürdig genug. Kleist
war nämlich in einem Duell blessiert, und lag krank
im Bette zu Potsdam. Gleim war damals Regiments-
Quartiermeister und besuchte den Kranken, ohne ihn
weiter genau zu kennen. Ach, sagte Kleist, ich habe die
größte Langeweile, denn ich kann nicht lesen. Wissen
Sie was, antwortete Gleim, ich will zuweilen herkommen und Ihnen etwas vorlesen. Damals eben hatte
Gleim scherzhafte Gedichte gemacht, im Geschmack
Anakreons, und las ihm unter andern eine Ode an den
Tod vor, die ohngefähr so lautet: Tod, warum ent-
führst du mir mein Mädchen? Kannst du dich auch
verlieben? – – Und so geht es fort. Am Ende heißt es:
Was willst du mit ihr machen? Kannst du doch mit
Zähnen ohne Lippen, wohl die Mädchen beißen, doch
nicht küssen – Über diese Vorstellung, wie der Tod
mit seinen nackten, eckigen Zähnen, vergebens sich in
die weichen Rosenlippen drückt, einen Kuß zu versuchen, gerät Kleist so ins Lachen, daß ihm bei der
Erschütterung, das Band von der Wunde an der Hand
abspringt. Man ruft einen Feldscher. Es ist ein Glück,
sagt dieser, daß Sie mich rufen lassen, denn unbemerkt
ist der kalte Brand im Entstehen und morgen wäre es
zu spät gewesen. – Aus Dankbarkeit widmete Kleist
der Dichtkunst das Leben, das sie ihm gerettet hatte...
Und nun lebe wohl. Heute sind wir hier auf einem
Balle, wo die Füße springen werden, indessen das Herz   *a*
weint. Dann geht der Körper immer weiter und weiter von Dir, indessen die Seele immer zu Dir zurück-

a = S. 117*a*.

strebt. Bald an diesen, bald an jenen Ort treibt mich
das wilde Geschick, indessen ich kein innigeres Bedürfnis habe, als Ruhe – Können so viele Widersprüche in
einem engen Herzen wohnen? –? Lebe wohl.

51. An Wilhelmine von Zenge   Straßburg, 28. Juni 1801

Man hat uns hier so viel von den Friedensfesten
die am 14. Juli in Paris gefeiert werden sollen vor-
erzählt, daß wir uns entschlossen haben, die Schweiz
im Stiche zu lassen, und direkt nach Paris zu gehen.
Nun aber dürfen wir keinen Tag verlieren, um zur
rechten Zeit hinzukommen. Wir reisen also in einer
Stunde schon ab, und ich nutze diese Frist bloß, um
Dir im kurzen einige Nachricht von mir zu geben.
Sobald in Paris das Friedensfest vorbei ist, schreibe ich
Dir gleich, und zwar einen langen Brief – Ach, Wilhelmine, von der einen Seite ist es mir lieb, endlich
einmal wieder ein wenig zur Ruhe zu kommen, von
der andern ist es mir, als ob sich mein Herz vor der
Stadt, die ich betreten soll, sträubte – Noch habe ich
von den Franzosen nichts, als ihre Greuel und ihre
Laster kennengelernt – Und die Toren werden denken,
man komme nach Paris, um ihre Sitten abzulernen!
Als ich in Halberstadt bei Gleim war, trauerte er, daß
ich nach Frankreich ginge. Auf meine Frage: warum?
antwortete er: weil ich ein Franzose werden würde. Ich
versprach ihm aber, als ein Deutscher zurückzukehren. –

52. An Caroline von Schlieben   Paris, 18. Juli 1801

Entsinnen Sie sich wohl noch eines armen kleinen
Menschen, der vor einigen Monaten an einem etwas
stürmischen Tage, als die See ein wenig hoch ging, mit
dem Schiffchen seines Lebens in Dresden einlief, und
Anker warf in diesem lieben Örtchen, weil der Boden
ihm so wohl gefiel, und die Lüfte da so warm wehten,

und die Menschen so freundlich waren? Entsinnen Sie
sich des Jünglings wohl noch, der zuweilen an kühlen
Abenden unter den dunkeln Linden des Schloßgar-
tens, frohe Worte wechselnd, an Ihrer Seite ging, oder
schweigend neben Ihnen stand auf der hohen Elbbrücke, wenn die Sonne hinter den blauen Bergen
unterging? Entsinnen Sie sich dessen wohl noch, der
Sie zuweilen durch den Olymp der Griechen voll Göt-
tern und Heroen führte, und oft mit Ihnen vor der ___ *a*
Mutter Gottes stand, vor jener hohen Gestalt, mit der
stillen Größe, mit dem hohen Ernste, mit der Engel-
reinheit? Der Ihnen einst, am Abhange der Terrasse,
an jenem schönen Morgen die Halme hielt, aus welchen
Sie den Glückskranz flochten, der Ihre Wünsche erfüllen soll? Dem Sie ein wenig von Ihrem Wohlwollen
schenkten und Ihr Andenken für immer versprachen?
Blättern Sie in Ihrem Stammbuch nach – und wenn
Sie ein Wort finden, das warm ist, wie ein Herz, und
einen Namen, der hold klingt, wie ein Dichternamen, so
können Sie nicht fehlen; denn kurz, es ist Heinrich Kleist.

Ja, liebe Freundin, aus einem fernen fremden Lande
fliegt der Geist eines Freundes zu Ihnen zurück, und
versetzt sich in das holde, freundliche Tal von Dresden, das mehr seine Heimat ist, als das stolze, unge-
zügelte, ungeheure Paris. Da fand er Wohlwollen bei
guten Menschen, und es ist nichts, was ihn inniger rühren, nichts was ihn tiefer bewegen kann, als dieses.
O möchte das Gefühl, es *mir* geschenkt zu haben, Sie
nur halb so glücklich machen, als mich, es von *Ihnen*
empfangen zu haben. Von Ihnen – denn ach, es bricht
durch die kalte Kruste der Konvenienz, die von Jugend auf unsre Herzen überzieht, so selten, besonders
bei den Weibern so selten, ein warmes Gefühl hervor –
sie dürfen nur immer so viel fühlen, als der Hof erlaubt, und keinen Menschen mehr lieben, als die fran-

a = S. 190ᵃ.

zösischen Gouvernanten vorschreiben. Und doch – den
Mann erkennt man an seinem Verstande; aber wenn
man das Weib nicht an ihrem Herzen erkennt, woran
erkennt man es sonst? Ja, es gibt eine gewisse *himmlische* Güte, womit die Natur das Weib bezeichnet hat,
und die ihm allein eigen ist, alles, was sich ihr mit
einem Herzen nähert, an sich zu schließen mit Innigkeit und Liebe: so wie die Sonne, die wir darum auch
Köni*gin*, nicht König nennen, alle Weltkörper, die in
ihrem Wirkungsraum schweben, an sich zieht mit sanften unsichtbaren Banden, und in frohen Kreisen um
sich führt, Licht und Wärme und Leben ihnen gebend,
bis sie am Ende ihrer spiralförmigen Bahn an ihrem
glühenden Busen liegen –

Das ist die Einrichtung der Natur, und nur ein Tor
oder ein Bösewicht kann es wagen, daran etwas verändern zu wollen. Die Tugend hat ihren eignen Wohlstand, und wo die Sittlichkeit im Herzen herrscht, da
bedarf man ihres Zeichens nicht mehr. Wozu wollte
man das Gold vergolden? Lassen Sie sich also nicht
irren, was auch der Herold der Etikette dagegen ein-
wendet. Das ist die Weisheit des Staubes; was Ihnen
Ihr Herz sagt, ist Goldklang, und der spricht es selbst
aus, daß er echt sei. Alle diese Vorschriften für Mienen
und Gebärden und Worten und Handlungen, sie sind
nicht für den, dem ein Gott in seinem Innern heimlich
anvertraut, was *recht* ist. Sie sind nur Zeichen der Sittlichkeit, die oft nicht vorhanden ist, und mancher hüllt
sein Herz nur darum in diesen klösterlichen Schleier,
die Blößen zu verstecken, die es sonst verraten würden. Ihr Herz aber, liebe Freundin, hat keine – warum
wollten Sie es nicht zeigen? Ach, es ist so menschlich
zu fühlen und zu lieben – O folgen Sie immer diesem
schönsten der Triebe; aber lieben Sie dann auch mit
edlerer Liebe *alles* was edel und gut ist und schön.

Ob Sie dabei glücklich sein werden – Ach, liebe
Freundin, wer ist glücklich? –? Der kalte Mensch, dem
nie ein Gefühl die Brust erwärmte, der nie empfand,
wie süß eine Träne, wie süß ein Händedruck ist, der
stumpf bei dem Schmerze, stumpf bei der Freude ist,
er ist nicht glücklich; aber das warme, weiche Herz,
das unaufhörlich sich sehnt, immer wünscht und hofft,
und niemals genießen kann, das etwas ahndet, was es
nirgends findet, das von jedem Eindrucke bewegt wird,
jedem Gefühle sich hingibt, mit seiner Liebe alle Wesen
umfaßt, an alles sich knüpft, wo es mit Wohlwollen
empfangen wird, sei es die Brust eines Freundes, die
ihm Trost, oder der Schatten eines Baumes, der ihm
Kühlung gab – – ist es glücklich –?

Ich habe auf meiner Reise so viele guten lieben Menschen gefunden, in Leipzig einen Mann (Hindenburg),
der mir wie ein Vater so ehrwürdig war, in Halberstadt Gleim, der ein Freund von allen ist, die Kleist
heißen, in Wernigerode eine treffliche Familie (die
Stolbergsche), in Rödelheim bei Frankfurt am Main
einen Menschen, den ich fast den *besten* nennen möchte,
in Straßburg eine Frau, die ein fast so weiches fühlbares Herz hat, wie Henriette, – – Aber zu schnell   *a*
wechseln die Erscheinungen im Leben und zu eng ist
das Herz, sie alle zu umfassen, und immer die vergangnen schwinden, Platz zu machen den neuen – Zuletzt ekelt dem Herzen vor den neuen, und matt gibt
es sich Eindrücken hin, deren Vergänglichkeit es vorempfindet – Ach, es muß öde und leer und traurig sein,
später zu sterben, als das Herz –

Aber noch lebt es – Zwar hier in Paris ist es so gut,
als tot. Wenn ich das Fenster öffne, so sehe ich nichts,
als die blasse, matte, fade Stadt, mit ihren hohen, grauen
Schieferdächern und ihren ungestalteten Schornsteinen,
ein wenig von den Spitzen der Tuilerien, und lauter

a = S. 214^b.

Menschen, die man vergißt, wenn sie um die Ecke sind.
Noch kenne ich wenige von ihnen, ich liebe noch keinen, und weiß nicht, ob ich einen lieben werde. Denn
a in den Hauptstädten sind die Menschen zu gewitzigt,
um offen, zu zierlich, um wahr zu sein. Schauspieler
sind sie, die einander wechselseitig betrügen, und dabei
tun, als ob sie es nicht merkten. Man geht kalt aneinander vorüber; man windet sich in den Straßen durch
einen Haufen von Menschen, denen nichts gleichgül-
b tiger ist, als ihresgleichen; ehe man eine Erscheinung
c gefaßt hat, ist sie von zehn andern verdrängt; dabei
knüpft man sich an keinen, keiner knüpft sich an uns;
man grüßt einander höflich, aber das Herz ist hier so
unbrauchbar, wie eine Lunge unter der luftleeren Cam-
d pane, und wenn ihm einmal ein Gefühl entschlüpft, so
verhallt es, wie ein Flötenton im Orkan. Darum
schließe ich zuweilen die Augen und denke an Dresden – Ach, ich zähle diesen Aufenthalt zu den frohsten
Stunden meines Lebens. Die schöne, große edle, erhabene Natur, die Schätze von Kunstwerken, die
Frühlingssonne, und so viel Wohlwollen – Was macht
Ihre würdige Frau Mutter? Und Ihre Tante? Und Ein-
siedels? Und Ihre liebe Schwester? Wenn ein fremder
Maler eine Deutsche malen wollte, und fragte mich
nach der Gestalt, nach den Zügen, nach der Farbe der
Augen, der Wangen, der Haare, so würde ich ihn zu
Ihrer Schwester führen und sagen, das ist ein *echtes*
deutsches Mädchen. Was macht auch mein liebes Dres-
e den? Ich sehe es noch vor mir liegen in der Tiefe der
Berge, wie der Schauplatz in der Mitte eines Amphi-
f theaters – ich sehe die Elbhöhen, die in einiger Entfernung, als ob sie aus Ehrfurcht nicht näher zu rücken
wagten, gelagert sind, und gleichsam von Bewunderung angewurzelt scheinen – und die Felsen im Hinter-

a = S. 61ᵃ.   b = S. 316ᵃ.   c = S. 231ᵃ.   d = S. 131ᵃ.   e = S. 119ᵃ,
216ᵃ.   f = S. 191ᵃ.

grunde von Königstein, die wie ein bewegtes Meer von   *a*
Erde aussehen, und in den schönsten Linien geformt
sind, als hätten da die Engel im Sande gespielt – und
die Elbe, die schnell ihr rechtes Ufer verläßt, ihren   *b*
Liebling Dresden zu küssen, die bald zu dem einen,   *c*
bald zu dem andern Ufer flieht, als würde ihr die
Wahl schwer, und in tausend Umwegen, wie *vor Ent-*
zücken, durch die freundlichen Fluren wankt, als
wollte sie nicht ins Meer – und Lokowitz, das versteckt
hinter den Bergen liegt, als ob es sich schämte – und
die Weißritz, die sich aus den Tiefen des Plauenschen
Grundes losringt, wie ein verstohlnes Gefühl aus der
Tiefe der Brust, die, immer an Felsen wie an Vorurteilen sich stoßend, nicht zornig, aber doch ein
wenig unwillig murmelt, sich unermüdet durch alle
Hindernisse windet, bis sie an die Freiheit des Tages
tritt und sich ausbreitet in dem offnen Felde und
frei und ruhig ihrer Bestimmung gemäß ins Meer
fließt –

Einige große Naturszenen, die freilich wohl mit der
dresdenschen wetteifern dürfen, habe ich doch auch auf
meiner Reise kennengelernt. Ich habe den Harz bereiset und den Brocken bestiegen. Zwar war an diesem   *d*
Tage die Sonne in Regenwolken gehüllt, und wenn die
Könige trauren, so trauert das Land. Über das ganze
Gebirge war ein Nebelflor geschlagen, und wir standen vor der Natur, wie vor einem Meisterstücke, das
der Künstler aus Bescheidenheit mit einem Schleier verhüllt hat. Aber zuweilen ließ er uns durch die zerriß-
nen Wolken einen Blick des Entzückens tun, denn er
fiel auf ein Paradies –

Doch der schönste Landstrich von Deutschland, an
welchem unser großer Gärtner sichtbar con amore gearbeitet hat, sind die Ufer des Rheins von Mainz bis
Koblenz, die wir auf dem Strome selbst bereiset haben.

a = S. *192ª, 79ª.*   *b* = S. *191ᵇ, 187ª.*   *c* = S. *191ᶜ.*   *d* = S. *73ª.*

_a Das ist eine Gegend wie ein Dichtertraum, und die üppigste Phantasie kann nichts Schöneres erdenken, als dieses Tal, das sich bald öffnet, bald schließt, bald _b blüht, bald öde ist, bald lacht, bald schreckt. Pfeilschnell strömt der Rhein heran von Mainz und gradaus, als hätte er sein Ziel schon im Auge, als sollte ihn nichts abhalten, es zu erreichen, als wollte er es ungeduldig auf dem kürzesten Wege ereilen. Aber ein Rebenhügel (der Rheingau) tritt ihm in den Weg und beugt seinen stürmischen Lauf, sanft aber mit festem Sinn, wie eine Gattin den stürmischen Willen ihres Mannes, und zeigt ihm mit stiller Standhaftigkeit den Weg, der ihn ins Meer führen wird – – und er ehrt die edle Warnung und gibt, der freundlichen Weisung folgend, sein voreiliges Ziel auf, und durchbricht den Rebenhügel nicht, sondern umgeht ihn, mit beruhigtem Laufe dankbar seine blumigen Füße ihm küssend –

_c Aber still und breit und majestätisch strömt er bei Bingen heran, und sicher, wie ein Held zum Siege, und langsam, als ob er seine Bahn wohl vollenden würde – und ein Gebirge (der Hundsrück) wirft sich ihm in den Weg, wie die Verleumdung der unbescholtenen Tugend. Er aber durchbricht es, und wankt nicht, und die Felsen weichen ihm aus, und blicken mit Bewunderung und Erstaunen auf ihn hinab – doch *er* eilt verächtlich bei ihnen vorüber, aber ohne zu frohlocken, und die einzige Rache, die er sich erlaubt, ist diese, ihnen in seinem klaren Spiegel ihr schwarzes Bild zu zeigen –

_d Ich wäre auf dieser einsamen Reise, die ich mit meiner Schwester machte, sehr glücklich gewesen, wenn, – wenn – – Ach, liebe Freundin, Ulrike ist ein edles, weises, vortreffliches, großmütiges Mädchen, und ich _e müßte von allem diesen nichts sein, wenn ich das nicht fühlen wollte. Aber – soviel sie auch besitzen, soviel sie auch geben kann, an ihrem Busen läßt sich doch

$a = S.\ 211^a, 217^a.$ $b = S.\ 118^a, 217^b.$ $c = S.\ 217^c.$ $d, e = S.\ 218^a, b.$

nicht ruhen – Sie ist eine weibliche Heldenseele, die
von ihrem Geschlechte nichts hat, als die Hüften, ein
Mädchen, das orthographisch schreibt und handelt,
nach dem Takte spielt und denkt – – Doch still davon.   *a*
Auch der leiseste Tadel ist zu bitter für ein Wesen, das
keinen Fehler hat, als diesen, zu groß zu sein für ihr
Geschlecht.

Seit 8 Tagen sind wir nun hier in Paris, und wenn
ich Ihnen alles schreiben wollte, was ich in diesen Tagen
sah und hörte und dachte und empfand, so würde das
Papier nicht hinreichen, das auf meinem Tische liegt.
Ich habe dem 14. Juli, dem Jahrestage der Zerstörung
der Bastille beigewohnt, an welchem zugleich das Fest
der wiedererrungenen Freiheit und das Friedensfest
gefeiert ward. Wie solche Tage würdig begangen werden könnten, weiß ich nicht bestimmt; doch dies weiß
ich, daß sie fast nicht unwürdiger begangen werden
können, als dieser. Nicht als ob es an Obelisken und
Triumphbogen und Dekorationen, und Illuminationen,
und Feuerwerken und Luftbällen und Kanonaden gefehlt hätte, o behüte. Aber keine von allen Anstalten
erinnerte an die Hauptgedanken, die Absicht, den
Geist des Volks durch eine bis zum Ekel gehäufte
Menge von Vergnügen zu *zerstreuen,* war überall
herrschend, und wenn die Regierung einem Manne von
Ehre hätte zumuten wollen, durch die mâts de cocagne,
und die jeux de carousels, und die theatres forains
und die escamoteurs, und die danseurs de corde mit
Heiligkeit an die Göttergaben Freiheit und Frieden
erinnert zu werden, so wäre dies beleidigender, als ein
Faustschlag in sein Antlitz. – Rousseau ist immer das
vierte Wort der Franzosen; und wie würde er sich
schämen, wenn man ihm sagte, daß dies *sein* Werk sei? –

Doch ich muß schließen – Diesen Brief nimmt Alexander von Humboldt, der morgen früh mit seiner Fa-

a = S. 220*a*.

milie von Paris abreiset, mit sich bis Weimar; und jetzt
ist es 9 Uhr abends. – Von mir kann ich Ihnen nur so
viel sagen, daß ich wenigstens ein Jahr hier bleiben
werde, das Studium der Naturwissenschaft auf dieser
Schule der Welt fortzusetzen. Wohin ich dann mich
wenden werde, und ob der Wind des Schicksals noch
einmal mein Lebensschiff nach Dresden treiben wird –?
Ach, ich zweifle daran. Es ist *wahrscheinlich,* daß ich
nie in mein Vaterland zurückkehre. In welchem Welt-
a teile ich einst das Pflänzchen des Glückes pflücken
werde, und ob es überhaupt irgendwo für mich blüht –?
Ach, dunkel, dunkel ist das alles. – Ich hoffe auf etwas
Gutes, doch bin ich auf das Schlimmste gefaßt. Freude
gibt es ja doch auf jedem Lebenswege, selbst das Bitterste ist doch auf kurze Augenblicke süß. Wenn nur
der Grund recht dunkel ist, so sind auch matte Farben
hell. Der helle Sonnenschein des Glücks, der uns ver-
blendet, ist auch nicht einmal für unser schwaches
b Auge gemacht. Am Tage sehn wir wohl die schöne
Erde, doch wenn es Nacht ist, sehn wir in die Sterne – –
   Und soll ich diesen Brief schließen, ohne Sie mit
meiner ganzen Seele zu begrüßen? O möchte Ihnen der
Himmel nur ein wenig von dem Glücke schenken, von
dem Sie so viel, so viel verdienen. Auf die Erfüllung
Ihrer *liebsten* Wünsche zu hoffen, zu *hoffen* –? Ja,
immerhin. Aber sie zu *erwarten* –? Ach, liebe Freundin, wenn Sie sich Tränen ersparen wollen, so erwarten
Sie wenig von dieser Erde. Sie kann *nichts* geben, was
ein reines Herz *wahrhaft* glücklich machen könnte.
Blicken Sie zuweilen, wenn es Nacht ist, in den Him-
c mel. Wenn Sie auf diesem Sterne keinen Platz finden
können, der Ihrer würdig ist, so finden Sie vielleicht
auf einem andern einen um so bessern.
   Und nun leben Sie wohl – der Himmel schenke

a = S. 210*a*; *Guiskard, Vers 297–306: über „deines Glückes*
Pflanze". b = S. 135a. c = S. 127a, 146a.

Ihnen einen heitern, frischen Morgen, – einen Regenschauer in der Mittagshitze, – und einen stillen, kühlen, sternenklaren Abend, an welchem sich leicht und sanft einschlafen läßt.

N. S. . . . Ich wollte auch Einsiedeln mit dieser Gelegenheit schreiben, aber ich weiß seinen Wohnort nicht . . . Es wird ihn sehr interessieren, zu wissen, wie wir mit unsern Pferden, die er uns gekauft hat, zufrieden gewesen sind. Schreiben Sie ihm, daß es keine gesündern, dienstfertigern und fleißigern Tiere gab, als diese zwei Pferde. Wir haben sie unaufhörlich gebraucht, sie haben uns nie im Stiche gelassen, und wenn wir 14 Stunden an einem Tage gemacht hatten, so brauchten wir sie nur vollauf mit Haber zu füttern und ein wenig schmeichelnd hinter den Ohren zu kitzeln, so zogen sie uns am folgenden Tage noch 2 Stunden weiter. In 8 Tagen haben wir ohne auszuruhn von Straßburg bis Paris 120 Poststunden gemacht – Hier nun haben wir sie verkauft, und nie ist mir das Geld so verächtlich gewesen, als der Preis für diese Tiere, die wir gleichgültig der Peitsche des Philisters übergeben mußten, nachdem sie uns mit allen ihren Kräften gedient hatten. Übrigens war dieser Preis 13 französische Louisdor, circa 87 Rth., also nur 2 Taler Verlust. – Ein einziges Mal waren wir ein wenig böse auf sie, und das mit Recht, denke ich. Wir hatten ihnen nämlich in Butzbach, bei Frankfurt am Main, die Zügel abnehmen lassen vor einem Wirtshause, sie zu tränken und mit Heu zu futtern. Dabei war Ulrike so wie ich in dem Wagen sitzen geblieben, als mit einemmal ein Esel hinter uns ein so abscheuliches Geschrei erhob, daß wir wirklich grade so vernünftig sein mußten, wie wir sind, um dabei nicht scheu zu werden. Die armen [a] Pferde aber, die das Unglück haben keine Vernunft zu besitzen, hoben sich hoch in die Höhe und gingen

spornstreichs mit uns in vollem Karriere über das
Steinpflaster der Stadt durch. Ich griff nach dem Zügel,
aber die hingen ihnen, aufgelöset, über der Brust, und
ehe ich Zeit hatte, an die Größe der Gefahr zu denken,
schlug schon der Wagen mit uns um, und wir stürzten
– Und an einem Eselsgeschrei hing ein Menschenleben?
Und wenn es nun in dieser Minute geschlossen gewesen
wäre, *darum* also hätte ich gelebt? Darum? *Das* hätte
der Himmel mit diesem dunkeln, rätselhaften, irdischen Leben gewollt, und weiter nichts –? Doch für
diesmal war es noch nicht geschlossen, – *wofür* er uns
das Leben gefristet hat, wer kann es wissen? Kurz,
wir standen beide ganz frisch und gesund von dem
Steinpflaster auf und umarmten uns. Der Wagen lag
ganz umgestürzt, daß die Räder zuoberst standen, ein
Rad war ganz zerschmettert, die Deichsel zerbrochen,
die Geschirre zerrissen, das alles kostete uns 3 Louisdor und 24 Stunden, am andern Morgen ging es weiter – Wann wird der letzte sein?

53. An Wilhelmine von Zenge   Paris, 21. Juli 1801

  Ja, meine liebe Freundin, wenn mein Betragen Dich
ein wenig beängstigt hat, so war doch nicht mein Herz,
sondern bloß meine Lage schuld daran. Verwirrt durch
die Sätze einer traurigen Philosophie, unfähig mich zu
beschäftigen, unfähig, irgend etwas zu unternehmen,
unfähig, mich um ein Amt zu bewerben, hatte ich Berlin verlassen, bloß weil ich mich vor der Ruhe fürchtete, in welcher ich Ruhe grade am wenigsten fand;
und nun sehe ich mich auf einer Reise ins Ausland begriffen, ohne Ziel und Zweck, ohne begreifen zu kön-
a nen, wohin das mich führen würde – Mir war es
zuweilen auf dieser Reise, als ob ich meinem Abgrunde
entgegenginge – Und nur das Gefühl, auch Dich mit

a vgl. S. 180ᵃ.

mir hinabzuziehen, Dich, mein gutes, treues, unschuldiges Mädchen, Dich, die sich mir ganz hingegeben hat, weil sie ihr Glück von mir erwartet – Ach, Wilhelmine, ich habe oft mit mir gekämpft, – und warum soll ich nicht das Herz haben, Dir zu sagen, was ich mich nicht schäme, mir selbst zu gestehen? Ich habe oft mit mir gekämpft, ob es nicht meine *Pflicht* sei, Dich zu verlassen? Ob es nicht meine *Pflicht* sei, Dich von dem zu trennen, der sichtbar seinem Abgrunde entgegeneilt? – ... Ach, Wilhelmine, es war mir nicht möglich, allen Ansprüchen auf Freude zu entsagen, und wenn ich sie auch nur in der entferntesten Zukunft fände. Und dann – ist es denn auch so *gewiß*, daß ich meinem Abgrund entgegeneile? Wer kann die Wendungen des Schicksals erraten? Gibt es eine Nacht, die ewig dauert? So wie eine unbegreifliche Fügung mich schnell unglücklich machte, kann nicht eine ebenso unbegreifliche Fügung mich ebenso schnell glücklich machen? Und wenn auch das nicht wäre, wenn auch der Himmel kein Wunder täte, worauf man in unsern Tagen nicht eben sehr hoffen darf, habe ich denn nicht auch Hülfsmittel in mir selbst? Habe ich nicht Talent, und Herz und Geist, und ist meine gesunkene Kraft denn für immer gesunken? Ist diese Schwäche mehr als eine vorübergehende Krankheit, auf welcher Gesundheit und Stärke folgen? Kann ich denn nicht arbeiten? Schäme ich mich der Arbeit? Bin ich stolz, eitel, voll Vorurteile? Ist mir nicht jede *ehrliche* Arbeit willkommen, und will ich einen größern Preis, als Freiheit, ein eignes Haus und Dich?   *a*

Küsse mein Bild, Wilhelmine, so wie ich soeben das Deinige geküßt habe – Doch höre. Eines muß ich Dir noch sagen, ich bin es Dir schuldig. Es ist gewiß, daß früh oder spät, aber doch gewiß einmal ein heitrer Morgen für mich anbricht. Ich verdiene nicht unglück-

a = S. 186ᵃ, 228ᵇ.

lich zu sein, und werde es nicht immer bleiben. Aber –
es kann ein Weilchen dauern, und dazu gehört Treue.
a Auch werde ich die Blüte des Glückes pflücken müssen,
wo ich sie finde, überall, gleichviel in welchem Lande,
und dazu gehört Liebe – Was sagst Du dazu? Frage
Dein Herz. Täusche mich nicht, so wie ich fest beschlossen habe, Dich niemals zu täuschen.

Jetzt muß ich Dir doch auch etwas von meiner Reise
schreiben. – Weißt Du wohl, daß Dein Freund einmal
dem Tode recht nahe war? Erschrick nicht, bloß nahe,
und noch steht er mit allen seinen Füßen im Leben.
Am folgenden Tage, nachdem ich meinen Brief an
Dich in Göttingen auf die Post gegeben hatte, reiseten
wir von dieser Stadt ab nach Frankfurt am Main.
Fünf Meilen vor diesem Orte, in Butzbach, einem kleinen Städtchen, hielten wir an einem Morgen vor einem
Wirtshause an, den Pferden Heu vorzulegen, wobei
Johann ihnen die Zügel abnahm und wir beide sorglos
sitzen blieben. Während Johann in dem Hause war,
kommt ein Zug von Steineseln hinter uns her, und
einer von ihnen erhebt ein so gräßliches Geschrei, daß
wir selbst, wenn wir nicht so vernünftig wären, scheu
b geworden wären. Unsere Pferde aber, die das Unglück
haben, keine Vernunft zu besitzen, hoben sich kerzen-
grade in die Höhe, und gingen dann spornstreichs mit
uns über dem Steinpflaster durch. Ich griff nach der
Leine – aber die Zügel lagen den Pferden, aufgelöset,
über der Brust, und ehe wir Zeit hatten, an die Größe
der Gefahr zu denken, schlug unser leichter Wagen
schon um, und wir stürzten – Also an ein Eselsgeschrei
hing ein Menschenleben? Und wenn es geschlossen gewesen wäre, *darum* hätte ich gelebt? *Das* wäre die Absicht des Schöpfers gewesen bei diesem dunkeln, rätselhaften irdischen Leben? *Das* hätte ich darin lernen
und tun sollen, und weiter nichts –? Doch, noch war es

a = S. 206ᵃ.   *b* = S. 207ᵃ.

nicht geschlossen. Wozu der Himmel es mir gefristet
hat, wer kann es wissen? – Kurz, wir standen beide
frisch und gesund von dem Steinpflaster auf, und umarmten uns. Der Wagen lag ganz umgestürzt, die
Räder zuoberst, ein Rad war ganz zertrümmert, die
Deichsel zerbrochen, die Geschirre zerrissen. Das kostete
uns 3 Louisdor und 24 Stunden; dann ging es weiter –
wohin? Gott weiß es.

Von Mainz aus machten wir eine Rheinreise nach
Bonn. – Ach, Wilhelmine, das ist eine Gegend, wie ein   *a*
Dichtertraum, und die üppigste Phantasie kann nichts
Schöneres erdenken, als dieses Tal, das sich bald öffnet,
bald schließt, bald blüht, bald öde ist, bald lacht, bald
schreckt. Am ersten Tag, bis Koblenz, hatten wir gutes
Wetter. Am zweiten, wo wir bis Köln fahren wollten,
erhob sich schon bei der Abfahrt ein so starker Sturm,
in widriger Richtung, daß die Schiffer mit dem großen
Postschiff, das ganz bedeckt ist, nicht weiterfahren
wollten, und in einem trierischen Dorfe am Ufer lan-
deten. Da blieben wir von 10 Uhr morgens den ganzen übrigen Tag, immer hoffend, daß sich der Sturm
legen würde. Endlich um 11 Uhr in der Nacht schien
es ein wenig ruhiger zu werden, und wir schifften uns
mit der ganzen Gesellschaft wieder ein.

Aber kaum waren wir auf die Mitte des Rheins, als
wieder ein so unerhörter Sturm losbrach, daß die Schiffer das Fahrzeug gar nicht mehr regieren konnten.
Die Wellen, die auf diesem breiten, mächtigen Strome,
nicht so unbedeutend sind, als die Wellen der Oder,
ergriffen das Schiff an seiner Fläche, und schleuderten
es so gewaltig, daß es durch sein höchst gefährliches
Schwanken, die ganze Gesellschaft in Schrecken setzte.
Ein jeder klammerte sich alle andern vergessend an
einen Balken an, ich selbst, *mich* zu halten – Ach, es
ist nichts ekelhafter, als diese Furcht vor dem Tode.

a = S. 204*a*, 217*a*.

a Das Leben ist das einzige Eigentum, das nur dann etwas wert ist, wenn wir es nicht achten. Verächtlich ist es, wenn wir es nicht leicht fallen lassen können, und nur der kann es zu großen Zwecken nutzen, der es leicht und freudig wegwerfen könnte. Wer es mit Sorgfalt liebt, moralisch tot ist er schon, denn seine höchste Lebenskraft, nämlich es opfern zu können, modert, indessen er es pflegt. Und doch – o wie unbegreiflich ist der Wille, der über uns waltet! – Dieses rätselhafte Ding, das wir besitzen, wir wissen nicht von wem, das uns fortführt, wir wissen nicht wohin, das unser Eigentum ist, wir wissen nicht, ob wir darüber schalten dürfen, eine Habe, die nichts wert ist, wenn sie uns etwas wert ist, ein Ding, wie ein Widerspruch, flach und tief, öde und reich, würdig und verächtlich, vieldeutig und unergründlich, ein Ding, das jeder wegwerfen möchte, wie ein unverständliches Buch, sind wir nicht durch ein Naturgesetz gezwungen es zu lieben? Wir müssen vor der Vernichtung beben, die doch nicht so qualvoll sein kann, als oft das Dasein, und indessen mancher das traurige Geschenk des Lebens beweint, muß er es durch Essen und Trinken ernähren und die Flamme vor dem Erlöschen hüten, die ihn weder erleuchtet, noch erwärmt.

b Das klang ja wohl recht finster? Geduld – Es wird nicht immer so sein, und ich sehne mich nach einem Tage, wie der Hirsch in der Mittagshitze nach dem Strome, sich hineinzustürzen – Aber Geduld! – Geduld –? Kann der Himmel die von seinen Menschen verlangen, da er ihnen selbst ein Herz voll Sehnsucht gab? Zerstreuung! Zerstreuung! – O wenn mir die Wahrheit des Forschens noch so würdig schiene, wie

a = *Familie Schroffenstein, Vers 2368: „Das Leben ist viel wert, wenn man's verachtet!", S. 265a.*
b = *Käthchen V 12: „Der Hirsch, der von der Mittagsglut gequält ... Er sehnt sich so begierig nicht, vom Felsen in den Waldstrom sich zu stürzen ... als ich ..."*

sonst, da wäre Beschäftigung hier in diesem Orte vollauf – Gott gebe mir nur Kraft! Ich will es versuchen.
Ich habe hier schon durch Humboldt und Luchesini
einige Bekanntschaften französischer Gelehrter gemacht, auch schon einige Vorlesungen besucht – Ach,   *a*
Wilhelmine, die Menschen sprechen mir von Alkalien
und Säuren, indessen mir ein allgewaltiges Bedürfnis
die Lippe trocknet –

54. An Adolphine von Werdeck   Paris, 28. (u. 29.) Juli 1801

Erkennen Sie an diesen Zügen wohl noch die Schrift
eines Jünglings, die seit sechs Jahren nicht mehr vor
Ihren Augen erschien? Können Sie aus ihrer Form
wohl noch, wie sonst, den Namen des Schriftstellers
erraten, und regt sich dabei in Ihrer Seele wohl noch
ein wenig von dem Wohlwollen, von dem Sie ihm
einst so viel schenkten? Oder ist diese Hand Ihnen
unbekannt geworden? Hat sie sich mit dem Herzen
verändert? Ist sie alt geworden mit ihm, und muß
sie sein Schicksal teilen, weniger Teilnahme zu finden,
als in der Blütezeit der Jugend? – Ach, was ist das
Leben eines Menschen für ein farbenwechselndes Ding!
Sechs Jahre! Wie viele Gedanken, wie viele Gefühle,
wie viele Wünsche, wie viele Hoffnungen, wie viele
Täuschungen, wie viele Freuden, wie viele Leiden
schließen sechs Jünglingsjahre ein! Wie der Felsen, dessen drohender Gipfel, wenn wir unter seinen Füßen
stehen, Erstaunen und Verwunderung in unsrer Seele
erregt, nach und nach, wenn wir uns von ihm entfernen, immer kleiner und kleiner wird, und endlich
zu einem dämmernden Pünktchen schwindet, das wir
mühsam suchen müssen, um es zu finden, so werden
auch die großen Momente der Vergangenheit immer
kleiner und kleiner – Selbst Gefühle an deren Ewig-

a = S. 222a.

keit wir nicht zweifelten, schwinden ganz aus dem
Gedächtnis. Es war eine Zeit, wo ich nicht glaubte,
daß diese Seele jemals einen andern Gedanken bearbeiten würde, als einen einzigen, jemals ein anderes
Gefühl lieb gewinnen könnte, als ein einziges; und
jetzt muß eine Zeitung mir in die Hände fallen, oder
ein Komet über die Erde ziehen, um mich seiner zu
erinnern –? Ach, die Liebe entwöhnt uns von ihren
Freuden, wie die Mutter das Kind von der Milch, indem sie sich Wermut auf die Brust legt – Und doch ist
die Erinnerung selbst an das Bitterste noch süß. Ja, es
ist kein Unglück, das Glück verloren zu haben, das
erst ist ein Unglück, sich seiner nicht mehr zu erinnern.
Solange wir noch die Trümmern der Vergangenheit
besuchen können, so lange hat das Leben auch immer
noch eine Farbe. Aber wenn ein unruhiges Schicksal
uns zerstreut, wenn die rohen Bedürfnisse des Daseins
die leiseren übertäuben, wenn die Notwendigkeit uns
zu denken, zu streben, zu handeln zwingt, wenn neue
Gedanken sich zeigen und wieder verschwinden, neue
Wünsche sich regen und wieder sinken, neue Bande
sich knüpfen, und wieder zerreißen, wenn wir dann
a   zuweilen, flüchtig, mit ermatteter Seele, <u>die geliebten
Ruinen besteigen, das Blümchen der Erinnerung zu
pflücken</u>, und dann auch hier alles leer und öde finden,
die schönsten Blöcke in Staub und Asche gesunken, die
letzten Säulen dem Sturze nah, bis zuletzt das ganze
Monument matt und flach ist, wie die Ebene, die es
trägt, dann erst verwelkt das Leben, dann bleicht es
aus, dann verliert es alle seine bunten Farben – Wie
viele Freuden habe ich auf dieser Reise genossen, wie
viel Schönes gesehen, wie viele Freunde gefunden, wie
b   viele großen Augenblicke durchlebt – <u>Aber zu schnell
wechseln die Erscheinungen im Leben, zu eng ist das
Herz sie alle zu umfassen</u>, und immer die vergangnen

a = S. 53ᵃ.   *b* = S. 201ᵃ.

schwinden, Platz zu machen den neuen – Zuletzt ekelt
dem Herzen vor den neuen, und matt gibt es sich Eindrücken hin, deren Vergänglichkeit es vorempfindet –
Ach, es muß leer und öde und traurig sein, später zu
sterben, als das Herz –

Mit welchen Empfindungen ich *Mainz* wiedererblickte, das ich schon als Knabe einmal sah – wie ließe
sich das beschreiben? Das war damals die üppigste
Sekunde in der Minute meines Lebens! Sechzehn Jahre,
der Frühling, die Rheinhöhen, der *erste* Freund, den
ich soeben gefunden hatte, und ein Lehrer wie Wieland, dessen Sympathien ich damals las – War die
Anlage nicht günstig, einen großen Eindruck tief zu
begründen?

Warum ist die Jugend die üppigste Zeit des Lebens?
Weil kein Ziel so hoch und so fern ist, das sie sich nicht
einst zu erreichen getraute. Vor ihr liegt eine Unend-
lichkeit – Noch ist nichts bestimmt, und alles möglich –
Noch spielt die Hand, mutwillig zögernd, mit den   *a*
Losen in der Urne des Schicksals, welche auch das
große enthält – warum sollte sie es nicht fassen *können*? Sie säumt und säumt, indem schon die bloße
Möglichkeit fast ebenso wollüstig ist, wie die Wirklich-
keit – Indessen spielt ihr das Schicksal einen Zettel
unter die Finger – es ist nicht das große Los, es ist
keine Niete, es ist ein Los, wie es Tausende schon getroffen hat, und Millionen noch treffen wird.

Damals entwickelten sich meine ersten Gedanken
und Gefühle. In meinem Innern sah es so poetisch aus,
wie in der Natur, die mich umgab. Mein Herz schmolz
unter so vielen begeisternden Eindrücken, mein Geist
flatterte wollüstig, wie ein Schmetterling über honig-
duftende Blumen, mein ganzes Wesen ward fortge-
führt von einer unsichtbaren Gewalt, wie eine Fürsich-
blüte von der Morgenluft – Mir wars, als ob ich vorher

a vgl. S. 151*ᵃ*.

ein totes Instrument gewesen wäre, und nun, plötzlich mit dem Sinn des Gehörs beschenkt, entzückt würde über die eignen Harmonieen. –

Wir standen damals in *Bieberich* in Kantonierungsquartieren. Vor mir blühte der Lustgarten der Natur – eine konkave Wölbung, wie von der Hand der Gottheit eingedrückt. Durch ihre Mitte fließt der Rhein, *a* zwei Paradiese aus einem zu machen. In der Tiefe liegt *Mainz*, wie der Schauplatz in der Mitte eines Amphitheaters. Der Krieg war aus dieser Gegend ge- *b* flohen, der Friede spielte sein allegorisches Stück. Die Terrassen der umschließenden Berge dienten statt der Logen, Wesen aller Art blickten als Zuschauer voll Freude herab, und sangen und sprachen Beifall – Oben in der Himmelsloge stand Gott. Hoch an dem Gewölbe des großen Schauspielhauses strahlte die Girandole der Frühlingssonne, die entzückende Vorstellung zu beleuchten. Holde Düfte stiegen, wie Dämpfe aus Opferschalen, aus den Kelchen der Blumen und Kräu- *c* ter empor. Ein blauer Schleier, wie in Italien gewebt, umhüllte die Gegend, und es war, als ob der Himmel selbst hernieder gesunken wäre auf die Erde –

d Ach, ich entsinne mich, daß ich in meiner Entzükkung zuweilen, wenn ich die Augen schloß, besonders einmal, als ich an dem Rhein spazieren ging, und so zugleich die Wellen der Luft und des Stromes mich umtönten, eine ganze vollständige Sinfonie gehört habe, die Melodie und alle begleitenden Akkorde, von der zärtlichen Flöte bis zu dem rauschenden Kontra-Violon. Das klang mir wie eine Kirchenmusik, und ich glaube, daß alles, was uns die Dichter von der Sphärenmusik erzählen, nichts Reizenderes gewesen ist, als diese seltsame Träumerei.

Zuweilen stieg ich allein in einen Nachen und stieß mich bis auf die Mitte des Rheins. Dann legte ich mich

a = *S. 119a, 202e.*   *b* = *S. 119b.*   *c* = *S. 119c.*   *d* = *S. 105a.*

nieder auf den Boden des Fahrzeugs, und vergaß, sanft
von dem Strome hinabgeführt, die ganze Erde, und
sah nichts, als den Himmel –

Wie diese Fahrt, so war mein ganzes damaliges Leben – Und jetzt! – Ach, das Leben des Menschen ist,
wie jeder Strom, bei seinem Ursprunge am höchsten.
Es fließt nur fort, indem es fällt – In das Meer müssen
wir alle – Wir sinken und sinken, bis wir so niedrig
stehen, wie die andern, und das Schicksal *zwingt* uns,
so zu sein, wie die, die wir verachten …

Von Mainz aus fuhr ich mit Ulriken auf dem
Rheine nach Koblenz – Ach, das ist eine Gegend, wie   *a*
ein Dichtertraum, und die üppigste Phantasie kann
nichts Schöneres erdenken, als dieses Tal, das sich bald
öffnet, bald schließt, bald blüht, bald öde ist, bald lacht,
bald schreckt. Pfeilschnell strömt der Rhein heran von   *b*
Mainz, als hätte er sein Ziel schon im Auge, als sollte
ihn nichts abhalten, es zu erreichen, als wollte er es,
ungeduldig, auf dem kürzesten Wege ereilen. Aber ein
Rebenhügel (der Rheingau) beugt seinen stürmischen
Lauf, sanft aber mit festem Sinn, wie eine Gattin den
stürmischen Willen ihres Mannes, und zeigt ihm mit
stiller Standhaftigkeit den Weg, der ihn ins Meer
führen wird – Und er ehrt die edle Warnung und gibt
sein voreiliges Ziel auf, und durchbricht, der freundlichen Weisung folgend, den Rebenhügel nicht, sondern umgeht ihn, mit beruhigtem Laufe seine blumigen
Füße ihm küssend –

Aber still und breit und majestätisch strömt er bei   *c*
Bingen heran, und sicher, wie ein Held zum Siege,
und langsam, als ob er seine Bahn doch wohl vollenden würde – Und ein Gebirge (der Hundsrück) wirft
sich ihm in den Weg, wie die Verleumdung der unbe-
scholtenen Tugend. Er aber durchbricht es, und wankt
nicht, und die Felsen weichen ihm aus, und blicken mit

a = S. 204ᵃ, 211ᵃ.   *b = S. 118ᵃ, 204ᵇ.*   *c = 204ᶜ.*

Bewunderung und Erstaunen auf ihn hinab – doch *er*
eilt verächtlich bei ihnen vorüber, aber ohne zu froh-
locken, und die einzige Rache, die er sich erlaubt, ist
diese, ihnen in seinem klaren Spiegel ihr schwarzes
Bild zu zeigen –

Und hier in diesem Tale, wo der Geist des Friedens
und der Liebe zu dem Menschen spricht, wo alles, was
Schönes und Gutes in unsrer Seele schlummert, lebendig wird, und alles, was niedrig ist, schweigt, wo jeder
Luftzug und jede Welle, freundlich-geschwätzig, unsere
Leidenschaften beruhigt, und die ganze Natur gleichsam den Menschen einladet, vortrefflich zu sein – o war
es möglich, daß dieses Tal ein Schauplatz werden
konnte für den Krieg? Zerstörte Felder, zertretene
Weinberge, ganze Dörfer in Asche, Festen, die unüberwindlich schienen, in den Rhein gestürzt – Ach, wenn
ein *einziger* Mensch so viele Frevel auf seinem Gewissen tragen sollte, er müßte niedersinken, erdrückt
von der Last – Aber eine ganze Nation errötet niemals. Sie dividiert die Schuld mit 30 000 000, da
kömmt ein kleiner Teil auf jeden, den ein Franzose
ohne Mühe trägt. – *Gleim* in Halberstadt nahm mir
das Versprechen ab, als *ein Deutscher* zurückzukehren
in mein Vaterland. Es wird mir nicht schwer werden,
dieses Versprechen zu halten.

a   Ich wäre auf dieser Rheinreise sehr glücklich gewesen, wenn – wenn – – Ach, gnädigste Frau, es gibt
wohl nichts Großes in der Welt, wozu Ulrike nicht
fähig wäre, ein edles, weises, großmütiges Mädchen,
eine Heldenseele in einem Weiberkörper, und ich
müßte von allem diesen nichts sein, wenn ich das nicht
b   innig fühlen wollte. Aber – ein Mensch kann viel besitzen, vieles geben, es läßt sich doch nicht immer, wie
Goethe sagt, an seinem Busen ruhen – Sie ist ein Mädchen, das orthographisch schreibt und handelt, nach

a = S. 204ᵈ.   *b* = S. 195ᵃ, 204ᵉ.

dem Takte spielt und denkt, ein Wesen, das von dem
Weibe nichts hat, als die Hüften, und nie hat sie gefühlt, wie süß ein Händedruck ist – Aber sie mißver-
stehen mich doch nicht –? O es gibt kein Wesen in der
Welt, das ich so ehre, wie meine Schwester. Aber welchen Mißgriff hat die Natur begangen, als sie ein
Wesen bildete, das weder Mann noch Weib ist, und
gleichsam wie eine Amphibie zwischen zwei Gattungen   _a_
schwankt? Auffallend ist in diesem Geschöpf der
Widerstreit zwischen Wille und Kraft. Auf einer Fußreise in dem schlesischen Gebirge aß und trank sie nicht
vor Ermüdung, ward bei dem Sonnenaufgang auf der
Riesenkoppe ohnmächtig, und antwortete doch immer,
sooft man sie fragte, sie befinde sich wohl. Vor _Töp-_
litz fuhren wir mit einem andern beladenen Wagen
so zusammen, daß wir weder vor- noch rückwärts
konnten, weil auf der andern Seite ein Zaun war. Der
Zaun, rief sie, muß abgetragen werden – Es gab wirk-
lich kein anderes Mittel, und der Vorschlag war eines
Mannes würdig. Sie aber ging weiter, und legte, ihr
Geschlecht vergessend, die schwache Hand an den
Balken, der sich nicht rührte – Mitten in einer großen
Gefahr auf einem See bei _Fürstenwalde,_ wo die ganze
Familie im Nachen dem Sturme ausgesetzt war, und
alles weinte und schrie, und selbst die Männer die Besinnung verloren, sagte sie: kommen wir doch in die
Zeitungen – Mit Kälte und Besonnenheit geht sie jeder
Gefahr entgegen, erscheint aber unvermutet ein Hund
oder ein Stier, so zittert sie an allen Gliedern – Wo
ein anderer überlegt, da entschließt sie sich, und wo er
spricht, da handelt sie. Als wir auf der Ostsee zwischen Rügen und dem festen Lande im Sturme auf
einem Boote mit Pferden und Wagen dem Untergange

_a_ = Neujahrswunsch 1800: „Amphibion Du, das in zwei
Elementen stets lebet, / Schwanke nicht länger und wähle
Dir endlich ein sichres Geschlecht."

nahe waren, und der Schiffer schnell das Steuer verließ, die Segel zu fällen, sprang sie an seinen Platz
und hielt das Ruder – Unerschütterte Ruhe scheint ihr
das glücklichste Los auf Erden. Von *Bahrdten* hörte
sie einst, er habe den Tod seiner geliebten Tochter am
Spieltische erfahren, ohne aufzustehen. Der Mann
schien ihr beneidens- und nachahmungswürdig. – Wo
ein andrer fühlt, da denkt sie, und wo er genießt, da
will sie sich unterrichten. In Kassel spielte ein steinerner Satyr durch die Bewegung des Wassers die Flöte.
Es war ein angenehmes Lied, ich schwieg und horchte.
Sie fragte: Wie geht das zu? – Einst sagte sie, sie
könne nicht begreifen, wie üppige Gedichte, oder Male-
reien reizen könnten –? Doch still davon. Das klingt
ja fast wie ein Tadel – und selbst der leiseste ist zu
bitter für ein Wesen, das keinen anderen Fehler hat,
als diesen, zu groß zu sein für ihr Geschlecht.

den 29. Juli

Seit dem 3. bin ich nun (über Straßburg) in Paris. –
Werde ich Ihnen nicht auch etwas von dieser Stadt
schreiben müssen? Herzlich gern, wenn ich nur mehr
zum Beobachten gemacht wäre. Aber – kehren uns
nicht alle irdischen Gegenstände ihre Schattenseite zu,
wenn wir in die Sonne sehen –? Wer die Welt in seinem
Innern kennenlernen will, der darf nur flüchtig die
Dinge außer ihm mustern. Ach, es ist meine angeborne Unart, nie den Augenblick ergreifen zu können,
und immer an einem Orte zu leben, an welchem ich
nicht bin, und in einer Zeit, die vorbei, oder noch nicht
da ist. – Als ich in mein Vaterland war, war ich
oft in Paris, und nun ich in Paris bin, bin ich fast
immer in mein Vaterland. Zuweilen gehe ich, mit
offnen Augen durch die Stadt, und sehe – viel Lächer-

a = S. 205*a*. *b* = S. 136*b*.

liches, noch mehr Abscheuliches, und hin und wieder
etwas Schönes. Ich gehe durch die langen, krummen,   *a*
engen, mit Kot oder Staub überdeckten, von tausend
widerlichen Gerüchen duftenden Straßen, an den   *b*
schmalen, aber hohen Häusern entlang, die sechsfache
Stockwerke tragen, gleichsam den Ort zu vervielfachen, ich winde mich durch einen Haufen von Men-   *c*
schen, welche schreien, laufen, keuchen, einander
schieben, stoßen und umdrehen, ohne es übelzunehmen,
ich sehe jemanden an, er sieht mich wieder an, ich frage
ihn ein paar Worte, er antwortet mir höflich, ich
werde warm, er ennuyiert sich, wir sind einander herzlich satt, er empfiehlt sich, ich verbeuge mich, und wir
haben uns beide vergessen, sobald wir um die Ecke
sind – Geschwind gehe ich nach dem Louvre und erwärme mich an dem Marmor, an dem Apoll vom
Belvedere, an der mediceischen Venus, oder trete vor
das herrliche niederländische Tableau, wo der Sauhirt
den Ulysses ausschimpft – Auf dem Rückwege gehe
ich durch das Palais royal, wo man ganz Paris kennenlernen kann, mit allen seinen Greueln und sogenannten Freuden – Es ist kein sinnliches Bedürfnis, das hier
nicht bis zum Ekel befriedigt, keine Tugend, die hier
nicht mit Frechheit verspottet, keine Infamie, die hier
nicht nach Prinzipien begangen würde – Noch schreck-
licher ist der Anblick des Platzes an der Halle au bléd,
wo auch der letzte Zügel gesunken ist – Dann ist es
Abend, dann habe ich ein brennendes Bedürfnis, das   *d*
alles aus den Augen zu verlieren, alle diese Dächer und
Schornsteine und alle diese Abscheulichkeiten, und nichts
zu sehen, als rundum den Himmel – aber gibt es einen
Ort in dieser Stadt, wo man ihrer nicht gewahr würde?
  Luchesini und Humboldt haben mich vorläufig bei
einigen französischen Gelehrten eingeführt. Ich soll
nämlich hier studieren, ich *soll* es, so will es ein jahre-

a = S. 231*b*.   *b* = S. 230*a*.   *c* = S. 231*c*.   *d* = S. 235*a*.

lang entworfener Plan, dem ich folgen muß, wie ein
Jüngling einem Hofmeister, von dem er sich noch nicht
losmachen kann. Ich habe auch schon einigen Vor-
a   lesungen beigewohnt – Ach, diese Menschen sprechen
von Säuren und Alkalien, indessen mir ein allgewaltiges Bedürfnis die Lippe trocknet – Liebe Freundin,
sagen Sie mir, sind wir da, die Höhe der Sonne zu ermessen, oder uns an ihren Strahlen zu wärmen? Genießen! Genießen! *Wo* genießen wir? Mit dem Verstande oder mit dem Herzen? Ich *will* es nicht mehr
binden und rädern, frei soll es die Flügel bewegen, un-
gezügelt um seine Sonne soll es fliegen, flöge es auch
b   gefährlich, wie die Mücke um das Licht – Ach, daß
wir ein Leben bedürfen, zu lernen, wie wir leben müßten, daß wir im Tode erst ahnden, was der Himmel
mit uns will! – Wohin wird dieser schwankende Geist
mich führen, der nach allem strebt, und berührt er es,
gleichgültig es fahren läßt – Und doch, wenn die
Jugend von jedem Eindrucke bewegt wird, und ein
heftiger sie stürzt, so ist das nicht, weil sie keinen,
c   sondern weil sie *starken* Widerstand leistet. Die abge-
storbene Eiche, sie steht unerschüttert im Sturm, aber
die blühende stürzt er, *weil er in ihre Krone greifen
kann* – Ich entsinne mich, daß mir ein *Buch* zuerst den
Gedanken einflößte, ob es nicht möglich sei, ein hohes
wissenschaftliches Ziel noch zu erreichen? Ich versuchte
es, und auf der Mitte der Bahn hält mich jetzt ein *Gedanke* zurück – Ach, ich trage mein Herz mit mir herum, wie ein nördliches Land den Keim einer Südfrucht.
Es treibt und treibt, und es kann nicht reifen – Denn
Menschen lassen sich, wie Metalle, zwar formen solange sie warm sind; aber jede Berührung wirkt wieder
anders auf sie ein, und nur wenn sie erkalten, wird

*a = S. 213ᵃ.   b = S. 227ᵃ.   c = Familie Schroffenstein, V. 961
bis 963, Penthesilea V. 3041–3043: „Die abgestorbne Eiche
steht im Sturm, / Doch die gesunde stürzt er schmetternd
nieder, / Weil er in ihre Krone greifen kann."*

ihre Gestalt bleibend. Ich möchte so gern in einer *rein-menschlichen* Bildung fortschreiten, aber das Wissen macht uns weder besser, noch glücklicher. Ja, wenn wir den ganzen Zusammenhang der Dinge einsehen könnten! Aber ist nicht der Anfang und das Ende jeder Wissenschaft in Dunkel gehüllt? Oder soll ich alle diese Fähigkeiten, und alle diese Kräfte und dieses ganze Leben nur dazu anwenden, eine Insektengattung kennenzulernen, oder einer Pflanze ihren Platz in der Reihe der Dinge anzuweisen? Ach, mich ekelt vor dieser Einseitigkeit! Ich glaube, daß *Newton* an dem Busen eines Mädchens nichts anderes sah, als seine krumme Linie, und daß ihm an ihrem Herzen nichts merkwürdig war, als sein Kubikinhalt. Bei den Küssen seines Weibes denkt ein echter Chemiker nichts, als daß ihr Atem Stickgas und Kohlenstoffgas ist. Wenn die Sonne glühend über den Horizont heraufsteigt, so fällt ihm weiter nichts ein, als daß sie eigentlich noch nicht da ist – Er sieht bloß das Insekt, nicht die Erde, die es trägt, und wenn der bunte Holzspecht an die Fichte klopft, oder im Wipfel der Eiche die wilde Taube zärtlich girrt, so fällt ihm bloß ein, wie gut sie sich ausnehmen würden, wenn sie ausgestopft wären. Die ganze Erde ist dem Botaniker nur ein großes Herbarium, und an der wehmütigen Trauerbirke, wie an dem Veilchen, das unter ihrem Schatten blüht, ist ihm nichts merkwürdig, als ihr linnéischer Name. Dagegen ist die Gegend dem Mineralogen nur schön, wenn sie steinig ist, und wenn der alpinische Granit von ihm bis in die Wolken strebt, so tut es ihm nur leid, daß er ihn nicht in die Tasche stecken kann, um ihn in den Glasschrank neben die andern Fossile zu setzen – O wie traurig ist diese zyklopische Einseitigkeit! – Doch genug. Ich habe Ihnen so viel aus meinem Innern mitgeteilt; werden Sie mir diese kindische Neigung zur Vertraulichkeit verzeihen? Ich hoffe es. Ihre Antwort wird mir eine frohe Stunde schenken.

55. An Wilhelmine von Zenge   Paris, 15. August 1801

Dein Brief, und die paar Zeilen von Carln und
Louisen haben mir außerordentlich viele Freude gemacht. Es waren seit 10 Wochen wieder die ersten Zeilen, die ich von Deiner Hand las; denn die Briefe, die
Du mir, wie Du sagst, während dieser Zeit geschrieben
hast, müssen verlorengegangen sein, weil ich sie nicht
empfangen habe. Desto größer war meine Freude, als
ich heute auf der Post meine Adresse und Deine Hand
erkannte – Aber denke Dir meinen Schreck, als der
Postmeister meinen Paß zu sehen verlangte, und ich
gewahr ward, daß ich ihn unglücklicherweise vergessen hatte –? Was war zu tun? Die Post ist eine starke
halbe Meile von meiner Wohnung entfernt – Sollte ich
zurücklaufen, sollte ich noch zwei Stunden warten,
einen Brief zu erbrechen, den ich schon in meiner Hand
hielt? – Ich bat den Postmeister, er möchte einmal eine
Ausnahme von der Regel machen, ich stellte ihm die
Unbequemlichkeit des Zurücklaufens vor, ich vertraute
ihm an, wie viele Freude es mir machen würde, wenn
ich den Brief mit mir zurücknehmen könnte, ich schwor
ihm zu, daß ich Kleist sei und ihn nicht betrüge – Umsonst! Der Mann war unerbittlich. Schwarz auf weiß
wollte er sehen, Mienen konnte er nicht lesen – Tausendfältig betrogen, glaubte er nicht mehr, daß in
Paris jemand ehrlich sein könnte. Ich verachtete, oder
vielmehr ich bemitleidete ihn, holte meinen Paß, und
vergab ihm, als er mir Deinen Brief überlieferte. Ganz
ermüdet lief ich in ein Kaffeehaus und las ihn – und
der Ernst, der in Deinem Briefe herrscht, Deine stille
Bemühung, Dich immer mehr und mehr zu bilden, die
Beschreibung Deines Zustandes, in welchem Du Dich,
so sehr ich Dich auch betrübe, doch noch so ziemlich
glücklich fühlst, das alles rührte mich so innig, daß ich
es in dem Schauspielhause, in welches ich gegangen war,
ein großes Stück zu sehen, gar nicht aushalten konnte,

noch vor dem Anfang der Vorstellung wieder heraus-
lief, und jetzt, noch mit aller Wärme der ersten Empfindung, mich niedersetze, Dir zu antworten.

Du willst, ich soll Dir etwas von meiner Seele mitteilen? Mein liebes Mädchen, wie gern tue ich das,
wenn ich hoffen kann, daß es Dich erfreuen wird. Ja,
seit einigen Wochen scheint es mir, als hätte sich der
Sturm ein wenig gelegt – Kannst Du Dir wohl vorstellen, wie leicht, wie wehmütig froh dem Schiffer zu-
mute sein mag, dessen Fahrzeug in einer langen finstern stürmenden Nacht gefährlich-wankend, umher-
getrieben war, wenn er nun an der sanftern Bewegung
fühlt, daß ein stiller, heitrer Tag anbrechen wird?
Etwas Ähnliches empfinde ich in meiner Seele – O
möchtest Du auch ein wenig von der Ruhe genießen,
die mir seit einiger Zeit zuteil geworden ist, möchtest
Du, wenn Du diesen Brief liesest, auch einmal ein
wenig froh sein, so wie ich es jetzt bin, da ich ihn
schreibe. Ja, vielleicht werde ich diese Reise nach
Paris, von welcher ich keinem Menschen, ja sogar mir
selbst nicht Rechenschaft geben kann, doch noch segnen.
Nicht wegen der Freuden, die ich genoß, denn spar-
sam waren sie mir zugemessen; aber alle Sinne be-
stätigen mir hier, was längst mein Gefühl mir sagte,
nämlich daß uns die Wissenschaften weder besser noch
glücklicher machen, und ich hoffe daß mich das zu
einer Entschließung führen wird. O ich kann Dir nicht
beschreiben, welchen Eindruck der erste Anblick dieser
höchsten Sittenlosigkeit bei der höchsten Wissenschaft
auf mich machte. Wohin das Schicksal diese Nation
führen wird –? Gott weiß es. Sie ist reifer zum Untergange als irgendeine andere europäische Nation. Zuweilen, wenn ich die Bibliotheken ansehe, wo in prächtigen Sälen und in prächtigen Bänden die Werke
Rousseaus, Helvetius', Voltaires stehen, so denke ich,
was haben sie genutzt? Hat ein einziges seinen Zweck
erreicht? Haben sie das Rad aufhalten können, das un-

aufhaltsam stürzend seinem Abgrund entgegeneilt? O
hätten alle, die gute Werke *geschrieben* haben, die
Hälfte von diesem Guten *getan,* es stünde besser um
die Welt. Ja selbst dieses Studium der Naturwissenschaft, auf welches der ganze Geist der französischen
Nation mit fast vereinten Kräften gefallen ist, wohin
wird es führen? Warum verschwendet der Staat Millionen an alle diese Anstalten zur Ausbreitung der
Gelehrsamkeit? Ist es ihm um *Wahrheit* zu tun? Dem
Staate? Ein Staat kennt keinen andern Vorteil, als den
er nach Prozenten berechnen kann. Er will die Wahrheit *anwenden* – Und worauf? Auf Künste und Gewerbe. Er will das Bequeme noch bequemer machen,
das Sinnliche noch versinnlichen, den raffiniertesten
Luxus noch raffinieren. – Und wenn am Ende auch das
üppigste und verwöhnteste Bedürfnis keinen Wunsch
mehr ersinnen kann, was ist dann –? O wie unbegreiflich ist der Wille, der über die Menschengattung waltet! Ohne Wissenschaft zittern wir vor jeder Luft-
erscheinung, unser Leben ist jedem Raubtier ausgesetzt,
eine Giftpflanze kann uns töten – und sobald wir in
das Reich des Wissens treten, sobald wir unsre Kenntnisse anwenden, uns zu sichern und zu schützen, gleich
ist der erste Schritt zu dem Luxus und mit ihm zu
allen Lastern der Sinnlichkeit getan. Denn wenn wir zum
Beispiel die Wissenschaften nutzen, uns vor dem Genuß giftiger Pflanzen zu hüten, warum sollen wir sie
nicht auch nutzen, wohlschmeckende zu sammeln, und
wo ist nun die Grenze hinter welcher die Poulets à la
suprême und alle diese Raffinements der französischen
Kochkunst liegen? Und doch – gesetzt, Rousseau hätte
in der Beantwortung der Frage, ob die Wissenschaften
den Menschen glücklicher gemacht haben, recht, wenn
er sie mit *nein* beantwortet, welche seltsamen Widersprüche würden aus dieser Wahrheit folgen! Denn es
mußten viele Jahrtausende vergehen, ehe so viele
Kenntnisse gesammelt werden konnten, wie nötig

waren, einzusehen, daß man keine haben müßte. Nun
also müßte man alle Kenntnisse vergessen, den Fehler
wieder gut zu machen; und somit finge das Elend wieder von vorn an. Denn der Mensch hat ein unwider-
sprechliches Bedürfnis sich aufzuklären. Ohne Aufklärung ist er nicht viel mehr als ein Tier. Sein mora-
lisches Bedürfnis treibt ihn zu den Wissenschaften an,
wenn dies auch kein physisches täte. Er wäre also, wie
Ixion, verdammt, ein Rad auf einen Berg zu wälzen,
das halb erhoben, immer wieder in den Abgrund stürzt.
Auch ist immer Licht, wo Schatten ist, und umgekehrt.
Wenn die Unwissenheit unsre Einfalt, unsre Unschuld
und alle Genüsse der friedlichen Natur sichert, so öffnet
sie dagegen allen Greueln des Aberglaubens die Tore —
Wenn dagegen die Wissenschaften uns in das Labyrinth
des Luxus führen, so schützen sie uns vor allen Greueln
des Aberglaubens. Jede reicht uns Tugenden und Laster,
und wir mögen am Ende aufgeklärt oder unwissend
sein, so haben wir dabei so viel verloren, als gewonnen.
– Und so mögen wir denn vielleicht am Ende tun, was
wir wollen, wir tun recht – Ja, wahrlich, wenn man
überlegt, daß wir ein Leben bedürfen, um zu lernen,   *a*
wie wir leben müßten, daß wir selbst im Tode noch
nicht ahnden, was der Himmel mit uns will, wenn
niemand den Zweck seines Daseins und seine Bestimmung kennt, wenn die menschliche Vernunft nicht hinreicht, sich und die Seele und das Leben und die Dinge
um sich zu begreifen, wenn man seit Jahrtausenden
noch zweifelt, ob es ein *Recht* gibt – – kann Gott von
solchen Wesen *Verantwortlichkeit* fordern? Man sage
nicht, daß eine Stimme im Innern uns heimlich und
deutlich anvertraue, was recht sei. Dieselbe Stimme,
die dem Christen zuruft, seinem Feinde zu vergeben,
ruft dem Seeländer zu, ihn zu braten, und mit Andacht
ißt er ihn auf – Wenn die Überzeugung solche Taten

a = S. 222*b*.

a rechtfertigen kann, darf man ihr trauen? – Was heißt das auch, etwas Böses tun, der Wirkung nach? Was ist *böse? Absolut böse?* Tausendfältig verknüpft und verschlungen sind die Dinge der Welt, jede Handlung ist die Mutter von Millionen andern, und oft die schlechteste erzeugt die besten – Sage mir, wer auf dieser Erde hat schon etwas *Böses* getan? Etwas, das böse wäre in *alle Ewigkeit fort* –? Und was uns auch die Geschichte von Nero, und Attila, und Cartouche, von den Hunnen, und den Kreuzzügen, und der spanischen Inquisition erzählt, so rollt doch dieser Planet immer noch freundlich durch den Himmelsraum, und die Frühlinge wiederholen sich, und die Menschen leben, genießen, und sterben nach wie vor. – Ja, tun, was der Himmel sichtbar, unzweifelhaft von uns fordert, das ist genug – Leben, solange die Brust sich hebt, genießen, was rundum blüht, hin und wieder etwas Gutes tun, weil das auch ein Genuß ist, arbeiten, damit man genießen und wirken könne, andern das Leben geben, damit sie es wieder so machen und die Gattung erhalten werde – und dann sterben – Dem hat der Himmel ein Geheimnis eröffnet, der das tut und weiter nichts.

b Freiheit, ein eignes Haus, und ein Weib, meine drei Wünsche, die ich mir beim Auf- und Untergange der Sonne wiederhole, wie ein Mönch seine drei Gelübde! O um diesen Preis will ich allen Ehrgeiz fahren lassen und alle Pracht der Reichen und allen Ruhm der Gelehrten – Nachruhm! Was ist das für ein seltsames Ding, das man erst genießen kann, wenn man nicht mehr ist? O über den Irrtum, der die Menschen um zwei Leben betrügt, der sie selbst nach dem Tode noch äfft! Denn wer kennt die Namen der Magier und ihre Weisheit? Wer wird nach Jahrtausenden von uns und unserm Ruhme reden? Was wissen Asien, und Afrika und Amerika von unsern Genien? Und nun die Plane-

a = S. 238*b*.   *b* = S. 186*a*, 209*a*.

ten –? Und die Sonne –? Und die Milchstraße –? Und
die Nebelflecke –? Ja, unsinnig ist es, wenn wir nicht
grade für die Quadratrute leben, auf welcher, und für
den Augenblick, in welchem wir uns befinden. Genießen! Das ist der Preis des Lebens! Ja, wahrlich, wenn
wir seiner niemals froh werden, können wir nicht mit
Recht den Schöpfer fragen, warum gabst Du es mir?
Lebensgenuß seinen Geschöpfen zu geben, das ist die
Verpflichtung des Himmels; die Verpflichtung des Menschen ist es, ihn zu verdienen. Ja, es liegt eine Schuld   *a*
auf den Menschen, etwas Gutes zu tun, verstehe mich
recht, ohne figürlich zu reden, schlechthin zu *tun* – Ich
werde das immer deutlicher und deutlicher einsehen,
immer lebhafter und lebhafter fühlen lernen, bis Vernunft und Herz mit aller Gewalt meiner Seele einen
Entschluß bewirken – Sei ruhig, bis dahin. Ich bedarf
Zeit, denn ich bedarf Gewißheit und Sicherheit in der
Seele, zu dem Schritte, der die ganze Bahn der Zukunft bestimmen soll. Ich will mich nicht mehr übereilen – tue ich es noch einmal, so ist es das letztemal –
denn ich verachte entweder alsdann meine Seele oder
die Erde, und trenne sie. Aber sei ruhig, ich werde mich
nicht übereilen. Dürfte ich auf meine eigne Bildung
keine Kräfte verschwenden, so würde ich vielleicht
jetzt schon wählen. Aber noch fühle ich meine eigne
Blößen. Ich habe den Lauf meiner Studien plötzlich
unterbrochen, und werde das Versäumte hier nach-
holen, aber nicht mehr bloß um der Wahrheit willen,
sondern für meinen menschenfreundlicheren Zweck –
Erlaß es mir, mich deutlicher zu erklären. Ich bin noch
nicht bestimmt, und ein geschriebenes Wort ist ewig.
Aber ich hoffe das Beste –

a = S. 238*b*.

56. An Luise von Zenge   Paris, 16. August 1801

Empfangen Sie, *goldnes* Louischen, zum Lohne für
Ihre lieben, in Carls Schreiben eingeschlossnen Worte
diesen Brief aus Paris. Sie beneiden mich, wie es scheint,
um meinen Aufenthalt und wünschen an meiner Stelle
zu sein. Wenn Sie mir folgen wollen, so will ich
Ihren Geist in die Nähe der Kulissen führen, die aus
der Ferne betrachtet, so reizend scheinen. Aber erschrecken müssen Sie nicht, wenn Sie die Gestalten ein
wenig mit Farben überladen und ein wenig grob gezeichnet finden.

Denken Sie sich in der Mitte zwischen drei Hügeln,
auf einem Flächenraum von ohngefähr einer Quadrat-
meile, einen Haufen von übereinandergeschobenen
a   Häusern, welche schmal in die Höhe wachsen, gleichsam den Boden zu vervielfachen, denken Sie sich alle
diese Häuser durchgängig von jener blassen, matten
Modefarbe, welche man weder gelb noch grau nennen
kann, und unter ihnen einige schöne, edle, aber einzeln
b   in der Stadt zerstreut, denken Sie sich enge, krumme,
stinkende Straßen, in welchen oft an einem Tage Kot
mit Staub und Staub mit Kot abwechseln, denken Sie
sich endlich einen Strom, der, wie mancher fremde
Jüngling, rein und klar in diese Stadt tritt, aber
schmutzig und mit tausend Unrat geschwängert, sie verläßt, und der in fast grader Linie sie durchschneidet,
als wollte er den ekelhaften Ort, in welchen er sich
verirrte, schnell auf dem kürzesten Wege durcheilen –
denken Sie sich alle diese Züge in *einem* Bilde, und
Sie haben ohngefähr das Bild von einer Stadt, deren
Aufenthalt Ihnen so reizend scheint.

Verrat, Mord und Diebstahl sind hier ganz unbedeutende Dinge, deren Nachricht niemanden affiziert.
Ein Ehebruch des Vaters mit der Tochter, des Sohnes

a = S. 221ᵇ.   b = S. 221ᵃ.

mit der Mutter, ein Totschlag unter Freunden und
Anverwandten sind Dinge, dont on a eu d'exemple,
und die der Nachbar kaum des Anhörens würdigt.
Kürzlich wurden einer Frau 50 000 Rth. gestohlen,
fast täglich fallen Mordtaten vor, ja vor einigen Tagen
starb eine ganze Familie an der Vergiftung; aber das
alles ist das langweiligste Ding von der Welt, bei deren
Erzählung sich jedermann ennuyiert. Auch ist es etwas
ganz Gewöhnliches, einen toten Körper in der Seine
oder auf der Straße zu finden. Ein solcher wird dann
in einem an dem Pont St. Michel dazu bestimmten
Gewölbe geworfen, wo immer ein ganzer Haufe übereinander liegt, damit die Anverwandten, wenn ein
Mitglied aus ihrer Mitte fehlt, hinkommen und es finden mögen. Jedes Nationalfest kostet im Durchschnitt
zehn Menschen das Leben. Das sieht man oft mit Gewißheit vorher, ohne darum dem Unglück vorzubeu-
gen. Bei dem Friedensfest am 14. Juli stieg in der
Nacht ein Ballon mit einem eisernen Reifen in die
Höhe, an welchem ein Feuerwerk befestigt war, das in
der Luft abbrennen, und dann den Ballon entzünden
sollte. Das Schauspiel war schön, aber es war voraus-
zusehen, daß wenn der Ballon in Feuer aufgegangen
war, der Reifen auf ein Feld fallen würde, das voll-
gepfropft von Menschen war. Aber ein Menschenleben
ist hier ein Ding, von welchem man 800 000 Exemplare
hat – der Ballon stieg, der Reifen fiel, ein paar schlug
er tot, weiter war es nichts.

Zwei Antipoden können einander nicht fremder und
unbekannter sein, als zwei Nachbarn von Paris, und
ein armer Fremdling kann sich gar an niemanden   *a*
knüpfen, niemand knüpft sich an ihn – zuweilen gehe   *b*
ich durch die langen, krummen, engen, schmutzigen,
stinkenden Straßen, ich winde mich durch einen Hau-   *c*
fen von Menschen, welche schreien, laufen, keuchen,

a = S. 202ᶜ.   *b* = 221ᵃ.   *c* = 221ᶜ.

einander schieben, stoßen, umdrehen, ohne es übel zu
nehmen, ich sehe einen fragend an, er sieht mich wieder an, ich frage ihn ein paar Worte, er antwortet mir
höflich, ich werde warm, er ennuyiert sich, wir sind
einander herzlich satt, er empfiehlt sich, ich verbeuge
mich, und wir haben einander vergessen, sobald wir
um die Ecke sind – Geschwind laufe ich nach dem
Louvre, und erwärme mich an dem Marmor, an dem
Apoll von Belvedere, an der medicëischen Venus, oder
trete unter die italienischen Tableaus, wo Menschen auf
Leinwand gemalt sind –

Übrigens muß man gestehen, daß es vielleicht nirgends Unterhaltung gibt, als unter den Franzosen. Man
nenne einem Deutschen ein Wort, oder zeige ihm ein
Ding, darauf wird er kleben bleiben, er wird es tausendmal mit seinem Geiste anfassen, drehen und wenden, bis er es von allen Seiten kennt, und alles, was
sich davon sagen läßt, erschöpft hat. Dagegen ist der
zweite Gedanke über ein und dasselbe Ding dem
Franzosen langweilig. Er springt von dem Wetter auf
die Mode, von der Mode auf das Herz, von dem Herzen auf die Kunst, gewinnt jedem Dinge die interessante Seite ab, spricht mit Ernst von dem Lächer-
lichen, lachend von dem Ernsthaften, und wenn man
dem eine Viertelstunde zugehört hat, so ist es, als ob man
in einen Kuckkasten gesehen hätte. Man versucht es,
seinen Geist zwei Minuten lang an einem heiligen
Gegenstand zu fesseln: er wird das Gespräch kurzweg
mit einem ah ba! abbrechen. Der Deutsche spricht mit
Verstand, der Franzose mit Witz. Das Gespräch des
erstern ist wie eine Reise zum Nutzen, das Gespräch
des andern wie ein Spaziergang zum Vergnügen. Der
Deutsche geht um das Ding herum, der Franzose fängt
den Lichtstrahl auf, den es ihm zuwirft, und geht vorüber.

Zwei Reisende, die zu zwei verschiednen Zeiten nach
Paris kommen, sehen zwei ganz verschiedene Men-

schenarten. Ein Aprilmonat kann kaum so schnell mit
der Witterung wechseln, als die Franzosen mit der
Kleidung. Bald ist ein Rock zu eng für einen, bald ist
er groß genug für zwei, und ein Kleid, das sie heute
einen Schlafrock nennen, tragen sie morgen zum Tanze,
und umgekehrt. Dabei sitzt ihnen der Hintere bald
unter dem Kopfe, bald über den Hacken, bald haben
sie kurze Ärme, bald keine Hände, die Füße scheinen
bald einem Hottentotten, bald einem Sineser anzu-
gehören, und die Philosophen mögen uns von der
Menschengattung erzählen, was sie wollen, in Frankreich gleicht jede Generation weder der, von welcher
sie abstammt, noch der, welche ihr folgt.

Seltsam ist die Verachtung, in welcher der französische Soldat bei dem französischen Bürger steht.
Wenn man die Sieger von Marengo mit den Siegern
von Marathon, und selbst mit den Überwundenen von
Cannä vergleicht, so muß man gestehen, daß ihnen
ein trauriges Schicksal geworden ist. Von allen Gesellschaften, die man hier *du ton* nennt, sind die französischen Helden ausgeschlossen – warum? Weil sie nicht
artig genug sind. Denn dem Franzosen ist es nicht genug, daß ein Mensch eine große, starke, erhabene Seele
zeige, er will auch, daß er sich zierlich betrage, und ein
Offizier möge eine Tat begangen haben, die Bayards
oder Turennes würdig wäre, so ist das hinreichend,
von ihm zu sprechen, ihn zu loben und zu rühmen,
nicht aber mit ihm in Gesellschaften zu sein. Tanzen
soll er, er soll wenigstens die 4 französischen Positionen
und die 15 Formeln kennen, die man hier Höflichkei-
ten nennt, und selbst Achilles und Hektor würden
hier kalt empfangen werden, weil sie keine éducation
hatten, und nicht amusant genug waren.

Eine ganz rasende Sucht nach Vergnügungen ver-
folgt die Franzosen und treibt sie von einem Orte zum
andern. Sie ziehen den ganzen Tag mit allen ihren Sinnen
auf die Jagd, den Genuß zu fangen, und kehren nicht

eher heim, als bis die Jagdtasche bis zum Ekel ange-
füllt ist. Ganze Haufen von Affichen laden überall
den Einwohner und den Fremdling zu Festen ein. An
allen Ecken der Straßen und auf allen öffentlichen
Plätzen schreit irgendein Possenreißer seine Künste
aus, und lockt die Vorübergehenden vor seinen Kuckkasten oder fesselt sie, wenigstens auf ein paar Minuten, durch seine Sprünge und Faxen. Selbst mit dem
Schauspiele oder mit der Oper, die um 11 Uhr schließt,
ist die Jagd noch nicht beendigt. Alles strömt nun
nach öffentlichen Orten, der gemeinere Teil in das
Palais royal, und in die Kaffeehäuser, wo entweder
ein Konzert von Blinden, oder ein Bauchredner oder
irgendein andrer Harlekin die Gesellschaft auf Kosten
des Wirtes vergnügt, der vornehmere Teil nach Frascati
oder dem Pavillon d'Hannovre, zwei fürstlichen Hotels,
welche seit der Emigration ihrer Besitzer das Eigentum ihrer Köche geworden sind. Da wird dann der
letzte Tropfen aus dem Becher der Freude wollüstig
eingeschlürft: eine prächtige Gruppe von Gemächern,
die luxuriösesten Getränke, ein schöner Garten, eine
Illumination und ein Feuerwerk – Denn nichts hat der
Franzose lieber, als wenn man ihm die Augen ver-
blendet.

Das, *goldnes* Louischen, sind die Vergnügen dieser Stadt. Ist es nicht entzückend, ist es nicht benei-
denswürdig, so viel zu genießen? –? Ach, zuweilen
wenn ich dem Fluge einer Rakete nachsehe, oder in den
Schein einer Lampe blicke oder ein künstliches Eis auf
meiner Zunge zergehen lasse, wenn ich mich dann
frage: genießest du –? O dann fühle ich mich so leer,
so arm, dann bewegen sich die Wünsche so unruhig,
dann treibt es mich fort aus dem Getümmel unter den
Himmel der Nacht, wo die Milchstraße und die Nebelflecke dämmern –

Ja, zuweilen, wenn ich einmal einen Tag widmete
mit dem Haufen auf diese Jagd zu ziehen, die man

doch auch kennenlernen muß, wenn ich dann, ohne
Beute, ermüdet zurückkehre, und still stehe auf dem
Pont-neuf, über dem Seinestrom, diesem einzigen
schmalen Streifen Natur, der sich in diese unnatürliche
Stadt verirrte, o dann habe ich eine unaussprechliche   *a*
Sehnsucht, hinzufliegen nach jener Höhe, welche bläu-
lich in der Ferne dämmert, und alle diese Dächer und
Schornsteine aus dem Auge zu verlieren, und nichts
zu sehen, als rundum den Himmel – Aber gibt es einen
Ort in der Gegend dieser Stadt, wo man ihrer *nicht* ge-
wahr würde?

Überdrüssig aller dieser Feuerwerke und Illuminationen und Schauspiele und Possenreißereien hat ein
Franzose den Einfall gehabt, den Einwohnern von
Paris ein Vergnügen von einer ganzen neuen Art zu
bereiten, nämlich das Vergnügen an der Natur. Der
Landgraf von Hessen-Kassel hat sich auf der Wilhelmshöhe eine gotische Ritterburg, und der Kurfürst von
der Pfalz in Schwetzingen eine türkische Moschee erbaut. Sie besuchen zuweilen diese Orte, beobachten
die fremden Gebräuche und versetzen sich so in Verhältnisse, von welchen sie durch Zeit und Raum getrennt sind. Auf eine ähnliche Art hat man hier in
Paris die Natur nachgeahmt, von welcher die Franzosen weiter, als der Landgraf von der Ritterzeit und der
Kurfürst von der Türkei, entfernt sind. Von Zeit zu
Zeit verläßt man die matte, fade, stinkende Stadt,
und geht in die – Vorstadt, die große, einfältige,
rührende Natur zu genießen. Man bezahlt (im Hameau de Chantilly) am Eingange 20 sols für die Erlaubnis, einen Tag in patriarchalischer Simplizität zu
durchleben. Arm in Arm wandert man, so natürlich
wie möglich, über Wiesen, an dem Ufer der Seen,
unter dem Schatten der Erlen, hundert Schritte lang,
bis an die Mauer, wo die Unnatur anfängt – dann

a = S. 221ᵈ.

kehrt man wieder um. Gegen die Mittagszeit (das heißt um 5 Uhr) sucht jeder sich eine Hütte, der eine die Hütte eines Fischers, der andere die eines Jägers, Schiffers, Schäfers etc., etc., jede mit den Insignien der Arbeit und einem Namen bezeichnet, welchen der Bewohner führt, solange er sich darin aufhält. Fünfzig Lakaien, aber ganz natürlich gekleidet, springen umher, die Schäfer- oder die Fischerfamilie zu bedienen. Die raffiniertesten Speisen und die feinsten Weine werden aufgetragen, aber in hölzernen Näpfen und in irdenen Gefäßen; und damit nichts der Täuschung fehle, so ißt man mit Löffeln von Zinn. Gegen Abend schifft man sich zu zwei und zwei ein, und fährt, unter ländlicher Musik, eine Stunde lang spazieren auf einem See, welcher 20 Schritte im Durchmesser hat. Dann ist es Nacht, ein Ball unter freiem Himmel beschließt das romantische Fest, und jeder eilt nun aus der Natur wieder in die Unnatur hinein –

Große, stille, feierliche Natur, du, die Kathedrale der Gottheit, deren Gewölbe der Himmel, deren Säulen die Alpen, deren Kronleuchter die Sterne, deren Chorknaben die Jahreszeiten sind, welche Düfte schwingen in den Rauchfässern der Blumen gegen die Altäre der Felder, an welchen Gott Messe lieset und Freuden austeilt zum Abendmahl unter der Kirchenmusik, welche die Ströme und die Gewitter rauschen, indessen die Seelen entzückt ihre Genüsse an dem Rosenkranze der Erinnerung zählen – so spielt man mit dir? –

Zwar waren doch an diesem Abend in dem Hameau de Chantilly, welche genossen; nämlich ein Jüngling und ein Mädchen, welche, ohne zu tanzen, dem Spiele in einiger Entfernung zusahen. Sie saßen unter dem Dunkel der Bäume, nur matt von den Lampen des Tanzplatzes erleuchtet – nebeneinander, versteht sich; und ob sie gleich niemals lachten, so schienen sie doch so vergnügt, daß ich mich selbst an ihrer Freude erfreute, und mich hinter sie setzte in der Ferne, wo sie mich

nicht sahen. Sie hatten beide die nachbarlichen Ärme
auf ein Geländer gelehnt, das ihren Rücken halb deckte.
Das geschah aber bloß, um sich zu stützen. Die Kante
war schmal, und die warmen Hände mußten zuweilen
einander berühren. Das geschah aber so unmerklich,
daß es niemand sah. Sie sahen sich meistens an, und
sprachen wenig, oder viel, wie man will. Wenn sie
mit eigentlichen Worten sprachen, so war es ein Laut,
wie wenn eine Silberpappel im Winde zittert. Dabei
neigten sie einander mehr die Wangen, als das Ohr zu,
und es schien, als ob es ihnen mehr um den Atem, als
um den Laut zu tun wäre. Ihr Antlitz glühte wie ein
Wunsch – – Zuweilen sahen sie, mit feuchten Blicken,
träumend in den Schein der Lampen – Es schien, als
folgten sie der Musik in ein unbekanntes Land – Dann,
schüchtern, mit einemmale zählten sie die Menschen
und wogen ihre Mienen – Als sie mich erblickten, warfen sie ihre Augen auf den Boden, als ob sie ihn suchten – Da stand ich auf, und ging weg –

Wohin? Fragen *Sie* das –? Nach Frankfurt ging ich –
Ich wüßte nichts mehr hinzuzusetzen.

N. S. Weil doch kein Blatt unbeschrieben die Reise
von Paris nach Frankfurt machen soll, so schreibe ich
Ihnen noch ein paar Moden. Das ist Ihnen doch lieb?
Binden Sie die Bänder Ihrer Haube so, von dem Ohre
an die Kante der Wangen entlang, daß die Schleife
grade die Mitte des Kinns schmückt – oder werfen Sie,
wenn Sie ausgehen, den Schleier, der an Ihrem Haupte
befestigt ist, so um das Haupt Ihrer Schwester, daß er,
à l'inséparable, beide bedeckt – und Sie sehen aus
wie eine Pariser Dame au dernier gôut.

57. An Wilhelmine von Zenge   Paris, 10. Oktober 1801

Ein großes Bedürfnis ist in mir rege geworden, ohne
dessen Befriedigung ich niemals glücklich sein werde;

a   es ist dieses, *etwas Gutes zu tun*. Ja, ich glaube fast,
daß dieses Bedürfnis bis jetzt immer meiner Trauer
dunkel zum Grunde lag, und daß ich mich jetzt seiner
a   bloß deutlich bewußt geworden bin. Es liegt eine
Schuld auf dem Menschen, die, wie eine Ehrenschuld,
jeden, der Ehrgefühl hat, unaufhörlich mahnt. Vielleicht kannst Du Dir, wie dringend dieses Bedürfnis
ist, nicht lebhaft vorstellen. Aber das kommt, weil
Dein Geschlecht ein leidendes ist – Besonders seitdem
mich die Wissenschaften gar nicht mehr befriedigen, ist
dieses Bedürfnis in mir rege geworden. Kurz, es steht
fest beschlossen in meiner Seele: ich will diese Schuld
abtragen.

Wenn ich mich nun aber umsehe in der Welt, und
frage: *wo* gibt es denn wohl etwas Gutes zu tun? –
ach, Wilhelmine, darauf weiß ich nur eine einzige Antwort. Es scheint allerdings für ein tatenlechzendes
Herz zunächst ratsam, sich einen großen Wirkungskreis
zu suchen; aber – liebes Mädchen, Du mußt, was ich
Dir auch sagen werde, mich nicht mehr nach dem Maß-
stabe der Welt beurteilen. Eine Reihe von Jahren, in
welchen ich über die Welt im großen frei denken
konnte, hat mich dem, was die Menschen Welt nennen,
sehr unähnlich gemacht. Manches, was die Menschen
ehrwürdig nennen, ist es mir nicht, vieles, was ihnen
verächtlich scheint, ist es mir nicht. Ich trage eine
innere Vorschrift in meiner Brust, gegen welche alle
äußern, und wenn sie ein König unterschrieben hätte,
nichtswürdig sind. Daher fühle ich mich ganz unfähig,
mich in irgendein konventionelles Verhältnis der Welt
zu passen. Ich finde viele ihrer Einrichtungen so wenig
meinem Sinn gemäß, daß es mir unmöglich wäre, zu
ihrer Erhaltung oder Ausbildung mitzuwirken. Dabei
wüßte ich doch oft nichts Besseres an ihre Stelle zu
b   setzen – Ach, es ist so schwer, zu bestimmen, was gut

a = S. 229ª.   b = 228ª.

ist, der Wirkung nach. Selbst manche von jenen Taten, welche die Geschichte bewundert, waren sie wohl *gut* in diesem reinen Sinne? Ist nicht oft ein Mann, der *einem* Volke nützlich ist, verderblich für zehn andere? – Ach, ich kann Dir das alles gar nicht aufschreiben, denn das ist ein endloses Thema. – Ich wäre auch in einer solchen Lage nicht glücklich, o gar nicht glücklich. Doch das sollte mich noch nicht abhalten, hineinzutreten, wüßte ich nur etwas wahrhaft Gutes, etwas, das mit meinen innern Forderungen übereinstimmt, zu leisten. – Dazu kommt, daß mir auch, vielleicht durch meine eigne Schuld, die Möglichkeit, eine neue Laufbahn in meinem Vaterlande zu betreten, benommen. Wenigstens würde ich ohne Erniedrigung kaum, nachdem ich zweimal Ehrenstellen ausgeschlagen habe, wieder selbst darum anhalten können. Und doch würde ich auch dieses saure Mittel nicht scheuen, wenn es mich nur auch, zum Lohne, an meinen Zweck führte. – Die Wissenschaften habe ich ganz aufgegeben. Ich kann Dir nicht beschreiben, wie ekelhaft mir ein wissender Mensch ist, wenn ich ihn mit einem handelnden vergleiche. Kenntnisse, wenn sie noch einen Wert haben, so ist es nur, insofern sie vorbereiten zum Handeln. Aber unsere Gelehrten, kommen sie wohl, vor allem Vorbereiten, jemals zum Zweck? Sie schleifen unaufhörlich die Klinge, ohne sie jemals zu brauchen, sie lernen und lernen, und haben niemals Zeit, die Hauptsache zu tun. – Unter diesen Umständen in mein Vaterland zurückzukehren, kann unmöglich ratsam sein. Ja, wenn ich mich über alle Urteile hinwegsetzen könnte, wenn mir ein *grünes Häuschen* beschert wäre, das mich und Dich empfinge – Du wirst mich, wegen dieser Abhängigkeit von dem Urteile anderer, schwach nennen, und ich muß Dir darin recht geben, so unerträglich mir das Gefühl auch ist. Ich selbst habe freilich

a vgl. S. 162ª, 171ª.

durch einige seltsamen Schritte die Erwartung der Menschen gereizt; und was soll ich nun antworten, wenn sie die Erfüllung von mir fordern? Und warum *soll* ich denn grade *ihre* Erwartung erfüllen? O es ist mir zur Last – Es mag wahr sein, daß ich so eine Art von verunglücktem Genie bin, wenn auch nicht in ihrem Sinne verunglückt, doch in dem meinen. Kenntnisse, was sind sie? Und wenn Tausende mich darin überträfen, übertreffen sie mein Herz? Aber davon halten sie nicht viel – Ohne ein Amt in meinem Vaterlande zu leben, könnte ich jetzt auch wegen meiner Vermögensumstände fast nicht mehr. Ach, Wilhelmine, wie viele traurige Vorstellungen ängstigen mich unaufhörlich, und Du willst, ich soll Dir vergnügt schreiben? Und doch – habe noch ein wenig Geduld. Vielleicht, wenn der Anfang dieses Briefes nicht erfreulich ist, so ist es sein Ende. – Nahrungssorgen, für mich allein, sind es doch nicht eigentlich, die mich sehr ängstigen, denn wenn ich mich an das Bücherschreiben machen wollte, so könnte ich mehr, als ich bedarf, verdienen. Aber *Bücherschreiben* für Geld – o nichts davon. Ich habe mir, da ich unter den Menschen in dieser Stadt so wenig für mein Bedürfnis finde, in einsamer Stunde (denn ich gehe wenig aus) ein Ideal ausgearbeitet; aber ich begreife nicht, wie ein Dichter das Kind seiner Liebe einem so rohen Haufen, wie die Menschen sind, übergeben kann. Bastarde nennen sie es. Dich wollte ich wohl in das Gewölbe führen, wo ich mein Kind, wie eine vestalische Priesterin das ihrige, heimlich aufbewahre bei dem Schein der Lampe. – Also aus diesem Erwerbszweige wird nichts. Ich verachte ihn aus vielen Gründen, das ist genug. Denn nie in meinem Leben, und wenn das Schicksal noch so sehr drängte, werde ich etwas tun, das meinen innern Forderungen, sei es auch noch so leise, widerspräche. – Nun, liebe Wilhelmine, komme ich auf das Erfreuliche. Fasse Mut, sieh mein Bild an, und küsse es. – Da schwebt mir unauf-

hörlich ein Gedanke vor die Seele – aber wie werde ich
ihn aussprechen, damit er Dir heiliger Ernst, und nicht
kindisch-träumerisch erscheine? Ein Ausweg bleibt mir
übrig, zu dem mich zugleich Neigung und Notwendigkeit führen. – Weißt Du, was die alten Männer tun,
wenn sie 50 Jahre lang um Reichtümer und Ehrenstellen gebuhlt haben? Sie lassen sich auf einen Herd
nieder, und bebauen ein Feld. Dann, und dann erst,
nennen sie sich weise. – Sage mir, könnte man nicht
klüger sein, als sie, und früher dahin gehen, wohin
man am Ende doch soll? – Unter den persischen Magiern gab es ein religiöses Gesetz: ein Mensch könne
nichts der Gottheit Wohlgefälligeres tun, als dieses, ein
Feld zu bebauen, einen Baum zu pflanzen, und ein
Kind zu zeugen. – Das nenne ich Weisheit, und keine
Wahrheit hat noch so tief in meine Seele gegriffen, als
diese. Das *soll* ich tun, das weiß ich *bestimmt* – Ach,
Wilhelmine, welch ein unsägliches Glück mag in dem
Bewußtsein liegen, seine Bestimmung *ganz* nach dem
Willen der Natur zu erfüllen! Ruhe vor den Leidenschaften!! Ach, der unselige Ehrgeiz, er ist ein Gift für
alle Freuden. – Darum will ich mich losreißen, von
allen Verhältnissen, die mich unaufhörlich zwingen zu
streben, zu beneiden, zu wetteifern. Denn nur *in* der   a
Welt ist es schmerzhaft, wenig zu sein, außer ihr nicht.
– Was meinst Du, Wilhelmine, ich habe noch etwas von
meinem Vermögen, wenig zwar, doch wird es hin-
reichen, mir etwa in der Schweiz einen Bauerhof zu
kaufen, der mich ernähren kann, wenn ich selbst arbeite.
Ich habe Dir das so trocken hingeschrieben, weil ich
Dich durch Deine Phantasie nicht bestechen wollte.
Denn sonst gibt es wohl keine Lage, die für ein reines
Herz so unüberschwenglich reich an Genüssen wäre, als
diese. – Die Romane haben unsern Sinn verdorben.
Denn durch sie hat das Heilige aufgehört, heilig zu

a = S. 256ª.

sein, und das reinste, menschlichste, einfältigste Glück
ist zu einer bloßen Träumerei herabgewürdigt worden. – Doch wie gesagt, ich will Deine Phantasie nicht
bestechen. Ich will die schöne Seite dieses Standes gar
nicht berühren, und dies einem künftigen Briefe auf-
bewahren, wenn Du Geschmack an diesem Gedanken
finden kannst. Für jetzt prüfe bloß mit Deiner Vernunft. Ich will im eigentlichsten Verstande *ein Bauer*
werden, mit einem etwas wohlklingenderen Worte,
ein Landmann. – Was meine Familie und die Welt
dagegen einwenden möchte, wird mich nicht irreführen.
Ein jeder hat seine eigne Art, glücklich zu sein, und
niemand darf verlangen, daß man es in der seinigen
sein soll. Was ich tue, ist nichts Böses, und die Menschen mögen über mich spötteln soviel sie wollen,
heimlich in ihrem Herzen werden sie mich ehren müssen. – Doch wenn auch das nicht wäre, ich selbst ehre
mich. Meine Vernunft will es so, und das ist genug . . .
– Antworte mir bald. Mein Plan ist, den Winter
noch in dieser traurigen Stadt zuzubringen, dann auf
das Frühjahr nach der Schweiz zu reisen, und mir ein
Örtchen auszusuchen, wo es Dir und mir und unsern
Kindern einst wohlgefallen könnte. –

58. An Wilhelmine von Zenge   Paris, 27. Oktober 1801

– Liebe Wilhelmine, ich habe, Deine Einbildungskraft nicht zu bestechen, in meinem letzten Briefe Dich
gebeten, für die erste Zeit meinen Plan nur an seiner
weniger reizenden Seite zu prüfen. Aber nun stelle Dir
auch einmal seine reizende vor, und wenn Du mit dem
rechten Sinn Vorteile und Nachteile abwägst, o tief,
tief sinkt die Schale des Glückes. Höre mich einmal an,
oder vielmehr beantworte mir diese eine Frage: Welches ist das *höchste* Bedürfnis des Weibes? Ich müßte
mich sehr irren, wenn Du anders antworten könntest,
als: die Liebe ihres Mannes. Und nun sage mir, ob

irgendeine Lage alle Genüsse der Liebe so erhöhen, ob irgendein Verhältnis zwei Herzen so fähig machen kann, Liebe zu geben und Liebe zu empfangen, als ein stilles Landleben? – Glaubst Du daß sich die Leute in der Stadt *lieben*? Ja, ich glaube es, aber nur in der Zeit, wo sie nichts Besseres zu tun wissen. Der Mann hat ein Amt, er strebt nach Reichtum und Ehre, das kostet ihm Zeit. Indessen würde ihm doch noch einige für die Liebe übrig bleiben. Aber er hat Freunde, er liebt Vergnügungen, das kostet ihm Zeit. Indessen würde ihm doch noch einige für die Liebe übrig bleiben. Aber wenn er in seinem Hause ist, so ist sein zerstreuter Geist außer demselben, und so bleiben nur ein paar Stunden übrig, in welchen er seinem Weibe ein paar karge Opfer bringt – Etwas Ähnliches gilt von dem Weibe, und das ist ein Grund, warum *ich* das Stadtleben fürchte. Aber nun das Landleben! Der Mann arbeitet; für wen? Für sein Weib. Er ruht aus; wo? bei seinem Weibe. Er geht in die Einsamkeit; wohin? zu seinem Weibe. Er geht in Gesellschaften; wohin? zu seinem Weibe. Er trauert; wo? bei seinem Weibe. Er vergnügt sich; wo? bei seinem Weibe. Das Weib ist ihm *alles* – und wenn ein Mädchen ein solches Los ziehen kann, wird sie säumen? – Ich sehe mit Sehnsucht einem Briefe von Dir entgegen. Deine Antwort auf meinen letzten Brief wird mich schwerlich noch in Paris treffen. Ich habe überlegt, daß es sowohl meines Vermögens, als der Zeit wegen notwendig sei, mit der Ausführung meines Planes zu eilen. Überdies fesselt mich Paris durch gar nichts, und ich werde daher noch vor dem Winter nach der Schweiz reisen, um den Winter selbst für Erkundigungen und Anstalten zu nutzen . . . – Mit Ulriken hat es mir große Kämpfe gekostet. Sie hält die Ausführung meines Planes nicht für möglich, und glaubt auch nicht einmal, daß er mich glücklich machen wird. Aber ich hoffe, sie von beiden durch die Erfahrung zu überzeugen. – So gern sie auch die Schweiz

sehen möchte, so ist es doch im Winter nicht ratsam.
Sie geht also nach Frankfurt zurück, ich begleite sie bis
Frankfurt am Main. – Aber dies alles, liebe Wilhelmine, mußt Du aufs sorgfältigste verschweigen; sage
auch noch Deinem Vater nichts von meinem Plane, er
soll ihn erst erfahren, wenn er ausgeführt ist. Auch bei
uns sage nichts, von dem ganzen Inhalt dieses Briefes.
Sie möchten sich seltsame Dinge vorstellen, und es ist
genug, daß Du im voraus von allem unterrichtet bist.
Ulrike wird sie überraschen, und es ihnen beibringen.–

59. An Adolphine von Werdeck
                Paris (u. Frankfurt a. M.), November 1801

   – Also an dem Arminiusberge standen Sie, an jener
Wiege der deutschen Freiheit, die nun ihr Grab gefunden hat? Ach, wie ungleich sind zwei Augenblicke,
die ein Jahrtausend trennt! *Ordentlich* ist heute die
Welt; sagen Sie mir, ist sie noch schön? Die armen
lechzenden Herzen! Schönes und Großes möchten sie
tun, aber niemand bedarf ihrer, alles geschieht jetzt
ohne ihr Zutun. Denn seitdem man die Ordnung erfunden hat, sind alle großen Tugenden unnötig geworden. Wenn uns ein Armer um eine Gabe anspricht,
so befiehlt uns ein Polizeiedikt, daß wir ihn in ein
Arbeitshaus abliefern sollen. Wenn ein Ungeduldiger
den Greis, der an dem Fenster eines brennenden Hauses um Hilfe schreit, retten will, so weiset ihn die Wache,
die am Eingange steht, zurück, und bedeutet ihn,
daß die gehörigen Verfügungen bereits getroffen sind.
Wenn ein Jüngling gegen den Feind, der sein Vaterland bedroht, mutig zu den Waffen greifen will, so
belehrt man ihn, daß der König ein Heer besolde,
welches für Geld den Staat beschützt. – Wohl dem
Arminius, daß er einen großen Augenblick fand. Denn
was bliebe ihm heutzutage übrig, als etwa Leutnant
zu werden in einem preußischen Regiment?

– Sie scheinen mit Goethens Person nicht so zufrieden zu sein, wie mit seinen Schriften. – Aber ums Himmels willen, gnädigste Frau, wenn wir von den Dichtern verlangen wollen, daß sie so idealisch sein sollen, wie ihre Helden, wird es noch Dichter geben? Und wenn die Menschen alles tun sollen, was sie in ihren Büchern lehren, wird uns jemand wohl noch Bücher schreiben?

– Ich soll Ihnen etwas von den hiesigen Kunstwerken mitteilen? Herzlich gern, so gut das nämlich durch die Sprache angeht. – Es ist seltsam, daß ich unter den hiesigen Bildern nicht das Vergnügen empfinde, das ich in der dresdenschen Galerie genoß. Es sind hier in drei großen Sälen eine ganz erstaunliche Menge von Gemälden, aus allen Schulen Europas und zwar fast bloß Meisterstücke vorhanden; aber ein Stück kann sehr gelehrt sein, ohne daß es darum gefällt. [Etwa 8 Zeilen fehlen] ... und die, die ihn von unten empfangen, berühren ihn so wehmütig sanft, als wollten sie ihm noch im Tode Schmerzen ersparen. Dann zähle ich noch zu meinen Lieblingsstücken einen Guido [Reni], die Vereinigung der Zeichnung mit dem Kolorit, höchst sinnreich und gedankenvoll, ein Stück, das keinen andern Fehler hat, als diesen, daß es eine Allegorie ist. Zuletzt ist noch unter den wenigen aufgestellten Raphaelen ein Erzengel, von dem man recht sagen kann, daß er *heranwettert,* einen Teufel niederzuschmettern. Aber – Ach, in Dresden war eine Gestalt, die mich wie ein geliebtes, angebetetes Wesen in der Galerie fesselte – und ich kann mir jetzt die Schwärmerei der alten Chevalerie, Traumgestalten wie Lebende anzubeten, sehr wohl erklären. – Ich sprach von Raphaels Mutter Gottes. Mußte ich das noch hinzusetzen –? Sie sind ja, wie ich aus Ihrem Briefe sehe, in Kassel gewesen. Da werden Sie nicht versäumt   *a*

haben, in dem Zimmer des Direktors Tischbein zwei
seinem hannövrischen Bruder gehörigen Stücke zu
sehen, die alle landgräflichen Tableaus aufwiegen:
nämlich der heilge Johannes von Raphael und ein
Engel des Friedens von Guido. Das sind ein paar Bilder, die man stundenlang mit immer beschäftigter Seele
betrachten kann. Man steht vor einer solchen Gestalt,
wie vor einem Schatze von Gedanken, die in üppiger
Mannigfaltigkeit auf den Ruf einer Seele heraufstei-
gen. Wie schlecht verstehn sich die Künstler auf die
Kunst, wenn sie, wie Lebrun ganze Wände mit einer
zehnfach komplizierten Handlung bemalen. *Eine* Empfindung, aber mit ihrer ganzen Kraft darzustellen, das
ist die höchste Aufgabe für die Kunst, und darum ist
Raphael auch mir ein Liebling. In dem Antlitz eines
einzigen Raphaels liegen mehr Gedanken, als in allen
Tableaus der französischen Schule zusammengenommen, und während man kalt vor den Schlachtstücken,
deren Anordnung das Auge kaum fassen kann, vor-
übergeht, steht man still vor einem Antlitz und denkt.
– Viele der schönsten Tableaus aus der italienischen
Schule sind hier noch nicht aufgestellt, und es ist verboten, Fremde in den Saal zu führen, wo sie auf dem
Boden übereinander liegen. Ein freundliches Wort aber
und ein kleiner Taler vermögen alles bei dem Franzosen, und der Aufseher ließ mich heimlich in den Saal
schlüpfen, wo *Raphaels Verklärung* zu sehen war. –
Unwürdig ist es, wie man hier mit den eroberten
Kunstwerken umgeht. Nicht genug, daß einige Tableaus ganz verschwunden sind, niemand weiß, wohin?
und daß eine Menge von Gemmen, statt in dem Antikenkabinett aufbewahrt zu werden, die Hälse der
Weiber französischer Generale schmücken; auch die
vorhandnen Kunstwerke werden nicht sorgsam genug
aufbewahrt, und besonders in dem noch nicht vollendeten Saale liegen die Blätter, die das Entzücken der
Seele sind, wild und bestaubt und mit Kreide beschrie-

ben übereinander. Ja selbst die vollendeten Säle sind
bei weitem nicht prächtig genug, um würdig solche
Werke aufzubewahren. Der große, wenigstens 200
Schritt lange, aber sehr schmale Saal im Louvre, in
welchem mit schlechten hölzernen Rahmen die Tableaus in ungleicher, übergehender Richtung aufge-
hängt sind, sieht aus wie eine Polterkammer. Der Saal,
in welchem die Götter und Heroen der Griechen versammelt sind, ist, statt mit Marmor, mit Holz gefüt-
tert, das den Zuschauer mit der Farbe des ewigen
Steines betrügen soll. Recht traurig ist der Anblick dieser Gestalten, die an diesem Orte wie Emigrierte aussehen – Der Himmel von Frankreich scheint schwer
auf ihnen zu liegen, sie scheinen sich nach ihrem Vaterlande, nach dem klassischen Boden zu sehnen, der sie
erzeugte, oder doch wenigstens als Waisen hoher Ab-
kunft würdig ihrer pflegte. – Ja, wahrlich, kann man
weniger tun, als den Diamanten in Gold fassen? Und
wenn man für diese ganze Sammlung von Kunstwerken, die kein König bezahlen kann, ein Gebäude auf-
führte nach allen Forderungen der Pracht und des
Geschmacks, hieße das mehr tun, als wenn man ein
einziges Tableau in einen vergoldeten Rahm hängt? –
Sie können leicht denken, daß diese Säle immer dicht-
gedrängt voll Menschen sind. Selbst der Wasserträger
setzt an dem Eingange seine Eimer nieder, um ein
Weilchen den Apoll vom Belvedere zu betrachten. Ein
solcher Mensch denkt, er vertriebe sich die Zeit, indessen ihn der Gott große Dinge lehrt ... – Es wird
Ihnen wohl auch interessant sein, etwas von den neuern Kunstwerken zu hören, die während der fünf Er-
gänzungstage, welche das französische Jahr beschließen, in dem Louvre aufgestellt waren. Erwarten Sie
aber nicht viel davon – Erwarten Sie überhaupt nicht
viel von der neuern Kunst. Kunstwerke sind Pro-
dukte der Phantasie, und der ganze Gang unsrer heutigen Kultur geht dahin, das Gebiet des Verstandes

immer mehr und mehr zu erweitern, das heißt, das
Gebiet der Einbildungskraft immer mehr und mehr zu
verengen.

Frankfurt am Main, den 29. November 1801

Liebe Freundin, wie soll ich Ihnen so vieles, das
Ihnen bei dieser Überschrift auffallen wird, erklären?
Ach, das Leben wird immer verwickelter und das Vertrauen immer schwerer. – Ich habe mit Ulriken Paris
verlassen und sie bis Frft. am Main begleitet. Von hier
aus geht sie allein in ihr Vaterland zurück. Ich gehe
nach der Schweiz. – Beim Einpacken fand ich diesen
unvollendeten Brief. Halten Sie, wenn es möglich ist,
bei dieser Verzögerung meiner seltsamen Stimmung,
die Sie nicht kennen, etwas zugute. Ich weiß es, daß
Sie auch den Wert, den das Unvollkommene hat, empfinden. –

60. An Wilhelmine von Zenge   Frankfurt a. M., 2. Dez. 1801

Deinen Brief habe ich noch in Paris, noch an dem
Morgen meiner Abreise, fast kaum eine Stunde ehe
ich mich in den Wagen setzte, erhalten – Ob er mir
Freude gemacht hat –?

Liebe Freundin, ich möchte nicht gern an Deiner
Liebe zweifeln müssen, und noch wankt mein Glaube
nicht – Wenn es auch keine hohe Neigung ist, innig ist
sie doch immer, und noch immer, trotz Deines Briefes,
kann sie mich glücklich machen.

Ich wüßte kein besseres, herzlicheres Mittel, uns
beide wieder auf die alte Bahn zu führen, als dieses:
laß uns beide Deinen letzten Brief vergessen.

Herzlich lieb ist es mir, daß ich ihn nicht gleich in
der ersten Stimmung beantwortete, und daß ich auf
einer Reise von 15 Tagen Zeit genug gehabt habe,
Dich zu entschuldigen. Ich fühle nun, daß ich doch
immer noch auf Deine Liebe rechnen kann, und daß

Deine Weigerung, mir nach der Schweiz zu folgen, auf vielen Gründen beruhen kann, die unsrer Vereinigung gar keinen Abbruch tun ...

Manche Deiner Gründe der Weigerung sind so seltsam – Du schreibst, Kopfschmerzen bekämst Du im Sonnenschein – Doch nichts davon. Alles ist vergessen, wenn Du Dich noch mit *Fröhlichkeit* und *Heiterkeit* entschließen kannst. Ich habe Dir kurz vor meiner Abreise nach Paris alles gezeigt, was auf dem Wege, den ich Dich führen will, Herrliches und Vortreffliches für Dich liegt. Die Antwort auf diesen Brief soll entscheidend sein. Du wirst ihn wahrscheinlich schon nach Bern geschickt haben, und ich ihn dort bei meiner Durchreise empfangen. Es wird der Augenblick sein, der über das Glück der Zukunft entscheidet.

N. S. . . . Carln hätte ich eigentlich notwendig schreiben müssen wegen Johann. Es ist mir aber unmöglich, und ich bitte Dich, ihn zu benachrichtigen, daß dieser Mensch mich auf eine unwürdige Art, 2 Tage vor der Abreise, da schon die Pferde gekauft waren, in Paris verlassen hat. Wäre er mir nur halb so gut gewesen, als ich ihm, er wäre bei mir geblieben – Gibt es denn nirgends Treue? – – Ach, Wilhelmine –!

61. An Ulrike von Kleist   Basel, 16. Dezember 1801

Ich habe auf meiner Reise oft Gelegenheit gefunden, mich Deiner zu erinnern, und wehmütiger, als Du glaubst. Denn immer sah ich Dich, so wie Du Dich in den letzten Tagen, ja auf der ganzen Fahrt von Paris nach Frankfurt mir zeigtest. Da warst Du so sanft – Deine erste Tagereise ging wahrscheinlich bis Hanau, die meinige bis Darmstadt. Das war ein recht trauriger Tag, der gar kein Ende nehmen wollte. Am andern Morgen, als wir über die schöne Bergstraße nach Heidelberg gingen, ward unsre Wanderung heiterer. Denn da war alles so weit, so groß, so weit, und die Lüfte wehten da so warm, wie damals auf dem Kienast in Schlesien . . . . – Ich bin diesmal auch in Carlsruhe gewesen, und es ist schade, daß Du diese Stadt, die wie ein Stern gebaut ist, nicht gesehen hast. Sie ist klar und lichtvoll wie eine Regel, und wenn man hineintritt, so ist es, als ob ein geordneter Verstand uns anspräche. – Bei Straßburg ging ich mit meinem Reisegefährten über den Rhein. Das ist wohl ein guter Mensch, den man recht lieb haben kann. Seine Rede ist etwas rauh, doch seine Tat ist sanft. – Wir rechneten ohngefähr, daß Du an diesem Tage in Leipzig sein könntest. Hast Du Hindenburg wieder gesprochen? Auch die jüngste Schlieben? Ich habe in Straßburg niemanden besucht, vorzüglich darum, weil die Zeit zu kurz war. Denn der schlechte Weg und die kurzen Wintertage hatten uns außerordentlich verspätet. Das Wetter für diese Reise war aber so ziemlich erträglich, fast ebenso erträglich wie auf der Lebensreise ein Wechsel von trüben Tagen und heitern Stunden. Manche Augenblicke waren herrlich und hätten im Frühlinge nicht schöner

sein können. – Von hier aus gingen wir durch das
französische Elsaß nach Basel. Es war eine finstre
Nacht als ich in das neue Vaterland trat. Ein stiller
Landregen fiel überall nieder. Ich suchte Sterne in den
Wolken und dachte mancherlei. Denn Nahes und Fer-
nes, alles war so dunkel. Mir war's wie ein Eintritt in   *a*
ein anderes Leben. – Ich bin schon seit einigen Tagen
hier, und hätte Dir freilich ein wenig früher schreiben
können. Aber als ich mich am Morgen nach meiner
Ankunft niedersetzte, war es mir ganz unmöglich. –
Diese Stadt ist sehr still, man könnte fast sagen öde.
Der Schnee liegt überall auf den Bergen, und die Natur   *b*
sieht hier aus wie eine 80jährige Frau. Doch sieht man
ihr an, daß sie in ihrer Jugend wohl schön gewesen
sein mag. – Zuweilen stehe ich auf der Rheinbrücke,
und es ist erfreulich zu sehen, wie dieser Strom schon
an seinem Beginnen so mächtig anfängt. Aber man
sagt, er verliert sich im Sande. – Heinrich Zschokke ist
nicht mehr hier. Er hat seinen Abschied genommen
und ist jetzt in Bern. Er hat einen guten Ruf und viele
Liebe zurückgelassen. Man sagt, er sei mit der jetzigen
Regierung nicht recht zufrieden. Ach, Ulrike, ein unglückseliger Geist geht durch die Schweiz. Es feinden
sich die Bürger untereinander an. O Gott, wenn ich
doch nicht fände, auch hier nicht fände, was ich suche,
und doch notwendiger bedarf, als das Leben! – Ich
wollte, Du wärest bei mir geblieben. – Sind wir nicht
wie Körper und Seele, die auch oft im Widerspruche
stehen und doch ungern scheiden? – Lebe wohl, schreibe
mir nach Bern. Wenn mein liebes, bestes Tantchen *ein*
freundliches Wort in Deinem Brief schreiben wollte,
wenn auch Minette, Gustel, Leopold, Julchen das tun
wollten, so würde mich das unbeschreiblich freuen.

*a = Familie Schroffenstein, V. 864: „Mir ist so wohl, wie
bei dem Eintritt in / Ein andres Leben."   b = S. 261ᵃ.*

62. An Heinrich Lohse   Liestal, 23. (–29.) Dezember 1801

Du empfängst durch einen Boten diesen eingeschlossnen Schlüssel, den ich nicht, wie ich gestern versprach, selbst nach Basel bringen kann, weil ich mich krankhaft ermattet fühle am Leibe und an der Seele. Sondre Dein Eigentum von dem meinigen ab, schicke den Schlüssel mir zurück, und bedeute unsre lieben Wirtsleute, daß sie meine *beiden* Koffer zurückbehalten sollen bis auf weitere Nachricht.

Und weiter hätte ich Dir nichts zu sagen? O doch, noch etwas. Aber sei unbesorgt. Du sollst keine Vorwürfe von mir hören. Ich will Abschied von Dir nehmen auf ewig, und dabei fühle ich mich so friedliebend, so liebreich, wie in der Nähe einer Todesstunde.

Ich bitte um Deine Verzeihung! Ich weiß, daß eine Schuld auch auf meiner Seele haftet, keine häßliche zwar, aber doch eine, diese, daß ich Dein Gutes nicht nach seiner Würde ehrte, weil es nicht das Beste war. O verzeihe mir! Es ist mein töricht überspanntes Gemüt, das sich nie an dem, was ist, sondern nur an dem, was nicht ist, erfreuen kann. Sage nicht, daß Gott mir verzeihen solle. Tue Du es, es wird *Dir* göttlich stehen.

Ich verzeihe Dir alles, o *alles.* Ich weiß jetzt nicht einmal, ja kaum weiß ich noch, was mich gestern so heftig gegen Dich erzürnt hat, und wenn ich mich in diesem öden Zimmer so traurig einsam sehe, so kann ich mir gar nicht Rechenschaft geben, gar nicht deutlich, warum Du nicht bei mir bist?

Und ich sollte Dich nicht lieben? Ach, wie wirst Du jemals einen Menschen überzeugen können, daß ich Dich nicht liebte! – Du hast wohl selten daran gedacht, was ich schon für Dich getan habe? Und es war doch so viel, so viel, ich hätte für meinen Bruder nicht mehr tun können. Denke nun zuweilen daran zurück, auch an Metz, ich muß Dich nur daran erinnern. Ach es ist

nicht möglich, nicht möglich, es muß Dich doch immer
rühren, sooft Du daran denkst.

Und doch konntest Du von mir scheiden? So schnell?
So leicht –? Ach, Lohse, wenn Caroline Dich einst fragen wird, wie konntest Du so schnell, so leicht von
a einem Menschen scheiden, der Dir doch so viel Liebes,
so viel Gutes tat, wie wirst Du Dich getrauen können
zu antworten, es sei geschehen, weil er immer recht
haben wollte –?

O weg von dem verhaßten Gegenstande. Du fühlst
gewiß nicht einmal, *was* mich daran schmerzt. Ich habe
b mich in den vergangnen Tagen vergebens bemüht,
auch mir diese Empfindlichkeit zu stumpfen. Aber noch
die bloße Erinnerung erregt mir die Leidenschaft. –
Was suchten wir wohl auf unserm schönen Wege? War
es nicht Ruhe vor der Leidenschaft? Warum grade,
grade *Du* –? Es war mir doch alles in der Welt so
gleichgültig, selbst das Höchste so gleichgültig; wie ging
es zu, daß ich mich oft an das Nichtswürdige setzen
konnte, als gälte es Tod und Leben? Ach, es ist abscheulich, abscheulich, ich fühle mich jetzt wieder so
bitter, so feindselig, so häßlich – Und doch hättest Du
alle holden Töne aus dem Instrumente locken können,
das Du nun bloß zerrissen hast –

Doch das ist geschehen. Ich will kurz sein. Unsere
Lebenswege scheiden sich, lebe wohl – Und wir sollten
uns nicht wiedersehen –? O wenn Gott diesmal mein
krankhaftes Gefühl nicht betrügen wollte, wenn er
mich sterben ließe! Denn niemals, niemals hier werde
ich glücklich sein, auch nicht wenn Du wiederkehrst –
Und Du glaubst, ich würde eine Geliebte finden? Und
kann mir nicht einmal einen Freund erwerben? O geht,
geht, ihr habt alle keine Herzen – – Wenn mir geholfen ist, wie ich es wünsche, so ist es auch Dir. Ich weiß
wohl noch etwas, worüber Du Tränen des Entzückens
weinen sollst. Dann wird auch Caroline Dir etwas von
mir erzählen – O Gott, Caroline! – Wirst Du sie denn

auch glücklich machen? – O verschmähe nicht eine
Warnung. Es ist die letzte, die pflegt aus reiner Quelle
zu kommen. Traue nicht dem Gefühl, das Dir sagt,
an Dir sei nichts mehr zu ändern. Vieles *solltest* Du
ändern, manches auch *könntest* Du. Lerne auch mit
dem Zarten umzugehen. – Wenn aber die Lebensreise
noch nicht am Ende wäre, dann weiß ich noch nichts
Bestimmtes. Bei Heinrich Zschokke wirst Du aber
immer erfahren können, wo ich bin. Schreibe mir, in
ein paar Monaten, wo Du bist, dann will ich mein
Versprechen halten, und Dir die Hälfte von allem
überschicken, was mein ist.

Und nun, was ich noch sagen wollte – es wird mir
so schwer das letzte Wort zu schreiben – wir waren
uns doch in Paris so gut, o so gut – Bist Du nicht auch
unsäglich traurig? Ach, höre, willst Du mich nicht noch
a einmal umarmen? Nichts, nichts gedacht, frage Dein
erstes Gefühl, dem folge – – Und wenn es *doch* das
letzte Wort wäre – O Gott, so sage ich Dir und allen
Freuden das Lebewohl Lebewohl Lebewohl.

Bern, den 27. Dezember

Also Du bist nicht nach Basel gegangen? Ei der
Tausend! Wie man doch die dummen Leute anführen
kann! Denn ich habe Dich wirklich überall voll Betrübnis gesucht, und die ganze Szene von Metz wiederholt – Also Du bist frisch und gesund in Bern? Nun,
das freut mich, freut mich doch – Aber Gott weiß, ich
habe jetzt einen innerlichen Widerwillen vor Dir und
könnte Dich niemals wieder herzlich umarmen. Ich
nehme also das Obengesagte zurück. – Empfange Dein
Eigentum in der Krone, schicke mir die Karte, Pan-
toffeln etc. etc. und lebe recht wohl.

a = S. 155*a*.

den 29., mittags

Mein lieber Lohse, ich muß Dir jetzt doch mein unverständliches Betragen erklären! – Ich schrieb diesen Brief in Liechstal und empfing ihn in Basel zurück. – Als ich in Bern erfuhr, daß Du hier seist, schrieb ich die Nachschrift. Denn damals schien es mir noch süß, Dir wehe zu tun. – Am andern Tage dachte ich wieder, es sei besser Dir das zu ersparen. Darum schickte ich Dir bloß die Sachen ohne den Brief – Heute Morgen als ich Dich unter den Arkaden begegnete, Gott weiß, ich hatte das alles vergessen und mir war es wie vor 6 oder 8 Wochen. Aber das war doch wohl nur bloß ein vorübergehendes Gefühl – Prüfe selbst ruhig, ob wir wohl für einander passen – Du wirst wie ich, die *Unmöglichkeit* einsehen – Aber komm noch einmal zu mir, wir wollen ohne Groll scheiden.

63. An Ulrike von Kleist   Bern, 12. Januar 1802

Der Tag, an welchem ich Deinen Brief empfing, wird einer der traurigsten meines Lebens bleiben. Die vergangne Nacht ist die dritte, die ich schlaflos zugebracht habe, weil mir immer das entsetzliche Bild vorschwebt – So unglücklich mußte diese Reise enden, die Dir niemals viele Freude gemacht hat? – Ich war in der ersten Überraschung ganz außer mir. Mir wars, als geschähe das Unglück indem ich es las, und es dauerte lange, ehe mir zum Troste einfiel, daß es ja schon seit drei Wochen vorbei war. – Wie werden mich die Verwandten von allen Seiten mit Vorwürfen überschüttet haben! Werden sie es mir verzeihen können, daß ich Dich so einsam reisen ließ? Und doch, hätte meine Gegenwart Dir zu etwas anderm dienen können, als bloß den Unfall mit Dir zu teilen?

Die andere Hälfte Deines Briefes, welche mich betrifft, ist auch nicht sehr erfreulich – Mein liebes Ulrik-

chen, zurückkehren zu Euch ist, so unaussprechlich ich
Euch auch liebe, doch unmöglich, unmöglich. Ich will
lieber das Äußerste ertragen – Laß mich. Erinnre mich
nicht mehr daran. Wenn ich auch zurückkehrte, so
würde ich doch gewiß, gewiß ein Amt nicht nehmen.
Das ist nun einmal abgetan. Dir selbst wird es ein-
leuchten, daß ich für die üblichen Verhältnisse gar nicht
mehr passe. Sie beschränken mich nicht mehr, so wenig
wie das Ufer einen anschwellenden Strom. Laß das
also für immer gut sein. – Und dann, ich will ja, wohl-
verstanden, Deinen Willen tun, will ja hineintreten in
das bürgerliche Leben, will ein Amt nehmen, eines, das
für bescheidne Bedürfnisse gewiß hinreicht, und das
noch dazu vor allen andern den Vorzug hat, daß es
mir gefällt – Ja, wenn auch wirklich mein Vermögen
so tief herabgeschmolzen ist, wie Du schreibst, so kann
ich doch immer noch meinen stillen, anspruchlosen
Wunsch, ein Feld mit eignen Händen zu bebauen, ausführen. Ja zuletzt bleibt mir, bei meinem äußern und
innern Zustand, kaum etwas anderes übrig, und es ist
mir lieb, daß Notwendigkeit und Neigung hier einmal
so freundlich zusammenfallen. Denn immer von meiner Kindheit an, ist mein Geist auf diesem Lebenswege vorangegangen. Ich bin so sichtbar dazu geboren,
ein stilles, dunkles, unscheinbares Leben zu führen, daß
mich schon die zehn oder zwölf Augen, die auf mich
sehen, ängstigen. Darum eben sträube ich mich so gegen
die Rückkehr, denn unmöglich wäre es mir, hinzutre-
ten vor jene Menschen, die mit Hoffnungen auf mich
sahen, unmöglich ihnen zu antworten, wenn sie mich
fragen: wie hast du sie erfüllt? Ich bin nicht, was die
Menschen von mir halten, mich drücken ihre Erwar-
tungen – Ach, es ist unverantwortlich, den Ehrgeiz in
uns zu erwecken, einer Furie zum Raube sind wir hin-
a   gegeben – Aber nur *in* der Welt wenig zu sein, ist

a = S. 241*a*.

schmerzhaft, *außer* ihr nicht. Ach, das ist ein häßlicher
Gegenstand. Von etwas anderm. – Ja, was ich sagen
wollte, ich bin nun einmal so verliebt in den Gedanken, ein Feld zu bauen, daß es wohl wird geschehen
müssen: Betrachte mein Herz wie einen Kranken, diesen Wunsch wie eine kleine Lüsternheit, die man, wenn
sie unschädlich ist, immerhin gewähren kann. – Und
im Ernste, wenn ich mein letztes Jahr überdenke,
wenn ich erwäge, wie ich so seltsam erbittert gewesen
bin gegen mich und alles, was mich umgab, so glaube
ich fast, daß ich wirklich krank bin. Dich, zum Beispiel, mein liebes, bestes Ulrikchen, wie konnte ich
Dich, oft in demselben Augenblicke, so innig lieben
und doch so empfindlich beleidigen? O verzeih mir!
Ich habe es mit mir selbst nicht besser gemacht. – Du
rietest mir einmal in Paris, ich möchte, um heitrer zu
werden, doch kein Bier mehr trinken, und sehr empfindlich war mir diese materialistische Erklärung meiner Trauer – jetzt kann ich darüber lachen, und ich
glaube, daß ich auf dem Wege zur Genesung bin. Ach,
Ulrike, es muß irgendwo einen Balsam für mich geben,
denn der bloße Glaube an sein Dasein stärkt mich
schon. – Ich will Dir wohl sagen, wie ich mir das letzte
Jahr erkläre. Ich glaube, daß ich mich in Frankfurt zu
übermäßig angestrengt habe, denn wirklich ist auch
seit dieser Zeit mein Geist seltsam abgespannt. Darum
soll er für jetzt ruhen, wie ein erschöpftes Feld, desto
mehr will ich arbeiten mit Händen und Füßen, und
eine Lust soll mir die Mühe sein. Ich glaube nun einmal mit Sicherheit, daß mich diese körperliche Beschäftigung wieder ganz herstellen wird. Denn zuletzt
möchte alles Empfinden nur von dem Körper herrüh-
ren, und selbst die Tugend durch nichts anderes froh
machen, als bloß durch eine, noch unerklärte, Beförderung der Gesundheit – Wie, was war das? So hätte
ich ja wohl nicht krank sein müssen, oder –? Wie Du
willst, nur keine Untersuchung! In der Bibel steht,

arbeite so wird es Dir wohl gehen – ich bilde mir ein,
es sei wahr, und will es auf die Gefahr hin wagen ...

Mir ist es allerdings Ernst gewesen, mein liebes Ulrikchen, mich in der Schweiz anzukaufen, und ich habe
mich bereits häufig nach Gütern umgesehen, oft mehr
in der Absicht, um dabei vorläufig mancherlei zu lernen, als bestimmt zu handeln. Auf meiner Reise durch
dieses Land habe ich fleißig die Landleute durch Fragen gelockt, mir Nützliches und Gescheutes zu antworten. Auch habe ich einige landwirtschaftliche Lehr-
bücher gelesen und lese noch dergleichen, kurz, ich
weiß soviel von der Sache, als nur immer in so kurzer
Zeit in einen offnen Kopf hineingehen mag. Dazu
kommt, daß ich durch Heinrich Zschokke einige lehrreiche Bekanntschaften gemacht habe, und nun mehrere
mit Landmännern machen werde. Überall vertraue ich
mich mit ziemlicher Offenheit an, und finde Wohlwollen und Unterstützung durch Rat und Tat. Zschokke
selbst will sich ankaufen, sogar in meiner Nähe, auch
spricht er zuweilen von dem Schweizerbürgerrecht,
das er mir verschaffen könne, und sieht dabei sehr
herzlich aus; aber ich weiß noch nicht, ob ich recht lese.
– Kurz, Du siehst, daß ich, ob ich gleich verliebt bin,
mich doch nicht planlos, in blinder Begierde, über den
geliebten Gegenstand hinstürze. Vielmehr gehe ich so
vorsichtig zu Werke, wie es der Vernunft bei der Liebe
nur immer möglich ist. – Ich habe also unter sehr vielen beurteilten Landgütern endlich am Thuner See
eines gefunden, das mir selbst wohl gefällt, und, was
Dir mehr gelten wird, auch von meinen hiesigen Freunden für das schicklichste gehalten wird. – Die Güter
sind jetzt im Durchschnitt alle im Preise ein wenig gesunken, weil mancher, seiner politischen Meinungen
wegen, entweder verdrängt wird, oder freiwillig weicht.
Ich selbst aber, der ich gar keine politische Meinung
habe, brauche nichts zu fürchten und zu fliehen. – Das
Gut also von dem die Rede war, hat ein kleines Haus,

ziemlich viel Land, ist während der Unruhen ein wenig
verfallen und kostet circa 3500 Rth. Das ist in Vergleichung der Güte mit dem Preise das beste das ich
fand. Dazu kommt ein Vorteil, der mir besonders
wichtig ist, nämlich daß der jetzige Besitzer das erste
Jahr lang in dem Hause wohnen bleiben, und das Gut
gegen Pacht übernehmen will, wodurch ich mit dem
Praktischen der Landwirtschaft hinlänglich bekannt zu
werden hoffe, um mich sodann allein weiter forthelfen
zu können. – Auch wird Lohse, den seine Kunst ernährt, bei mir wohnen, und mir mit Hülfe an die
Hand gehen. – Wenn ich also, wie Du schreibst, auf
Deine Unterstützung rechnen kann, wenn Du mir eine
– wie nenne ich es? *Wohltat* erzeigen willst, die mir
mehr als das Leben retten kann, so lege mir zu meinem
übriggebliebenen Kapital so viel hinzu, daß ich das
Gut bezahlen kann ... Alles, was Du mir zulegst, lasse
ich sogleich auf die erste Hypothek eintragen, und verlieren kannst Du in keinem Falle, auch in dem schlimmsten nicht.

Ob Du aber nicht etwas *gewinnen* wirst, ich meine,
außer den Prozenten –? Mein liebes Ulrikchen, bei Dir
muß ich von gewissen Dingen immer schweigen, denn
ich schäme mich zu reden, gegen einen, der handelt. –
Aber Du sollst doch noch einmal Deine Freude an mir
haben, wenn ich Dich auch jetzt ein wenig betrübe. –
Auch Tante und die Geschwister sollen mir wieder gut
werden, o gewiß! Denn erzürnt sind sie auf mich, ich
fühle es wohl, nicht einmal einen Gruß schenken sie
dem Entfernten. Ich aber drücke mich an ihre Brust
und weine, daß das Schicksal, oder <u>mein Gemüt – und</u>   *a*
<u>ist das nicht mein Schicksal?</u> – eine Kluft wirft zwi-
schen mich und sie.

*a = Penthesilea, V. 1281: „ihr töricht Herz – Das ist ihr
Schicksal!"*

64. *An Heinrich Zschokke*   Thun, 1. Februar 1802

Ich kann erst in etwa zwei Wochen aufs Land ziehen, wegen eines Mißverständnisses, das zu weitläufig
und zu nichtbedeutend wäre, um Sie damit zu unterhalten. Ich wohne also in Thun, nahe am Tore –
übrigens kann man hier nicht wohl anders wohnen.
Ich gehe häufig aufs Land, besehe noch mehrere Güter,
mache es aber, nach Ihrem Rate, in allen Stücken wie
der berühmte Cunctator. Indessen gestehe ich, daß
mich mancherlei an dem Ihnen schon beschriebenen
Gute zu Gwat reizt, besonders der Umstand, daß es
kein Haus hat, welches mir die Freiheit gibt, mir eines
a priori zu bauen. Auch ist es so gut wie gewiß daß
der Besitzer mit 24000 Pfund zufrieden sein wird.
Leute, unparteiische, meinen, unter diesen Umständen
sei das Gut weder zu teuer, noch besonders wohlfeil,
und grade das könnte den Kauf beschleunigen, denn
es flößt mir Vertrauen ein. Überdies hat der Mann
eines von den Gesichtern, denen ich zu trauen pflege,
man mag die Physiognomik schelten, soviel man will.
Damit will ich sagen, daß ich so ziemlich gesinnt sei,
fortan dem eignen Lichte zu folgen. Denn zuletzt muß
man doch in der Welt an Rechtschaffenheit glauben,
und alles Fragen um Meinung und Rat kann uns davon
nicht erlösen, weil wir doch wenigstens an die Rechtschaffenheit dessen glauben müssen, den wir um Rat
fragen ... – Was mich betrifft, wie die Bauern schreiben, so bin ich, ernsthaft gesprochen, recht vergnügt,
denn ich habe die alte Lust zur Arbeit wiederbekom-
men. Wenn Sie mir einmal mit Geßnern die Freude
Ihres Besuchs schenken werden, so geben Sie wohl acht
auf ein Haus an der Straße, an dem folgender Vers
steht: „Ich komme, ich weiß nicht, von wo? Ich bin,
ich weiß nicht, was? Ich fahre, ich weiß nicht, wohin?
Mich wundert, daß ich so fröhlich bin." – Der Vers
gefällt mir ungemein, und ich kann ihn nicht ohne

Freude denken, wenn ich spazieren gehe. Und das tue ich oft und weit, denn die Natur ist hier, wie Sie wissen, mit Geist gearbeitet, und das ist ein erfreuliches Schauspiel für einen armen Kauz aus Brandenburg, wo, wie Sie auch wissen, der Künstler bei der Arbeit eingeschlummert zu sein scheint. Jetzt zwar sieht auch   *a* hier unter den Schneeflocken die Natur wie eine 80-jährige Frau aus, aber man sieht es ihr doch an, daß sie in ihrer Jugend schön gewesen sein mag. – Ihre Gesellschaft vermisse ich hier sehr, denn außer den Güterverkäufern kenne ich nur wenige, etwa den Hauptm. Muelinen und seinen Hofmeister, angenehme Männer. Die Leute glauben mir durchgängig, daß ich verliebt sei. Bis jetzt aber bin ich es noch in keiner Jungfrau, als etwa höchstens in die, deren Stirne mir den Abendstrahl der Sonne zurückwirft, wenn ich am Ufer des Thuner Sees stehe. –

65. *An Ulrike von Kleist*   Thun, 19. Februar 1802

Meine liebe Freundin meine einzige – Ich bin fast gewiß, daß Du mir meine Bitte um den Vorschuß zum Ankauf nicht abgeschlagen hast, so groß das Opfer bei Deiner Kenntnis meines Charakters auch war. – Wenn Du es noch nicht abgeschickt hast, so schicke es *nicht* ab. Wundere Dich nicht, diesmal ist das Schicksal wankelmütig, nicht ich. Es hatte allen Anschein, daß die Schweiz sowie Cisalpinien, französisch werden wird, und mich ekelt vor dem bloßen Gedanken. – So leicht indessen wird es dem Allerwelts-Konsul mit der Schweiz nicht gelingen. Zwar tut er sein Mögliches, dieses arme Land durch innere Unruhen immer schwach zu erhalten, und jetzt in diesem Augenblicke noch ist Zürich im Aufstande; indessen gewiß, wenn er sich deutlich erklärt, vereinigt sich alles gegen den allgemeinen Wolf.

a = *S. 251ᵇ.*

– Jetzt also, wie Du siehst, und wie alle Männer meiner Bekanntschaft mir raten, ist es höchst gewagt, sich in der Schweiz anzukaufen, obschon die Güter sehr wohlfeil sind. Besonders möchte ich Dein Eigentum nicht so aufs Spiel setzen – kurz, vorderhand tu ich es nicht. – Ich weiß, in welche unangenehme Lage Dich diese neue Zumutung setzen kann, doch trage ich jeden Schaden, der Dir dadurch zufließen könnte. – Sollte uns der Himmel einmal wieder zusammenführen, auf Händen will ich Dich, Mädchen, tragen, im physischen und moralischen Sinne – Ich bin jetzt bei weitem heitrer, und kann zuweilen wie ein Dritter über mich urteilen. Hab ich jemals Gewissensbisse gefühlt, so ist es bei der Erinnerung an mein Betragen gegen Dich auf unsrer Reise. Ich werde nicht aufhören Dich um Verzeihung zu bitten, und wenn Du in der Sterbestunde bei mir bist, so will ich es *noch* tun. –

66. An Heinrich Zschokke   Thun, 2. März 1802

Ich habe Ihren Brief aus Aarau erhalten, und mit Freude zugleich, und mit Erstaunen, vernommen, daß Sie wirklich mit sichrer Hand das Schiff Ihres Lebens fort von den Küsten der politischen Welt in den Hafen der philosophischen Ruhe führen. Denn niemals (ich darf es *Ihnen selbst* frei gestehen) habe ich an den Ernst Ihres Wunsches geglaubt, und erst jetzt fühle ich in Ihrer Seele, wie gegründet er sein mag, da eine Nacht der Verwirrung über Ihr unglückliches Vaterland hereinzubrechen droht. Es bedarf wohl nicht der Erklärung, daß ich hierbei an den Allerwelts-Konsul, an den Cousin de la Suisse (weil er sich so hoch mit der Verwandtschaft rühmt) denke. Mich erschreckt die bloße Möglichkeit, statt eines Schweizerbürgers durch einen Taschenspielerskunstgriff ein Franzose zu werden. Sie werden von den Unruhen im Simmetal gehört haben, es sind bereits Franzosen hier eingerückt, und

nicht ohne Bitterkeit habe ich ihrem Einzuge beigewohnt. Ist es denn wahr, daß sie auch das Pays de
Vaud in Besitz genommen? – Unter diesen Umständen
denke ich nicht einmal daran, mich in der Schweiz anzukaufen. Ich habe mir eine Insel in der Aare gemietet, mit einem wohleingerichtet Häuschen, das ich in
diesem Jahre bewohnen werde, um abzuwarten, wie
sich die Dissonanz der Dinge auflösen wird. Ich werde
in einigen Wochen einziehen, vorher aber noch, Geschäfte halber, auf ein paar Tage nach Bern kommen.

67. An Ulrike von Kleist   Thun, 18. März 1802

Es ist fast so gut wie ausgemacht, daß dies unglückliche
Land auf irgendeine Art ein Opfer der französischen
Brutalität wird, und ich weiß aus sichern Händen, daß
die Schweizer-Regierung, die bisher immer noch laviert
hat, auf dem Punkte ist, sich ganz unzweideutig gegen
die Franzosen zu erklären. Die Erbitterung der Schwei-
zer gegen diese Affen der Vernunft ist so groß, daß
jede andere Leidenschaft weicht, und daß die heftigsten Köpfe der Parteien durch den Würfel entscheiden
lassen, wer sich in die Meinung des andern fügen soll,
bloß um, wie schmollende Eheleute, sich gegen den
Dieb zu wehren, der einbricht. Ein Krieg also steht
wahrscheinlicher Weise diesem Lande schon in diesem
Sommer bevor ... Nun, von der einen Seite, mein
bestes Mädchen, kann ich jetzt Dich beruhigen, denn
wenn mein kleines Vermögen gleich verschwunden ist,
so weiß ich jetzt doch wie ich mich ernähren kann.
Erlaß mir das Vertrauen über diesen Gegenstand, Du
weißt, warum? – Kurz, ich brauche nichts mehr, als
Gesundheit, die mir eben auf ein paar Tage gefehlt
hat. –

68. An Ulrike von Kleist   Aarinsel bei Thun, 1. Mai 1802

Deinen letzten Brief mit Inschriften und Einlagen
von den Geliebten, habe ich zu großer Freude in *Bern*
empfangen, wo ich eben ein Geschäft hatte bei dem
Buchhändler Geßner, Sohn des berühmten, der eine
Wieland, Tochter des berühmten, zur Frau, und Kinder, wie die lebendigen Idyllen hat: ein Haus, in welchem sich gern verweilen läßt. Drauf machte ich mit
Zschokke und Wieland, Schwager des Geßner, eine
kleine Streiferei durch den Aargau – Doch das wäre
zu weitläufig, ich muß Dich überhaupt doch von manchen andern Wunderdingen unterhalten, wenn wir einmal wieder beisammen sein werden. – Jetzt leb ich auf
einer Insel in der Aare, am Ausfluß des Thunersees,
recht eingeschlossen von Alpen, 1/4 Meile von der Stadt.
Ein kleines Häuschen an der Spitze, das wegen seiner
Entlegenheit sehr wohlfeil war, habe ich für sechs
Monate gemietet und bewohne es ganz allein. Auf der
Insel wohnt auch weiter niemand, als nur an der
andern Spitze eine kleine Fischerfamilie, mit der ich
schon einmal um Mitternacht auf den See gefahren
bin, wenn sie Netze einzieht und auswirft. Der Vater
hat mir von zwei Töchtern eine in mein Haus gegeben,
die mir die Wirtschaft führt: ein freundlich-liebliches
Mädchen, das sich ausnimmt, wie ihr Taufname: Mädeli. Mit der Sonne stehn wir auf, sie pflanzt mir Blumen in den Garten, bereitet mir die Küche, während
ich arbeite für die Rückkehr zu Euch; dann essen wir
zusammen; Sonntags zieht sie ihre schöne Schwyzer-
tracht an, ein Geschenk von mir, wir schiffen uns über,
sie geht in die Kirche nach Thun, ich besteige das
Schreckhorn, und nach der Andacht kehren wir beide
zurück. Weiter weiß ich von der ganzen Welt nichts
mehr. Ich würde ganz ohne alle widrigen Gefühle sein,
wenn ich nicht, durch mein ganzes Leben daran gewöhnt, sie mir selbst erschaffen müßte. So habe ich

zum Beispiel jetzt eine seltsame Furcht, ich möchte
sterben, ehe ich meine Arbeit vollendet habe. Von
allen Sorgen vor dem Hungertod bin ich aber, Gott
sei Dank, befreit, obschon alles, was ich erwerbe, so
grade wieder drauf geht. Denn, Du weißt, daß mir das
Sparen auf keine Art gelingt. Kürzlich fiel es mir einmal ein, und ich sagte dem Mädeli: sie sollte sparen.
Das Mädchen verstand aber das Wort nicht, ich war
nicht imstande ihr das Ding begreiflich zu machen,
wir lachten beide, und es muß nun beim alten bleiben.
– Übrigens muß ich hier wohlfeil leben, ich komme
selten von der Insel, sehe niemand, lese keine Bücher,
Zeitungen, kurz, brauche nichts, als mich selbst. Zuweilen doch kommen Geßner, oder Zschokke oder Wieland
aus Bern, hören etwas von meiner Arbeit, und schmeicheln mir – kurz, ich habe keinen andern Wunsch, als
zu sterben, wenn mir drei Dinge gelungen sind: ein
Kind, ein schön Gedicht, und eine große Tat. Denn das
Leben hat doch immer nichts Erhabneres, als nur dieses,   *a*
daß man es erhaben wegwerfen kann. – Mit einem
Worte, diese außerordentlichen Verhältnisse tun mir
erstaunlich wohl, und ich bin von allem Gemeinen so
entwöhnt, daß ich gar nicht mehr hinüber möchte an
die andern Ufer, wenn Ihr nicht da wohntet. Aber ich
arbeite unaufhörlich um Befreiung von der Verban-
nung – Du verstehst mich. Vielleicht bin ich in einem
Jahre wieder bei Euch. – Gelingt es mir nicht, so bleibe
ich in der Schweiz, und dann kommst Du zu mir.
Denn wenn sich mein Leben würdig beschließen soll,
so muß es doch in Deinen Armen sein. –

69. An Wilhelmine von Zenge   Aarinsel, 20. Mai 1802

Liebe Wilhelmine, um die Zeit des Jahreswechsels
erhielt ich den letzten Brief von Dir, in welchem Du

a vgl. S. 212ᵃ.

noch einmal mit vieler Herzlichkeit auf mich ein-
stürmst, zurückzukehren ins Vaterland, mich dann mit
vieler Zartheit an Dein Vaterhaus und die Schwäch-
lichkeit Deines Körpers erinnerst, als Gründe, die es
Dir unmöglich machen, mir in die Schweiz zu folgen,
dann mit diesen Worten schließest: wenn Du dies alles
gelesen hast, so tue was Du willst. Nun hatte ich es
wirklich in der Absicht mich in diesem Lande anzukaufen, in einer Menge von vorhergehenden Briefen
an Bitten und Erklärungen von meiner Seite nicht
fehlen lassen, so daß von einem neuen Briefe kein
bessrer Erfolg zu erwarten war; und da mir eben aus
jenen Worten einzuleuchten schien, Du selbst erwarte-
test keine weiteren Bestürmungen, so ersparte ich mir
und Dir das Widrige einer schriftlichen Erklärung, die
mir nun aber Dein jüngst empfangner Brief doch notwendig macht.

Ich werde wahrscheinlicher Weise niemals in mein
Vaterland zurückkehren. Ihr Weiber versteht in der
Regel ein Wort in der deutschen Sprache nicht, es heißt
Ehrgeiz. Es ist nur ein einziger Fall in welchem ich
zurückkehre, wenn ich der Erwartung der Menschen,
die ich törichter Weise durch eine Menge von prahle-
rischen Schritten gereizt habe, entsprechen kann. Der
Fall ist möglich, aber nicht wahrscheinlich. Kurz, kann
ich nicht mit Ruhm im Vaterlande erscheinen, geschieht
es nie. Das ist entschieden, wie die Natur meiner Seele.

Ich war im Begriff mir ein kleines Gut in der
Schweiz zu kaufen, und Pannwitz hatte mir schon den
Rest meines ganzen Vermögens dazu überschickt, als
ein abscheulicher Volksaufstand mich plötzlich, acht
Tage ehe ich das Geld empfing davon abschreckte. Ich
fing es nun an für ein Glück anzusehn, daß Du mir
nicht hattest in die Schweiz folgen wollen, zog in ein
ganz einsames Häuschen auf einer Insel in der Aare,
wo ich mich nun mit Lust oder Unlust, gleichviel, an
die Schriftstellerei machen muß.

Indessen geht, bis mir dieses glückt, *wenn* es mir überhaupt glückt, mein kleines Vermögen gänzlich drauf, und ich bin wahrscheinlicher Weise in einem Jahre ganz arm. – Und in dieser Lage, da ich noch außer dem Kummer, den ich mit Dir teile, ganz andre Sorgen habe, die Du gar nicht kennst, kommt Dein Brief, und weckt wieder die Erinnerung an Dich, die glücklicher, glücklicher Weise ein wenig ins Dunkel getreten war –

– Liebes Mädchen, schreibe mir nicht mehr. Ich habe keinen andern Wunsch als bald zu sterben.

70. *An Wilhelm von Pannwitz*   Bern, August 1802

Mein lieber Pannwitz, ich liege seit zwei Monaten krank in Bern, und bin um 70 französische Louisdors gekommen, worunter 30, die ich mir durch eigne Arbeit verdient hatte. Ich bitte Gott um den Tod und Dich um Geld, das Du auf mein Hausanteil erheben mußt. Ich kann und mag nichts weiter schreiben, als dies Allernotwendigste. Schicke zur Sicherheit das Geld an den Doktor und Apotheker Wyttenbach, meinem Arzt, einem ehrlichen Mann, der es Euch zurückschicken wird, wenn ich es nicht brauche. Lebet wohl, lebet wohl, lebet wohl.

71. An Ulrike von Kleist   Weimar, November 1802

Wenn ich nicht irre, so solltest *Du* nach unsrer Verabredung zuerst schreiben –? Sollte *ich* es, so verzeih
mir; und dem Himmel sei Dank, daß er mir in diesem
Augenblick zufällig die Lust zum Schreiben gab. Denn
Du weißt, was ein Brief von mir bedeutet. Es könnte
eine Zeit kommen, wo Du ein *leeres* Blatt von mir mit
Freudentränen benetztest – Ich wohne hier zur Miete,
und hätte allerdings die Geschirre etc. brauchen können; bin aber oft ganze Tage in Osmannstädt, wo mir
ein Zimmer eingeräumt worden ist; denn Wieland hat
sich nicht entschließen können, das Haus, in dem es
spukt, zu beziehen. Wirklich, im Ernste, wegen seiner
Bedienung, die er sonst hätte abschaffen müssen. –
Möchte Dich der Himmel doch nur glücklich in die
Arme der Deinigen geführt haben! Warum sage ich
nicht, der Unsrigen? Und wenn es die Meinigen nicht
sind, wessen ist die Schuld, als meine? Ach, ich habe
die Augen zusammengekniffen, indem ich dies schrieb – –

72. An Ulrike von Kleist   Weimar, 9. Dezember 1802

Der Anfang meines Gedichtes, das der Welt Deine
Liebe zu mir erklären soll, erregt die Bewunderung
aller Menschen, denen ich es mitteile. O Jesus! Wenn
ich es doch vollenden könnte! Diesen einzgen Wunsch
soll mir der Himmel erfüllen; und dann, mag er tun,
was er will. Zur Hauptsache! Ich brauche schon wieder
Geld; und kann Dir weiter nichts sagen. Ich habe
andern geborgt. Es ist verrückt, ich weiß es. Schicke
mir doch, wenn es sein kann, den *ganzen* Rest.

73. An Ulrike von Kleist   [Weimar, Anfang Januar 1803]

Ich habe die Feiertage in Osmanstädt zugebracht, und mich nun (trotz einer sehr hübschen Tochter Wielands) entschlossen, ganz hinauszuziehen. Ich warte nur auf das Geld, um welches ich Dich gebeten habe, um nun zuletzt auf den Platz hinzugehen, an welchem sich mein Schicksal endlich, unausbleiblich, und wahrscheinlich glücklich entscheiden wird; denn ich setze meinen Fuß nicht aus diesem Orte, wenn es nicht auf den Weg nach Frankfurt sein kann – ... Schreibe mir doch auch einige Neuigkeiten; denn ich fange wieder an, Anteil an die Welt zu nehmen.

74. An Ulrike von Kleist   Oßmannstedt, Januar 1803

Meine vortreffliche Schwester, Ich hatte gleich nach Empfang Deines Schreibens einige sehr leidenschaftliche Zeilen für Dich aufgesetzt; hielt sie aber aus leicht begreiflichen Gründen lieber zurück. Ich melde Dir daher jetzt bloß, daß ich das Geld empfangen habe. In kurzem werde ich Dir viel Frohes zu schreiben haben; denn ich nähere mich allem Erdenglück.

N. S. Ich wohne schon geraume Zeit hier, und es freut mich, daß Du das gern siehst. Ich habe aber mehr Liebe gefunden, als recht ist, und muß über kurz oder lang wieder fort; mein seltsames Schicksal! – Wenigstens bis zum Frühjahr möchte ich hier bleiben. Wieland erzählt mir seine Lebensgeschichte; und ich schreibe sie auf. Er läßt Dich grüßen. Er hat nicht gewußt, daß *Du* es bist, der ihn besucht hat. Jetzt weiß er es. –

75. An Ulrike von Kleist   Leipzig, 13. (u. 14.) März 1803

  – Und Dich begleitet auf allen Schritten Freude auf
meinen nächsten Brief? O du Vortreffliche! Und o du
Unglückliche! Wann werde ich den Brief schreiben,
der Dir so viele Freude macht, als ich Dir schuldig
bin? –

Ich weiß nicht, was ich Dir über mich *unaussprechlichen* Menschen sagen soll. – Ich wollte ich könnte
mir das Herz aus dem Leibe reißen, in diesen Brief
packen, und Dir zuschicken. – Dummer Gedanke!

Kurz, ich habe Osmanstädt wieder verlassen. Zürne
nicht! Ich mußte fort, und kann Dir nicht sagen, warum? Ich habe das Haus mit Tränen verlassen, wo ich
mehr Liebe gefunden habe, als die ganze Welt zusammen aufbringen kann; außer Du! –! Aber ich
a *mußte* fort! O Himmel, <u>was ist das für eine Welt!</u>

Ich brachte die ersten folgenden Tage in einem
Wirtshause zu Weimar zu, und wußte gar nicht, wohin
ich mich wenden sollte. Es waren recht traurige Tage!
Und ich hatte eine recht große Sehnsucht nach Dir, o
Du meine Freundin!

Endlich entschloß ich mich, nach Leipzig zu gehen.
Ich weiß wahrhaftig kaum anzugeben, warum? – Kurz,
ich bin hier.

Ich nehme hier Unterricht in der Deklamation bei
einem gewissen *Kerndörffer*. Ich lerne meine eigne
Tragödie bei ihm deklamieren. Sie müßte, gut dekla-
miert, eine bessere Wirkung tun, als schlecht vorgestellt. Sie würde mit vollkommner Deklamation vorgetragen, eine ganz ungewöhnliche Wirkung tun. Als

a = S. 299ᵇ, 305ᵃ.

ich sie dem alten Wieland mit großem Feuer vorlas, war es mir gelungen, ihn so zu entflammen, daß mir, über seine innerlichen Bewegungen, vor Freude die Sprache verging, und ich zu seinen Füßen niederstürzte, seine Hände mit heißen Küssen überströmend.

Vorgestern faßte ich ein Herz, und ging zu *Hindenburg.* Da war große Freude. „Nun, wie steht's in Paris um die Mathematik?" – Eine alberne Antwort von meiner Seite, und ein trauriger Blick zur Erde von der seinigen. – „So sind Sie bloß *so herumgereiset?*" – Ja, herumgereiset. – Er schüttelte wehmütig den Kopf. Endlich erhorchte er von mir, daß ich doch *an etwas* arbeite. „*Woran* arbeiten Sie denn? Nun! Kann ich es denn nicht wissen? Sie brachten diesen Winter bei *Wieland* zu; gewiß! gewiß!" – Und nun fiel ich ihm um den Hals, und herzte und küßte ihn so lange, bis er lachend mit mir übereinkam: der Mensch müsse *das* Talent anbauen, das er in sich *vorherrschend* fühle.

Ob ich nicht auch mit *Wünschen* so fertig werden könnte? Und Huth? Und Hüllmann? etc. etc. etc. etc. etc. . . .

Wieland hat Osmanstädt verkauft, und zieht auf 1. Mai nach Weimar. Der 3. Mai wird zu seiner Ehre mit einem großen Feste gefeiert werden. Ich bin eingeladen; und alles, was süß ist, lockt mich. Was soll ich tun?

Wenn Ihr mich in Ruhe ein paar Monate bei Euch arbeiten lassen wolltet, ohne mich mit Angst, was aus mir werden werde, rasend zu machen, so würde ich – ja, ich *würde!*

Leset doch einmal im 34. oder 36. Blatt des Freimüthigen den Aufsatz: *Erscheinung eines neuen Dichters.* Und ich schwöre Euch, daß ich noch viel mehr von mir weiß, als der alberne Kauz, der Kotzebue. Aber ich muß Zeit haben, *Zeit* muß ich haben – O ihr Erinnyen mit Eurer Liebe!

Frage aber mit Behutsamkeit nach diesem Blatte,

damit der literarische Spürhund, der *Merkel,* nicht
rieche, wer der neue Dichter sei? Es darf es überhaupt
niemand als etwa meine allernächsten Verwandten erfahren; und auch unter diesen nur die verschwiegenen.
– Auch tut mir den Gefallen und *leset das Buch nicht.*
Ich bitte Euch darum. [gestrichen: Es ist eine elende
Scharteke.] Kurz, tut es nicht. Hört Ihr?

Und nun küsse in meinem Namen jeden Finger meiner ewig verehrungswürdigen Tante! Und, wie sie,
den Orgelpfeifen gleich, stehen, küsse sie alle von der
obersten bis zur letzten, der kleinen Maus aus dem
Apfelkern geschnitzt! Ein einziges Wort von Euch,
und ehe Ihr's Euch verseht, *wälze* ich mich vor Freude
in der Mittelstube. Adieu! Adieu! Adieu! O Du meine
Allerteuerste!

76. *An Heinrich Lohse*   [Dresden, April 1803]

Ich bin seit einigen Tagen in Dresden, und habe das
ganze Schl[iebensche] Haus voller Besorgnisse um Dein
Schicksal gefunden, weil Du seit so vielen Monaten
nicht geschrieben hast. Es ist kein Übel der Erde, unter
welchem Dich C[aroline] im Geiste nicht seufzen und
erliegen sieht. Bald ist es ihr am wahrscheinlichsten,
daß Du krank, bald, daß Du ihr untreu seist etc. Möglich ist, daß die Wahrheit auf eine gewisse Art zwischen inne liegt. Es kann sein, daß Du in einem Augenblick der Hoffnungslosigkeit Dich entschlossen hast,
Dein Schicksal von dem Schicksal dieses armen Mädchens zu trennen. Sollte dies der Fall sein, und sollte
Trennung von ihr ein Mittel sein, um mit freierer Bewegung Deiner Kräfte wenigstens Dir allein ein erträg-
liches Los zu erringen (Du verstehst mich), so setze,
wie Du es angefangen hast, Dein Stillschweigen fort,
und ich will, während meines Hierseins, alles Mögliche tun, um den großen Schmerz, der dieses arme
Mädchen dann allerdings träfe, zu mildern. Wenn Du

aber zu Deinen Kräften noch ein klein wenig Mut
spürst, o mein lieber Lohse, so laß Dir sagen, daß keine
Arbeit Dich schrecken muß, die dies vortrefflichste der
Mädchen Dir gewinnen kann ... Ich werde noch
einige Zeit, vielleicht einen Teil des Sommers, in Dresden bleiben und hier wird mich auf jeden Fall Dein
Brief finden. Mein Schicksal nähert sich einer Krise,
ist sie glücklich, so werden mir Mittel genug zu Gebote
stehen, um Dir zu helfen.

77. An Ulrike von Kleist   Dresden, 3. Juli 1803

Der Rest meines Vermögens ist aufgezehrt, und ich
soll das Anerbieten eines Freundes annehmen, von
seinem Gelde so lange zu leben, bis ich eine gewisse
Entdeckung im Gebiete der Kunst, die ihn sehr interessiert, völlig ins Licht gestellt habe. Ich soll in späte-
stens zwölf Tagen mit ihm nach der Schweiz gehen, wo
ich diese meine literarische Arbeit, die sich allerdings
über meine Erwartung hinaus verzögert, unter seinen
Augen vollenden soll. Nicht gern aber möchte ich
Dich, meine Verehrungswürdige, vorübergehen, wenn
ich eine Unterstützung anzunehmen habe; möchte Dir
nicht gern einen Freund vorziehen, dessen Börse, in
Verhältnis mit seinem guten Willen, noch weniger weit
reicht, als die Deinige. Ich erbitte mir also von Dir,
meine Teure, so viele Fristung meines Lebens, als
nötig ist, seiner großen Bestimmung völlig genug zu
tun. Du wirst mir gern zu dem einzigen Vergnügen
helfen, das, sei es noch so spät, gewiß in der Zukunft
meiner wartet, ich meine, mir den Kranz der Unster-
lichkeit zusammenzupflücken. Dein Freund wird es,
die Kunst und die Welt wird es Dir einst danken.
Das liebste wäre mir, wenn Du statt aller Antwort
selber kämest. Ich würde Dir mündlich manchen Aufschluß geben, den aufzuschreiben völlig außer meinem
Vermögen liegt. In eilf Tagen würdest Du mich noch

hier, die nächstfolgenden in Leipzig finden. Da würdest
Du auch meinen Freund kennenlernen, diesen vortrefflichen Jungen. Es ist Pfuel, von Königs Regiment. –

78. An Ulrike von Kleist   Leipzig, 20. Juli 1803

Pfuels eigner Vorteil bei meiner Begleitung in die
Schweiz ist zu groß, als daß ich jetzt zurücknehmen
sollte, was ich unter andern Umständen versprach. Er
würde immer noch die Reisekosten für mich bezahlen,
um mich nur bei sich zu sehen; und da ich doch einmal
in meinem Vaterlande nicht, nicht an Deiner Seite
leben kann, so gestehe ich, daß mir selber für jetzt kein
Platz auf der Erde lieber, und auch nützlicher ist, als
der an der seinigen. Laß mich also nur mit ihm gehen.
Ich bin wirklich immer, Eurer Rückreise wegen, in
Sorgen gewesen, und werde es auch bleiben, bis ich
Nachrichten von Dir empfange. Das kann aber doch
nicht eher sein, als in *Bern,* und dahin adressiere Deinen Brief. Ich selber werde jetzt oft, und mit Vergnügen an Euch schreiben. Seit ich Euch in Dresden sah,
scheint mir das leicht, da es mir doch, ich schwöre es
Dir, vorher unmöglich war. Ich weiß nicht, welche
seltsame Vorstellung von einer unvernünftigen Angst
meiner Verwandten über mich, in meinem Hirn Wurzeln gefaßt hatte. Zum Teil war ich überdrüssig Euch
mit Hoffnungen hinzuhalten, zum Teil schien es mir
auch unmöglich, bei Euch noch welche zu erregen. Es
ist also einerlei, dachte ich, ob du schreibt oder nicht.
Lies doch inliegenden Brief von Wieland, dem Alten,
den ich, auf ein kurzes Empfehlungsschreiben das ich
Werdecks mitgab, am Abend Eurer Abreise empfing.
Ich sehe sein Antlitz vor Eifer glühen, indem ich ihn
lese. – Die beiden letzten Zeilen sind mir die rührendsten. Du kannst sie, wenn Du willst, verstehen.

79. An Ulrike von Kleist   Genf, 5. Oktober 1803

Der Himmel weiß, meine teuerste Ulrike (und ich will umkommen, wenn es nicht wörtlich wahr ist), wie gern ich einen Blutstropfen aus meinem Herzen für jeden Buchstaben eines Briefes gäbe, der so anfangen könnte: „mein Gedicht ist fertig." Aber, Du weißt, wer, nach dem Sprüchwort, mehr tut, als er kann. Ich habe nun ein Halbtausend hinter einander folgender Tage, die Nächte der meisten mit eingerechnet, an den Versuch gesetzt, zu so vielen Kränzen noch einen auf unsere Familie herabzuringen: jetzt ruft mir unsere heilige Schutzgöttin zu, daß es genug sei. Sie küßt mir gerührt den Schweiß von der Stirne, und tröstet mich, „wenn jeder ihrer lieben Söhne nur ebensoviel täte, so würde unserm Namen ein Platz in den Sternen nicht fehlen". Und so sei es denn genug. Das Schicksal, das den Völkern jeden Zuschuß zu ihrer Bildung zumißt, will, denke ich, die Kunst in diesem nördlichen Himmelsstrich noch nicht reifen lassen. Töricht wäre es wenigstens, wenn *ich* meine Kräfte länger an ein Werk setzen wollte, das, wie ich mich endlich überzeugen muß, für mich zu schwer ist. Ich trete vor einem zurück, der noch nicht da ist, und beuge mich, ein Jahrtausend im voraus, vor seinem Geiste. Denn in der Reihe der menschlichen Erfindungen ist diejenige, die ich gedacht habe, unfehlbar ein Glied, und es wächst irgendwo ein Stein schon für den, der sie einst ausspricht.

Und so soll ich denn niemals zu Euch, meine teuersten Menschen, zurückkehren? O niemals! Rede mir nicht zu. Wenn Du es tust, so kennst Du das gefährliche Ding nicht, das man Ehrgeiz nennt. Ich kann jetzt darüber lachen, wenn ich mir einen Prätendenten mit Ansprüchen unter einem Haufen von Menschen denke, die sein Geburtsrecht zur Krone nicht anerkennen; aber die Folgen für ein empfindliches Gemüt, sie sind, ich schwöre es Dir, nicht zu berechnen. Mich entsetzt die Vorstellung.

Ist es aber nicht unwürdig, wenn sich das Schicksal herabläßt, ein so hülfloses Ding, wie der Mensch ist, bei der Nase herumzuführen? Und sollte man es nicht fast so nennen, wenn es uns gleichsam Kuxe auf Goldminen gibt, die, wenn wir nachgraben, überall kein echtes Metall enthalten? Die Hölle gab mir meine halben Talente, der Himmel schenkt dem Menschen ein ganzes, oder gar keins.

Ich kann Dir nicht sagen, wie groß mein Schmerz ist. Ich würde von Herzen gern hingehen, wo ewig kein Mensch hinkommt. Es hat sich eine gewisse ungerechte Erbitterung meiner gegen sie bemeistert, ich komme mir fast vor wie Minette, wenn sie in einem Streite recht hat, und sich nicht aussprechen kann.

Ich bin jetzt auf dem Wege nach Paris sehr entschlossen, ohne große Wahl zuzugreifen, wo sich etwas finden wird. Geßner hat mich nicht bezahlt, meine unselige Stimmung hat mir viel Geld gekostet, und wenn Du mich noch einmal unterstützen willst, so kann es mir nur helfen, wenn es bald geschieht. Kann sein, auch, wenn es gar nicht geschieht.

Lebe wohl, grüße alles – ich kann nicht mehr.

80. An Ulrike von Kleist   St. Omer, 26. Oktober 1803

Was ich Dir schreiben werde, kann Dir vielleicht das Leben kosten; aber ich muß, ich muß, ich *muß* es vollbringen. Ich habe in Paris mein Werk, soweit es fertig war, durchlesen, verworfen, und verbrannt: und nun ist es aus. Der Himmel versagt mir den Ruhm, das größte der Güter der Erde; ich werfe ihm, wie ein

eigensinniges Kind, alle übrigen hin. Ich *kann* mich　a
Deiner Freundschaft nicht würdig zeigen, ich kann
ohne diese Freundschaft doch nicht *leben:* ich stürze
mich in den Tod. Sei ruhig, Du Erhabene, ich werde
den schönen Tod der Schlachten sterben. Ich habe die
Hauptstadt dieses Landes verlassen, ich bin an seine
Nordküste gewandert, ich werde französische Kriegsdienste nehmen, das Heer wird bald nach England hinüber rudern, unser aller Verderben lauert über den
Meeren, ich frohlocke bei der Aussicht auf das unend-
lich-prächtige Grab. O Du Geliebte, Du wirst mein
letzter Gedanke sein!

Für acht Monate fehlen uns Kleists Briefe.

*a = Penthesilea, V. 669 ff.: „den Segen, gleich einem übellau-
nigen Kind, hinweg ... werfen."*

81. An Ulrike von Kleist   Berlin, 24. Juni 1804

Mein liebstes Rickchen, laß Dir einige Nachrichten über den Erfolg meiner Reise mitteilen, ein Hundsfott gibt sie besser, als er kann.

Ich kam Dienstags morgens mit Ernst [von Pfuel] und Gleißenberg hier an, mußte, weil der König abwesend war, den Mittwoch und Donnerstag versäumen, fuhr dann am Freitag nach Charlottenburg, wo ich Kökritzen endlich im Schlosse fand. Er empfing mich mit einem finstern Gesichte, und antwortete auf meine Frage, ob ich die Ehre hätte von ihm gekannt zu sein, mit einem kurzen: ja. Ich käme, fuhr ich fort, ihn in meiner wunderlichen Angelegenheit um Rat zu fragen. Der Marquis von Lucchesini hätte einen sonderbaren Brief, den ich ihm aus St. Omer zugeschickt, dem Könige vorgelegt. Dieser Brief müsse unverkennbare Zeichen einer Gemütskrankheit enthalten, und ich unterstünde mich, von Sr. Majestät Gerechtigkeit zu hoffen, daß er vor keinen politischen Richterstuhl gezogen werden würde. Ob diese Hoffnung gegründet wäre? Und ob ich, wiederhergestellt, wie ich mich fühlte, auf die Erfüllung einer Bitte um Anstellung rechnen dürfte, wenn ich wagte, sie Sr. Majestät vorzutragen? Darauf versetzte er nach einer Weile: „sind Sie wirklich jetzt hergestellt? Ganz, verstehn Sie mich, hergestellt? – Ich meine", fuhr er, da ich ihn befremdet ansah, mit Heftigkeit fort, „ob Sie von allen Ideen und Schwindeln, die vor kurzem im Schwange waren (er gebrauchte diese Wörter), völlig hergestellt sind?" – Ich verstünde ihn nicht, antwortete ich mit so vieler Ruhe als ich zusammenfassen konnte; ich wäre körperlich krank gewesen, und fühlte mich, bis auf eine gewisse Schwäche,

die das Bad vielleicht heben würde, so ziemlich wieder
hergestellt. – Er nahm das Schnupftuch aus der Tasche
und schnaubte sich. „Wenn er mir die Wahrheit gestehen solle", fing er an, und zeigte mir jetzt ein weit
besseres Gesicht, als vorher, „so könne er mir nicht ver-
hehlen, daß er sehr ungünstig von mir denke. Ich hätte
das Militär verlassen, dem Zivil den Rücken gekehrt,
das Ausland durchstreift, mich in der Schweiz ankaufen
wollen, *Versche* gemacht (o meine teure Ulrike!), die
Landung mitmachen wollen etc., etc., etc. Überdies
sei des Königs Grundsatz, Männer, die aus dem Militär ins Zivil übergingen, nicht besonders zu protegie-
ren. Er könne nichts für mich tun." – Mir traten wirklich die Tränen in die Augen. Ich sagte, ich wäre imstande, ihm eine ganz andere Erklärung aller dieser
Schritte zu geben, eine ganz andere gewiß, als er ver-
mutete. Jene Einschiffungsgeschichte z. B. hätte gar
keine politischen Motive gehabt, sie gehöre vor das
Forum eines Arztes weit eher, als des Kabinetts. Ich
hätte bei einer fixen Idee einen gewissen Schmerz im
Kopfe empfunden, der unerträglich heftig steigernd,
mir das Bedürfnis nach Zerstreuung so dringend gemacht hätte, daß ich zuletzt in die Verwechslung der
Erdachse gewilligt haben würde, ihn los zu werden. Es
wäre doch grausam, wenn man einen Kranken verantwortlich machen wolle für Handlungen, die er im An-
falle der Schmerzen beging. – Er schien mich nicht ganz
ohne Teilnahme anzuhören. – Was jenen Grundsatz
des Königs beträfe, fuhr ich fort, so könne er des
Königs Grundsatz nicht *immer* gewesen sein. Denn Sr.
Majestät hätten die Gnade gehabt, mich mit dem Versprechen einer Wiederanstellung zu entlassen; ein Versprechen, an dessen Nichterfüllung ich nicht glauben
könne, solange ich mich seiner noch nicht völlig unwürdig gemacht hätte. – Er schien wirklich auf einen
Augenblick unschlüssig. Doch die zwangvolle Wendung
die er jetzt plötzlich nahm, zeigte nur zu gut, was man

bereits am Hofe über mich beschlossen hatte. Denn er
holte mit einemmale das alte Gesicht wieder hervor,
und sagte: „Es wird Ihnen zu nichts helfen. Der König
hat eine vorgefaßte Meinung gegen Sie; ich zweifle
daß Sie sie ihm benehmen werden. Versuchen Sie es, und
schreiben Sie an ihn; doch vergessen Sie nicht die
Bitte um Erlaubnis gleich hinzuzufügen, im Fall einer
abschlägigen Antwort Ihr Glück im Auslande suchen
zu dürfen." – Was sagst Du dazu, mein liebes Ulrickchen? – Ich antwortete, daß ich mir die Erlaubnis aus-
bäte, in meinem Vaterlande bleiben zu dürfen. Ich
hätte Lust *meinem Könige* zu dienen, keinem andern;
wenn er mich nicht gebrauchen könne, so wäre mein
Wunsch im Stillen mir und den Meinigen leben zu
dürfen. – „Richten Sie Ihren Brief", fiel er ein wenig
betroffen ein, „wie Sie wollen. Es ist möglich, daß der
König seine Meinung von Ihnen ändert; und wenn
Sie ihn zu einer Anstellung geneigt machen können, so
verspreche ich, Ihnen nicht entgegen zu wirken." – Ich
ersuchte ihn jetzt förmlich um diese Gnade, und wir
brachen das Gespräch ab. Er bat mich noch, auf eine
recht herzliche Art, um Verzeihung, wenn er mich be-
leidigt haben sollte, verwünschte seinen Posten, der
ihm den Unwillen aller Menschen zuzöge, denen er es
nicht recht machte: ich versicherte ihn, daß ich ihn mit
Verehrung verließe, und fuhr nach Berlin zurück. –
Ich las auf dem Wege Wielands Brief, den Du mir
geschickt hast, und erhob mich, mit einem tiefen Seuf-
zer, ein wenig wieder aus der Demütigung, die ich soeben erfahren hatte. – Jetzt habe ich dem Könige nun
wirklich geschrieben; doch weil das Anerbieten meiner
Dienste wahrscheinlich fruchtlos bleiben wird, so habe
ich es wenigstens in einer Sprache getan, welche geführt
zu haben mich nicht gereuen wird. Du selbst hast es
mir zur Pflicht gemacht, mich nicht zu erniedrigen;
und lieber die Gunst der ganzen Welt verscherzt, als
die Deinige. – Ich habe jetzt die Wahl unter einer

Menge von sauren Schritten, zu deren einem ich zuletzt
fähig sein werde, weil ich es muß. Zu Deinen Füßen
werfe ich mich aber, mein großes Mädchen; möchte
der Wunsch doch Dein Herz rühren, den ich nicht aussprechen kann.

82. An Ulrike von Kleist   Berlin 11. Juli 1804

Der Major Gualtieri, welcher in einiger Zeit als Gesandter nach Spanien gehen wird, ein Freund meiner
Jugend, welcher mir schon in Potsdam, als er noch
Flügeladjutant des Königs war, viel Wohlwollen be-
zeugte, nimmt sich meiner jetzt mit großer Lebhaftigkeit an, und verspricht mir, wenn ich seinem Rate
folgen will, mich mit der Zeit zu einem einträglichen
und ehrenvollen Posten zu verhelfen. Er will, daß ich
mit ihm nach Spanien gehen soll, wohin ich die Reise,
dort auch Tisch, vielleicht, nach den Umständen, auch
Wohnung frei haben werde, und gibt mir die Versicherung, mir für diesen Fall die Anstellung als Attaché
bei seiner Gesandtschaft, in *einem* Jahr dort (vielleicht)
eine kleine Zulage vom König, und in (höchstens)
3 Jahren den Legationsratsposten selber auszuwirken.
Ich habe Dir dies alles schon vor mehr als 14 Tagen
geschrieben, auch um Deinen Rat gebeten, aber keine
Antwort erhalten, und daher (weil Deine Antwort auf
meinen ersten Brief mir doch keinen andern Ausweg
hoffen ließ), mich bereits darauf eingelassen, so daß
diese Sache durch den Kabinettsrat Lombard schon
völlig im Gange ist. – Was diese Deine Antwort betrifft, so weiß ich nicht, welcher Ausdruck in meinem
Schreiben Dich wegen meines Briefes an den König so
beunruhigt haben kann. Denn wenn ich *fühle*, was ich
mir selbst, so *weiß* ich, was ich dem Könige schuldig
bin; welches keiner Rede mehr bedürfen sollte. Auch
weiß ich bereits durch Lombard daß der König zwar
eine abschlägige Resolution gegeben hat, aber bloß,

weil man für mich keinen bezahlten Posten weiß, und
mir den Dienst von unten auf nicht anbieten will. Diese
königliche Antwort selber habe ich aber bis auf den
heutigen Tag (es sind nun drei Wochen) noch nicht erhalten ... Übrigens fürchte ich dennoch, daß mir mein
erstes Gesuch immer abgeschlagen werden wird; mein
zweites aber gewiß nicht, man sieht gar nicht ein, warum?
Gualtieri will mich in diesem Fall mitnehmen nach
Landeck in Schlesien, wohin Lombard auch gegangen
ist, um mir dort die nähere Bekanntschaft dieses Mannes zu verschaffen, der sein spezieller Freund ist. Ich
bin dazu sehr geneigt, besonders da ich *irgendeines
Bades* schlechterdings bedarf; wenn Du nur mich von
der Geldseite darin unterstützen willst. – Schicke, wenn
Du etwas für mich erübrigen kannst, dies doch sobald
als möglich nach Berlin *an Gleißenberg;* sobald ich drei
oder vier Tage von hier abwesend sein kann, so nutze
ich sie, um nach Frankfurt zu reisen, und Dir nähere
Auskunft zu geben über diese Reise nach Spanien, die
ihre gewissen Vorteile zwar hat, aber *ungeheure* Folgen
haben kann.

83. An Ulrike von Kleist   Berlin, 27. Juli 1804

– Jene bewußten 20 Rth. sind, weil die Adresse
nicht bestimmt genug war, an den Obristen Kleist,
Directeur der Militärakademie abgegeben worden.
Ich habe Geld und Brief, leider nicht mehr uneröffnet,
empfangen, und mich nur betrübt, daß ich diesem
Manne nicht jetzt auch Deine früheren Briefe mitteilen
konnte. – Ach, Ulrikchen, wie unglücklich wäre ich,
wenn ich nicht mehr stolz sein könnte! – Werde nicht
irre an mir, mein bestes Mädchen! Laß mir den Trost,
daß einer in der Welt sei, der fest auf mir vertraut!
Wenn ich in Deinen Augen nichts mehr wert bin, so
bin ich wirklich nichts mehr wert! – Sei standhaft! Sei
standhaft!

Gualtieri reiset in einigen Tagen nach Schlesien, um einen Handel in Gang zu bringen, der nach Spanien unternommen werden soll. Er wartet wirklich bloß auf die Entscheidung meines Schicksals, um sich mich sogleich vom Könige auszubitten. Er will mich unentgeltlich mitnehmen, und ich brauche nichts, als jene 25 Rth., die Ihr mir monatlich ausgesetzt habt, um eine kleine Börse bei mir zu führen. Besorge mir also doch dies Geld, wenn es sein kann, unverzüglich hierher. Wir reisen wahrscheinlich über Frankfurt, und es sollte mir lieb sein, wenn sich Gelegenheit fände, Euch diesen Menschen vorzustellen, an welchem mir selber alles, bis auf seine Liebe zu mir, so unbegreiflich ist. –

N.S. Ich wohne in der Spandauer Straße Nr. 53.

84. An Henriette von Schlieben   Berlin, 29. Juli 1804

Verzeihen Sie, wenn ich alle Versprechungen, mit welchen ich in Dresden von Ihnen schied, so gänzlich unerfüllt gelassen habe. Wenn uns das Schicksal so unerbittlich grimmig auf der Ferse folgt, so haben wir alle Besinnung nötig, um uns nur vor seinen Schlägen einigermaßen zu retten. Doch es bedarf nur einer kurzen Ruhe, um uns alle frohen Augenblicke der Vergangenheit, und mit ihnen alle guten Menschen ins Gedächtnis zu rufen, denen wir sie schuldig sind ...

Ich habe Lohsen auf einige Zeit in Varese gesehen, wo ich einen der frohsten Tage meines Lebens verlebt habe. Wir fuhren, Werdecks, Pfuel, er, und ich, zusammen nach Madonna del Monte, einem ehemaligen Kloster an dem südlichen Fuße der Alpen; und war es *diese* Gesellschaft, und *dieser* Ort, dieser *wunderschöne* Ort, vielleicht auch der Genuß der gewürzreichen Weine, und der noch gewürzreicheren Lüfte dieses Landes: ich weiß es nicht; aber *Freude* habe ich an diesem Tage so lebhaft empfunden, daß mir diese Erscheinung

noch jetzt, bei dem Kummer, der mir zugleich damals
fressend ans Herz nagte, ganz verwundrungswürdig
ist ...

Von dort aus bin ich, wie von der Furie getrieben,
Frankreich von neuem mit blinder Unruhe in zwei
Richtungen durchreiset, über Genf, Lyon, Paris nach
Boulogne sur Mer gegangen, wo ich, wenn Bonaparte
sich damals wirklich nach England mit dem Heere ein-
geschifft hätte, aus Lebensüberdruß einen rasenden
Streich begangen haben würde; sodann von da wieder
zurück über Paris nach Mainz, wo ich endlich krank
niedersank, und nahe an fünf Monaten abwechelnd das
Bett oder das Zimmer gehütet habe. Ich bin nicht imstande vernünftigen Menschen einigen Aufschluß über
diese seltsame Reise zu geben. Ich selber habe seit
meiner Krankheit die Einsicht in ihre Motiven verloren, und begreife nicht mehr, wie gewisse Dinge auf
andere erfolgen konnten. – Jetzt werde ich in meinem
Vaterlande bei dem Departement der auswärtigen Angelegenheiten angestellt werden, und mich vielleicht in
kurzem wieder zu einer neuen Reise rüsten müssen.
Denn ich soll mit einer Gesellschaft nach Spanien
gehen, und werde auf diese Art wohl Verzicht leisten
müssen, jemals auf diesem Sterne zur Ruhe zu kommen. –

85. An Ulrike von Kleist   Berlin, 2. August 1804

Ich kann Dir jetzt die sichere Nachricht geben, daß
der König mein Gesuch günstig aufgenommen hat, obschon ich noch keine offizielle Resolution darüber erhalten habe. Mir hat es Kökritz vorgestern mit einer
großen Ermahnung, die Gnade des Königs nicht zum
drittenmal aufs Spiel zu setzen, auf eine sehr gütige
Art angekündigt ... Nach Spanien werde ich nun
wohl nicht gehen, so wenig wie nach Schlesien. Gualtieri zwar glaubt es immer noch vorteilhaft für mich,
allein er glaubt nicht, daß es der König jetzt bewilligen

werde, indem er, wenn er mich bezahlt, auch wohl
wird haben wollen, daß ich unmittelbar für ihn arbeite, nicht, daß ich Gualtierin einen Teil seiner Geschäfte in Spanien abnehme. – In diesem Falle wirst
Du gewiß Dein Wort halten, und zu mir nach Berlin
kommen, das einzige, um dessentwillen mich der glück-
liche Erfolg meines Gesuches wahrhaft freut. Auch wird
Deine Sorge für mich nötig sein, wenn ich mit einer
kleinen Besoldung, die doch gewiß 300 Rth. nicht
übersteigen wird, meine Bedürfnisse bestreiten soll. Es
kann möglich sein, mit dieser Summe auszukommen,
aber es ist eine Kunst, und man kann ihre Ausübung
von einem Menschen, der dazu einmal nicht taugt,
kaum verlangen, sowenig als das Seiltanzen, oder
irgendeine andere Kunst.

86. Für Varnhagen von Ense   Berlin, 11. August 1804

Jünglinge lieben in einander das Höchste in der   *a*
Menschheit; denn sie lieben in sich die ganze Ausbildung ihrer Naturen schon, um zwei oder drei glücklicher Anlagen willen, die sich eben entfalten.
Wir aber wollen einander gut *bleiben,* Heinrich Kleist.

87. An Ulrike von Kleist   Berlin, Dezember 1804
                                    (Im goldnen Stern)

Ich warte von Tage zu Tage auf eine Entscheidung
vom Minister, ob ich vorläufig noch in Berlin bleiben,
oder sogleich nach Franken gehen soll. Dieser Umstand
ist schuld, daß ich noch immer angestanden habe, mich
einzuquartieren, und während dieser Zeit in einem
teuren Gasthofe gewohnt habe, wo ich nun Mühe
haben werde, herauszukommen. Du mußt es schon
bei Minetten ausmachen, daß sie für diese außerordent-

a = S. 287ª.

liche Ausgabe etwas auftreibt, ich arbeite ja aus allen Kräften darauf los, es wieder zu bezahlen … Wie wäre es auch, wenn Du zu mir herüberkämest? Ich bin sehr traurig. Du hast zwar nicht mehr viel Mitleiden mit mir, ich leide aber doch wirklich erstaunlich. Komm also nur herüber, und tröste mich ein wenig. Ich weiß doch, daß Du mir gut bist, und daß Du mein Glück willst, Du *weißt* nur nicht, was mein Glück wäre.

88. *An Ernst von Pfuel*   Berlin, 7. Januar 1805

Du übst, Du guter, lieber Junge, mit Deiner Beredsamkeit eine wunderliche Gewalt über mein Herz aus, und ob ich Dir gleich die ganze Einsicht in meinen Zustand selber gegeben habe, so rückst Du mir doch zuweilen mein Bild so nahe vor die Seele, daß ich darüber, wie vor der neuesten Erscheinung von der Welt, zusammenfahre. Ich werde jener feierlichen Nacht niemals vergessen, da Du mich in dem schlechtesten Loche von Frankreich auf eine wahrhaft erhabene Art, beinahe wie der Erzengel seinen gefallnen Bruder in der Messiade, ausgescholten hast. Warum kann ich Dich nicht mehr *als meinen Meister* verehren, o Du, den ich immer noch über alles liebe? – Wie flogen wir vor einem Jahre einander, in Dresden, in die Arme! Wie öffnete sich die Welt unermeßlich, gleich einer Rennbahn, vor unsern in der Begierde des Wettkampfs erzitternden Gemütern! Und nun liegen wir, übereinander gestürzt, mit unsern Blicken den Lauf zum Ziele vollendend, das uns nie so glänzend erschien, als jetzt, im Staube unsres Sturzes eingehüllt! *Mein, m e i n* ist die Schuld, *i c h* habe Dich verwickelt, ach, ich kann Dir dies nicht so sagen, wie ich es empfinde. – Was soll ich, liebster Pfuel, mit allen diesen Tränen anfangen? Ich möchte mir, zum Zeitvertreib, wie jener nackte König Richard, mit ihrem minutenweisen Falle eine Gruft aushöhlen, mich und Dich und unsern unend-

lichen Schmerz darin zu versenken. *So* umarmen wir
uns nicht wieder! So nicht, wenn wir einst, von unserm
Sturze erholt, denn wovon heilte der Mensch nicht!
einander, auf Krücken, wieder begegnen. Damals lieb-   *a*
ten wir ineinander das Höchste in der Menschheit;
denn wir liebten die ganze Ausbildung unsrer Naturen, ach! in ein paar glücklichen Anlagen, die sich eben
entwickelten. Wir empfanden, ich wenigstens, den lieb-
lichen Enthusiasmus der Freundschaft! Du stelltest
das Zeitalter der Griechen in meinem Herzen wieder
her, ich hätte bei Dir schlafen können, Du lieber Junge;
so umarmte Dich meine ganze Seele! Ich habe Deinen
schönen Leib oft, wenn Du in Thun vor meinen Augen
in den See stiegest, mit wahrhaft *mädchenhaften* Gefühlen betrachtet. Er könnte wirklich einem Künstler
zur Studie dienen. Ich hätte, wenn ich einer gewesen
wäre, vielleicht die Idee eines Gottes durch ihn empfangen. Dein kleiner, krauser Kopf, einem feisten
Halse aufgesetzt, zwei breite Schultern, ein nerviger
Leib, das Ganze ein musterhaftes Bild der Stärke, als
ob Du dem schönsten jungen Stier, der jemals dem
Zeus geblutet, nachgebildet wärest. Mir ist die ganze
Gesetzgebung des Lykurgus, und sein Begriff von der
Liebe der Jünglinge, durch die Empfindung, die Du
mir geweckt hast, klar geworden. Komm zu mir! Höre,
ich will Dir was sagen. Ich habe mir diesen Altenstein
liebgewonnen, mir sind die Abfassung einiger Re-
skripte übertragen worden, ich zweifle nicht mehr, daß
ich die ganze Probe, nach jeder vernünftigen Erwartung bestehen werde. Ich kann ein Differentiale finden, und einen Vers machen; sind das nicht die beiden
Enden der menschlichen Fähigkeit? Man wird mich gewiß, und bald, und mit Gehalt anstellen, geh mit mir
nach Anspach, und laß uns der süßen Freundschaft genießen. Laß mich mit allen diesen Kämpfen etwas

a = S. 285*a*.

erworben haben, das mir das Leben wenigstens erträglich macht. Du hast in Leipzig mit mir geteilt, oder
hast es doch gewollt, welches gleichviel ist; nimm von
a mir ein Gleiches an! Ich heirate niemals, <u>sei Du die
Frau mir, die Kinder, und die Enkel</u>! Geh nicht weiter
auf dem Wege, den Du betreten hast. Wirf Dich dem
Schicksal nicht unter die Füße, es ist ungroßmütig, und
zertritt Dich. Laß es an *einem* Opfer genug sein. Erhalte Dir die Ruinen Deiner Seele, sie sollen uns ewig
mit Lust an die romantische Zeit unsres Lebens erinnern. Und wenn Dich einst ein *guter* Krieg ins Schlachtfeld ruft, Deiner Heimat, so geh, man wird Deinen
Wert empfinden, wenn die Not drängt. – Nimm meinen Vorschlag an. Wenn Du dies nicht tust, so fühl
ich, daß mich niemand auf der Welt liebt. Ich möchte
Dir noch mehr sagen, aber es taugt nicht für das Brief-
format.

89. An Christian von Massenbach   Berlin, 23. April 1805

Sie tun meinem guten, redlichen, vortrefflichen
Freunde Altenstein recht Unrecht, und ich würde recht
böse auf Sie sein, wenn der Verdacht, den Sie auf ihn
geworfen haben, nicht von der Innigkeit Ihrer Güte
für mich, und Ihrer immer regen Besorgnis für mein
Wohl herrührte. Es ist so wenig die Rede davon, mich
durch einen Kunstgriff von dem Hardenbergschen
Departement zu entfernen, daß vielmehr dieser Altenstein, der mit großen Plänen für sein Vaterland (Franken) umgeht, das lebhafteste Interesse zeigt, mich für
seine Zwecke zu gewinnen. Die Absicht, die man bei
dieser meiner Sendung nach Königsberg hat, ist wirklich keine andere, als mich zu einem tüchtigen Geschäftsmann auszubilden, und die musterhafte Einrich-

*a = Käthchen III 1: „Gottes Antlitz ... soll dir Vater,
Hochzeit, Kind und der Kuß kleiner blühender Enkel sein."*

tung der preußischen Kammern, durch meine Beihülfe
einst, wenn ich angestellt sein werde, auf die fränkischen überzutragen ... Wenn Tätigkeit im Felde der
Staatswirtschaft wirklich mein Beruf ist, so habe ich an
Altenstein denjenigen gefunden, der mich auf den Gipfel derselben führen wird; *ob* sie aber mein Beruf ist,
ist eine andere Frage, über die jedoch mein Herz jetzt
keine Stimme mehr hat. – Ich hoffe noch, Ihnen in
Potsdam meine Aufwartung zu machen, und mir die
Empfehlung nach Königsberg auszubitten, die Sie mir
so gütig gewesen sind, anzubieten. Schließlich erfolgt
der [Zerbrochne] Krug.

90. An Frh. von Altenstein   Königsberg, 13. Mai 1805

Ew. Hochwohlgeboren verfehle ich nicht, von meiner, am 6. dieses erfolgten, glücklichen Ankunft in Königsberg gehorsamst zu benachrichtigen ... Bei dieser großen Schnelligkeit meiner Reise, und dem an Erscheinungen eben nicht reichen Lande, durch welches sie mich führte, blieb meinem Wunsche, mich überall zu unterrichten, kaum mehr, als eine oder die andere flüchtige Wahrnehmung übrig. Wie viel würden nichtsdestoweniger Sie, oder irgendein geübterer Statistiker, wer es auch sei, an meiner Stelle gesehen haben. Denn es kommt überall nicht auf den Gegenstand, sondern auf das Auge an, das ihn betrachtet, und unter den Sinnen eines Denkers wird alles zum Stoff ... – Am Freitag habe ich nun wirklich der ersten Session des Kollegiums beigewohnt. Ich habe das Gelübde der Verschwiegenheit mit einem Handschlag bekräftigen, und sodann an einem abgesonderten Tische, unter mehreren Offizieren der hiesigen Garnison, Platz nehmen müssen. Mein ganzes Geschäft bestand, nach meinem eignen Wunsche, an diesem Tage im Hören und Sehen, doch glaube ich, in einiger Zeit zur Übernahme der Akten, und zu den Vorträgen selbst, schreiten zu dürfen. Ich werde, nach dem Vorschlage des HE. v. Salis, den Anfang mit den Steuersachen machen, und zwar mit den ländlichen, und dann zu den städtischen übergehen. Zuletzt dürfte ein Jahr eine zu kurze Zeit sein, um mich in allen Fächern dieser weitläufigen Kammeral-Verwaltung, besonders wenn ich, wie es Ihr Befehl war, [mich] mit so vielem Ernste in das Domänenfach werfen sollte, umzusehen; doch werde ich gewiß nichts unterlassen, um die Strafe einer in-

konsequent verlebten Jugend, so sehr sie durch Ihre
Güte auch gemildert wird, nicht mehr, als ich es verdiene, zu verlängern. – Vorgestern habe ich nun auch
einer finanzwissenschaftlichen Vorlesung des Profes-
sors Krause beigewohnt: ein kleiner, unansehnlich gebildeter Mann, der mit fest geschlossenen Augen, unter
Gebärden, als ob er im Kreisen begriffen wäre, auf
dem Katheder sitzt; aber wirklich Ideen, mit Hand
und Fuß, wie man sagt, zur Welt bringt. Er streut
Gedanken, wie ein Reicher Geld aus, mit vollen Händen, und führt keine Bücher bei sich, die sonst gewöhnlich, ein Notpfennig, den öffentlichen Lehrern zur
Seite liegen. In seiner dieshalbjährigen Vorlesung ist
er schon ziemlich weit vorgerückt, doch wird mir Gelegenheit werden, das Vorgetragene noch nachzuholen.
Gewerbkunde und Staatswirtschaft, seine Hauptkolle-
gia, liest er inzwischen erst im Winter, und ich werde
den Sommer benutzen können, Institutionen oder Pan-
dekten, vielleicht auch die Chemie bei Hagen zu
hören, um mich auch in dieser Wissenschaft ein wenig
herzustellen. –

91. An Ernst von Pfuel   Königsberg, 2. Juli 1805

Mein liebster Pfuel, inliegende 20 Fr.dor sind ein
Geschenk von der K[önigin], die die Kleisten schon
lange Zeit für Dich in ihrem Büro aufbewahrt hat, und
nun bei ihrer Abreise von Potsdam nach Dobran, da sie
gar keine Nachricht von Dir bekömmt, mir zuschickt,
um sie Dir zu übermachen ... Du möchtest, schreibt
die Kleisten, Dich in [einem] kleinen niedlichen Briefe
(franz.) bedanken, sie würde die Bestellung dieses Briefes übernehmen. Übrigens versteht sich von selbst, daß
das größte Stillschweigen über die ganze Sache beobachtet werden muß. Adieu, ich bin auch bettlägrig,
und leide schon seit 14 Tagen an rheumatischen Zu-
fällen, und einem Wechselfieber, das mich, um mit Dir

zu reden, ganz auf den Hund bringt. – Was macht denn der Hydrostat?

92. *An Ernst von Pfuel* [Königsberg, Juli 1805]

Mit Gualtieri muß es irgendeinen Haken haben. Es hat in einem öffentlichen Blatt gestanden, ein Gesandter einer großen nordischen Macht habe sich Schulden halber von Madrid eklipsirt. Dazu nun dieser sonderbare Todesfall, fast um die nämliche Zeit! Überdies übergeht die Kleist alles mit Stillschweigen, und noch weiß ich sooft ich sie auch darum gefragt habe, weder *wie*, noch *wann*, nicht einmal *wo* er gestorben ist.

Rühle ist in der Tat ein trefflicher Junge! Er hat mir einen Aufsatz geschickt, in welchem sich eine ganz *schöne* Natur ausgesprochen hat. Mit Verstand gearbeitet, aber so viel Empfindung darin, als Verstand. Und aus einem Stück einer Übersetzung des Racine sehe ich, daß er die Sprache (sie ist in Jamben geschrieben) völlig in seiner Gewalt hat. Er kann, wie ein echter Redekünstler, sagen, was er will, ja er hat die ganze Finesse, die den Dichter ausmacht, und kann auch das sagen, was er *nicht* sagt. Es ist besonders welche Kräfte sich zuweilen im Menschen entwickeln, während er seine Bemühung auf ganz andere gerichtet hat. Was hat der Junge nicht über die Elemente der Mathematik gebrütet, wie hat er sich nicht den Kopf zerbrochen, uns in einem unsterblichen Werk begreiflich zu machen, daß zwei mal zwei vier ist; und siehe da, währenddessen hat er gelernt, ein Trauerspiel zu schreiben, und wird in der Tat eins schreiben, das uns gefällt.

Das Ende Deines Briefes, und Deine Wehmut, daß aus unserm Plane nach Neuholland zu gehen nichts geworden ist, würde mir rührend sein, wenn ich mir einbilden könnte, daß Du wirklich etwas dabei empfunden hättest. Aber unter uns allen ist keiner, der in der Tat resigniert, als ich allein. Warum sollten wir drei, te duce, nicht ein Schiff auf der Ostsee nehmen können? Doch es wird uns kein großer Gedanke mehr ergreifen, solange wir nicht beisammen sind. *Dahin* also vor allen Dingen sollten wir streben, und brauchten auch, um es zu erreichen, allerdings nichts, wie Du sehr richtig bemerkst, als es zu *wollen;* aber da eben liegt der Hund begraben.

93. An Frh. von Altenstein   Königsberg, 13. November 1805

Ich habe diesen ganzen Herbst wieder gekränkelt: ewige Beschwerden im Unterleibe, die mein Brown-ischer Arzt wohl dämpfen, aber nicht überwinden kann. Diese wunderbare Verknüpfung eines Geistes mit einem Konvolut von Gedärmen und Eingeweiden. Es ist, als ob ich von der Uhr abhängig wäre, die ich in meiner Tasche trage. Nun, die Welt ist groß, man kann sich darin wohl vergessen. Es gibt eine gute Arznei, sie heißt Versenkung, grundlose, in Beschäftigung und Wissenschaft. Wer nur erst die ganze Schule, aber nicht ohne etwas *getan* zu haben, durchgegangen wäre. Denn es ist doch nicht, um etwas zu *erwerben,* daß wir hier leben: Ruhm und alle Güter der Welt, sie bleiben ja bei unserem Staube.

Doch ich komme zu meinem Gegenstand. Ich habe mich nun im Domänenfach ein wenig umgesehen, auch im Fache der Gewerkssachen, und würde es auch in Militärsachen getan haben, wenn nicht diese Geschäfte jetzt einer eignen Kommission übergeben wären, zu der mir der Zutritt versagt war. Nun werde ich dies zwar nicht versäumen, sobald mit dem Austritt der Truppen aus der Provinz diese Kommission wieder zu dem Kollegium zurückkehren wird. Allein ich wünschte, mein verehrungswürdigster Freund, zu wissen, für welche spezielle Branche der Geschäfte ich vorzugsweise in Franken bestimmt sein dürfte ... Wenn mir

die Wahl gelassen würde, so würde ich mir zwar das
Gewerksfach wählen; aber auch jede andere Bestim-
mung ist mir willkommen, und ich erwarte bloß Ihre
Befehle.

94. An Rühle von Lilienstern
[Königsberg, Ende November 1805]

Ich drücke Dich von ganzem Herzen an meine
Brust. Du hast mir mit Deinem letzten Briefe, den
Du mir unverdient (weil ich Dir auf den vorletzten
nicht geantwortet) geschrieben, eine recht innige Freude
gemacht. Warum können wir nicht immer beieinander
sein? Was ist das für ein seltsamer Zustand, sich immer
an eine Brust hinsehnen, und doch keinen Fuß rühren,
um daran niederzusinken. Ich wollte, ich wäre eine
Säure oder ein Alkali, so hätt' es doch ein Ende, wenn
man aus dem Salze geschieden wäre. Du bist mir noch
immer so wert, als nur irgend etwas in der Welt, und
solche Zuschriften, wie die Deinige, sie wecken dies Gefühl so lebhaft, als ob es neugeboren würde; aber eine
immer wiederkehrende Empfindung sagt mir, daß
diese *Brieffreundschaft* für uns nicht ist, und nur insofern, als Du auch etwas von der Sehnsucht fühlst, die
ich nach Dir, d. h. nach der *innigen Ergreifung* Deiner
mit allen Sinnen, inneren und äußeren, spüre, kann ich
mich von Deinen Schriftzügen, schwarz auf weiß, in
leiser Umschlingung ein wenig berührt fühlen. Wie
sehr hat mich die Nachricht erfreut, die Du mir von
unserm Freunde Pfuel gibst, die Nachricht, daß das
Korps, bei welchem er steht, vor die Stadt rückt, in
welcher zugleich der Feind und sein Mädchen wohnt!
Er ist nicht das erste, ruhmlechzende Herz, das in ein
stummes Grab gesunken ist; aber wenn der Zufall die
ersten Kugeln gut lenkt, so sieht er mir wohl so aus
(und seine Lage fordert ihn ziemlich dringend dazu
auf), als ob er die erträngkte Ehre, wie Shakespeare

sagt, bei den Locken heraufziehen würde. Dir, mein trefflicher Rühle, hängt sie noch an den Sternen; und Du wirst den Moment nicht versäumen, sie mit einem dreisten Griff herunterzureißen, schlüge Dich ihr prächtig-schmetternder Fall auch zu Boden. Denn so wie die Dinge stehn, kann man kaum auf viel mehr rechnen, als auf einen schönen Untergang. Was ist das für eine Maßregel, den Krieg mit einem Winterquartier und der langmütigen Einschließung einer Festung anzufangen! Bist Du nicht mit mir überzeugt, daß die Franzosen *uns* angreifen werden, in *diesem* Winter noch angreifen werden, wenn wir noch vier Wochen fortfahren, mit den Waffen in der Hand drohend an der Pforte ihres Rückzuges aus Östreich zu stehen? Wie kann man außerordentlichen Kräften mit einer so gemeinen und alltäglichen Reaktion begegnen? Warum hat der König nicht gleich, bei Gelegenheit des Durchbruchs der Franzosen durch das Fränkische, seine Stände zusammenberufen, warum ihnen nicht, in einer rührenden Rede (der bloße Schmerz hätte ihn rührend gemacht), seine Lage eröffnet? Wenn er es bloß ihrem eignen Ehrgefühl anheimgestellt hätte, ob sie von einem gemißhandelten Könige regiert sein wollen, oder nicht, würde sich nicht etwas von Nationalgeist bei ihnen geregt haben? Und wenn sich diese Regung gezeigt hätte, wäre dies nicht die Gelegenheit gewesen, ihnen zu erklären, daß es hier gar nicht auf einen gemeinen Krieg ankomme? Es gelte Sein, oder Nichtsein; und wenn er seine Armee nicht um 300000 Mann vermehren könne, so bliebe ihm nichts übrig, als bloß ehrenvoll zu sterben. Meinst Du nicht, daß eine solche Erschaffung hätte zustande kommen können? Wenn er alle seine goldnen und silbernen Geschirre hätte prägen lassen, seine Kammerherrn und seine Pferde abgeschafft hätte, seine ganze Familie ihm darin gefolgt wäre, und er, nach diesem Beispiel, gefragt hätte, was die Nation zu tun willens sei? Ich weiß nicht, wie gut

oder schlecht es ihm jetzt von seinen silbernen Tellern
schmecken mag; aber dem Kaiser in Ollmütz, bin ich
gewiß, schmeckt es schlecht. – Ja, mein guter Rühle,
was ist dabei zu tun. Die Zeit scheint eine neue Ordnung der Dinge herbeiführen zu wollen, und wir werden davon nichts, als bloß den Umsturz der alten erleben. Es wird sich aus dem ganzen kultivierten Teil
von Europa ein einziges, großes System von Reichen
bilden, und die Throne mit neuen, von Frankreich ab-
hängigen, Fürstendynastien besetzt werden. Aus dem
Östreichschen, bin ich gewiß, geht dieser glückgekrönte
Abenteurer, falls ihm nur das Glück treu bleibt, nicht
wieder heraus, in kurzer Zeit werden wir in Zeitungen
lesen: „man spricht von großen Veränderungen in der
deutschen Reichsverfassung"; und späterhin: „es heißt,
daß ein großer, deutscher (südlicher) Fürst an [die]
Spitze der Geschäfte treten werde." Kurz, in Zeit von
einem Jahre ist der Kurfürst von Bayern, König von
Deutschland. – Warum sich nur nicht einer findet, der
diesem bösen Geiste der Welt die Kugel durch den
Kopf jagt. Ich möchte wissen, was so ein Emigrant zu
tun hat. – Für die Kunst, siehst Du wohl ein, war
vielleicht der Zeitpunkt noch niemals günstig; man hat
immer gesagt, daß sie betteln geht; aber jetzt läßt sie
die Zeit verhungern. Wo soll die Unbefangenheit des
Gemüts herkommen, die schlechthin zu ihrem Genuß
nötig ist, in Augenblicken, wo das Elend jeden, wie
Pfuel sagen würde, in den Nacken schlägt. Übrigens
versichre ich Dich, bei meiner *Wahrheit,* daß ich auf
Dich für die Kunst rechne, wenn die Welt einmal wieder, früh oder spät, frei atmet.

95. An Frh. von Altenstein   Königsberg, 10. Februar 1806

Die Zeit, welche ich in Königsberg zubringen sollte,
um mir die nötige kameralistische Ausbildung zu verschaffen, geht nun zu Ende. Eine fortwährende Un-

päßlichkeit aber in den ersten Monaten, und späterhin eine Störung des natürlichen Geschäftsganges, durch die Truppenmärsche, haben meine Entwickelung zurückgehalten, und ich nähre den Wunsch, noch das nächste Sommerhalbejahr hier verweilen zu dürfen, um das Versäumte völlig nachzuholen. Dazu kömmt die jetzige Verwirrung der Dinge, die überdies meine Anstellung schwierig machen dürfte ...

Wenn es mir vergönnt wird, noch diese Zeit über bei der hiesigen Kammer zu arbeiten, so werde ich das Befreiungsgeschäft der Zünfte (mein Lieblingsgegenstand) völlig auslernen. Bisher ist man nur mit Hinwegschaffung der Mißbräuche, und Befreiung der Gewerbe innerhalb der Zunftschranken, beschäftigt gewesen; vor wenig Tagen ist aber ein Reskript eingegangen, das die völlige Auskaufung der Zunftgerechtsame, und gänzliche Wiederherstellung der natürlichen Gewerbsfreiheit eingeleitet hat.

96. An Frh. von Altenstein Königsberg, 30. Juni 1806

Ein Gram, über den ich nicht Meister zu werden vermag, zerrüttet meine Gesundheit. Ich sitze, wie an einem Abgrund, mein edelmütiger Freund, das Gemüt immer starr über die Tiefe geneigt, in welcher die Hoffnung meines Lebens untergegangen ist: jetzt wie beflügelt von der Begierde, sie bei den Locken noch heraufzuziehen, jetzt niedergeschlagen von dem Gefühl unüberwindlichen Unvermögens. – Erlassen Sie mir, mich deutlicher darüber zu erklären. Stünd' ich vor Ihren Augen, so würd' ich Sprache finden, Ihnen deutlicher zu sein, Ihnen! Obschon ich es niemandem in der Welt bin –

Vergebens habe ich mich bemüht, mich aus diesem unglücklichen Zustand, der die ganze Wiederholung eines früheren ist, den ich schon einmal in Frankreich erlebte, emporzuarbeiten. Es ist, als ob das, was auf

mich einwirkt, in eben dem Maße wächst, als mein
Widerstand; wie die Gewalt des Windes in dem Maße,
als die Pflanzen, die sich ihm entgegensetzen. Ich bin
seit mehreren Monden schon mit den hartnäckigsten
Verstopfungen geplagt. Nicht genug, daß ich bei der
Unruhe, in welche sie mich versetzen, unfähig zu jedem
Geschäft bin, das Anstrengung erfordert: kaum, daß
ich dazu tauge, die Seite eines Buches zu überlesen. Ich
bin schüchtern gewesen, schon durch den ganzen Winter, wenn die Reihe des Vortrags mich traf: der Gegenstand, über den ich berichten soll, verschwindet aus
meiner Vorstellung; es ist, als ob ich ein leeres Blatt
vor Augen hätte. Doch jetzt würde ich zittern, wenn
ich vor dem Kollegio auftreten sollte. Es ist eine große
Unordnung der Natur, ich weiß es; aber es ist so . . .

Überzeugen Sie sich, Verehrungswürdigster, daß es
a   nur das Gefühl der Unmöglichkeit ist, Ihren Erwar-
tungen ganz zu entsprechen, und ein unüberwindlicher
Widerwille, es halb und unvollständig zu tun, was
mich zu einem Schritte bewegen kann, der mich in eine
ganz zweideutige Zukunft führt.

Erlauben Sie mir, daß ich zu meinem Schwager Sto-
jentin in der Gegend von Danzig aufs Land gehen
darf, wohin meine Schwester schon zu Anfange dieses
Frühjahrs vorangegangen ist, und wo sie sich auch
vielleicht ankaufen wird. Ich halte diese Versetzung
meiner aus meinem hiesigen isolierten Zustande unter
meine Verwandte für notwendig zu meiner Wiederherstellung. Ich nehme Ihre Güte auf gar keine andre
Art in Anspruch: fern sei auch nur der Gedanke von
mir!

Würdigen Sie mich, Verehrungswürdigster, bald,
und einer unstrafenden, Antwort. – Ich neige mich
auf Ihre Hand, und küsse sie, und weine! –

a = S. 299*a*.

97. An Präsident von Auerswald   Königsberg, 10. Juli 1806

Ein fortdauernd kränklicher Zustand meines Unter-
leibes, der mein Gemüt angreift, und mich bei allen
Geschäften, zu denen ich gezogen zu werden, das Glück
habe, auf die sonderbarste Art ängstlich macht, macht
mich, zu meiner innigsten Betrübnis, unfähig, mich denselben fernerhin zu unterziehen. Ich bitte Ew. Hochwohlgeboren untertänigst, mich fortdauernd gütigst
von den Arbeiten zu dispensieren, bis ich von dem HE.
Geh. Ob. Fin. Rat v. Altenstein, dem ich meine Lage,
und den Wunsch, gänzlich davon befreit zu werden,
eröffnet habe, näher beschieden sein werde. Niemand
kann den Schmerz, mich der Gewogenheit, mit welcher
ich von Ew. Hochwohlgeboren sowohl, als von einem
verehrungswürdigen Kollegio aufgenommen zu werden, das Glück hatte, so wenig würdig gezeigt zu haben,
lebhafter empfinden, als ich. Nur die Unmöglichkeit,   *a*
ihr so, wie ich es wünschte, zu entsprechen, und der
Widerwille, es halb und unvollständig zu tun, können
diesen Umstand entschuldigen.

98. An Frh. von Altenstein   Königsberg, 4. August 1806

Ich küsse Ihnen voll der innigsten Rührung und
Liebe die Hände, mein verehrungswürdigster Herr
Geheimer Oberfinanzrat! Wie empfindlich für fremde
Leiden macht das eigene! Wie sehr haben Sie dies in
Ihrem mir ewig teuren Briefe gezeigt, wie sehr ich es,
als ich ihn las, gefühlt! Ach, was ist dies für eine Welt!   *b*
Wie kann ein edles Wesen, ein denkendes und emp-   *c*
findendes, wie der Mensch, hier glücklich sein! Wie
kann er es nur *wollen*, hier, wo alles mit dem Tode
endigt! Wir begegnen uns, drei Frühlinge lieben wir
uns, und eine Ewigkeit fliehen wir wieder auseinander!

a = S. 298ᵃ.   b = S. 270ᵃ, 305ᵃ.   c = 301ᵃ.

Und was ist des Strebens wert, wenn es die Liebe
nicht ist! O es muß noch etwas anderes geben, als Liebe,
Ruhm, Glück etc., x, y, z, wovon unsre Seelen nichts
träumen. Nur darum ist dieses Gewimmel von Erscheinungen angeordnet, damit der Mensch an *keiner*
hafte. Es kann kein böser Geist sein, der an der Spitze
der Welt steht: es ist ein bloß unbegriffener! Lächeln
wir nicht auch, wenn die Kinder weinen? Denken Sie
nur, diese unendliche Fortdauer! Millionen von Zeit-
räumen, jedweder ein Leben, und für jedweden eine
Erscheinung, wie diese Welt! Wie doch der kleine Stern
heißen mag, den man auf dem Sirius, wenn der Himmel klar ist, sieht? Und dieses ganze ungeheure Firmament, das die Phantasie nicht ermessen kann, nur ein
Stäubchen gegen den unendlichen Raum! O mein edler
Freund, ist dies ein Traum? Zwischen je zwei Lindenblättern, abends, wenn wir auf dem Rücken liegen,
eine Aussicht, an Ahndungen reicher, als Gedanken
fassen, und Worte sagen können! – Wenn ich doch nur
einen Nachmittag an Ihrer Seite sein könnte! Denn –
wo soll ich anfangen? Wie soll ich es möglich machen,
in einem Briefe etwas so Zartes, als ein Gedanke ist,
auszuprägen? Ja, wenn man *Tränen* schreiben könnte
– doch so – – . . . Wären Sie doch selbst gekommen! Ich
höre, daß Sie nahe dabei gewesen sind, diesen Entschluß zu fassen! – Mein verehrungswürdigster Herr
Geheimer Ob. Fin. Rat! Ich mache von Ihrem gütigen
Anerbieten, mir Urlaub zu bewilligen, Gebrauch! Ich
sende heute einen Brief an den HE. Staatsminister v.
Hardenberg ab, in welchem ich mir einen sechsmonat-
lichen Urlaub erbitte. Ist diese Bitte zu unbescheiden,
so bin ich mit einem fünf-, auch viermonatlichen zufrieden.

a = S. 302*a*.

99. An Rühle von Lilienstern   Königsberg, 31. [Aug. 1806]

Wenn ich bisher mit meinen Antworten über die
Maßen zögerte, so tatest Du wohl ein übriges, und
ergriffst von selbst die Feder, um den auseinander-
gehenden Kranz unsrer Freundschaft zu umwickeln,
auch wohl ein neues Blümchen noch obenein hinzu-
zutun; doch diesmal läßt Du gewähren, und Deinet-
halben, scheint es, könnt' er auf immer auseinander-
schlottern. Nun, mein guter Junge, es hat nichts zu
sagen, und ich küsse Dich. Dieser Kranz, er ward beim
Anfang der Dinge gut gewunden, und das Band wird
schon, auch ohne weiteres Zutun, so lange aushalten,
als die Blumen. Wenn Du Dich im Innern so wenig ver-
änderst, als ich, so können wir einmal, wenn wir uns
früh oder spät wiedersehen, zueinander: guten Tag!
sagen, und: wie hast du geschlafen? und unsere Gespräche von vor einem Jahre, als wären sie von gestern,
fortsetzen. Ich habe durch die Kleisten den letzten Teil
Deiner Liebens- und Lebensgeschichte erhalten. Liebe,
mein Herzensjunge, solange Du lebest; doch liebe nicht,
wie der Mohr die Sonne, daß Du schwarz wirst! Wirf,
wenn sie auf- oder untergeht, einen freudigen Blick zu
ihr hinauf, und laß Dich in der übrigen Zeit von ihr
in Deinen guten Taten bescheinen, und stärken zu
ihnen, und vergiß sie. Der Gedanke will mir noch
nicht aus dem Kopf, daß wir noch einmal zusammen
etwas *tun* müssen. Wer wollte auf dieser Welt glück- *a*
lich sein. Pfui, schäme Dich, möcht' ich fast sagen,
wenn Du es willst! Welch eine Kurzsichtigkeit, o Du
edler Mensch, gehört dazu, hier, wo alles mit dem
Tode endigt, nach etwas zu streben. Wir begegnen uns,
drei Frühlinge lieben wir uns: und eine Ewigkeit fliehen wir wieder auseinander. Und was ist des Strebens
würdig, wenn es die Liebe nicht ist! Ach, es muß noch

a = S. 299c.

etwas anderes geben, als Liebe, Glück, Ruhm etc., x, y,
z, wovon unsre Seelen nichts träumen.

a   Es kann kein böser Geist sein, der an der Spitze
der Welt steht; es ist ein bloß unbegriffener! Lächeln
wir nicht auch, wenn die Kinder weinen? Denke nur,
diese unendliche Fortdauer! Myriaden von Zeiträu-
men, jedweder ein Leben, und für jedweden eine Erscheinung, wie diese Welt! Wie doch das kleine Stern-
chen heißen mag, das man auf dem Sirius, wenn der
Himmel klar ist, sieht? Und dieses ganze ungeheure
Firmament nur ein Stäubchen gegen die Unendlich-
keit! O Rühle, sage mir, ist dies ein Traum? Zwischen
je zwei Lindenblättern, wenn wir abends auf dem
Rücken liegen, eine Aussicht, an Ahndungen reicher,
als Gedanken fassen, und Worte sagen können. Komm,
laß uns etwas Gutes tun, und dabei sterben! Einen der
Millionen Tode, die wir schon gestorben sind, und
noch sterben werden. Es ist, als ob wir aus einem Zimmer in das andere gehen. Sieh, die Welt kommt mir
vor, wie eingeschachtelt; das kleine ist dem großen ähnlich. So wie der Schlaf, in dem wir uns erholen, etwa
ein Viertel oder ein Drittel der Zeit dauert, da wir
uns, im Wachen, ermüden, so wird, denke ich, der Tod,
und aus einem ähnlichen Grunde, ein Viertel oder
Drittel des Lebens dauern. Und grade so lange braucht
ein menschlicher Körper, zu verwesen. Und vielleicht
gibt es für eine ganze Gruppe von Leben noch einen
eignen Tod, wie hier für eine Gruppe von Durch-
wachungen (Tagen) einen. – Nun wieder zurück zum
Leben! Solange das dauert, werd ich jetzt Trauerspiele
und Lustspiele machen. Ich habe der Kleisten eben
wieder gestern eins geschickt, wovon Du die erste
Szene schon in Dresden gesehen hast. Es ist der zerbrochene Krug. Sage mir dreist, als ein Freund, Deine
Meinung, und fürchte nichts von meiner Eitelkeit.

a = S. 300*ᵃ*.

Meine Vorstellung von meiner Fähigkeit ist nur noch
der Schatten von jener ehemaligen in Dresden. Die
Wahrheit ist, daß ich das, was ich mir vorstelle, schön
finde, nicht das, was ich leiste. Wär ich zu etwas anderem brauchbar, so würde ich es von Herzen gern ergreifen: ich dichte bloß, weil ich es nicht lassen kann.
Du weißt, daß ich meine Karriere wieder verlassen
habe. Altenstein, der nicht weiß, wie das zusammen-
hängt, hat mir zwar Urlaub angeboten, und ich habe
ihn angenommen; doch bloß um mich sanfter aus der
Affäre zu ziehen. Ich will mich jetzt durch meine
dramatische Arbeiten ernähren; und nur, wenn Du
meinst, daß sie auch dazu nicht taugen, würde mich
Dein Urteil schmerzen, und das auch nur bloß weil ich
verhungern müßte. Sonst magst Du aber über ihren
Wert urteilen, wie Du willst. In drei bis vier Monaten
kann ich immer ein solches Stück schreiben; und bringe
ich es nur à 40 Fried. dor, so kann ich davon leben.
Auch muß ich mich im Mechanischen verbessern, an
Übung zunehmen, und in kürzern Zeiten, Besseres
liefern lernen. Jetzt habe ich ein Trauerspiel unter der
Feder. – Ich höre, Du, mein lieber Junge, beschäftigst
Dich auch mit der Kunst? Es gibt nichts Göttlicheres,
als sie! Und nichts Leichteres zugleich; und doch,
warum ist es so schwer? Jede erste Bewegung, alles
Unwillkürliche, ist schön; und schief und verschroben
alles, sobald es sich selbst begreift. O der Verstand!
Der unglückselige Verstand! Studiere nicht zu viel,
mein lieber Junge. Deine Übersetzung des Racine hatte
treffliche Stellen. Folge Deinem Gefühl. Was Dir schön
dünkt, das gib uns, auf gut Glück. Es ist ein Wurf, wie
mit dem Würfel; aber es gibt nichts anderes. –

100. An Ulrike von Kleist   Königsberg, 24. [Oktober 1806]

Wie schrecklich sind diese Zeiten! Wie gern möcht'
ich, daß Du an meinem Bette säßest, und daß ich Deine

Hand hielte; ich fühle mich schon gestärkt, wenn ich
an Dich denke! Werdet Ihr flüchten? Es heißt ja, daß
der Kaiser den Franzosen alle Hauptstädte zur Plün-
derung versprochen habe. Man kann kaum an eine
solche Raserei der Bosheit glauben. Wie sehr hat sich
alles bestätigt, was wir vor einem Jahre schon voraus-
sahen. Man hätte das ganze Zeitungsblatt von heute
damals schon schreiben können ... Vierzigtausend
Mann auf dem Schlachtfelde, und doch kein Sieg! Es
ist entsetzlich. Pfuel war, kurze Zeit vor dem Ausbruch des Krieges, Adjutant bei dem General Schmet-
tau geworden, der bei Saalfeld geblieben ist. Was aus
ihm geworden ist, weiß ich nicht. Auch von Rühlen
habe ich seit drei Wochen keine Nachrichten erhalten.
Sie standen beide bei dem Korps des Prinzen Hohenlohe, das, wie es heißt, eingeschlossen und von der
Elbe abgeschnitten ist. Man kann nicht ohne Tränen
daran denken. Denn wenn sie alle denken, wie Rühle
und Pfuel, so ergibt sich keiner. Ich war vor einiger
Zeit willens, nach Berlin zu gehen. Doch mein immer
krankhafter Zustand macht es mir ganz unmöglich.
Ich leide an Verstopfungen, Beängstigungen, schwitze
und phantasiere, und muß unter drei Tagen immer
zwei das Bette hüten. Mein Nervensystem ist zerstört.
Ich war zu Ende des Sommers fünf Wochen in Pillau,
um dort das Seebad zu gebrauchen; doch auch dort
war ich bettlägrig, und bin kaum fünf- oder sechsmal
ins Wasser gestiegen ... Kein besserer Augenblick für
mich, Euch wiederzusehen, als dieser. Wir sänken uns,
im Gefühl des allgemeinen Elends, an die Brust, ver-
gäßen, und verziehen einander, und liebten uns, der
letzte Trost, in der Tat, der dem Menschen in so fürchterlichen Augenblicken übrig bleibt. Es wäre schrecklich, wenn dieser Wüterich sein Reich gründete. Nur
ein sehr kleiner Teil der Menschen begreift, was für
ein Verderben es ist, unter seine Herrschaft zu kommen. Wir sind die unterjochten Völker der Römer. Es

ist auf eine Ausplünderung von Europa abgesehen, um Frankreich reich zu machen. Doch, wer weiß, wie es die Vorsicht lenkt.

101. An Marie von Kleist Königsberg, 24. November 1806

Ach, meine teuerste Freundin! Was ist dies für eine *a*
Welt? Jammer und Elend so darin verwebt, daß der
menschliche Geist sie nicht einmal in Gedanken davon
befreien kann. Ich bin diese Zeit über noch immer
krank gewesen, litt am Fieber, Verstopfungen etc. und
empfand die Wahrheit des D'Alembertschen Grund-
satzes, daß zwei Übel, zusammengenommen, zu einer
Tröstung werden können; denn eines zerstreute mich
vom andern. Eine Zeitlang gab ich der Hoffnung
Raum, daß ich das unsägliche Glück haben würde, Sie
hier zu sehen; ich glaubte, weil alles flüchtet, Sie würden vielleicht der K[önigin] folgen; doch ein Tag verging nach dem andern, ohne Erfüllung. Morgen ist nun
der allerletzte Termin; denn morgen kommen er und
sie hier an. Versuchen Sie doch auch einen Brief, meine
liebe Freundin, es läßt sich nicht denken, wer dabei
ein Interesse haben sollte, das bürgerliche Leben, und
die stillen, unfeindseligen Verbindungen desselben zu
stören. Ich möchte so gern einige Nachrichten von meinen Freunden haben, in einer solchen Ungewißheit
gelten sie mir für halbtot, und ich leide soviel, als
wären sie es ganz. Auch wenn Sie es möglich machen
können, mir das Geld, das Sie noch für mich im Vorrat haben, zuzuschicken, soll es mir lieb sein . . .

102. An Ulrike von Kleist Königsberg, 6. Dez. 1806

Mit meinem körperlichen Zustand weiß ich nicht, ob
es besser wird, oder ob das Gefühl desselben bloß vor

a = S. 270ᵃ, 299ᵇ.

der ungeheuren Erscheinung des Augenblicks zurück-
tritt. Ich fühle mich leichter und angenehmer, als sonst.
Es scheint mir, als ob das allgemeine Unglück die
Menschen erzöge, ich finde sie weiser und wärmer, und
ihre Ansicht von der Welt großherziger. Ich machte
noch heute diese Bemerkung an Altenstein, diesem vortrefflichen Mann, vor dem sich meine Seele erst jetzt,
mit völliger Freiheit, entwickeln kann. Ich habe ihn
schon, da ich mich unpäßlich fühlte, bei mir gesehen;
wir können wie zwei Freunde miteinander reden. An
unsere Königin kann ich gar nicht ohne Rührung denken. In diesem Kriege, den sie einen unglücklichen
nennt, macht sie einen größeren Gewinn, als sie in
einem ganzen Leben voll Frieden und Freuden gemacht haben würde. Man sieht sie einen wahrhaft
königlichen Charakter entwickeln. Sie hat den ganzen
großen Gegenstand, auf den es jetzt ankommt, umfaßt; sie, deren Seele noch vor kurzem mit nichts beschäftigt schien, als wie sie beim Tanzen, oder beim
Reiten, gefalle. Sie versammelt alle unsere großen Männer, die der K[önig] vernachlässigt, und von denen
uns doch nur allein Rettung kommen kann, um sich;
ja sie ist es, die das, was noch nicht zusammengestürzt
ist, hält. Von dem, was man sonst hier hoffen mag,
oder nicht; und was man für Anstalten trifft; kann ich
Dir, weil es verboten sein mag, nichts schreiben.

103. An Ulrike von Kleist   Königsberg, 31. Dez. 1806

Ich muß Dich bitten, meine teuerste Ulrike, sogleich
an die Kleisten zu schreiben. Ich schicke Briefe ohne
Ende an sie ab, und weiß nicht mehr, ob sie lebt, oder
tot ist. Die Kleisten besitzt 30 Louisdor von mir, Pension von der K[önigin], für die verflossenen Monate
April bis Septbr ... Nun aber setzt mich dieser Krieg,
der uns auf eine so unglaubliche Art unglücklich über-
rascht, in große Verlegenheit. Nicht sowohl dadurch,

daß nun vom Oktober aus wahrscheinlich diese Pension ganz aufhören wird: denn ich hatte nicht so darauf gerechnet, daß sie zu meinem Fortkommen ganz unerläßlich gewesen wäre. Da sie mich ein Jahr lang durchgeholfen hat, so hat sie gewissermaßen ihre Wirkung getan. Aber dadurch, daß der Postenkurs gestört ist, und ich weder dies Geld, noch auch Manuskripte, die ich nach Berlin geschickt hatte, oder ihren Wert, erhalten kann. Ich bitte Dich also, der Kleisten zu sagen (wenn sie noch lebt! ich weiß nicht, was ich für eine unglückliche Ahndung habe) – daß sie mir dies Geld, durch Anweisung oder durch einen Wechsel, in die Hände schaffe ... Mache Dir nur keine Sorgen, es wäre zu weitläufig, Dir auseinanderzusetzen, warum Du ruhig sein darfst, ich versichre Dich, daß ohne diese zufälligen Umstände, meine Lage gut wäre, und daß ich Dir, wenn der Krieg nicht gekommen wäre, in kurzem Freude gemacht haben würde.

104. An Ulrike von Kleist   Marburg, 17. Februar 1807

Du wirst zwar schon durch Gleißenberg, oder auf welchem Wege es sei, mein Schicksal erfahren haben, ich muß es Dir aber doch selbst schreiben, damit Du mit Genauigkeit und Bestimmtheit davon unterrichtet wirst. Ich werde mit Gauvain und Ehrenberg, auf Befehl des Generals Clarke, nach Joux in Frankreich (über Mainz, Straßburg, und Besançon) transportiert, um daselbst bis zum Frieden aufbewahrt zu werden. Dir den Grund dieser gewaltsamen Maßregel anzugeben, bin ich nicht imstande, auch scheint es, als ob uns nichts zur Last gelegt würde, als bloß der Umstand, daß wir von Königsberg kamen. Ich hatte, mit einem Paß, den ich mir in Cöslin verschafft, und in Damm und Stettin, wo ich zuerst französische Truppen fand, hatte visieren lassen, glücklich Berlin erreicht. Gauvain und ich waren vorangereist, Ehrenberg kam den andern Tag nach, unsre übrige Reisegesellschaft hatte sich von uns getrennt. Wir wollten auch hier unsre Pässe beim Gouvernement unterzeichnen lassen, hier aber machte man uns die sonderbarsten Schwierigkeiten, verhörte uns, verwarf unsre Dimissionen als falsch, und erklärte uns endlich am dritten Tage, daß wir als Kriegsgefangne nach Frankreich transportiert werden würden. Vergebens beriefen wir uns auf unsre Unschuld, und daß eine ganze Menge der angesehensten Männer unsre Aussage bekräftigen könnten; ohne uns anzuhören, wurden wir arretiert, und am andern Morgen schon, durch die Gendarmerie, nach Wustermark abgeführt. Du kannst Dir unsern Schreck und unsre bösen Aussichten für die Zukunft denken, als wir hier, den gemeinsten Verbrechern gleich, in ein unterirdisches Gefängnis eingesperrt wurden, das wirklich nicht abscheulicher gefunden werden kann. Es gelang uns glücklich, am folgenden Tage, einen der Gendarmen, die uns begleiteten, von der Ungerechtigkeit, die uns betroffen, zu überzeugen; er mußte seiner Ordre gehorchen, versicherte aber, daß er uns von Station zu Station empfehlen würde, und wirklich werden wir auch jetzt an den meisten Orten, unter einer Bewachung vor den Zimmern, einquartiert. Kann man sich aber etwas Übereilteres, als diese Maßregel denken? Man vermißt ganz das gute Urteil der Franzosen darin. Vielleicht gibt es nicht drei Menschen in der Welt, die ihnen gleichgültiger sein konnten, als wir, in jenem Augenblick. Die Reise geht, wie ich Dir schon gesagt habe, nach Joux, einem Schloß bei Pontarlier, auf der Straße von Neufchatel nach Paris. Was uns dort bevorsteht, ist wahrscheinlich in einem verschloßnen Briefe enthalten, der uns begleitet, und schwerlich etwas Besseres, als Staatsgefangenschaft. Ich hoffe immer noch von Tage zu Tage, daß die Versuche, die wir schriftlich beim Gen. Clarke gemacht haben, diesen überall als vortrefflich bekannten Mann von unsrer Unschuld überzeugen werden. Wäre dies nicht, so würde ich mir ewig Vorwürfe machen, die Gelegenheiten, die sich mir täglich und stündlich zur Wiedererlangung meiner Freiheit anbieten, nicht benutzt zu haben. Ob mich gleich jetzt die Zukunft unruhig macht, so bin ich doch derjenige von meinen beiden Reisegefährten, der diese Gewalttat am leichtesten verschmerzen kann; denn wenn nur dort meine Lage einigermaßen erträglich ist, so kann ich daselbst meine literarischen Projekte ebensogut ausführen, als anderswo. Bekümmre Dich also meinetwegen nicht übermäßig, ich bin gesunder als jemals, und das Leben ist noch reich genug, um zwei oder drei unbequeme Monate aufzuwiegen.

105. An Kommandant de Bureau Fort de Joux, 31. März 1807

Mon camerade, Msr. d'Ehrenberg, me chargé, de Vous rendre grace, de ce que Vous avès eu la bonté, de lui envoyer le voyage en Italie, d'Archenholz. C'est un compatriote, qu'il retrouve [à] l'étranger. Je Vous remercie de même, Monsieur, moi et Msr. de Gauvain, du Dictionaire et de la Grammaire française, que Vous avès bien voulu nous prêter; nous en ferons le meilleur usage que possible.

106. An Ulrike von Kleist   Chalons s. Marne, 23. April 1807

Wenn Du meinen Brief von ohngefähr dem 8. oder 10. Febr. erhalten hast, so wirst Du wissen, was für eine sonderbare Veranlassung mich, als einen Staatsgefangnen, nach Frankreich gesprengt hat. Ich setze voraus, daß Dir dieser Brief richtig durch Schlotheim zugekommen ist, und so fahre ich fort, Dir von dem Verlauf meiner Schicksale Nachricht zu geben. Nachdem wir noch mehrere Male in die Gefängnisse geworfen worden waren, und an Orten, wo dies nicht geschah, Schritte tun mußten, die fast ebenso peinlich waren als das Gefängnis, kamen wir endlich den 5. März im Fort de Joux an. Nichts kann öder sein, als der Anblick dieses, auf einem nackten Felsen liegenden, Schlosses, das zu keinem andern Zweck, als zur Aufbewahrung der Gefangenen, noch unterhalten wird. Wir mußten aussteigen, und zu Fuße hinauf gehn; das Wetter war entsetzlich, und der Sturm drohte uns, auf diesem schmalen, eisbedeckten Wege, in den Abgrund hinunter zu wehen. Im Elsaß, und auf der Straße weiterhin, ging der Frühling schon auf, wir hatten in Besançon schon Rosen gesehen; doch hier, auf diesem Schlosse an dem nördlichen Abhang des Jura, lag noch drei Fuß hoher Schnee. Man fing damit an, meinen beiden Reisegefährten alles Geld abzunehmen, wobei

man mich als Dolmetscher gebrauchte; mir konnte man
keins abnehmen, denn ich hatte nichts. Hierauf versicherte man uns, daß wir es recht gut haben würden,
und fing damit an, uns, jeden abgesondert, in ein Gewölbe zu führen, das zum Teil in den Felsen gehauen,
zum Teil von großen Quadersteinen aufgeführt, ohne
Licht und ohne Luft war. Nichts geht über die Beredsamkeit der Franzosen. Gauvain kam in das Gefängnis
zu sitzen, in welchem Toussaint l'Ouverture gestorben
war; unsre Fenster waren mit dreifachen Gittern versehen, und wie viele Türen hinter uns verschlossen wurden, das weiß ich gar nicht; und doch hießen diese
Behältnisse anständige und erträgliche Wohnungen.
Wenn man uns Essen brachte, war ein Offizier dabei
gegenwärtig, kaum daß man uns, aus Furcht vor
staatsgefährlichen Anschlägen, Messer und Gabeln zu-
gestand. Das Sonderbarste war, daß man uns in dieser
hülflosen Lage nichts aussetzte; aber da man nicht
wußte, ob wir Staatsgefangne oder Kriegsgefangne
waren (ein Umstand, den unsre Ordre zweifelhaft gelassen hatte): auf welchem Fuß sollte man uns bezahlen? Der Franzose stirbt eher, und läßt die ganze Welt
umkommen, ehe er gegen seine Gesetze verfährt. Diese
Lage war inzwischen zu qualvoll, als daß sie meine
beiden Gefährten, die von Natur krankhaft sind, lange
hätten aushalten können. Sie verlangten Ärzte, ich
schrieb an den Kommandanten, und dieser, der ein
edelmütiger Mann schien, und das Mißverständnis, das
bei dieser Sache obwalten mußte, schon voraussah,
verwandte sich bei dem Gouverneur in Besançon,
worauf man uns andere Behältnisse anwies, die wenigstens den Namen der Wohnungen verdienen konnten.
Jetzt konnten wir, auf unser Ehrenwort, auf den Wäl-
len spazieren gehen, das Wetter war schön, die Gegend
umher romantisch, und da meine Freunde mir, für den
Augenblick, aus der Not halfen, und mein Zimmer
mir Bequemlichkeiten genug zum Arbeiten anbot, so

war ich auch schon wieder vergnügt, und über meiner
Lage ziemlich getröstet. Inzwischen hatten wir, gleich
bei unsrer Ankunft, unsre Memoriale an den Kriegsminister eingereicht, und die Abschriften davon an den
Prinzen August geschickt. Da unsre Arretierung in
Berlin in der Tat ein bloßes Mißverständnis war, und
uns, wegen unseres Betragens, gar kein bestimmter
Vorwurf gemacht werden konnte, so befahl der Kriegsminister, daß wir aus dem Fort entlassen, und, den
andern Kriegsgefangnen gleich, nach Chalons sur
Marne geschickt werden sollten. Hier sitzen wir nun,
mit völliger Freiheit zwar, auf unser Ehrenwort, doch
Du kannst denken, in welcher Lage, bei so ungeheuren
Kosten, die uns alle diese Reisen verursacht haben, und
bei der hartnäckigen Verweigerung des Soldes, den die
andern Kriegsgefangnen ziehn. Ich habe von neuem
an den Kriegsminister und an den Prinzen August geschrieben, und da es ganz unerhört ist, einen Bürger,
der die Waffen im Felde nicht getragen hat, zum
Kriegsgefangnen zu machen, so hoffe ich auf meine
Befreiung, oder wenigstens auf gänzliche Gleichschät-
zung mit den übrigen Offizieren. Daß übrigens alle
diese Übel mich wenig angreifen, kannst Du von einem
Herzen hoffen, das mit größeren und mit den größe-
sten auf das Innigste vertraut ist.

107. An Ulrike von Kleist　　　Chalons s. Marne, 8. Juni 1807

Wie frohlocke ich, meine teuerste Ulrike, wenn ich
alles denke, was Du mir bist, und welch eine Freundin
mir der Himmel an Dir geschenkt hat! Ich höre, daß
Du Dich in Berlin aufhältst, um bei dem Gen. Clarke
meine Befreiung zu betreiben. Von Tage zu Tage habe
ich auf die Erfüllung des Versprechens gewartet, das
er Dir und der Kl[eisten] darüber gegeben haben soll,
und angestanden, Dir zu schreiben, um Dich nicht zu
neuen, allzufrühzeitigen Vorstellungen zu verleiten.

Man hätte Dir die Antwort geben können, daß der
Befehl darüber noch nicht an den hiesigen Kommandanten angekommen wäre. Doch jetzt, nach einer fast
vierwöchentlichen vergeblichen Erwartung, scheint es
mir wahrscheinlich, daß gar keiner ausgefertigt worden ist, und daß man Dich, mein vortreffliches Mädchen, bloß mit Vorgespiegelungen abgefertigt hat. Ich
weiß sogar aus einer sicheren Quelle, daß der hiesige
Kommandant wegen meiner Instruktionen hat, die
mit dem guten Willen, mich loszulassen, nicht in der
besten Verbindung stehn. Inzwischen ist meine Lage
hier, unter Menschen, die von Schmach und Elend
niedergedrückt sind, wie Du Dir leicht denken kannst,
die widerwärtigste; ob ein Frieden überhaupt sein
wird, wissen die Götter; und ich sehne mich in mein
Vaterland zurück. Es wäre vielleicht noch ein neuer
Versuch bei dem Gen. Clarke zu wagen. Vielleicht,
daß er immer noch geglaubt hat, etwas herauszubringen, wo nichts herauszubringen ist, daß er mit diesem
Verfahren hat Zeit gewinnen wollen und sich jetzt
endlich von der Nutzlosigkeit meiner Gefangenschaft
überzeugt hat. Wie gern möchte ich Dir, zu so vielem
andern, auch noch diese Befreiung daraus verdanken!
Wie willkommen ist mir der Wechsel gewesen, den Du
mir durch Schlotheim überschickt hast. Es wird Dir
unerhört scheinen, wenn ich Dir versichere, daß ich
während der ganzen zwei ersten Monate meiner Gefangenschaft keinen Sol erhalten habe; daß ich von
einem Ort zum andern verwiesen worden bin; daß
mir auch noch jetzt alle Reklamationen nichts helfen,
und kurz, daß ich darum förmlich betrogen worden
bin. Der allgemeine Grund war immer der, daß man
nicht wüßte, ob man mich als Staatsgefangnen oder
Kriegsgefangnen behandeln sollte; und ob ich während dieses Streits verhungerte, oder nicht, war einerlei. Jetzt endlich hat es der hiesige Kommandant durch-
gesetzt, daß ich das gewöhnliche Traktament der

kriegsgefangenen Offiziere von 37 Franken monatlich
erhalte. Dies und Dein Wechsel schützt mich nun vorderhand vor Not; und wenn jetzt nur bald ein Befehl
zu meiner Befreiung ankäme, so würde ich, mit den
Indemnitäten, die die reisenden Offiziere erhalten,
meine Rückreise noch bestreiten können. Zwar, wenn
der Friede nicht bald eintritt, so weiß ich kaum, was
ich dort soll. Glück kann, unter diesen Umständen,
niemandem blühen; doch mir am wenigsten. Rühle
hat ein Manuskript, das mir unter andern Verhältnissen das Dreifache wert gewesen wäre, für 24 Louisdor
verkaufen müssen. Ich habe deren noch in diesem
Augenblick zwei fertig; doch sie sind die Arbeit eines
Jahres, von deren Einkommen ich zwei hätte leben
sollen, und nun kaum ein halbes bestreiten kann. Inzwischen bleibt es immer das Vorteilhafteste für mich
zurückzukehren, und mich irgendwo in der Nähe des
Buchhandels aufzuhalten, wo er am wenigsten da-
niederliegt. – Doch genug jetzt von mir. Es ist widerwärtig, unter Verhältnissen, wie die bestehenden sind,
von seiner eignen Not zu reden. Menschen, von unsrer
Art, sollten immer nur die Welt denken. Was sind dies
für Zeiten! Und das Hülfloseste daran ist, daß man
nicht einmal davon reden darf. –

108. An Marie von Kleist   [Chalons sur Marne, Juni 1807]

Was soll jetzt aus meiner Sache werden, da, wie ich
höre, auch U[lrike] Berlin verlassen wird, nachdem
A[ngern] es längst verlassen hat? Sie sehen, daß alle
Ihre Bemühungen für mich gänzlich überflüssig gewesen sind. Von Tage zu Tage habe ich immer noch, dem
Versprechen gemäß, das Ihnen der General Clarke gegeben hat, auf eine Ordre zu meiner Befreiung gewartet. Doch statt dessen sind ganz andre Verfügungen
wegen unsrer angekommen, die mir vielmehr alle
Hoffnung dazu benehmen. Welch ein unbegreifliches

Mißverständnis muß in dieser Sache obwalten. Wenn sich niemand für mich interessierte, weder Sie, noch U[lrike], noch A[ngern], so bliebe mir noch ein Ausweg übrig. Doch so werde ich mich wohl mit dem Gedanken bekanntmachen müssen, bis ans Ende des Kriegs in dieser Gefangenschaft aushalten zu müssen. Und wie lange kann dieser Krieg noch dauern, dieser unglückliche Krieg, den vielleicht gar nicht mal ein Friede beendigen wird! Was sind dies für Zeiten. Sie haben mich immer in der Zurückgezogenheit meiner Lebensart für isoliert von der Welt gehalten, und doch ist vielleicht niemand inniger damit verbunden als ich. Wie trostlos ist die Aussicht, die sich uns eröffnet. Zerstreuung, und nicht mehr Bewußtsein, ist der Zustand, der mir wohltut. Wo ist der Platz, den man jetzt in der Welt einzunehmen sich bestreben könnte, im Augenblicke, wo alles seinen Platz in verwirrter Bewegung verwechselt? Kann man auch nur den Gedanken wagen, glücklich zu sein, wenn alles in Elend darnieder liegt? Ich arbeite, wie Sie wohl denken können, doch ohne Lust und Liebe zur Sache. Wenn ich die Zeitungen gelesen habe, und jetzt mit meinem Herzen voll Kummer die Feder wieder ergreife, so frage ich mich, wie Hamlet den Schauspieler, was mir Hekuba sei? Ernst [v. Pfuel], schreiben Sie mir, ist nach K[önigsberg] zurückgegangen. Es freut mich, weil es das einzige war, was ihm in dieser Lage übrig blieb, doch unersetzlich ist es, daß wir uns nicht, er und R[ühle], in Dresden haben sprechen können. Der Augenblick war so gemacht, uns in der schönsten Begeisterung zu umarmen: wenn wir noch zwei Menschenalter lebten, kömmt es nicht so wieder. Hier in Chalons lebe ich wieder so einsam wie in K[önigsberg]. Kaum merke ich, daß ich in einem fremden Lande bin, und oft ist es mir ein Traum, 100 Meilen gereiset zu sein, ohne meine Lage verändert zu haben. Es ist hier niemand, dem ich mich anschließen möchte:

unter den Franzosen nicht, weil mich ein natürlicher Widerwille schon von ihnen entfernt, der noch durch die Behandlung, die wir jetzt erfahren, vermehrt wird, und unter den Deutschen auch nicht. Und doch sehnt sich mein Herz so nach Mitteilung. Letzthin saß ich auf einer Bank im Jard, einer öffentlichen, aber wenig besuchten Promenade, und es fing schon an finster zu werden, als mich jemand, den ich nicht kannte, mit einer Stimme anredete, als ob sie P[fuel] aus der Brust genommen gewesen wäre. Ich kann Ihnen die Wehmut nicht beschreiben, die mich in diesem Augenblick ergriff. Und sein Gespräch war auch ganz so tief und innig, wie ich es nur, einzig auf der Welt, kennengelernt habe. Es war mir, als ob er bei mir säße, wie in jenem Sommer vor 3 Jahren, wo wir in jeder Unterredung immer wieder auf den Tod, als das ewige Refrain des Lebens zurückkamen. Ach, es ist ein ermüdender Zustand dieses Leben, recht, wie Sie sagten,

a eine Fatigue. Erscheinungen rings, daß man eine Ewigkeit brauchte, um sie zu würdigen, und, kaum wahrgenommen, schon wieder von andern verdrängt, die ebenso unbegriffen verschwinden. In einer der hiesigen Kirchen ist ein Gemälde, schlecht gezeichnet zwar, doch von der schönsten Erfindung, die man sich denken kann, und Erfindung ist es überall, was ein Werk der Kunst ausmacht. Denn nicht das, was dem Sinn dargestellt ist, sondern das, was das Gemüt, durch diese Wahrnehmung erregt, sich denkt, ist das Kunstwerk. Es sind ein Paar geflügelte Engel, die aus den Wohnungen himmlischer Freude niederschweben, um eine Seele zu empfangen. Sie liegt, mit Blässe des Todes übergossen, auf den Knien, der Leib sterbend in die Arme der Engel zurückgesunken. Wie zart sie das Zarte berühren. Mit den äußersten Spitzen ihrer rosenroten Finger nur das liebliche Wesen, das der

a = S. 202*b*.

Hand des Schicksals jetzt entflohen ist. Und einen Blick aus sterbenden Augen wirft sie auf sie, als ob sie in Gefilde unendlicher Seligkeit hinaussähe: Ich habe nie etwas Rührenderes und Erhebenderes gesehen.

109. An Rühle von Lilienstern   Chalons, 13. Juli 1807

Soeben ist, von dem Gen. Clarke, der Befehl zu meiner Loslassung angekommen. Ich bin aber ganz ohne Geld, und nicht imstande, zu reisen, wenn Du mir nicht unverzüglich das Geld von Arnold schickst... Ich muß Dir sagen, daß es mir äußerst niederschlagend sein würde, wenn ich mir mit allen meinen Bemühungen nicht so viel erstrebt hätte, als nötig ist, mich aus einer Not, wie die jetzige ist, herauszureißen. Arnold hat das Buch [Amphitryon], wie Du mir geschrieben hast, schon vor 10 Wochen gedruckt; es läßt sich also gar kein billiger Grund denken, warum er so lange mit der Bezahlung zögert ... Ich muß auf Befehl des Gen. Clarke, nach Berlin gehen, und mich dort bei ihm melden. Es ist ungeheuer, jemanden so durch die Welt zu jagen, ohne zu fragen, wo er das Geld dazu hernehme? Bis diese Stunde verweigert man mir noch die Reiseentschädigungen, die sonst einem gefangenen Offizier zukommen; und ob ich mich gleich an das Kriegsgouvernement in Paris wenden werde, so ist doch sehr zweifelhaft, ob ich etwas damit ausrichte. Doch die Post drängt, ich muß schließen. Sobald ich in Berlin bin schreibe ich Dir; und eile in Deine Arme, sobald ich dort meinen Paß habe. Denn ein Verhör werde ich doch wohl noch dort auszustehen haben.

110. An Ulrike von Kleist   Chalons, 14. Juli 1807

Endlich, meine vortreffliche Ulrike, ist, wahrscheinlich auf Deine wiederholte Verwendung, der Befehl vom Gen. Clarke zu meiner Loslassung angekommen.

Ich küsse Dir die Stirn und die Hand. Der Befehl lautet, daß ich, auf Ehrenwort, eine vorgeschriebene
Straße befolgen, und mich in Berlin beim Gen. Clarke
melden soll, der mich sprechen will ...

Die Absicht dieses Briefes ist, Dir, nach der Mitteilung dieser Nachricht, einen Vorschlag zu machen.
Die Kl[eisten] hat mich versichert, daß die Pension
von der K[önigin] nach dem Abschluß des Friedens
wieder ihren Fortgang nehmen würde. Da jedoch
hierin wenig Sicherheit liegt: denn wer steht uns für
einen neuen Krieg? so ist der Plan, diese Pension, bei
der nächsten Gelegenheit, in eine Präbende zu verwan-
deln; und hierin läge dann schon mehr Sicherheit ...
Ich will Dir die Pension, und das, was in der Folge
an ihre Stelle treten könnte, es sei nun eine Präbende,
oder etwas anderes, abtreten. Es muß, mit dem Rest
Deines Vermögens, für ein Mädchen, wie Du bist, hinreichen, einen kleinen Haushalt zu bestreiten. Laß Dich
damit, unabhängig von mir, nieder; wo, gleichviel;
ich weiß doch, daß wir uns über den Ort vereinigen
werden. Ich will mich mit dem, was ich mir durch
meine Kunst erwerbe, bei Dir in die Kost geben. Ich
kann Dir darüber keine Berechnung anstellen; ich versichre Dich aber, und Du wirst die Erfahrung machen,
daß es mich, wenn nur erst der Frieden hergestellt ist,
völlig ernährt. Willst Du auf diese Versicherung hin
nichts tun, so lebe die erste Zeit noch bei Schönfeld,
oder in Frankfurt, oder wo Du willst; doch wenn
Du siehst, daß es damit seine Richtigkeit hat, alsdann,
mein liebstes Mädchen, versuche es noch einmal mit
mir. Du liesest den Rousseau noch einmal durch, und
den Helvetius, oder suchst Flecken und Städte auf
Landkarten auf; und ich schreibe. Vielleicht erfährst
Du noch einmal, in einer schönen Stunde, was Du
eigentlich auf der Welt sollst. Wir werden glücklich
sein! Das Gefühl, miteinander zu leben, muß Dir ein
Bedürfnis sein, wie mir. Denn ich fühle, daß Du mir

die Freundin bist, Du einzige auf der Welt! Vergleiche mich nicht mit dem, was ich Dir in Königsberg war. Das Unglück macht mich heftig, wild, und ungerecht; doch nichts Sanfteres, und Liebenswürdigeres, als Dein Bruder, wenn er vergnügt ist.

111. An Rühle von Lilienstern   Berlin, 14. August 1807

Ich habe Dir nur drei Dinge zu sagen, und setze mich bei Massenbachs geschwind hin, um sie Dir aufzusetzen ... [Erstens, daß ich den Wechsel erhalten habe ...]

Alsdann, daß ich über Cottbus, wo ich meine Verwandte sehen will, zu Dir nach Dresden kommen werde. Ein Bette mußt Du mir vorderhand mieten. Siehe zu, daß Pfuel auch hinkömmt.

Drittens endlich beschwöre ich Dich (*wenn* Du dieses Entschlusses sein solltest) allem, was in den Zeitungen über und gegen Dich gesagt werden mag, öffentlich auch nicht einer Silbe zur Antwort zu würdigen. Tue grade, als ob es gar nicht gedruckt worden wäre, und stellt man Dich persönlich zur Rede, so sage, Du wüßtest davon nichts etc. Du läsest nicht, Du schriebst bloß etc. etc. Über die Gründe wollen wir weitläufiger sprechen.

Adieu. In 14 Tagen spätstens, von heut an gerechnet, bin ich bei Dir. Möchte in den ersten 14 Jahren von keiner Trennung die Rede sein! Am 14. August 1821 wollen wir weiter davon sprechen.

DRESDEN

112. An Ulrike von Kleist   Dresden, 17. Sept. 1807

Ich habe versucht, meine teuerste Ulrike, Dir zu
schreiben; doch meine Lage ist so reich, und mein
Herz so voll des Wunsches, sich Dir *ganz* mitzuteilen,
daß ich nicht weiß, wo ich anfangen und enden soll.
Schreibe mir doch, ob ich nach Wormlage kommen
darf, um Dich zu sprechen? Oder ob wir uns nicht, auf
halbem Wege irgendwo ein Rendezvous geben können?
Ich sollte denken, dies letztere müßte möglich sein. Ich
will Dich zu bewegen suchen, zu einer Buch-, Karten-
und Kunsthandlung, wozu das Privilegium erkauft
werden muß, 500 Rth. zu 5 p. C. auf 1 Jahr herzu-
geben. Adam Müller (ein junger Gelehrter, der hier
im Winter, mit ausgezeichnetem Beifall, öffentliche
Vorlesungen hält), Rühle und Pfuel (dem sein Bruder
das Geld dazu hergibt) sind die Interessenten. Dir
alle Gründe darzutun, aus welchen die Zweckmäßig-
keit und Nützlichkeit dieser Unternehmung hervorgeht, ist *schriftlich* unmöglich. Rühle, der mit dem
Prinzen jetzt hier ist, und der Pfueln, durch den
Unterricht, den dieser dem Prinzen gibt, eine Pension
von 600 Rth. verschafft hat, ist von einer praktischen
Geschicklichkeit, alles um sich herum geltend zu
machen, die bewundrungswürdig und selten ist. Der
Herzog würde ihm sehr gern, nach Verlauf der Er-
ziehungsperiode, einen Posten in seinem Lande geben;
doch da sein unerläßliches Bedürfnis ist, frei zu sein,
so will er alles an dieses Jahr setzen, um es für die
übrige Lebenszeit zu werden. Er ist es daher auch
eigentlich, der an die Spitze des ganzen Geschäfts treten wird; ein Umstand, der, dünkt mich, nicht wenig
für die Sicherheit seines Erfolgs spricht. Er sowohl, als

ich, haben jeder ein Werk drucken lassen, das unsern Buchhändlern sechsmal soviel eingebracht hat, als uns. Vier neue Werke liegen fast zum Druck bereit; sollen wir auch hiervon den Gewinn andern überlassen, wenn es nichts als die Hand danach auszustrecken kostet, um ihn zu ergreifen? Die 1200 Rth., die das Privilegium kostet, können nie verlorengehen; denn mißglückt die Unternehmung, so wird es wieder verkauft; und die Zeiten müßten völlig eisern sein, wenn es nicht, auch im schlimmsten Fall, einen größeren Wert haben sollte, als jetzt. Die ganze Idee ist, klein, und nach liberalen Grundsätzen, anzufangen, und das Glück zu prüfen; aber, nach dem Vorbild der Fugger und Medicis, alles hineinzuwerfen, was man auftreiben kann, wenn sich das Glück deutlich erklärt. Erwäge also die Sache, mein teuerstes Mädchen, und wenn Du Dich einigermaßen in diesen Plan, der noch eine weit höhere Tendenz hat, als die merkantilische, hineindenken kannst, so sei mir zu seiner Ausführung behülflich. Ich kann Dir, wie schon erwähnt, nicht alles sagen, was ich auf dem Herzen habe, Du müßtest selbst hier sein, und die Stellung, die wir hier einnehmen, kennen, um beurteilen zu können, wie günstig sie einer solchen Unternehmung ist. Fast möchte ich Dich dazu einladen! Ich würde Dich in die vortrefflichsten Häuser führen können, bei Hazas, beim Baron Buol (Kaisl. Östr. Gesandten) beim App. Rat Körner usw., Häuser, in deren jedem ich fast, wie bei der Kl[eisten] in Potsdam, bin. Zwei meiner Lustspiele (das eine gedruckt, das andere im Manuskript) sind schon mehrere Male in öffentlichen Gesellschaften, und immer mit wiederholtem Beifall, vorgelesen worden. Jetzt wird der Gesandte sogar, auf einem hiesigen Liebhabertheater, eine Aufführung veranstalten, und Fitt (den Du kennst) die Hauptrolle übernehmen. Auch in Weimar läßt Goethe das eine aufführen. Kurz, es geht alles gut*, meine liebste Ulrike, ich wünsche bloß, daß Du hier wärest, und es mit eignen Augen sehen könntest.

---

* Kürzlich war ich mit dem östr. Gesandten in Töplitz: bei Genz, wo ich eine Menge großer Bekanntschaften machte. – Was würdest Du wohl sagen, wenn ich eine Direktionsstelle beim Wiener Theater bekäme? –

113. An Johann Friedrich Cotta　　　Dresden, 17. Sept. 1807

Ew. Wohlgeboren haben durch den HE. v. Rühle, während meiner Abwesenheit aus Deutschland, eine Erzählung erhalten, unter dem Titel Jeronimo und Josephe, und diese Erzählung für das Morgenblatt bestimmt. So lieb und angenehm mir dies auch, wenn ich einen längeren Aufenthalt in Frankreich gemacht hätte, gewesen sein würde, so muß ich doch jetzt, da ich zurückgekehrt bin, wünschen, darüber auf eine andre Art verfügen zu können. Wenn daher mit dem Abdruck noch nicht vorgegangen ist, so bitte ich Ew. Wohlgeboren ergebenst, mir das Manuskript, unter nachstehender Adresse, gefälligst wieder zurückzusenden.

Pirnsche Vorstadt, Rammsche Gasse Nr. 123.

114. An Ulrike von Kleist　　　Dresden, 3. Oktober 1807

– Ich wollte, Du wärest hier, um Dich mit mir zu freuen, und alles mit eignen Augen selbst zu sehen. *Schriftlich*, kann ich Dir kaum etwas anderes sagen, als nur im allgemeinen, daß es mir gut geht. Es erfüllt sich mir *alles*, ohne Ausnahme, worauf ich gehofft habe – gib mir nur erst, wie gesagt, Nachricht von Dir, so sollst Du mehr hören. Es wäre sonderbar, wenn grade der erste Brief, der Dir Freude zu machen bestimmt war, hätte verloren gehen müssen.

115. An Ulrike von Kleist   Dresden, 25. Oktober 1807

Deine Unlust am Schreiben, meine teuerste Ulrike,
teile ich nicht mehr mit Dir, seitdem es mir vergönnt
ist, Dich von frohen Dingen unterhalten zu können.
Es geht mir in jedem Sinne so, wie ich es wünsche, und
in dem Maße, als der Erfolg jetzt meine Schritte rechtfertigt, geht mir ein ganzer Stoff zu einer, die Vergangenheit erklärenden, Korrespondenz auf, mit der
ich Dir noch verschuldet bin. Ich wußte wohl, daß Du
mir in einem Falle, wo es in der Tat darauf ankommt,
mir ein Vermögen zu verschaffen, nach so vielen Aufopferungen die letzte nicht verweigern würdest, die
ihre ganze schöne Reihe schließt. Wenn es möglich gewesen wäre, rascher zu sein, so hätten wir schon, bei
der gegenwärtigen Leipziger Messe, in den Buchhandel
eintreten können; doch so hat diese Verzögerung andere nach sich gezogen, so, daß wir uns jetzt nicht
eher, als bei der nächstfolgenden, werden darin zeigen
können. Inzwischen hat dieser Aufschub, doch auch
sein Gutes gehabt. Denn statt des Privilegii, das nun
verkauft ist, hat uns der HE. v. Carlowitz, einer der
reichsten Partikuliers des Landes, ein unentgeltliches
Privilegium in seiner Immediatstadt *Liebstadt* angeboten; ein ganz vortrefflicher Umstand, da wir dadurch das Recht bekommen, hier in Dresden ein Waren-
lager zu halten, und somit aller Vorteile eines städtischen Privilegii teilhaftig werden. Ferner ist währenddessen, durch den hiesigen französischen Gesandten,
der sich schon während meiner Gefangenschaft für mich
interessiert hatte, und dessen nähere Bekanntschaft mir
nun geworden ist, an Clarke in Paris geschrieben worden. Es ist nicht unmöglich, daß wir den Kodex Napoleon zum Verlag bekommen, und daß unsere Buchhandlung überhaupt von der französischen Regierung
erwählt wird, ihre Publikationen in Deutschland zu
verbreiten, wodurch, wie Du leicht denken kannst, die

Assiette des ganzen Instituts mit einem Male gegründet wäre. Du wirst nicht voreilig sein, politische Folgerungen aus diesem Schritte zu ziehn, über dessen eigentliche Bedeutung ich mich hier nicht weitläufiger auslassen kann ... Mein Auskommen wird mir in der Folge, wenn alles gut geht, aus einer doppelten Quelle zufließen; einmal aus der Schriftstellerei: und dann aus der Buchhandlung. Da ich die Manuskripte, die ich jetzt fertig habe, zum eignen Verlag aufbewahre, so ernähre ich mich jetzt bloß, durch fragmentarisches Einrücken derselben in Zeitschriften, und Verkauf zum Aufführen an ausländische Bühnen; und doch hat mir dies schon nahe an 300 Rth. eingebracht (der östr. Gesandte hat mit 30 Louisdor von der Wiener Bühne verschafft), woraus Du leicht schließen kannst, daß die Schriftstellerei allein schon hinreicht, mich zu erhalten. Wie wär's also, mein teuerstes Mädchen, wenn *Du,* statt meiner, als Aktionär in den Buchhandel trätest, der von jener Schriftstellerei ganz abgesondert ist? ... Ich sagte es nur, weil ich wünsche, Dir einen Vorteil verschaffen zu können, und weil eine Art von Ungerechtigkeit darin liegt, Dir das Geld zu 5 p. C. zu verinteressieren, während es mir viermal soviel abwirft. Nichts ist mir unangenehmer, als daß Du ganz abgesondert bist von der literarischen Welt, in dem Augenblick, da Dein Bruder zum zweitenmale darin auftritt. Ich wüßte nicht, was ich darum gäbe, wenn Du hier wärst. Eben jetzt wird in der Behausung des östr. Gesandten, der selbst mitspielt, ein Stück von mir, das noch im Manuskript ist, gegeben, und Du kannst wohl denken, daß es in den Gesellschaften, die der Proben wegen, zusammenkommen, Momente gibt, die ich *Dir,* meine teuerste Ulrike, gönne; warum? läßt sich besser fühlen, als angeben ...

N. S. Den 10. Oktober bin ich bei dem östr. Gesandten an der Tafel mit einem Lorbeer gekrönt worden; und das von zwei niedlichsten kleinen Händen,

die in Dresden sind. Den Kranz habe ich noch bei mir.
In solchen Augenblicken denke ich immer an Dich.
Adieu, adieu, adieu – Du wirst mich wieder lieb be-
kommen.

116. An Adolphine von Werdeck   Dresden, 30. Okt. 1807

Seien Sie nicht böse, meine gnädigste Frau, daß ich
so viele Jahre habe vorübergehen lassen, ohne Ihnen
ein Wort von mir zu sagen. Ich bin, was das Gedächtnis meiner Freunde anbetrifft, mit einer ewigen Jugend
begabt, und dies seltsame Bewußtsein ist allein schuld
an der Unart, nicht zu schreiben. Eben weil alles, über
alle Zweideutigkeit hinaus, so *ist,* wie es sein *soll,*
glaube ich mich der Verpflichtung überhoben, es zu
sagen. Die verschiednen Momente in der Zeit, da mir
ein Freund erscheint, kann ich so zusammenknüpfen,
daß sie wie *ein Leben* aussehen, und die fremden Zeit-
räume, die zwischen ihnen sind, ganz verschwinden. So
ist mir der Abend, da ich von Boulogne zurückkehrte,
und Sie, mir zu Liebe, die Oper aufopferten, gegenwärtig, als wär' er von gestern; und wenn ich Sie
wiedersehe, wird mir grade sein, als ob Sie mit Bertuch,
von wo? weiß ich nicht, wiederkämen; denn Sie stiegen grade ein, als ich Paris verließ. Nach Dittersbach
konnte ich nicht kommen, weil ich in der Tat krank
war; und noch jetzt ist mein mittlerer Zustand (der
Durchschnitt desselben) krankhaft: meine Nerven sind
zerrüttet, und ich bin nur periodenweise gesund. Für
Leopolds, mir mitgeteilten, Brief danke ich. Sein Entschluß, wieder in Dienste zu gehen, hat eine doppelte
Seite. Wenn er es um des Königs willen tut, so muß
man ihn loben; doch tut er es um seinetwillen, bedauern. Was sagen Sie zur Welt, d. h. zur Physiogno-
mie des Augenblicks? Ich finde, daß mitten in seiner
Verzerrung etwas Komisches liegt. Es ist, als ob sie im
Walzen, gleich einer alten Frau, plötzlich nachgäbe (sie

wäre zu Tode getanzt worden, wenn sie festgehalten
hätte); und Sie wissen, was dies auf den Walzer für
einen Effekt macht. Ich lache darüber, wenn ich es
denke. Wissen Sie denn, daß ich auch einen Schleifer
mitgemacht habe, nach dem Fort de Joux, über Chalons
und wieder zurück? Es scheint fast, nein: doch dies ist
Stoff für die Winterabende, wenn Sie nach Dresden
kommen.

117. An Marie von Kleist   [Dresden, Spätherbst 1807]

Ich habe die Penthesilea geendigt, von der ich Ihnen
damals, als ich den Gedanken zuerst faßte, wenn Sie
sich dessen noch erinnern, einen so begeisterten Brief
schrieb. Sie hat ihn wirklich aufgegessen, den Achill,
vor Liebe. Erschrecken Sie nicht, es läßt sich lesen.
[Weitere Zeilen der Briefkopie wurden unlesbar ge-
macht] Es ist hier schon zweimal in Gesellschaft vorgelesen worden, und es sind Tränen geflossen, soviel als
das Entsetzen, das unvermeidlich dabei war, zuließ. Ich
werde einige Blätter aus der Handschrift vom Schluß
zusammenraffen, und diesem Brief einlegen. Für Frauen
scheint es im Durchschnitt weniger gemacht als für
Männer, und auch unter den Männern kann es nur
einer Auswahl gefallen. Pfuels kriegerisches Gemüt ist
es eigentlich, auf das es durch und durch berechnet ist.
Als ich aus meiner Stube mit der Pfeife in der Hand in
seine trat, und ihm sagte: jetzt ist sie tot, traten ihm
zwei große Tränen in die Augen. Sie kennen seine
antike Miene: wenn er die letzten Szenen liest, so sieht
man den Tod auf seinem Antlitz. Er ist mir so lieb
dadurch geworden, und so Mensch. Ob es, bei den
Forderungen, die das Publikum an die Bühne macht,
gegeben werden wird, ist eine Frage, die die Zeit entscheiden muß. Ich glaube es nicht, und wünsche es auch
nicht, solange die Kräfte unsrer Schauspieler auf nichts
geübt, als Naturen, wie die Kotzebueschen und Iffland-

schen sind, nachzuahmen. Wenn man es recht untersucht, so sind zuletzt die Frauen an dem ganzen Ver-
fall unsrer Bühne schuld, und sie sollten entweder
gar nicht ins Schauspiel gehen, oder es müßten eigne
Bühnen für sie, abgesondert von den Männern, errich-
tet werden. Ihre Anforderungen an Sittlichkeit und
Moral vernichten das ganze Wesen des Drama, und
niemals hätte sich das Wesen des griechischen Theaters
entwickelt, wenn sie nicht ganz davon ausgeschlossen
gewesen wären.

118. *An Marie von Kleist*   [Dresden, Spätherbst 1807]

Daß Ihnen, wie Sie in R[ühle]s Brief sagen, das
letzte, in seiner abgerißnen Form höchst barbarische
Fragment der Penthesilea, worin sie den Achill tot-
schlägt, gleichwohl Tränen entlockt hat, ist mir, weil
es beweiset, daß Sie die Möglichkeit einer dramatischen Motivierung denken können, selbst etwas so
Rührendes, daß ich Ihnen gleich das Fragment schik-
ken muß, worin sie ihn küßt, und wodurch jenes
allererst rührend wird. Diese Ihre Neigung, sich auf
die Partei des Dichters zu werfen, und durch Ihre
eigne Einbildung geltend zu machen, was nur halb gesagt ist, bestimmt mich, mir öfter das Vergnügen zu
machen, Ihnen im Laufe meiner Arbeiten abgerißne
Stücke derselben zuzusenden. Um alles in der Welt
möcht' ich kein so von kassierten Varianten strotzendes
Manuskript einem andern mitteilen, der nicht von dem
Grundsatz ausginge, daß alles seinen guten Grund hat.
Doch Sie, die sich den Text mitten aus allen Korrek-
turen, in voller Autorität, als wäre er groß Fraktur
gedruckt, herausklauben, macht es mir Vergnügen, zu
zeigen, wo mein Gefühl geschwankt hat.

119. An Marie von Kleist   [Dresden, Winter 1807]

Unbeschreiblich rührend ist mir alles, was Sie mir
über die Penthesilea schreiben. Es ist wahr, mein in-
nerstes Wesen liegt darin, und Sie haben es wie eine
Seherin aufgefaßt: der ganze Schmutz zugleich und
Glanz meiner Seele. Jetzt bin ich nur neugierig, was
Sie zu dem Käthchen von Heilbronn sagen werden,
denn das ist die Kehrseite der Penthesilea, ihr andrer
Pol, ein Wesen, das ebenso mächtig ist durch gänzliche
Hingebung, als jene durch Handeln.

120. An Ulrike von Kleist   Dresden, 17. Dez. 1807

Ich habe gewagt, meine teuerste Ulrike, auf die
500 Rth., die Du mir versprachst, zu rechnen, und in
der Hoffnung, daß sie mit Weihnachten eingehen werden, den Verlag eines Kunstjournals, *Phöbus,* mit
Adam Müller, anzufangen. Die Verlagskosten, für den
ganzen Jahrgang, betragen 2500 Rth., wozu Rühle
700 und Pfuel 900 Rth. hergeben, macht mit meinen
500 Rth. in allem 2100 Rth., der Rest kann von dem,
was monatlich eingeht, schon bestritten werden. Es ist
noch nie eine Buchhandlung unter so günstigen Aussichten eröffnet worden; eben weil wir die Manuskripte
selbst verfertigen, die wir drucken und verlegen. Rüh-
les Buch über den Feldzug hat die zweite Auflage er-
lebt; er bekömmt zum zweitenmal von Cotta 300 Rth.
Und hätte er es selbst verlegt, so wären 2000 Rth. das
mindeste, was es ihm eingebracht hätte. Das erste Heft
des Phöbus wird Ende Januars erscheinen; Wieland auch
(der alte) und Johannes Müller, vielleicht auch Goethe,
werden Beiträge liefern. Sobald die Anzeigen gedruckt
sind, werde ich Dir eine schicken ... Ich muß schließen,
ich bin wieder ein Geschäftsmann geworden, doch in
einer angenehmeren Sphäre, als in Königsberg. – Was
wäre doch wohl in Königsberg aus mir geworden? –

121. An Wieland   Dresden, 17. Dezember 1807

Mein Herz ist, wie ich eben jetzt, da ich die Feder ergreife, empfinde, bei dem Gedanken an Sie noch ebenso gerührt, als ob ich, von Beweisen Ihrer Güte überschüttet, Osmanstädt gestern oder vorgestern verlassen hätte. Sie können mich, und die Empfindung meiner innigsten Verehrung Ihrer, noch viel weniger aus dem Gedächtnis verloren haben, da Ihnen die göttliche Eigenschaft, nicht älter zu werden, mehr als irgendeinem andern Menschen zuteil geworden ist. Im März dieses Jahres schrieb ich Ihnen zweimal vom Fort de Joux, einem festen Schloß bei Neufchâtel, wohin ich durch ein unglückliches, aber bald wieder aufgeklärtes Mißverständnis, als ein Staatsgefangener abgeführt worden war. Der Gegenstand meines Briefes war, wenn ich nicht irre, der Amphitryon, eine Umarbeitung des Molierischen, die Ihnen vielleicht jetzt durch den Druck bekannt sein wird, und von der Ihnen damals das Manuskript, zur gütigen Empfehlung an einen Buchhändler, zugeschickt werden sollte. Doch alle Schreiben, die ich von jenem unglücklichen Fort erließ, scheinen von dem Kommandanten unterdrückt worden zu sein; und so ging die Sache einen ganz anderen Gang. Jetzt bin ich willens, mit *Adam Müller,* dem Lehrer des Gegensatzes, der hier, während mehrerer Winter schon, ästhetische, von dem Publiko sehr gut aufgenommene, Vorlesungen gehalten hat, ein Kunstjournal herauszugeben, monatsweise, unter dem Titel, weil doch einer gewählt werden muß: *Phöbus.* Ich bin im Besitz dreier Manuskripte, mit denen ich, für das kommende Jahr, fragmentarisch darin aufzutreten hoffe; einem Trauerspiel, *Penthesilea;* einem Lustspiel, *der zerbrochne Krug* (wovon der Gh. Rt. v. Goethe eine Abschrift besitzt, die Sie leicht, wenn die Erscheinung Sie interessiert, von ihm erhalten könnten); und einer Erzählung, *die Marquise von*

O .. Adam Müller wird seine ästh. und phil. Vorlesungen geben; und durch günstige Verhältnisse sind
wir in den Besitz einiger noch ungedruckter Schriften
des Novalis gekommen, die gleichfalls in den ersten
Heften erscheinen sollen. Ich bitte Sie, mein verehrungswürdigster Freund, um die Erlaubnis, *Sie* in
der Anzeige als einen der Beitragliefernden nennen zu
dürfen; *einmal,* in der Reihe der Jahre, da Sie der
Erde noch, und nicht den Sternen angehören, werden
Sie schon einen Aufsatz für meinen Phöbus erübrigen
können; wenn Sie gleich Ihrem eigenen Merkur damit
karg sind. Ferner wünsche ich, daß Sie den HE. Hofrat
Böttiger für das Institut interessieren möchten; es sei
nun, daß Sie ihn bewegten, uns unmittelbar mit Beiträgen zu beschenken (wir zahlen 30 Rth. p[ro]
B[ogen])*, oder auch nur, diese junge literarische Erscheinung im allgemeinen unter seinen kritischen Schutz
zu nehmen. Ich werde zwar selbst deshalb meinen
Antrag bei ihm machen; doch ein Wort von Ihnen
dürfte mich leicht besser empfehlen, als alle meine
Dramen und Erzählungen. Ich wollte, ich könnte Ihnen
die Penthesilea so, bei dem Kamin, aus dem Stegreif
vortragen, wie damals den Robert Guiskard. Entsinnen Sie sich dessen wohl noch? Das war der stol-
zeste Augenblick meines Lebens. Soviel ist gewiß: ich
habe eine Tragödie (Sie wissen, wie ich mich damit
gequält habe) von der Brust heruntergehustet; und
fühle mich wieder ganz frei! In kurzem soll auch der
Robert Guiskard folgen; und ich überlasse es Ihnen,
mir alsdann zu sagen, welches von beiden besser sei;
denn ich weiß es nicht.—Wo ist denn Louis? Was macht
Ihre vortreffliche Tochter Louise? und die übrigen
Ihrigen? —

---

* wir verlegen selbst.

122. An Johann Friedrich Cotta   Dresden, 21. Dez. 1807

Ew. Wohlgeboren habe ich das Vergnügen zu melden, daß HE. Adam Müller und ich, durch den Kapitalvorschuß eines Kunstfreundes, in den Stand gesetzt
worden sind, ein Kunstjournal, unter dem Titel: Phöbus, monatsweise, nach dem erweiterten Plane der
Horen, zu redigieren und zu verlegen. Die Herren
etc. Wieland, Böttiger, Joh. Müller, wie wir hoffen,
auch HE. v. Goethe, ohne andere würdige Namen zu
nennen, werden die Güte haben, uns mit Beiträgen zu
unterstützen, und HE. Maler Hartmann, da es mit
Zeichnungen erscheinen soll, die Redaktion der Kup-
ferstiche übernehmen. Da der Fortgang dieses, einzig
zur Festhaltung deutscher Kunst und Wissenschaft, ge-
gründeten Instituts schlechthin nicht anders, als unter
Ew. Wohlgeb. Schutz möglich ist, so haben wir, im
ganz unumstößlichen Vertrauen auf Ihre Beförderung,
gewagt, Sie in der Anzeige, als Kommissionär für
Tübingen, zu nennen ... Ew. Wohlgeb. übersende ich
zugleich einen Aufsatz für das Morgenblatt, in welchem ich nicht, wenn es mir vergönnt ist, unterlassen
werde, von Zeit zu Zeit aufzutreten. Ich ersuche Sie,
den Abdruck der überschickten Anzeigen gefälligst dafür in *das Morgenblatt* und *die allgemeine Zeitung*
einrücken zu lassen (*möglichst b a l d beides*) und mir
die Differenz der Werte, falls *ich* der Schuldner bliebe,
gütigst zur Erstattung anzuzeigen.

123. An Präsident von Auerswald   Dresden, 22. Dez. 1807

Ew. Hochwohlgeboren nehme ich mir die Freiheit,
in der Anlage die Anzeige eines Kunstjournals zu überschicken, das ich, unterstützt von den HE. etc. Wieland, Goethe, für das Jahr 1808 herauszugeben denke ... Durch den HE. Grafen von Dohna, den ich
die Ehre hatte, in Töplitz zu sprechen, werden Ew.

Hochwohlgeboren vielleicht schon wissen, daß ich das
Unglück hatte, auf meiner Rückreise von Königsberg
in Berlin arretiert, und als ein Staatsgefangener nach
dem Fort de Joux (bei Neufchâtel) abgeführt zu werden. Über diesen großen Umweg erst ist es mir geglückt, nach Dresden zu kommen, um einen, der Politik
in jeder Hinsicht gleichgültigen, literarischen Plan auszuführen, an dem ich arbeite. Ich empfehle den Phöbus
Ew. Hochwohlgeboren Schutz und Beförderung . . .

124. An Frh. von Altenstein   Dresden, 22. Dez. 1807

Indem ich Ihnen, in der Anlage, die Anzeige eines
Kunstjournals überschicke, das ich, unterstützt von
Goethe und Wieland, für das Jahr 1808 herauszugeben denke, mache ich den Anfang damit, einer sehr
heiligen Forderung meiner Seele ein Genüge zu tun.
Denn niemals wird das Bestreben in mir erlöschen, der
Welt zu zeigen, daß ich der Güte und Gewogenheit,
deren Sie mich, bei meiner Anstellung in Berlin, wür-
digten, wenn auch nicht in dem Sinn, in dem ich es
damals versprach, doch in einem anderen, würdig war.
Sie wissen wohl nicht, mein verehrungswürdigster
Freund, welch ein sonderbares Schicksal mich, auf
meiner Reise von Königsberg nach Dresden, getroffen
hat? . . . Doch es ist dahin gekommen, daß man, wie
Rosse in Macbeth sagt, beim Klang der Sterbeglocke
nicht mehr fragt, wen es gilt? Das Unglück der vergangenen Stunde ist was altes. – Jetzt lebe ich in
Dresden, als dem günstigsten Ort in dieser, für die
Kunst, höchst ungünstigen Zeit, um einige Pläne, die
ich gefaßt habe, auszuführen. Möchten wir uns recht
bald in Berlin wiedersehen! Denn niemals, wohin ich
mich auch, durch die Umstände gedrängt, wenden
muß, wird mein Herz ein anderes Vaterland wählen,
als das, worin ich geboren bin. Erhalten Sie mir in
Ihrer Brust die Gefühle, auf die ich stolz bin, niemals

wird die innigste Verehrung und Dankbarkeit in mir erlöschen, und wenn Sie jemals eines Freundes und einer
Tat bedürfen, so finden Sie keinen, der sich mit treuerem
und heißerem Bestreben für Sie hingeben wird, als mich.

125. An Ulrike von Kleist   Dresden, 5. Jan. 1808

Setze Dich sogleich hin, mein liebstes Mädchen, und
schreibe mir, warum das Geld, das Du mir zu Weihnachten versprochen hast, ausgeblieben ist? Jeder Grund
ist zu verschmerzen, nur nicht der, daß Du mir böse
bist. Wenn Du es nicht auftreiben kannst, was sehr
wohl möglich ist, so muß ich dies wenigstens *wissen,*
damit irgendein andrer Rat geschafft werden kann.
Denn unsere literarische Unternehmung, die den besten
Fortgang verspricht, ist in vollem Laufe, Dresden
allein bringt 50 Subskribenten auf, woraus Du das
Resultat des Ganzen berechnen magst, wenn Du auch
nur annimmst, daß von den übrigen Städten in Deutschland, jede 1 nimmt. Die Horen setzten 3000 Exemplare
ab; und schwerlich konnte man sich, bei ihrer Erscheinung, lebhafter dafür interessieren, als für den Phöbus.
Durch alle drei Hauptgesandten dieser Residenz (den
franz., östr. und russischen, welcher letztere sogar
(Graf Kanikow) Aufsätze hergibt) zirkulieren Subskrip-
tionslisten, und wir werden das erste Heft auf Velin
durch sie an alle Fürsten Deutschlands senden. Es
kömmt alles darauf an, daß wir die Unternehmung, in
den drei ersten Monaten, aus eigner Kasse bestreiten können, um nachher in jeder Rücksicht völlig gedeckt zu sein.

126. An Ulrike von Kleist   Dresden, 8. [Januar 1808]

Hier in Dresden interessiert sich alles, was uns
kennt, für unsre Unternehmung. Stelle Dir vor, daß
wir von der Regierung, als eine Gesellschaft von Gelehrten, höchstwahrscheinlich (die Sache ist schon so

gut, als gewiß) eine kostenfreie Konzession zum Buchhandel erhalten werden; die vier Buchhändler, die hier sind, treten allzusammt dagegen auf, doch man ist fest entschlossen, die Konkurrenz zu vergrößern. Es kann uns, bei unsern literarischen und politischen Konnexionen gar nicht fehlen, daß wir den ganzen Handel an uns reißen. Dazu gibt noch obenein keiner von uns den Namen her, sondern die Handlung wird heißen: Phönix-Buchhandlung. Ferner: die Familie Hardenberg hat uns beauftragt, die gesamten Schriften des Novalis (Hardenberg-Novalis, von dem Du mir nicht sagen wirst, daß Du ihn nicht kennst) zu verlegen, und verlangt nichts, als die Veranstaltung einer Prachtausgabe. Wenn die Sache klug, auf dem Wege der Subskription, angefangen wird, so kann dieser einzige Artikel (da so viel seiner Schriften noch ungedruckt waren) unsern Buchhandel heraufbringen; und wir wagen, im schlimmsten Fall, nicht das allermindeste dabei. Auch Goethe und Wieland haben geschrieben, und werden an unserm Journal Anteil nehmen. Der zerbrochene Krug (ein Lustspiel von mir) wird im Februar zu Weimar aufgeführt, wozu ich wahrscheinlich mit Rühle (der Major und Kammerherr geworden ist), wenn der Prinz dahingeht, mitreisen werde. Kurz, alles geht gut, und es fehlt nichts, als daß ich noch ein Jahr älter bin, um Dich von einer Menge von Dingen zu überzeugen, an die Du noch zweifeln magst.

127. An Goethe   Dresden, 24. Januar 1808

Ew. Exzellenz habe ich die Ehre, in der Anlage gehorsamst das 1. Heft des Phöbus zu überschicken. Es
a   ist auf den „Knieen meines Herzens" daß ich damit

a = Penthesilea, V. 2800: „Vor der mein Herz auf Knieen niederfällt" (Bibelzitat).

vor Ihnen erscheine; möchte das Gefühl, das meine Hände ungewiß macht, den Wert dessen ersetzen, was sie darbringen.

Ich war zu furchtsam, das Trauerspiel, von welchem Ew. Exzellenz hier ein Fragment finden werden, dem Publikum im Ganzen vorzulegen. So, wie es hier steht, wird man vielleicht die Prämissen, als möglich, zugeben müssen, und nachher nicht erschrecken, wenn die Folgerung gezogen wird.

Es ist übrigens ebensowenig für die Bühne geschrieben, als jenes frühere Drama: der Zerbrochene Krug, und ich kann es nur Ew. Exzellenz gutem Willen zuschreiben, mich aufzumuntern, wenn dies letztere gleichwohl in Weimar gegeben wird. Unsre übrigen Bühnen sind weder vor noch hinter dem Vorhang so beschaffen, daß ich auf diese Auszeichnung rechnen dürfte, und so sehr ich auch sonst in jedem Sinne gern dem Augenblick angehörte, so muß ich doch in diesem Fall auf die Zukunft hinaussehen, weil die Rücksichten gar zu niederschlagend wären.

Herr Adam Müller und ich, wir wiederholen unsre inständigste Bitte, unser Journal gütigst mit einem Beitrag zu beschenken, damit es ihm nicht ganz an dem Glanze fehle, den sein, ein wenig dreist gewählter, Titel verspricht. Wir glauben, nicht erst erwähnen zu dürfen, daß die, bei diesem Werke zum Grunde gelegten Abschätzungsregeln der Aufsätze, in einem Falle keine Anwendung leiden können, der schlechthin für uns unschätzbar sein würde. Gestützt auf Ew. Exzellenz gütige Äußerungen hierüber, wagen wir, auf eine Mitteilung zu hoffen, mit der wir schon das 2. Heft dieses Journals ausschmücken könnten. Sollten Umstände, die wir nicht übersehen können, dies unmöglich machen, so werden wir auch eine verzuglose, wenn es sein kann, mit umgehender Post gegebene, Erklärung hierüber als eine Gunstbezeugung aufnehmen, indem diese uns in den Stand setzen würde,

wenigstens mit dem Druck der ersten, bis dahin für
Sie offenen, Bogen vorzugehn.

128. An Frh. von Sumeraw   Dresden, 4. Febr. 1808

Wir verdanken Ew. Exzellenz gnädiger Verwendung
die Gewährung unsres alleruntertänigsten Gesuchs,
Seiner Majestät dem Kaiser unser Kunstjournal Phöbus überreichen zu dürfen, und so wagen wir es Hoch-
denenselben unser Dankgefühl auszudrücken. Die
mannigfachen Schwierigkeiten, womit ein wohlgemein-
tes Unternehmen, wie das unserige, in der gegenwärtigen Zeit zu kämpfen hat, sind nichts gegen die Ge-
nugtuung, welche wir empfinden, indem uns die Gunst
eines erleuchteten Staatsmannes und die Aussicht auf
das Wohlwollen des erhabensten Souveräns gewährt
wird ...   H. v. Kleist   Adam Müller

129. An Heinrich von Collin   Dresden, 14. Febr. 1808

Es geschieht, Ihnen einen Beweis zu geben, wie sehr
wir jetzt auf Sie rechnen, daß wir unser Gesuch, uns
mit einem Beitrag zu beschenken, gleich nach Empfang
Ihres Schreibens noch einmal wiederholen. Es könnte
uns, bei dem Ziel, das wir uns gesteckt haben, keine
Verbindung lieber sein, als mit Ihnen, und sowenig es
uns an Manuskripten fehlt: es liegt uns daran, daß Ihr
Name bald im Phöbus erscheine. Da das Institut vorzüglich auch dazu bestimmt ist, von großen dramatischen Arbeiten, die unter der Feder sind, Proben zu
geben, so würden uns Szenen aus Werken, die unter
der Ihrigen sind, ganz vorzüglich willkommen sein ...
Ich bin, außer der Penthesilea, von welcher ein Fragment im ersten Hefte steht, im Besitz noch zweier Tra-
gödien, von deren einen Sie eine Probe im dritten oder
vierten Heft sehen werden. Diese Bestrebungen, ernsthaft gemeint, *müssen* dem Phöbus seinen Charakter

geben, und auf der Welt ist niemand, der in diese Idee
eingreifen kann, als Sie. Das erste Werk, womit ich
wieder auftreten werde, ist Robert Guiskart, Herzog
der Normänner. Der Stoff ist, mit den Leuten zu
reden, noch ungeheurer; doch in der Kunst kommt es
überall auf die Form an, und alles, was eine Gestalt
hat, ist meine Sache. Außerdem habe ich noch ein Lustspiel liegen, wovon ich ihnen eine, zum Behuf einer
hiesigen Privatvorstellung (aus der nichts ward) ge-
nommene Abschrift schicke. H. v. Goethe läßt es in
Weimar einstudieren. Ob es für das Wiener Publikum
sein wird? weiß ich nicht; wenn der Erfolg nicht *ge-*
wiß ist (wahrscheinlich, wir verstehen uns) so erbitte
ich es mir lieber wieder zurück. Es ist durch den
Baron v. Buol (K. K. Chargé d'Affaires), der es sehr in
Affektion genommen hatte, mehreremal dem H. Grafen v. Palfy empfohlen worden (nicht zugeschickt) –
aber niemals darauf eine entscheidende Antwort erfolgt. – Von der Penthesilea, die im Druck ist, sollen
Sie ein Exemplar haben, sobald sie fertig sein wird. –
Sagen Sie mir, ums Himmelswillen, ist denn das
1. Phöbusheft bei Ihnen noch nicht erschienen? . . . Das
zweite Heft ist fertig; und noch nicht einmal die Ankündigung ist in Wien erschienen! –

130. An Rühle von Lilienstern   Dresden, 4. Mai 1808

Ich muß Dich nur noch über einen Punkt instru-
ieren, in Betreff des Ph[öbus], der bei unsrer letzten
Zusammenkunft nicht hinlänglich ausgemacht worden
ist. Der Ph. muß *schlechterdings* verkauft werden, es
ist an gar keine Kommission zu denken, weil wir die
Verlagskosten nicht aufbringen können. Wir müssen
uns daher zu *jedwedem* Opfer verstehen. Weil das
Kapital, das wir hineingesteckt, doch verloren sein
würde, wenn er aufhört, so muß es lieber in die
Schanze geschlagen [werden] zu einer Zeit, da dies

noch ein Mittel werden kann, ihn (für künftige Jahre) aufrecht zu erhalten. Ja, um dem Skandal zu entgehen, müssen wir uns noch obenein, wenn man uns nur Kredit geben will, für das Risiko *verschreiben* – ich weiß, daß Du mit dieser Maßregel nicht voreilig sein wirst. –

131. An Georg Joachim Göschen   Dresden, 7. Mai 1808

– Es war die gutgemeinte, aber etwas voreilige Hoffnung, die uns der HE. App. Rat Körner zur Erlangung einer Buchhandlung machte, die uns verführte, den Verlag dieses Kunstjournals auf eigne Kosten zu übernehmen. Die Verweigerung derselben setzt uns außerstand, den Vertrieb desselben gehörig zu besorgen, und hat zugleich unser Verhältnis mit den hiesigen Buchhändlern so gestellt, daß an eine Näherung nicht wohl zu denken ist. Da wir auf jeden andern Vorteil, als diesen, das Werk aufrecht zu erhalten und ihm die Allgemeinheit zu geben, deren es würdig ist, Verzicht leisten: so bieten wir Ew. Wohlgeboren denselben gegen Übernahme der Totalkosten (wovon die Berechnung hier einliegt) von Ihrer Seite – und von unsrer, gänzlich unentgeltliche Lieferung der Manuskripte, und Kredit, was die schon vorhandenen Kosten betrifft, bis zur Ostermesse 1809 an. Für den künftigen Jahrgang müßte ein neuer Kontrakt geschlossen werden. Ich sende Ew. Wohlgeboren das Verzeichnis des 4. und 5. Heftes, und einige, bereits fertige, Sachen davon, woraus sich das Ansehn dieser, zur Messe noch erscheinenden, Lieferung einigermaßen wird beurteilen lassen.

132. An Johann Friedrich Cotta   Dresden, 7. Juni 1808

Ew. Wohlgeboren nehme ich mir die Freiheit, in Betreff einiger Manuskripte, die ich vorrätig liegen habe, folgende Vorschläge zu machen.

1) Ob dieselben das Trauerspiel *Penthesilea* in Ver-

lag nehmen wollen, wovon, um Ursachen, die hier zu weitläufig auseinanderzusetzen sind, bereits 7 Bogen gedruckt sind. Dieser Druck der ersten Bogen schreckt die HE. Buchhändler ab, das Werk anders, als in Kommission, zu übernehmen, und gleichwohl setzen mich die großen Kosten, die mir der Phöbus verursacht, außerstand, im Druck dieses Werks fortzufahren. Da die verspätete Erscheinung der Dramen, wovon der Phöbus Fragmente liefert, diesem Journal in letzter Instanz tödlich sein würde (indem es nur darauf berechnet ist), so muß ich mich, in dieser Lage, an jemand wenden, dem das Interesse der Kunst selbst am Herzen liegt. Ich bin erbötig, Ew. Wohlgeb. die Bestimmung des Honorars gänzlich zu überlassen und Kredit darauf zu geben, bis Ostern 1809, wenn dieselben nur die Druckkosten, nach dem inliegenden Anschlag, übernehmen, und mir, zur Fortsetzung des Werkes, übersenden wollen. Wenn es nicht anders, als in Kommission genommen werden kann, so bin ich bereit, auf die Berechnung bis Ostern 1810 Kredit zu geben, falls Dieselben mich, durch einen Vorschuß von 150 Rth. in den Stand setzen wollen, Ihnen das Werk unverzüglich zu liefern. – Ich erbitte mir auf einen dieser Punkte eine gefällige Antwort.

2) Ob Ew. Wohlgeb. den Verlag eines *Taschenbuchs* übernehmen wollen, wozu ich Denselben jährlich ein Drama im Manuskript, und Zeichnungen von HE. Hartmann, der Szenen daraus darstellen will, überliefern würde. Ich würde, in diesem Jahre, das *Käthchen von Heilbronn* dazu bestimmen, ein Stück, das mehr in die romantische Gattung schlägt, als die übrigen. – Doch auch eines der andern Stücke, wovon im Phöbus Fragmente erschienen, stehen Ew. Wohlgeboren zu Diensten. – Es wird nächstens noch eins erscheinen, vielleicht, daß dies Denenselben zusagt. Ich erbitte mir über diesen Punkt, wenn er angenommen wird, gefällige Vorschläge.

3) Erbitten wir uns, HE. Ad. Müller und ich, da Sie außerstand sind, den Phöbus in diesem Jahr zu übernehmen, wenigstens alle Gefälligkeiten, die nötig sind, ihn zu halten. Wir werden Denenselben eine Kritik (wir hoffen, von HE. Fr. Schlegel, oder wenn dies nicht sein kann, von HE. Dokt. Wetzel) der fünf erschienenen Hefte, und eine Inhaltsanzeige des sechsten (in welchem Beiträge von Fr. v. Staël und Fr. Schlegel erscheinen werden) zuschicken und bitten, dieselben gefälligst im Morgenblatt zu verbreiten.

133. Für Elenonore von Haza   Dresden, 12. Juni 1808

Kleines, hübsches, rotköpfiges Lorchen! Ich wünsche Dir soviele Freuden, als Schlüsselblumen in dem großen Garten blühn. Bist Du damit zufrieden? – Und auch einen hübschen Maitag, um sie zu pflücken!

134. An Johann Friedrich Cotta   Dresden, 24. Juli 1808

Ew. Wohlgeboren haben sich wirklich, durch die Übernahme der Penthesilea, einen Anspruch auf meine herzliche und unauslöschliche Ergebenheit erworben. Ich fühle, mit völlig lebhafter Überzeugung, daß diesem Ankauf, unter den jetzigen Umständen, kein anderes Motiv zum Grunde liegen kann, als der gute Wille, einen Schriftsteller nicht untergehen zu lassen, den die Zeit nicht tragen kann; und wenn es mir nun gelingt, mich, ihr zum Trotz, aufrecht zu erhalten, so werd' ich in der Tat sagen müssen, daß ich es Ihnen zu verdanken habe ...

Was das *Taschenbuch* betrifft, so übergebe ich mich damit nunmehr, so wie mit allem, was ich schreibe, ganz und gar in Ew. Wohlgeboren Hände. Wenn ich *dichten* kann, d. h. wenn ich mir mit jedem Werke, das ich schreibe, so viel erwerben kann, als ich notdürftig brauche, um ein zweites zu schreiben; so sind alle meine Ansprüche an dieses Leben erfüllt. Das Schauspiel, das für das Taschenbuch bestimmt ist, wird, hoff' ich, in Wien aufgeführt werden. Da bisher noch von keinem Honorar die Rede war, so hindert dies die Erscheinung des Werkes nicht; inzwischen wünschte ich doch, daß es so spät erschiene, als es Ihr Interesse zuläßt.

135. *An Ulrike von Kleist*   Dresden, August 1808

Der Phöbus hat sich, trotz des gänzlich daniederliegenden Buchhandels, noch bis jetzt erhalten; doch was jetzt, wenn der Krieg ausbricht, daraus werden soll, weiß ich nicht. Es würde mir leicht sein, Dich zu überzeugen, wie gut meine Lage wäre, und wie hoffnungsreich die Aussichten, die sich mir in die Zukunft eröffnen: wenn diese verderbliche Zeit nicht den Erfolg aller ruhigen Bemühungen zerstörte. Gleichwohl ist die Bedingung, unter der ich hier lebe, noch erträglich, und ich fürchte sehr, daß es Euch allen nicht besser geht. Ich habe jetzt wieder ein Stück, durch den hiesigen Maître de plaisir, Grf. Vizthum, an die Sächsische Hauptbühne verkauft, und denke dies, wenn mich der Krieg nicht stört, auch nach Wien zu tun; doch nach Berlin geht es nicht, weil dort nur Übersetzungen kleiner französischer Stücke gegeben werden; und in Cassel ist gar das deutsche Theater ganz abgeschafft und ein französisches an die Stelle gesetzt worden. So wird es wohl, wenn Gott nicht hilft, überall werden. Wer weiß, ob jemand noch, nach hundert Jahren, in dieser Gegend deutsch spricht. Ich bitte Dich, nicht böse zu werden, wenn ich Dir vorderhand die Interessen der 500 Rth. nicht auszahlen kann, ich versichre Dich, daß es ganz unmöglich ist, indem die meisten Buchhändler bis auf Ostern 1809 unsre Schuldner sind. Die eigentliche Absicht dieses Briefes ist, bestimmt zu erfahren, wo Du bist, und Dich zu fragen,

ob Du wohl einen reitenden Boten, den ich von hier
aus nach Wormlage abfertigen würde, von dort aus
weiter nach Fürstenwalde besorgen kannst? Man
wünscht jemanden, der in der Mark wohnt (es ist der
G[raf] P.), schnell von der Entbindung einer Dame,
die in Töplitz ist, zu benachrichtigen ... Schnelligkeit
wird sehr gewünscht. Auch mir antworte *sogleich* auf
diesen Punkt.

136. An Ulrike von Kleist   Dresden, 30. Sept. 1808

Ich hatte mir, in der Tat, schon einen Paß besorgt,
um nach Wormlage zu kommen, weil ich Dich in einer
wichtigen Sache zu sprechen wünschte. Doch ein hef-
tiges Zahngeschwür hält mich davon ab. Da die Sache
keinen Aufschub leidet, so bitte ich Dich, Dich auf
einen Wagen zu setzen und zu mir herzukommen. Ich
weiß wohl, daß man keiner andern Schwester so etwas
zumuten könnte; doch grade weil Du es bist, so tue ich
es. Der Überbringer ist mein Bedienter, in dessen Begleitung Du so sicher, wie in Abrahams Schoß, reisen
kannst ... Entschließe Dich, meine liebste Ulrike,
a   schürz' und schwinge Dich, das Wetter ist gut, und in
drei Tagen ist alles, als wär' es nicht geschehen.

137. An Varnhagen von Ense   [Dresden, Oktober 1808]

Lieber Varnhagen, ich bin zweimal im goldnen Engel
gewesen, ohne Sie zu treffen. Heute bin ich krank.
Wollen Sie Nachmittag eine Tasse Kaffee bei mir trinken? Sie werden damit sehr erfreuen, Ihren ergeben-
sten H. v. Kleist.

a = Käthchen IV 1: „Schürz' und schwinge dich!"

138. *An Rühle von Lilienstern*   [Dresden, 1808]

Schenke mir oder leihe mir, auf mein ehrliches Gesicht, zehn Taler, zum Lohn für das, was ich Dir gestern getan habe. Wenn ich auf Dich böse bin, so überlebt diese Regung nie eine Nacht, und schon als Du mir die Hand reichtest, beim Weggehen, <u>kam die ganze Empfindung meiner Mutter über mich</u>, und machte mich wieder gut.   *a*

139. *An Ulrike von Kleist*   Dresden, 2. Nov. 1808

Ich reise, in diesem Augenblick, in der Sache der Fr. v. Haza, von welcher ich Dich, bei Deinem Hiersein in Dresden, einigermaßen unterrichtet habe, nach Lewitz, in der Gegend von Posen ab. Da ich wieder durch die Lausitz gehe, so glaubte ich, bei dieser Gelegenheit, meine Schulden an Pannwitz, abtragen zu können; doch die Ausgaben wachsen mir so über den Kopf, daß ich es nicht bestreiten kann. Tue mir den Gefallen, und decke die 20 Rth., die ich ihm schuldig; *ihm* schuldig zu sein, quält mich nicht, doch unsrer Minette, die sie ihm vorgeschossen hat ... Fr. v. Haza ist eine liebenswürdige und vortreffliche Dame, und die ersten Schritte, die ich für sie getan habe, machen es ganz notwendig, daß ich die letzten auch tue ...

N. S. Der Buchhändler Walter hat den Phöbus übernommen, und alle Ausgaben sind gedeckt.

140. *An Heinrich von Collin*   Dresden, 8. Dez. 1808

Das Käthchen von Heilbronn, das, wie ich selbst einsehe, notwendig verkürzt werden muß, konnte unter keine Hände fallen, denen ich dies Geschäft lie-

a = *Käthchen IV 2: „so kommt die ganze Empfindung der Weiber über mich, und macht meine Tränen fließen."*

ber anvertraute, als den Ihrigen. Verfahren Sie ganz damit, wie es der Zweck Ihrer Bühne erheischt. Auch die Berliner Bühne, die es aufführt, verkürzt es; und ich selbst werde vielleicht noch, für andere Bühnen, ein Gleiches damit vornehmen. – Wie gern hätte ich das Wort von Ihnen gehört, das Ihnen, die Penthesilea betreffend, auf der Zunge zu schweben schien! Wäre es auch gleich ein wenig streng gewesen! Denn wer das Käthchen liebt, dem kann die Penthesilea nicht ganz unbegreiflich sein, sie gehören ja wie das + und — der Algebra zusammen, und sind ein und dasselbe Wesen, nur unter entgegengesetzten Beziehungen gedacht. – Sagen Sie mir dreist, wenn Sie Zeit und Lust haben, was Sie darüber denken; *gewiß!* es kann mir nicht anders, als lehrreich und angenehm sein. –

141. An Heinrich von Collin   Dresden, 1. Jan. 1809

Sie erhalten, in der Anlage, ein neues Drama, betitelt: *die Herrmannsschlacht,* von dem ich wünsche, daß es Ihnen gleichfalls, wie das Käthchen von Heilbronn, ein wenig gefallen möge. Schlagen Sie es gefälligst der K. K. Theaterdirektion zur Aufführung vor. Wenn dieselbe es annehmen sollte, so wünsche ich fast (falls dies noch möglich wäre), daß es früher auf die Bühne käme, als das Käthchen; es ist um nichts besser, und doch scheint es mir seines Erfolges sichrer zu sein.

142. An Frh. von Altenstein   Dresden, 1. Jan. 1809

Ich möchte Ihre Hand ergreifen, mein großer und erhabener Freund, und einen langen und heißen Kuß darauf drücken! Denn was soll ich Ihnen, so wie die Verhältnisse stehn, sagen, in dem Tumult freudiger Empfindungen, durch den Inhalt der letzten Berliner Zeitungsblätter erregt? Möchte jedes Herz nur, wie das meinige, Ihnen zufliegen, das Vaterland müßte,

wie jener Sohn der Erde, von seinem Fall erstehn:
mächtiger, blühender, glücklicher und herrlicher, als
jemals!

Ew. Exzellenz Ankunft in Berlin erwarte ich bloß
(denn darauf dürfen wir doch hoffen?), um Denenselben die Abschrift einer *Herrmannsschlacht* zuzustellen,
die ich eben jetzt nach Wien geschickt habe. Schon aus
dem Titel sehen Sie, daß dies Drama auf keinem so
entfernten Standpunkt gedichtet ist, als ein früheres,
das jetzt daselbst auf die Bühne kommt. Und wenn
der Tag uns nur völlig erscheint, von welchem Sie uns
die Morgenröte heraufführen, so will ich lauter Werke
schreiben, die in die Mitte der Zeit hineinfallen.

Ich kann diesen Augenblick, in welchem Ew. Exzellenz gewiß, mehr als jemals, bemüht sind, alle Kräfte
um sich zu versammeln, nicht vorübergehen lassen,
ohne Sie auf einen Freund, den Herzogl. Weimarisch.
Hofr. Adam Müller (einen Preußen von Geburt) aufmerksam zu machen. Ew. Exzellenz wird vielleicht
schon, aus öffentlichen Blättern, bekannt sein, daß dieser außerordentliche Geist, im Laufe dieses Winters,
vor einer geschlossenen Gesellschaft, einen Kursus politisch-ökonomischer Vorlesungen angefangen hat; es ist
fast das ganze diplomatische Korps (mit Ausnahme
des HE. v. Bourgoing), das sich, zweimal in der Woche,
in der Wohnung des Pr[inzen] Bernh. v. Weimar, mit
einem in der Tat seltenen Beifall, um ihn versammelt.
Ich nehme mir die Freiheit, Ew. Exzellenz die zehnte
Vorlesung, die ich ihm halb im Scherz, halb im Ernst,
entrissen habe, als eine Probe, auf eine wie weltumfassende Art er seinen Gegenstand behandelt, mitzuteilen. Da ihn das Leben eigentlich mehr, als das
Studium, innerhalb der Grenzen der Bücher, erzogen
hat, und sein Gemüt, wie gewiß jeder anerkennen
wird, von einer großen praktischen Fähigkeit ist, so
wüßte ich nicht, wie ich das unauslöschliche Bestreben,
dem Vaterlande, auch außer dem Dichterkreise, der

mir verzeichnet ist, noch nützlich zu sein, besser betätigen könnte, als dadurch, daß ich Ew. Exzellenz diesen Mann zu empfehlen wage ... Er weiß von diesem Schreiben nichts, obschon er im allgemeinen wohl ahndet, zu welchem Zweck ich jene Vorlesung an mich genommen habe.

143. An Georg Moritz Walther   Dresden, 5. April 1809

Ew. Wohlgeboren sehe ich mich genötigt, zu melden, daß der Kontrakt, in welchem der Hofr. Müller die Forderung der Phöbus-Redaktion, in Pausch und Bogen, für 130 Rth. an Sie abgetreten hat, gänzlich ohne mein Vorwissen abgeschlossen worden ist.

Ich zweifle nicht, daß Ew. Wohlgeb. dieser Umstand unbekannt war, und daß der Hofr. Müller Ihnen die Versicherung gegeben hat: ich wäre von diesem Schritte unterrichtet.

Inzwischen ist, durch ein so wenig freundschaftliches Verfahren, wozu noch andere Schritte kommen, die nicht hierher gehören, das gute Vernehmen gestört worden, das bisher unter uns obwaltete.

Wenn also Dieselben, wie mir der Hofrat versichert, den Phöbus, für das nächste Jahr, in Verlag nehmen wollen: so trete ich entweder von der Redaktion zurück, oder suche mir einen andern Korredakteur, als den Hofr. Müller.

144. An Ulrike von Kleist   Dresden, 8. April 1809

Ich werde mit der Kaiserl. Gesandtschaft, wenn sie von hier abgeht, nach Wien reisen. Nur wünsche ich lebhaft, Dich vorher noch einmal zu sprechen; und doch ist es mir unmöglich, Dresden auf mehrere Tage zu verlassen, eben weil die Gesandtschaft jede Stunde den Befehl zum Aufbruch erhalten kann. Könntest Du mir nicht auf den halben Weg bis – – wie heißt der

Ort 4 Meilen von Wormlage und 3 Meilen von Dresden? – entgegenkommen? Wenn Du es möglich machen kannst: so schreibe mir den Tag und den *Namen* dieses Orts; und verlaß Dich darauf daß ich alsdann mit Dir zugleich dort eintreffe. Auch wünsche ich, zum Behuf dieser Reise, einiges Geld von der kleinen Erbschaft, die ich gemacht habe, voraus zu empfangen. Könntest Du mir nicht, auf irgendeine Art, dazu verhelfen und es mir mitbringen? Wenn es auch nur 50 oder 30 Rth. wären.

145. *An Heinrich von Collin*   Dresden, 20. April 1809

Ihre mutigen Lieder östr. Wehrmänner haben wir auch hier gelesen. Meine Freude darüber, Ihren Namen auf dem Titel zu sehen (der Verleger hat es nicht gewagt, sich zu nennen), war unbeschreiblich. Ich auch finde, man muß sich mit seinem ganzen Gewicht, so schwer oder leicht es sein mag, in die Waage der Zeit werfen; Sie werden inliegend mein Scherflein dazu finden. Geben Sie die Gedichte, wenn sie Ihnen gefallen, *Degen* oder wem Sie wollen, in öffentliche Blätter zu rücken, oder auch einzeln (nur nicht zusammenhängend, weil ich eine größere Sammlung herausgeben will) zu drucken; ich wollte, ich hätte eine Stimme von Erz, und könnte Sie, vom Harz herab, den Deutschen absingen.

Vorderhand sind wir der Franzosen hier los ... Der König und die Königin haben laut geweint, da sie in den Wagen stiegen. Überhaupt spricht man sehr zweideutig von dieser Abreise. Es sollen die heftigsten Auftritte zwischen dem König und Bernadotte vorgefallen sein, und der König nur, auf die ungeheuersten Drohungen, Dresden verlassen haben. Jetzt ist alles darauf gespannt, was geschehen wird, wenn die Armee über die Grenze rücken soll. Der König soll entschlossen sein, dies nicht zu tun; und der Geist der Truppen

ist in der Tat so, daß es kaum möglich ist. Ob er alsdann, den Franzosen so nahe, noch frei sein wird? – ist
eine andere Frage. – Vielleicht erhalten wir einen Pendant zur Geschichte von Spanien. – Wenn nur die
Österreicher erst hier wären!

Doch, wie steht's, mein teuerster Freund, mit der
Herrmannsschlacht? Sie können leicht denken, wie sehr
mir die Aufführung dieses Stücks, das einzig und
allein auf diesen Augenblick berechnet war, am Herzen liegt. Schreiben Sie mir bald: es wird gegeben;
jede Bedingung ist mir gleichgültig, ich *schenke* es den
Deutschen; machen Sie nur, daß es gegeben wird.

146. An Ulrike von Kleist   Teplitz, 3. Mai 1809

Den 29. April habe ich Dresden verlassen. B[uol],
mit dem ich, wie ich Dir sagte, reisen wollte, war schon
fort; und auch hier in Töplitz, habe ich ihn nicht mehr
angetroffen. Alles stand damals so gut, daß ich in
Dresden bleiben zu können glaubte; doch die letzten
Begebenheiten haben mich gezwungen, von dort hin-
wegzugehen. Was ich nun eigentlich in diesem Lande tun
werde, das weiß ich noch nicht; die Zeit wird es mir
an die Hand geben, und Du es alsdann, hoffe ich, auch
erfahren. Für jetzt gehe ich über Prag nach Wien.

Inzwischen habe ich von Dresden nicht weggehen
können, ohne einige Schulden daselbst zurückzulassen,
die zu Johanni zahlbar sind. Nur die Gewißheit, daß
mir die Erbschaft alsdann ausgezahlt werden wird,
hat diesen Schritt überhaupt möglich gemacht. Ich beschwöre Dich also, meine teuerste Ulrike, für diesmal
noch mit Deiner Forderung zurückzustehen, und mir
das Geld, zur Bezahlung jener Schuld zukommen zu
lassen ... Versäume dies ja nicht, meine teuerste Ulrike,
damit keine, mir auf das Äußerste empfindliche, Irrun-
gen daraus entstehen. Lebe inzwischen wohl, wir
mögen uns wiedersehn oder nicht, Dein Name wird
das letzte Wort sein, das über meine Lippen geht, und
mein erster Gedanke (wenn es erlaubt ist) von jenseits
wieder zu Dir zurückkehren!

147. An Friedrich von Pfuel [?]   Stockerau, 25. Mai 1809

Hier, mein teuerster Freund, schicke ich Ihnen, was
ich soeben, feucht aus der Presse kommend, aus den
Händen des Gen. Grf. Radetzky, erhalten habe. Fast

hätte ich es Ihnen durch eine Estafette zugeschickt, um es desto früher an Knesebeck zu spedieren. Nun zweifle ich keinen Augenblick mehr daß der König von Preußen und mit ihm das ganze Norddeutschland losbricht, und so ein Krieg entsteht, wie er der großen Sache, die es gilt, würdig ist ...

Wir gehen heute, Dahlmann und ich, auf das Schlachtfeld, nach Kakeran und Aspern, um alles zu betrachten, und uns von dem Gang der Begebenheiten zu unterrichten ...

N. S. In dem Briefe, der für Sie nach Prag gegangen ist, liegt ein Brief an *Hartmann*. Wenn Knesebeck den Brief erbrechen soll, so müssen Sie ihn erinnern, daß er den Brief an *Hartmann* nicht etwa auf die Post gebe. Der Brief muß durch Eichler gehn. –

148. An Friedrich von Schlegel   Prag, 13. Juni 1809

Durch den Obristburggrafen, H. Grf. v. Wallis, ist ein Gesuch, daß H. v. Dahlmann und ich, um die Erlaubnis, ein Journal, oder eigentlich ein Wochenblatt, unter dem Titel: Germania, herausgeben zu dürfen, bei der Regierung eingereicht hatten, Sr. Exz. dem H. Grf. v. Stadion vorgelegt worden. Was dieses Blatt enthalten soll, können Sie leicht denken; es ist nur ein Gegenstand, über den der Deutsche jetzt zu reden hat. Wir vereinigen uns beide, H. v. Dahlmann und ich, Sie zu bitten, bei dem H. Grafen, durch Ihre gütige Verwendung, das, was etwa nötig sein möchte, zu tun, um die in Rede stehende Erlaubnis, und zwar so geschwind, als es die Umstände verstatten, zu erhalten. Diesem Gesuch fügen wir noch ein anderes bei, das uns fast ebenso wichtig ist: nämlich uns gefälligst mit Beiträgen, oder wenigstens mit *einem* vorläufig zu beschenken, indem wir durch die Anerbietungen des Buchhändlers ziemlich imstand sein werden, sie so gut, wie ein anderer, zu honorieren. Es versteht sich von

selbst, daß wir (falls die Einsendung nicht zu stark
wäre) sogleich eines der ersten Blätter damit ausschmücken würden; weniger um Sie zu ehren, was Sie
nicht bedürfen, als uns und unser Institut. Überhaupt
will ich mit der Eröffnung desselben weiter nichts –
(denn ihm persönlich vorzustehen, fühle ich mich nur,
in Ermangelung eines Besseren, gewachsen), als unsern
Schriftstellern, und besonders den norddeutschen, eine
Gelegenheit zu verschaffen, das, was sie dem Volke zu
sagen haben, gefahrlos in meine Blätter rücken zu lassen. Wir selber nennen uns nicht; und mithin auch
keinen anderen, wenn es nicht ausdrücklich verlangt
wird.

149. An Ulrike von Kleist   Prag, 17. Juli 1809

Noch niemals, meine teuerste Ulrike, bin ich so erschüttert gewesen, wie jetzt. Nicht sowohl über die
Zeit – denn das, was eingetreten ist, ließ sich, auf
gewisse Weise, vorhersehen; als darüber, daß ich bestimmt war, es zu überleben. Ich ging aus D[resden]
weg, wie Du weißt, in der Absicht, mich mittelbar
oder unmittelbar, in den Strom der Begebenheiten hineinzuwerfen; doch in allen Schritten, die ich dazu tat,
auf die seltsamste Weise, kontrekariert, war ich genötigt, hier in Prag, wohin meine Wünsche gar nicht gingen, meinen Aufenthalt zu nehmen. Gleichwohl schien
sich hier, durch B[uol], und durch die Bekanntschaften,
die er mir verschaffte, ein Wirkungskreis für mich eröffnen zu wollen. Es war die schöne Zeit nach dem
21. und 22. Mai, und ich fand Gelegenheit, einige
Aufsätze, die ich für ein patriotisches Wochenblatt bestimmt hatte, im Hause des Grf. v. Kollowrat, vorzu-
lesen. Man faßte die Idee, dieses Wochenblatt zustande
zu bringen, lebhaft auf, andere übernahmen es, statt
meiner, den Verleger herbeizuschaffen, und nichts
fehlte, als eine höhere Bewilligung, wegen welcher man

geglaubt hatte, einkommen zu müssen. Solange ich lebe, vereinigte sich noch nicht soviel, um mir eine frohe Zukunft hoffen zu lassen; und nun vernichten die letzten Vorfälle nicht nur diese Unternehmung – sie vernichten meine ganze Tätigkeit überhaupt.

Ich bin gänzlich außerstand zu sagen, wie ich mich jetzt fassen werde. Ich habe Gleißenberg geschrieben, ein Paar ältere Manuskripte zu verkaufen; doch das eine wird, wegen seiner Beziehung auf die Zeit, schwerlich einen Verleger, und das andere, weil es keine solche Beziehung hat, wenig Interesse finden. Kurz, meine teuerste Ulrike, das ganze Geschäft des Dichtens ist mir gelegt; denn ich bin, wie ich mich auch stelle, in der Alternative, die ich Dir soeben angegeben habe ... Was ich ergreifen werde, wie gesagt, weiß ich nicht; denn wenn es auch ein Handwerk wäre, so würde, bei dem, was nun die Welt erfahren wird, nichts herauskommen. Aber Hoffnung muß bei den Lebenden sein. –

150. An Ulrike von Kleist Frankfurt a.d.O., 23. Nov. 1809

Aus inliegender Abschrift meines Schreibens an den Syndikus Dames, wirst du ersehen, was ich, meinen Anteil an das hiesige Haus betreffend, für Verfügungen getroffen habe.

Die Veranlassung dazu ist nicht gemacht, Dir in einem Briefe mitgeteilt zu werden.

Ich glaubte Dich in dieser Gegend zu finden, und mein Wille war, mich unmittelbar, wegen Aufnahme des Geldes, an Dich zu wenden; doch diese Hoffnung ward, durch Deine Abreise nach Pommern, vereitelt.

Adieu, mein teuerstes Mädchen; ich gehe nach dem Österreichischen zurück, und hoffe, daß Du bald etwas Frohes von mir erfahren wirst.

[Beilage]

Bei meiner Abreise von hier will ich noch folgende Verfügungen hiermit schriftlich bei Ihnen niederlegen.

Zuerst bitte ich, dem HE. Kaufm. Wöllmitz, für das mir geliehene Kapital von 500 Rth. à 6 p. C., messentlich 10 Rth. zu entrichten.

2) Den Rest der auf mich fallenden Zinsen bitte ich, nach wie vor, meiner Schwester Ulrike von Kleist, einzuhändigen.

3) Sollte das Haus verkauft werden, so bitte ich gleichfalls, den auf mich fallenden Teil des Kaufpreises, er sei so groß er wolle, meiner Schwester Ulrike zu übermachen, die ihn, auf Abschlag dessen, was ich ihr schuldig bin, als ihr Eigentum zu betrachten hat.

151. An Joh. Friedr. Cotta   Frankfurt a. M., 12. Jan. 1810

Ew. Wohlgeboren habe ich die Ehre, Ihrem Brief
vom 1. Juli 8 gemäß, das Käthchen von Heilbronn zu
überschicken. Mehrere Reisen, die ich gemacht, sind
schuld, daß ich das Versprechen, es zum Druck zu liefern, erst in diesem Jahre nachkomme. Ich erhielt einen
Brief von HE. v. Collin, kurz vor dem Ausbruch des
Kriegs, worin er mir schreibt: die Rollen wären ausgeteilt, und es sollte unmittelbar, auf dem Theater zu
Wien, gegeben werden. Weiter weiß ich von seinem
Schicksal nichts. Es steht nun in Ew. Wohlg. Willen, ob
es in Taschenformat, oder auf andere Weise, erscheinen soll: obschon mir ersteres, wie die Verabredung
war, lieber wäre. Ich würde, wenn es Glück macht,
jährlich eins, von der romantischen Gattung, liefern
können. Ew. Wohlgeb. Brief, den ich bei der Hand
habe, enthält, daß Dieselben sich erst, nach Verlauf
eines Jahrs, über das Honorar zu entscheiden wünschen. Die Reise, die ich gemacht habe, setzt mich
gleichwohl in einige Verlegenheit, und ich stelle es
Ihrer Güte anheim, ob Sie der Bitte, mir, irgend was
es auch sei, *gleich* zu überschicken, gefälligst will-
fahren wollen. Es wäre nicht das erstemal, daß Sie sich
meine Dankbarkeit lebhaft verpflichtet hätten. In diesem Falle bitte ich, es nach *Berlin,* poste restante, zu
senden, wohin ich in einigen Tagen abgehen werde.

152. An Heinrich von Collin   Gotha, 28. Jan. 1810

Kurz vor dem Ausbruch des Krieges erhielt ich ein
Schreiben von Ihnen, worin Sie mir sagten, daß Sie
das Drama: die Herrmannsschlacht, das ich Ihnen zugeschickt hatte, der K. K. Theaterdirektion, zur Prüfung und höheren Entscheidung, vorgelegt hätten.
Natürlich machten die Vorfälle, die bald darauf ein-
traten, unmöglich, daß es aufgeführt werden konnte.

Jetzt aber, da sich die Verhältnisse wieder glücklich geändert haben, interessiert es mich, zu wissen: ob sich das Manuskript noch vorfindet? ob daran zu denken ist, es auf die Bühne zu bringen? und wenn nicht, ob ich es nicht nach Berlin zurück erhalten kann? – Ebenso lebhaft interessiert mich das Käthchen von Heilbronn, daß Sie die Güte hatten, für die Bühne zu bearbeiten. In demselben, schon erwähnten Briefe schrieben Sie: die Rollen seien ausgeteilt, und alles zur Aufführung bereit. Ist es aufgeführt? Oder nicht? Und wird es noch werden? – ... Wie herzlich haben uns Ihre schönen Kriegslieder erfreut; und wie herzlich erfreut uns der Dank, den der Kaiser, Ihr Herr, Ihnen kürzlich öffentlich dafür ausgedrückt hat!

N. S. Ich war nur auf kurze Zeit hier, und gehe morgen nach *Berlin* zurück, wohin ich poste restante zu antworten bitte.

153. An Ulrike von Kleist   Berlin, 19. März 1810

Denkst Du nicht daran, in einiger Zeit wieder, in diese Gegend zurückzukehren? Und wenn Du es tust: könntest Du Dich nicht entschließen, auf ein oder ein paar Monate, nach Berlin zu kommen, und mir, als ein reines Geschenk, Deine Gegenwart zu gönnen? Du müßtest es nicht begreifen, als *ein Zusammenziehen mit mir,* sondern als einen freien, unabhängigen Aufenthalt, zu Deinem Vergnügen; Gleißenberg, der, zu Anfang Aprils, auf drei Monate nach Gulben geht, bietet Dir dazu seine Wohnung an. Du würdest täglich in Altensteins Hause sein können, dem die Schwester die Wirtschaft führt, und der seine Mutter bei sich hat; würdige und angenehme Damen, in deren Gesellschaft Du Dich sehr wohl befinden würdest. Sie sehen mich nicht, ohne mich zu fragen: was macht Ihre Schwester? Und warum kömmt sie nicht her? Meine Antwort an den Minister ist: es ist mir nicht so gut gegangen, als Ihnen; und ich kann sie nicht, wie Sie, in meinem Hause bei mir sehn. Auch in andre Häuser, als z. B. beim Geh. Staatsrat Staegemann, würde ich Dich einführen können, dessen Du Dich vielleicht, von Königsberg her, erinnerst. Ich habe der Königin, an ihrem Geburtstag, ein Gedicht überreicht, das sie, vor den Augen des ganzes Hofes, zu Tränen gerührt hat; ich kann ihrer Gnade, und ihres guten Willens, etwas für mich zu tun, gewiß sein. Jetzt wird ein Stück von mir, das aus der Brandenburgischen Geschichte genommen ist, auf dem Privattheater des Prinzen Radziwil gegeben, und soll nachher auf die Nationalbühne kommen, und, wenn es gedruckt ist, der Königin übergeben werden. Was sich aus allem diesen machen läßt,

weiß ich noch nicht; ich glaube es ist eine Hofcharge;
das aber weiß ich, daß Du mir von großem Nutzen
sein könntest. Denn wie manches könntest Du, bei den
Altensteinschen Damen, zur Sprache bringen, was mir,
dem Minister zu sagen, schwer, ja unmöglich fällt.

154. An Wilhelm Reuter   Berlin, 8. April 1810

Ew. Wohlgeboren muß ich bemerken, daß Herr
von Schlotheim nunmehr unfehlbar geschrieben haben
würde, wenn er es für nötig gehalten hätte. Ich bitte
also ganz ergebenst, wegen Auszahlung der 22 Pränumerationsscheine, in deren Besitz ich bin, keine
Schwierigkeiten zu machen. Ew. Wohlgeboren bitte ich
zu erwägen, daß, da die Pränumerationsscheine auf
den Vorzeiger lauten, der Umstand, von wem ich sie
habe, eigentlich ganz gleichgültig ist, und daß es mithin gar keiner Anweisung, von seiten des Herrn von
Schlotheim, bedarf.

155. An Georg Reimer   Berlin, 30. April 1810

30 Thl. habe ich auf Abschlag eines Honorars von
50 Thl. für einen Band von Erzählungen, der in drei
Monaten à dato abzuliefern ist, von H. Buchhändler
Reimer, empfangen. Welches ich hiermit bescheinige.

156. An Georg Reimer   [Berlin, Mai 1810]

Ich schicke Ihnen das Fragment vom Kohlhaas, und
denke, wenn der Druck nicht zu rasch vor sich geht,
den Rest, zu rechter Zeit, nachliefern zu können.
Es würde mir lieb sein, wenn der Druck so wohl
ins Auge fiele, als es sich, ohne weiteren Kostenauf-
wand, tun läßt, und schlage etwa den Persiles [von
Cervantes, bei Reimer verlegt] vor.
Der Titel ist: Moralische Erzählungen von Heinrich
von Kleist.

157. An Georg Reimer   Berlin, 10. August 1810

Wollen Sie mein Drama, das Käthchen von Heilbronn, zum Druck übernehmen? Es ist den 17. 18. und
19. März, auf dem Theater an der Wien, während
der Vermählungsfeierlichkeiten, zum erstenmal gegeben, und auch seitdem häufig, wie mir Freunde sagen,
wiederholt worden. Ich lege Ihnen ein Stück, das,
glaube ich, aus der Nürnberger Zeitung ist, vor, worin
dessen Erwähnung geschieht. Auch der Moniteur und
mehrere andere Blätter, haben darüber Bericht erstattet. Die hiesige Zeitungsredaktion hat den inliegenden
Artikel abgedruckt, und von ihr ist es, daß ich ihn
erhalten habe.

158. An August Wilhelm Iffland   Berlin, 12. August 1810

Ew. Wohlgeboren haben mir, durch HE. Hofrat
Römer, das, auf dem Wiener Theater, bei Gelegenheit
der Vermählungsfeierlichkeiten, zur Aufführung gebrachte Stück, das Käthchen von Heilbronn, mit der
Äußerung zurückgeben lassen: es gefiele Ihnen nicht.
Es tut mir leid, die Wahrheit zu sagen, daß es ein
Mädchen ist; wenn es ein Junge gewesen wäre, so
würde es Ew. Wohlgeboren wahrscheinlich besser gefallen haben.

159. An Georg Reimer   [Berlin, 12. August 1810]

Hier erfolgt das Käthchen von Heilbronn. Ich
wünsche
1) zu Montag früh Bescheid,
2) hübschen Druck und daß es auf die Messe kömmt;
3) Honorar überlasse ich Ihnen, wenn es nur gleich
gezahlt wird.

160. An Georg Reimer   [Berlin, 5. Sept. 1810]

In den Heften, liebster Reimer, die Sie mir geschickt haben, finde ich die Erzählung [Jeronimo und Josephe] nicht. Es ist mir höchst unangenehm, daß Ihnen diese Sache so viel Mühe macht. Hierbei erfolgt inzwischen die Marquise von O .. – Was das Käthchen betrifft, so habe ich, meines Wissens, gar keine Forderung getan; und wenn ich wiederhole, daß ich es ganz und gar Ihrem Gutbefinden überlasse: so ist das keine bloße Redensart, durch welche, auf verdeckte Weise, etwas Unbescheidenes gefordert wird; sondern, da ich gar wohl weiß, wie es mit dem Buchhandel steht, so bin ich mit 80, ich bin mit 60 Talern völlig zufrieden. Wenn es nur für *diese* Messe gedruckt wird.

161. An Julius Eduard Hitzig   Berlin, 2. Okt. 1810

Ich habe schon längst gebeten, dem Kriegsrat Pe-
quillhen ein Exemplar des Abendblatts zu besorgen;
sein Sie doch so gefällig, und richten diese Sache ein.

162. An Achim von Arnim   Berlin, 14. Okt. [1810]

Machen Sie doch den Brentano wieder gut, liebster
Arnim, und bedeuten Sie ihm, wie unpassend und un-
freundlich es ist, zu so vielen Widerwärtigkeiten, mit
welchen die Herausgabe eines solchen Blattes verknüpft
ist, noch eine zu häufen. Ich erinnere mich genau, daß
ich Sie, während meiner Unpäßlichkeit, um einer un-
deutlichen Stelle willen, die einer Ihrer Aufsätze enthielt, zu mir rufen ließ, und daß Sie, in seiner Gegenwart, gesagt haben: Freund, mit dem, was wir Euch
schicken, macht, was Ihr wollt; dergestalt, daß ich noch
einen rechten Respekt vor Euch bekam, wegen des
tüchtigen Vertrauens, daß das, was Ihr schreibt, nicht
zu verderben, oder Euer Ruhm mindestens, falls es
doch geschähe, dadurch nicht zu verletzen sei. Wie ich
mit dem verfahre, worunter Ihr Euren Namen setzt,
daß wißt Ihr; was soll ich aber mit Euren anderen
Aufsätzen machen, die es Euch leicht wird, lustig und
angenehm hinzuwerfen, ohne daß Ihr immer die notwendige Bedingung, daß es kurz sei, in Erwägung
zieht? Hab' ich denn einen bösen Willen dabei gehabt?
Und wenn ich aus Irrtum gefehlt habe, ist es, bei
einem solchen Gegenstande, wert, daß Freunde Worte
deshalb wechseln? – Und nun zum Schluß: werd' ich
die Komposition von Fräul. Bettine [Brentano] erhalten? Weder daran, noch sonst an irgend etwas, was

mir jemals wieder ein Mensch zuschickt, werde ich eine
Silbe ändern. Guten Morgen!

163. An Ed. Prinz v. Lichnowsky   Berlin, 23. Okt. 1810

Durch die Teilnahme, die Sie dem Abendblatt schenken, fühle ich mich zu gleicher Zeit aufs lebhafteste
geschmeichelt und gerührt.

Was aber die beiden Artikel betrifft, wegen welcher Sie mir freundschaftliche Vorstellungen machen,
so führe ich zu meiner Entschuldigung an,

1) daß das Blatt, in welchem sie stehen, ein *Volks-
blatt*, d. h. (weil es kein Zentrum der Nation gibt) ein
Blatt für *alle* Stände des Volks sein soll.

2) daß Aufsätze, wie der vom Tambour (der Beobachter an der Spree hat ihn schon abgedruckt) das
Volk vergnügen und dasselbe reizen, auch wohl die
anderen Aufsätze, die nicht unmittelbar für dasselbe
geschrieben sind, zu überlesen.

3) daß der Kerl, nach meinem innersten Gefühl,
verglichen mit dem, was bei Jena vorgefallen, eine so
herrliche und göttliche Erscheinung ist, daß mich
dünkt, das Unschickliche, was in seiner Tat liegt, ver-
schwinde ganz und gar, und die Geschichte könnte, so
wie ich sie aufgeschrieben, in Erz gegraben werden.

Gleichwohl, mein teuerster, gnädigster Herr, kann
man auch des Guten zu viel tun; und auf Ihre freundliche Warnung aufmerksam (denn mit der *guten* Gesellschaft möcht' ich es keineswegs gern verderben), soll
wenigstens vorderhand nichts dem Ähnliches erfolgen.

164. An Christian Frh. v. Ompteda   Berlin, 24. Nov. 1810

Ew. Hochwohlgeboren Aufsatz: *Über die neueste
Lage von Großbritannien* sende ich Denenselben gedruckt und von der Zensur durchstrichen zurück. Diese
zwei Striche kommen mir vor, wie zwei Schwerter,

kreuzweis durch unsere teuersten und heiligsten Interessen gelegt. Es würde vergeblich sein, Ihnen den Zustand von triumphierender Freude und Rührung zu
schildern, in welchen die Lesung dieses ganz meister-
haften Aufsatzes, und besonders sein erhabener Schluß
mich und alle die Meinigen (denn es kursieren schon
mehrere Abschriften davon) versetzt hat.

165. An Christian Frh. v. Ompteda   Berlin, 2. Dez. 1810

Ew. Hochwohlgeboren habe ich, in Erwiderung auf
Ihr gefälliges Schreiben vom 1. d., die Ehre anzuzeigen, daß HE. A. Müller *nicht* der Verfasser der Be-
merkungen etc. ist. Dieser Aufsatz ist mir, gleich
nach Erscheinung Ihrer Fragmente, zugestellt worden,
und nur der außerordentliche Andrang von Manuskripten verhinderte, ihn aufzunehmen. Der Verfasser
ist mir, und allen meinen Freunden, gänzlich unbekannt; er unterschreibt sich mit einem W. – Demnach,
Ihrem bestimmt ausgesprochenen Wunsche gemäß, sende
ich Ihnen den Aufsatz: Einige Worte etc. zurück; zu
jeder Erklärung, die Sie für gut finden werden, stehen
Ihnen die Abendblätter offen – auch haben sich schon
Freunde von meiner Bekanntschaft daran gemacht, für
Sie in die Schranken zu treten. –

166. An Freiherrn v. Hardenberg   Berlin, 3. Dez. 1810

Ew. Exzellenz haben, nach den Eröffnungen, die
mir der Präsident der Polizei, HE. Gruner, gemacht
hat, die Gnade gehabt, in Bezug auf die von mir
redigierten Berliner Abendblätter, zu äußern, daß
Höchstdieselben nicht abgeneigt wären, diesem Institut, dessen Zweck Beförderung der, durch Ew. Exzellenz, in diesem Augenblick, in einer so glücklichen
Wendung begriffenen, vaterländischen Angelegenheiten ist, irgendeine zweckmäßige höhere Unterstützung

angedeihen zu lassen. Die deshalb von mir bei dem
Pol. Präsidenten HE. Gruner, gehorsamst eingereich-
ten Vorschläge, werden ohne Zweifel Rücksprachen
mannigfacher Art, mit den Chefs der dabei interessierten höheren Behörden, veranlassen. Da gleichwohl der Zeitpunkt heranrückt, in welchem, für den
Lauf des nächsten Quartals, eine erneuerte Ankündigung dieses Journals erscheinen muß, und, falls Ew.
Exzellenz meinem Unternehmen günstig gestimmt
sind, eben dies der Augenblick ist, in welchem Höchstdieselben dies vorzugsweise huldreich betätigen können: so unterstehe ich mich Ew. Exzellenz untertänigst um die Erlaubnis zu bitten, beifolgende kurze
Anzeige, in welcher ich mich auf Ew. Exzellenz ehrfurchtsvoll zu beziehen wage, in die öffentlichen Blätter einrücken zu lassen. Diese Gnade wird meinen sowohl, als den Eifer mehrerer der vorzüglichsten Köpfe
dieser Stadt, mit welchen ich, zu dem besagten Zweck,
verbunden zu sein die Ehre habe, auf das lebhafteste
befeuern; und mit der Versicherung, daß wir nur auf
den Augenblick warten, da wir, durch Ew. Exzellenz
nähere Andeutungen oder Befehle, in den Stand gesetzt sein werden, die Weisheit der von Ew. Exzellenz
ergriffenen Maßregeln gründlich und vollständig dem
Publiko auseinanderzulegen, habe ich, in der unbe-
grenztesten Hochachtung, die Ehre zu sein ...

[Beilage:] *Ankündigung*

Durch die Gnade Sr. Exzellenz des HE. Staatskanzlers Freiherrn von Hardenberg, werden die zur Erhe-
bung und Belebung des Anteils an den vaterländischen
Angelegenheiten unternommenen, und mit dem Beifall
des Publikums auf unerwartete Weise beehrten *Berliner Abendblätter* von nun an offizielle Mitteilungen,
über alle bedeutenden, das Gemeinwohl und die öffentliche Sicherheit betreffenden Ereignisse in dem ganzen
Umfange der Monarchie enthalten ...

167. An Georg Reimer   Berlin, 12. Dez. 1810

Können Sie nicht die Gefälligkeit für mich haben,
mir für den Z[erbrochnen] K[rug] das Honorar, das
Sie mir zugedacht haben, zu überschicken? Ich bin,
wegen der Lage meines Abendblatts, in mancherlei
Bedrängnis; die indirekte Zerstörung desselben ist
völlig organisiert, man hat mir sogar angekündigt,
daß man mir ein für allemal das Zeitungsbülletin, das
ich darin aufnahm, streichen würde. Ich bin im Begriff, mich unmittelbar an den König zu wenden –
doch davon denke ich Sie mündlich weitläufiger zu
unterhalten. –

168. An Friedrich von Raumer   Berlin, 13. Dez. 1810

Ew. Hochwohlgeboren habe ich die Ehre ganz gehorsamst anzuzeigen, daß Sr. Exzellenz im Verlauf
der heutigen Audienz die Gnade gehabt haben, mir
huldreich eine schriftliche Privatempfehlung, wegen
zweckmäßiger Unterstützung der Abendblätter durch
offizielle Beiträge, sowohl bei Ihren Exzellenzen, dem
HE. Graf v. Golz und HE. v. Kircheisen, als auch bei
dem HE. Geh. Staatsrat Sack, anzugeloben. Die Verabredung ist getroffen, daß ich mich, in Verfolg dieser
gnädigsten Verwendung, selbst zu den resp. HE. Mini-
stern und Geh. Staatsräten begeben, und das Wohlwollen und die Gefälligkeit derselben, in Betreff der
Abendblätter, (grade so, wie, zu Anfang des Instituts,
die Unterstützung des Pol. Präsidenten, HE. Gruner)
in Anspruch nehmen soll. Durch diese, die Interessen
Sr. Exzellenz sowohl, als die meinigen, aufs glücklichste verbindende Maßregel, sind vorläufig alle meine
Wünsche für die Abendblätter erfüllt; ich begehre
nichts, als eine unabhängige Stellung zu behaupten,
deren ich, zu meiner innerlichen Freude an dem Geschäft, dem ich mich unterzogen habe, bedarf ... Und

indem ich Sr. Exzellenz das Versprechen anzunehmen
bitte, daß ich nunmehr mit meiner Ehre für den Geist
der Abendblätter, und für den Umstand, daß kein andrer Aufsatz, als der in Sr. Exzellenz Interessen geschrieben ist, darin aufgenommen werden soll, hafte,
behalte ich mir vor, Ew. Hochwohlgeboren mündlich
wegen der, zwischen uns im Drang mancher widerwärtigen Umstände, stattgehabten Mißverständnisse
innigst und herzlichst um Verzeihung zu bitten . . .

169. *An Friedrich von Raumer*   Berlin, 15. Dez. 1810

Ew. Hochwohlgeboren sage ich – unter gehorsam-
ster Zurückschickung des Schreibens vom Präs. Gruner –
für alle mir in Ihrem letzten Schreiben erteilten gütigen Nachrichten meinen verbindlichsten Dank. Ich
wußte wohl, daß die Strenge, die ich bei der Polizei
erfuhr, von einem Mißverständnis herrührte, indem
ich dieselbe, bei meinem guten und völlig reinen Willen, auf keine Weise verschuldet hatte.

Ew. Hochwohlgeboren lege ich folgenden für die
Abendblätter bestimmten Aufsatz gehorsamst vor. Ich
bitte mir überhaupt die Erlaubnis aus, alle, die Maßregeln Sr. Exzellenz betreffenden Aufsätze, Ew. Hochwohlgeboren zur vorläufigen Durchsicht mitteilen zu
dürfen.

Auch bringe ich hier noch einmal eine Bitte gehorsamst zur Sprache, deren Gewährung mir alle andern
Wünsche, die, unter dem Drang der Verhältnisse,
haben unerfüllt bleiben müssen, vergütigen und ersetzen kann: nämlich Ew. Hochwohlgeboren persön-
liche Teilnahme an dem Journal, und Beschenkung
der Abendblätter mit Dero vortrefflichen Aufsätzen,
welche Dieselben bisher in die Zeitungen haben einrücken lassen.

N. S. Soeben erhalte ich folgendes Schreiben von
HE. A. Müller. Er will, daß der Aufsatz, der darin

enthalten ist, noch heute gedruckt werde; aber zum
Teil ist dies unmöglich, zum Teil auch habe ich mir
vorgenommen, alle dergleichen Aufsätze Ew. Hochwohlgeb. vorzulegen. Demnach tue ich etwas, was ich
vielleicht bei meinem Freunde nicht verantworten
kann: ich schicke Ew. Hochwohlgeboren das Schreiben originaliter zu, obschon es sein bestimmt ausge-
sprochner Wille ist, daß sein Name verschwiegen bleibe.
Meine Absicht ist, Ew. Hochwohlgeb. mit der innerlichen Stellung seines Gemüts, gegen die Maßregeln
sowohl als die Person Sr. Exz., bekanntzumachen; das
Ganze ist, wie Sie sehen, eine bloß freundschaftliche
Ergießung, die keineswegs bestimmt war, zu offizieller
Wissenschaft zu gelangen. – Ew. Hochwohlgeb. brauche
ich nicht um *immerwährendes* Stillschweigen über diesen Punkt zu bitten.

170. An Minister Graf von der Goltz   Berlin, 15. Dez. 1810

Ew. Exzellenz haben dem Präsidenten der Polizei,
HE. Gruner, aufgegeben, die Aufnahme politischer
Artikel in den Abendblättern nicht zuzulassen. Da
HE. v. Raumer willens ist, in diesem Journal mehrere Fragen, die Maßregeln Sr. Exzellenz des HE.
Staatskanzlers anbetreffend, zu beantworten und zu
erörtern, und demselben daher ein möglichst großer
Wirkungskreis, wozu obiger Artikel nicht wenig bei-
trägt, zu wünschen ist: so unterstehe ich mich, Ew.
Exzellenz untertänigst um die Aufhebung besagter
obigen Anordnung zu ersuchen. Ew. Exzellenz bitte
ich gehorsamst das Versprechen anzunehmen, daß ich
selbst, mit der größten Gewissenhaftigkeit, über die
politische Unschädlichkeit dieses Artikels wachen
werde. Und indem ich mir vorbehalte, Ew. Exzellenz
Gnade, die Abendblätter anbetreffend, noch in mehreren anderen Punkten, in einer persönlichen untertäni-
gen Aufwartung in Anspruch zu nehmen ...

171. An Friedrich Schulz   Berlin, 1. Jan. 1811

Wenn Sie morgen zu Kuhn gehen, um die Richtigkeit der Unterschriften zu bescheinigen, so wünsche ich
zwar, daß Sie die Unschicklichkeit seiner Einmischung
in die Redaktion zur Sprache brächten; von einer Ab-
tretung der ganzen Redaktion aber an ihn, bitte ich
noch nichts zu erwähnen, weil sich die Schwierigkeiten
bei der Zensur hoffentlich legen werden. – Hauptsächlich aber fordre ich sie auf, Ihr Versprechen wegen
förmlicher Übernahme des Theaterartikels in Erfüllung zu bringen.

172. An Freiherrn von Hardenberg   Berlin, 13. Febr. 1811

Ew. Exzellenz habe ich die Ehre ganz untertänigst
anzuzeigen, daß sich ein solches halbministerielles
Blatt, als ich, in diesem Augenblick, in Zwecken der
Staatskanzlei, redigiere, sich, auf keine Weise, ohne
bestimmte Unterstützung mit offiziellen Beiträgen,
halten kann. Der Absatz ist unter dem mittelmäßigen;
und ich erlebe die verdrießliche Sache, daß mein Buchhändler, wegen Ausbleibens dieser Beiträge, in meine
Befugnis, sie ihm zu versprechen, Mißtrauen setzt: er
tritt von dem zwischen uns abgeschlossenen Kontrakt,
der ihm eine Verbindlichkeit von 800 Rth. jährliches
Honorar gegen mich auferlegt, zurück, und fordert
noch obenein, wegen nicht gedeckter Verlagskosten, ein
Entschädigungsquantum von mir von 300 Rth. So bestimmt ich nun auch, zu Anfang dieser Unternehmung,
auf die mir gnädigst angebotene Geldvergütigung Verzicht leistete, so bin ich doch, da die Sache gescheitert
ist, gänzlich außerstand, diesen doppelten, beträchtlichen Ausfall zu tragen. Ew. Exzellenz stelle ich anheim, ob Höchstdieselben mich der Notwendigkeit, mit
meinem Buchhändler, wegen des besagten Kontrakts,
einen Prozeß führen zu müssen, gnädigst überheben

wollen; und indem ich, zu diesem Zweck, gehorsamst
vorschlage, entweder das Abendblatt, für das laufende
Jahr, durch ein Kapital so zu fundieren, daß meinem
Buchhändler die Kosten gedeckt werden, oder aber,
falls dies nicht Ihren Absichten gemäß sein sollte, die
Deckung der obigen in Streit begriffenen 1100 Rth.
zu übernehmen, habe ich, in der tiefsten Hochachtung,
die Ehre zu sein ...

173. An Friedrich von Raumer   Berlin, 21. Febr. 1811

Ew. Hochwohlgeboren habe ich die Ehre anzuzeigen, daß ich die Zugrundrichtung des Abendblatts ganz
allein Ihrem Einfluß, und der Empfindlichkeit über
die Verachtung zuschreibe, mit welcher ich, bei unsrer
ersten Zusammenkunft, Ihr Anerbieten, Geld für die
Verteidigung der Maßregeln Sr. Exzellenz anzunehmen, ausgeschlagen habe. Es ist kein Grund mehr für
mich vorhanden, meinen Unwillen über die unglaubliche und unverantwortliche Behandlung, die mir wider-
fahren ist, zurückzuhalten; und indem ich Ew. Hochwohlgeboren anzeige, daß wenn Dieselben nicht Gelegenheit nehmen, Sr. Exzellenz, noch vor Aufhören
des Blattes, welches in diesen Tagen erfolgen soll, von
der Gerechtigkeit meiner Entschädigungsforderung zu
überzeugen, ich die ganze Geschichte des Abendblatts
im Ausland drucken lassen werde, habe ich die Ehre zu
sein ...

174. An Freiherrn von Hardenberg   Berlin, 22. Febr. 1811

Ew. Exzellenz nehme ich mir die Freiheit, inliegende
Abschrift eines Schreibens an den HE. v. Raumer
[vom 21. Febr.] zu überschicken, mit der gehorsamsten und untertänigsten Bitte, die Meinung desselben,
in der Sache des Abendblatts, nicht mehr zu Rate zu
ziehn. Ich unterstehe mich, gegen die mir von Ew.

Exzellenz, in Ihrem gnädigsten Schreiben vom 18. d.,
gemachten Äußerungen einige ehrfurchtsvolle Vorstellungen zu machen. Ein Blatt ist allerdings ein halbministerielles zu nennen, das, nach bestimmten Ver-
abredungen mit dem Ministerio, geschrieben wird, und
in allem, was Gesetzgebung und Finanzverwaltung betrifft, unter seiner speziellen Aufsicht steht. Nur ein
Ununterrichteter kann sagen, daß ich in der Herausgabe dieses Blattes nicht beschränkt worden sei, da die
außerordentlichen Maßregeln, die mich genötigt haben,
den ganzen Geist der Abendblätter umzuändern, nur
zu wohl bekannt sind. Was endlich die mir angebotene Pension betrifft, so lasse ich Ew. Exzellenz Meinung, wie es sich von selbst versteht, ehrfurchtsvoll
dahingestellt sein; HE. v. Raumers Meinung aber, in
unsrer ersten, auf Befehl Ew. Exzellenz abgehaltenen
Konferenz, war, daß ich diese Pension für das Geschäft der Führung dieses Blattes beziehen sollte: wie
ich mir auch die Freiheit genommen habe, ihm dies in
dem beifolgenden Billett, worauf ich seine Antwort
erwarte, zu äußern. Ew. Exzellenz werden das Versehen, womit in dem Abendblatte einmal bewußtlos
gegen die Interessen der Staatskanzlei angestoßen worden ist, bei so vielem guten Willen von meiner Seite,
es wieder gut zu machen, nicht so streng ahnden; und
indem ich nochmals auf mein untertänigstes Entschädigungsgesuch zurückkomme, und inständigst bitte,
mich durch einen Bescheid, gnädiger als den erhalte-
nen, vor der Prostitution zu sichern, welche sonst unfehlbar eintreten würde, das Blatt unmittelbar, noch
vor Ablauf des Vierteljahrgangs, aufhören lassen zu
müssen, habe ich die Ehre zu sein ...

175. An Friedrich von Raumer　　　Berlin, 22. Febr. 1811

Ew. Hochwohlgeboren zeige ich ergebenst an, daß
ich dem HE. Staatskanzler, am heutigen Morgen, eine

Abschrift meines gestern an Sie erlassenen Schreibens zugeschickt, und Demselben, mit der Bitte, Sie ferner nicht, in der Sache des Abendblatts, zu Rate zu ziehen, nochmals die Gerechtigkeit meines Entschädigungsgesuchs auseinandergelegt habe. Da ich Sr. Exzellenz nun, zur Begründung meines Anspruchs, versichert habe, daß Ew. Hochwohlgeboren mir, bei unsrer ersten Zusammenkunft, die in Rede stehende Geldvergütigung zu einer, den Zwecken der Regierung, gemäßen, Führung des Blattes, und als eine Entschädigung für das dabei gebrachte Opfer der Popularität, angeboten haben: so bitte ich mir, wegen der Stelle, in Ihrem soeben empfangenen Billett, welche diesem Umstand zu widersprechen scheint, eine Erklärung aus. Ew. Hochwohlgeboren fühlen von selbst, daß ich, zu so vielen Verletzungen meiner Ehre, die ich erdulden muß, vor Sr. Exzellenz nicht noch als ein Lügner erscheinen kann; und indem ich Denenselben anzeige, daß ich, im Fall einer zweideutigen oder unbefriedigenden Antwort, Dieselben um diejenige Satisfaktion bitten werde, die ein Mann von Ehre in solchen Fällen fordern kann, habe ich die Ehre zu sein ...

176. An Friedrich von Raumer   Berlin, 26. Febr. 1811

Ew. Hochwohlgeboren nehme ich mir die Freiheit, die, in Ihrem heutigen Billett, unerledigt gebliebene Frage:

„ob Dieselben mir, behufs einer den Zwecken der Staatskanzlei gemäßen Führung des Blattes, ein Geldanerbieten gemacht haben?"

noch einmal vorzulegen. Und mit der Bitte, mir dieselbe, binnen zweimal 24 Stunden mit: Ja, oder: Nein, zu beantworten, habe ich die Ehre zu sein ...

177. An Freiherrn von Hardenberg   Berlin, 10. März 1811

Ew. Exzellenz unterstehe ich mich, nicht ohne einige Schüchternheit, noch einmal, in der Entschädigungssache des Abendblatts, in welcher ich unglücklich genug gewesen bin, mir höchst Ihre Ungnade zuzuziehen, mit einer Vorstellung zu nahn. HE. v. Raumer ist von mir, diese Sache betreffend, mit solchen Erläuterungen versehen worden, die, wie ich nicht zweifle, alle Mißverständnisse, welche darüber, durch mancherlei Umstände veranlaßt, obgewaltet haben mögen, zerstreuen werden. Ew. Exzellenz ersuche ich demnach, in der tiefsten Ehrfurcht, ihn, auf eine kurze Viertelstunde, darüber anzuhören; und indem ich die Versicherung anzunehmen bitte, daß diesem Wunsch keine andere Absicht zum Grunde liegt, als Rechtfertigung meiner Schritte vor den Augen Ew. Exzellenz und Rückkehr in Ew. Exzellenz mir über alles teure und unschätzbare Huld und Gnade, ersterbe ich ...

178. An Friedrich von Raumer   Berlin, 4. April 1811

Ew. Hochwohlgeboren nehme ich mir, unter Abstattung meines gehorsamsten und innigsten Danks, für die, durch Ihre gütige Vermittelung erfolgte, Beseitigung der stattgefundenen Mißverständnisse, die Freiheit, inliegendes Schreiben an Sr. Exzellenz, den HE. Staatskanzler, zu überschicken. Ich unterstehe mich, Sr. Exzellenz darin, mit Übergehung der ganzen bewußten Entschädigungssache, als einen bloßen Beweis ihrer Gnade, um Übertragung der Redaktion des churmärkischen Amtsblatts zu bitten. Ew. Hochwohlgeboren ersuche ich ganz ergebenst, im Vertrauen auf Ihre edelmütige Vergebung alles Vorgefallenen, diese Sache, zur Befriedigung aller Interessen, in Schutz zu nehmen . . .

179. An Freiherrn von Hardenberg   Berlin, 4. April 1811

Ew. Exzellenz unterstehe ich mich, gestützt auf die Huld und Gnade, womit Hochdieselben sich, in Ihrem Schreiben vom 11. v. M., über die, in bezug auf die Abendblätter stattgefundenen, Mißverständnisse zu erklären geruhen, ein untertänigstes Gesuch vorzutragen. Es betrifft eine, meinen Kräften und Verhältnissen angemessene Anstellung bei der Redaktion des soeben durch die Gesetzsammlung angekündigten, offiziellen, churmärkischen Amtsblatts. Ich führe, Ew. Exzellenz gnädigste Entscheidung zu bestimmen, ehrfurchtsvoll für mich an, daß ich nicht nur ein Kabinettsschreiben Sr. Maj. des Königs vom 13. April 1799 besitze, worin Höchstdieselben mir, bei meinem Austritt aus dem Militär, als ich die Universitäten besuchte und

auf Reisen ging, eine Anstellung im Zivil allergnädigst
zu versprechen geruhten; sondern auch, daß ich bereits,
Ew. Exzellenz höchsteigenem Befehl zufolge, im Jahr
1805 und 1806, wirklich bei der Königsbergischen Kammer
gearbeitet habe, und eine, mir bestimmte, Anstellung
bei einer der fränkischen Kammern, nur späterhin
durch den Ausbruch des Krieges, wieder rückgängig
ward. Ew. Exzellenz in Ihrem huldreichen Schreiben
vom 11. enthaltenen Äußerungen voll Gewogenheit
flößen mir das Vertrauen ein, daß Hochdieselben auf
dies mein untertänigstes Gesuch einige Rücksicht nehmen
werden; und unter der gehorsamsten Versicherung,
daß es mir, in diesem Fall, weder an Eifer noch
an Kräften fehlen wird, mich derselben würdig zu
machen, ersterbe ich in der tiefsten Ehrfurcht ...

180. An Fouqué   Berlin, 25. April 1811

Ihre liebe, freundliche Einladung, nach Nennhausen
hinauszukommen und daselbst den Lenz aufblühen zu
sehen, reizt mich mehr, als ich es sagen kann. Fast
habe ich ganz und gar vergessen, wie die Natur aussieht.
Noch heute ließ ich mich, in Geschäften, die ich
abzumachen hatte, zwischen dem Ober- und Unterbaum,
über die Spree setzen; und die Stille, die mich
plötzlich in der Mitte der Stadt umgab, das Geräusch
der Wellen, die Winde, die mich anwehten, es ging
mir eine ganze Welt erloschener Empfindungen wieder
auf. Inzwischen macht mir eine Entschädigungsforderung,
die ich, wegen Unterdrückung des Abendblatts,
an den Staatskanzler gerichtet habe, und die ich gern
durchsetzen möchte, unmöglich, Berlin in diesem Augenblick
zu verlassen. Der Staatskanzler hat mich, durch
eine unerhörte und ganz willkürliche Strenge der Zensur,
in die Notwendigkeit gesetzt, den ganzen Geist
der Abendblätter, in bezug auf die öffentl. Angelegenheiten,
umzuändern; und jetzt, da ich, wegen Nicht-

erfüllung aller mir deshalb persönlich und durch die dritte Hand gegebenen Versprechungen, auf eine angemessene Entschädigung dringe: jetzt leugnet man mir, mit erbärmlicher diplomatischer List, alle Verhandlungen, weil sie nicht schriftlich gemacht worden sind, ab. Was sagen Sie zu solchem Verfahren, liebster Fouqué? Als ob ein Mann von Ehre, der ein Wort, ja, ja, nein, nein, empfängt, seinen Mann dafür nicht ebenso ansähe, als ob es, vor einem ganzen Tisch von Räten und Schreibern, mit Wachs und Petschaft, abgefaßt worden wäre? Auch bin ich, mit meiner dummen deutschen Art, bereits ebensoweit gekommen, als nur ein Punier hätte kommen können; denn ich besitze eine Erklärung, ganz wie ich sie wünsche, über die Wahrhaftigkeit meiner Behauptung, von den Händen des Staatskanzlers selbst. – Doch davon ein mehreres, wenn ich bei Ihnen bin, welches geschehen soll, sobald diese Sache ein wenig ins reine ist. – [Adam] Müllers Buch, das ich damals, als Sie hier waren, besaß, mußte mir unseliger Weise bald darauf Marwitz aus Friedersdorf abborgen. Er nahm es, um es zu studieren, nach seinem Gute mit, und hat es noch bis diese Stunde nicht zurückgeschickt. Inzwischen habe ich schon Anstalten gemacht, es wieder zu erhalten; und ich hoffe es Ihnen, behufs Ihrer freundschaftlichen Absicht, durch Frh. v. Luck zuschicken zu können. Erinnern Sie das Volk daran, daß es da ist; das Buch ist eins von denen, welche die Störrigkeit der Zeit die sie einengt nur langsam, wie eine Wurzel den Felsen, sprengen können; nicht par explosion. – Was schenken Sie uns denn für diese Messe? Wie gern empfinge ich es von *Ihnen selbst,* liebster Fouqué; ich meine, von Ihren Lippen, an Ihrem Schreibtisch, in der Umringung Ihrer teuren Familie! Denn die Erscheinung, die am meisten, bei der Betrachtung eines Kunstwerks, rührt, ist, dünkt mich, nicht das Werk selbst, sondern die Eigentümlichkeit des Geistes, der es hervorbrachte, und der sich, in unbewußter Freiheit und Lieblichkeit, darin entfaltet. – Nehmen Sie gleichwohl das Inliegende [Der zerbrochne Krug], wenn Sie es in diesem Sinne lesen wollen, mit Schonung und Nachsicht auf. Es kann auch, aber nur für einen sehr kritischen Freund, für eine Tinte meines Wesens gelten; es ist nach dem Tenier gearbeitet, und würde nichts wert sein, käme es nicht von einem, der in der Regel lieber dem göttlichen Raphael nachstrebt.

181. *An Henriette Hendel-Schütz*   [Berlin, April 1811]

Wenn es Sie und Schütz nicht stört, liebste Frau, so mache ich von Ihrer Erlaubnis, mich um 11 Uhr im Saal, wenn Sie Ihre Vorbereitungen halten, einzufinden, Gebrauch. Aber, wie gesagt, es muß Sie nicht stören. Für mein Herz, das sich auf die Kunst versteht, zu ergänzen, fürchten Sie nichts; ich meine Ihre Spur im Sande mit Vergnügen betrachten zu können.

N. S. Ich bitte um 2 Billetts.

182. *An Friedrich Karl Julius Schütz*   Berlin, 26. April 1811

Ich bin genötigt gewesen, eine Einladung zu einem Verwandten aufs Land anzunehmen, und die Schnelligkeit, womit wir unsre Reise antreten, hindert mich daran, Ihnen noch einmal in Ihrem Hause aufzuwarten, und Ihrer lieben Frau, für die vortreffliche Darstellung der Penthesilea, meinen Dank abzustatten. Inzwischen bin ich in drei oder vier Tagen, also noch vor Ihrer Abreise, zurück, um noch das Nötige, wegen unserer Theaterkritik, miteinander abzusprechen.

183. *An Wilhelm Prinz von Preußen*   Berlin, 20. Mai 1811

Ew. Königlichen Hoheit nehme ich mir, im herzlichen und ehrfurchtsvollen Vertrauen auf die mir, seit früher Jugend, bei manchen Gelegenheiten erwiesene, höchste Huld und Gnade, die Freiheit, folgenden sonderbaren und für mich bedenklichen Vorfall, der kürzlich zwischen Sr. Exzellenz, dem HE. Staatskanzler, Frh. v. Hardenberg und mir, stattgefunden hat, vorzutragen. Der Wunsch, gnädigster Fürst und Herr, den ich willens bin, dem Schluß meines gehorsamsten Berichts anzuhängen, wird nichts Unedelmütiges und Unbescheidenes enthalten; meine Sache ist ganz in der Ordnung, und vielleicht bedarf es nichts, als einer Wahrnehmung des Staatskanzlers, daß Ew. Königliche Hoheit von dem ganzen Zusammenhang der Sache unterrichtet sind, um mir eine, meiner gerechten Forderung völlig angemessene, Entscheidung bei ihm auszuwirken. Der Fall, in welchem ich Ew. Königliche Hoheit um Ihre gnädigste Protektion bitte, ist dieser.

    In dem von mir, von Oktober vorigen Jahres bis April des jetzigen, herausgegebenen *Berliner Abendblatt,* hat ein, ganz im allgemeinen die Grundsätze der Staatswirtschaft untersuchender Aufsatz gestanden, *a* der das Unglück gehabt hat, Sr. Exzellenz, dem HE. Staatskanzler, zu mißfallen. Sr. Exzellenz veranlaßten, von der einen Seite, ein Zensurgesetz, welches die Fortdauer des Blattes, in dem Geiste, der ihm eigen war, äußerst erschwerte, ja fast unmöglich machte; und von der anderen Seite ließen Dieselben mir mündlich, durch den damaligen Präsidenten der Polizei, *b* HE. Gruner, die Eröffnung machen, daß man das Blatt mit Geld unterstützen wolle, wenn ich mich entschließen könne, dasselbe so, wie es den Interessen der Staatskanzlei gemäß wäre, zu redigieren. Ich, dessen Absicht keinesweges war, den Maßregeln Sr. Exzellenz, deren Zweckmäßigkeit sich noch gar nicht beurteilen ließ, mit bestimmten Bestrebungen in den Weg zu treten, ging nun zwar in den mir gemachten Vorschlag ein;

a = S. 383ª.   b = S. 383ᵇ.

leistete aber, aus Gründen, die ich Ew. Königl. Hoheit ^{c}
nicht auseinanderzusetzen brauche, ehrfurchtsvoll auf
die Geldvergütigung Verzicht, und bat mir bloß, zu
einiger Entschädigung, wegen dargebrachten Opfers der
Popularität, und dadurch vorauszusehenden höchst verminderten Absatz des Blattes, die Lieferung offizieller
Beiträge, von den Chefs der obersten Landesbehörden
aus. Denn diese, wenn sie mit Einsicht und so, daß sie
das Publikum interessierten, gewählt wurden, konnten,
auf gewisse Weise, einen jenen Verlust wieder aufheben-
den und kompensierenden Geldwert für mich haben.
Auf diese Begünstigung wollte sich jedoch HE. Regierungsrat v. Raumer, mit dem ich jetzt auf Befehl Sr.
Exzellenz unterhandelte, nicht einlassen; er zeigte mir,
in sehr verlegenen Wendungen, wie die dadurch an
den Tag kommende Abhängigkeit von der Staatskanzlei, dem Blatt alles Vertrauen des Publikums rauben würde, und gab mir zu verstehen, daß auch die
Pension, von welcher mir Sr. Exzellenz bereits selbst
mündlich gesprochen hatten, mir nur unter der Bedingung, daß davon nichts zur Kenntnis des Publikums
käme, gezahlt werden könne. Bald darauf, da ich mit
gänzlichem Stillschweigen über diesen Punkt, der mir,
so vorgetragen, gänzlich verwerflich schien, auf die
mir von Sr. Exzellenz gleichfalls versprochenen offiziellen Beiträge, als welche allein in dem Kreis meiner
Wünsche lagen, bestand: hielt HE. v. Raumer es für
das beste, alle Verhandlungen mit mir, in einem höf-
lichen Schreiben, gänzlich abzubrechen. Nun wäre
mir zwar dieser Umstand völlig gleichgültig gewesen,
wenn man mir erlaubt hätte, das Blatt, mit gänzlicher
Freiheit der Meinungen, so, wie Ehrfurcht vor das be-
stehende Gesetz sie, bei einer liberalen Ordnung der
Dinge, zu äußern gestatten, fortzuführen. Da aber die
Zensurbehörde, durch die willkürlichsten und unerhör-

$c = S. 383^c.$

testen Maßregeln (wofür ich mir den Beweis zu führen
getraue) das Blatt, dessen tägliche Erscheinung nur mit
der größten Anstrengung erzwungen werden konnte,
ganz zu vernichten drohte: so erklärte ich, daß wenn
ich nicht derjenigen Freiheit, die alle übrigen Heraus-
geber öffentlicher Blätter genössen, teilhaftig würde,
ich mich genötigt sehen würde, mir im Ausland einen
Verleger für dieses Wochenblatt aufzusuchen. Auf diese
Erklärung willigten, in einer ganz unerwarteten Wendung, Sr. Exzellenz, der HE. Staatskanzler, plötzlich
in meinen vorigen, schon ganz aufgegebenen Wunsch;
Dieselben ließen mir durch HE. v. Raumer melden,
daß sie, wegen Lieferung der offiziellen Beiträge, das
Nötige an die Chefs der resp. Departementer, erlassen
hätten; und ich, der in eine solche Zusage kein Mißtrauen setzen konnte, schloß mit meinem Buchhändler
einen Kontrakt für das laufende Jahr auf 800 Thl.
Pr. Cour. Honorars ab. Dem gemäß veränderte nun,
in der Tat wenig zu meiner Freude, das Blatt seinen
d   ganzen Geist; alle, die Staatswirtschaft betreffenden,
Aufsätze gingen unmittelbar zur Zensur der Staatskanzlei, HE. v. Raumer deutete mir, in mündlichen
und schriftlichen Eröffnungen, mehrere Gedanken an,
deren Entwickelung der Staatskanzlei angenehm sein
würde, und der Präsident der Polizei, HE. Gruner,
schickte selbst einen Aufsatz, unabhängig von meiner
Meinung darüber, zur Insertion in das Blatt ein. Inzwischen machte ich, zu meiner großen Bestürzung,
gar bald die Erfahrung, daß man in meinen Vorschlag
bloß gewilligt hatte, um des Augenblicks mächtig zu
werden, und um der Herausgabe des Blattes im Auslande, von welcher ich gesprochen hatte, zuvorzu-
e   kommen. Denn die offiziellen Beiträge blieben von
den resp. Staatsbehörden gänzlich aus, und auf mehrere Beschwerden, die ich deshalb bei HE. v. Raumer

d = S. 384ᵈ.   *e = S. 384ᵉ.*

führte, antwortete derselbe weiter nichts, als daß es
den Chefs der Departements wahrscheinlich an schick-
lichen und passenden Materialien fehle, um mich damit
zu versorgen. Da nun das Blatt durch diesen Umstand,
der das Publikum gänzlich in seiner Erwartung täuschte,
allen Absatz verlor und schon, beim Ablauf des ersten
Vierteljahrs, sowohl aus diesem Grunde, als wegen des
dem Publiko wenig analogen Geistes, den ihm die
Staatskanzlei einprägte, gänzlich zugrunde ging: so
zeigte ich Sr. Exzellenz, dadurch in die größte Verlegenheit gestürzt, an, daß ich zwar zu Anfange auf
jede Geldvergütigung Verzicht geleistet, daß ich aber
nicht umhin könnte, ihn wegen jenes, ganz allein durch
die Staatskanzlei veranlaßten, Verlustes meines jähr-
lichen Einkommens, worauf meine Existenz gegründet
gewesen wäre, um eine Entschädigung zu bitten. Aber _ƒ_
wie groß war mein Befremden, als ich von der Staatskanzlei ein äußerst strenges Schreiben empfing, worin
man mir, gleich einem unbescheidnen Menschen, unter
der Andeutung, daß mein Vorgeben, ein Geldanerbieten von ihr, behufs einer den Interessen derselben
gemäßen Führung des Blattes, empfangen zu haben,
äußerst beleidigend sei, mein Entschädigungsgesuch
rund abschlug! Bei dieser Sache war ich von mancher
Seite zu sehr interessiert, als daß ich mich mit diesem
Bescheid hätte beruhigen sollen. Sr. Exzellenz, der
HE. Staatskanzler, der den Brief unterschrieben hatte,
konnten zwar, wie ich begriff, bei der Menge der ihnen
obliegenden Geschäfte, die Äußerungen, die sie mir
selbst mündlich gemacht hatten, vergessen haben; da
ich aber keinen Grund hatte, so etwas bei demjenigen,
der diesen Brief entworfen hatte, welches HE. v. Raumer war, vorauszusetzen: so bat ich mir von demselben, wie Männer von Ehre in solchen Fällen zu tun
pflegen, eine gefällige Erklärung über die Eröffnungen

ƒ = S. 384ƒ.

aus, die er mir im Namen Sr. Exzellenz, des HE.
Staatskanzlers, gemacht hatte. Ja, auf das Antwort-
schreiben HE. v. Raumers, welches unbestimmt und
unbedeutend war und nichts, als einige diplomatische
Wendungen enthielt: wiederholte ich noch einmal
mein Gesuch, und bat mir, binnen zweimal vierund-
zwanzig Stunden, mit Ja oder Nein, eine Antwort aus.
Auf diesen Schritt schickte HE. v. Raumer mir den
Geh. Ob. Postrat Pistor ins Haus, um sich näher nach
den Gründen, worauf ich meine Forderung stütze, zu
erkundigen; und da derselbe aus meinen Papieren fand,
daß auch schon der Staatsrat Gruner mir im Namen
Sr. Exzellenz ein Geldanerbieten gemacht hatte: so
erschien bald darauf, zur Beilegung dieser Sache, ein
Schreiben von Sr. Exzellenz, dem HE. Staatskanzler,
worin Dieselben, nach besserer Erwägung der Sache,
g   wie es hieß, mein Recht, eine Entschädigung zu fordern, eingestanden. Inzwischen wollte man sich, aus
welchen Gründen weiß ich nicht, auf keine unmittelbare Vergütigung einlassen; man ließ mir durch den
Geh. Rat Pistor zu erkennen geben, daß man die Absicht habe, mir, zur Entschädigung wegen des gehab-
ten Verlustes, die Redaktion des churmärkischen De-
partementsblatts zu übertragen. Gleichwohl, mein
gnädigster Fürst und Herr, als ich den Staatskanzler,
bei der bald darauf erfolgten Einrichtung dieses Blattes, um die Redaktion desselben bat: schlug er mir dieselbe nicht nur, unter dem allgemeinen, und völlig
grundlosen Vorgeben, daß sie für mich nicht passend
sei, ab, sondern ging auch überhaupt auf mein Begehren, im Königl. Zivildienst angestellt zu werden,
nur insofern ein, als ich mich dabei den gewöhnlichen,
gesetzlichen Vorschriften, wie es hieß, unterwerfen
würde. Da nun weder das Alter, das ich erreicht, noch
auch der Platz, den ich in der Welt einnehme, zulassen,

g = S. 385 g.

mich bei der Bank der Referendarien anstellen zu lassen: so flehe ich Ew. Königliche Hoheit inständigst an, mich gegen so viel Unedelmütigkeiten und Unbilligkeiten, die meine Heiterkeit untergraben, in Ihren gnädigsten Schutz zu nehmen. Ich bitte Ew. Königliche Hoheit, den Staatskanzler zu bewegen, mir, seiner Verpflichtung gemäß, eine, meinen Verhältnissen angemessene, und auch mit meinen anderweitigen literarischen Zwecken vereinbare, Anstellung im Königl. Zivildienst anzuweisen, oder aber, falls sich ein solcher Posten nicht sobald ausmitteln lassen sollte, mir wenigstens unmittelbar ein *Wartegeld* auszusetzen, das für jenen empfindlichen Verlust, den ich erlitten, und den ich zu tragen ganz unfähig bin, einigermaßen als Entschädigung gelten kann. Die Zugrundrichtung jenes Blattes war um so grausamer für mich, da ich kurz zuvor durch den Tod der verewigten Königin Majestät, meiner erhabenen Wohltäterin, eine Pension verloren hatte, die Höchstdieselbe mir, zur Begründung einer unabhängigen Existenz, und zur Aufmunterung in meinen dichterischen Arbeiten, aus ihrer Privatschatulle, durch meine Kusine, Frau von Kleist auszahlen ließ: es war eben um jenen Ausfall zu decken, daß ich dieses Blatt unternahm. Auch in diesem Umstand, durchlauchtiger, königlicher Prinz, liegt, unabhängig von meinem persönlichen Vertrauen zu Ihnen, noch ein Grund, der mich mit meiner gehorsamsten Bitte um Verwendung, vor Ihr Antlitz führt, indem ich niemand auf Erden wüßte, durch dessen Vermittelung ich das, was ich durch den Tod jener angebeteten Herrscherin verlor, lieber ersetzt zu sehen wünschte, als durch die Ihrige; und indem ich nur noch die Versicherung anzunehmen bitte, daß es die Aufgabe meines Lebens sein wird, mich dieser höchsten Gnade würdig zu machen, welches vielleicht gar bald, nach Wie-

h = S. 385*h*, 382*a*.   *i* = S. 385*i*.

derherstellung meiner äußeren Lage, durch Lieferung
eines tüchtigen Werks, geschehen kann, unterschreibe
ich mich, in der allertiefsten Unterwerfung, Ehrfurcht
und Liebe ...

184. An Freiherrn von Hardenberg   Berlin, 6. Juni 1811

Ew. Exzellenz habe ich die Ehre, als ein Zeichen
meiner innigsten Verehrung beifolgendes, soeben auf
der Messe erschienenes Werk [Der zerbrochne Krug],
ehrfurchtsvoll zu überreichen. Ich würde mein schön-
stes Ziel erreicht haben, wenn ich imstande wäre, dadurch eine Stunde der kostbaren Muße Ew. Exzellenz
zu erheitern, und wenn mir der Beifall eines Mannes
zuteil würde, der, neben der Kunst zu regieren, sich
zugleich als einen der einsichtsvollsten Kenner der
Kunst, welche Melpomene lehrt, bewährt hat.
Bei dieser Gelegenheit kann ich nicht umhin, Ew.
Exzellenz den empfindlichen Verlust, den ich durch das
Aufhören der Abendblätter erlitten habe, und mein
gehorsamstes Gesuch um Entschädigung wieder in un-
tertänigste Erinnerung zu bringen. Ich fühle, wie ver-
letzend von mancher Seite die erneuerte Berührung
dieser Sache sein mag; aber die gänzliche Unfähigkeit,
jenen Ausfall, auf dem meine Existenz basiert war, zu
ertragen, zwingt mich, Ew. Exzellenz Gnade und Gerechtigkeit von neuem wieder in Anspruch zu nehmen ... Ew. Exzellenz ersuche ich ganz untertänigst um

a die Gewogenheit, <u>mich auf eine, meinen Verhältnissen
angemessene Weise im Königl. Zivildienst anzustellen, oder aber, falls sich eine solche Anstellung nicht
unmittelbar, wie sie mit meinen übrigen literarischen
Zwecken paßt, ausmitteln lassen sollte, mir wenigstens unmittelbar ein Wartegeld auszusetzen, das, statt
jenes beträchtlichen Verlusts, als Entschädigung gelten</u>

a = S. 381ᵇ.

kann. Ich glaube zu Ew. Exzellenz das Vertrauen haben zu dürfen, mit diesem gehorsamsten Gesuch, dessen Verweigerung mich aller Mittel, ferner im Vaterlande zu bestehen, berauben würde, keine Fehlbitte zu tun ...

185. An Friedrich Wilhelm III.   Berlin, 17. Juni 1811

Ew. Königlichen Majestät erhabenem Thron unterstehe ich mich, in einem Fall, der für mein ferneres Fortkommen im Vaterlande von der höchsten Wichtigkeit ist, mit folgender untertänigsten Bitte um allerhöchste Gerechtigkeit, zu nahen. Sr. Exzellenz, der HE. Staatskanzler, Freiherr v. Hardenberg, ließen mir, im November vorigen Jahres, bei Gelegenheit eines in dem Journal: das Abendblatt, enthaltenen Aufsatzes, der das Unglück hatte, denenselben zu mißfallen, durch den damaligen Präsidenten der Polizei, HE. Gruner, und späterhin noch einmal wiederholentlich durch den HE. Regierungsrat von Raumer, die Eröffnung machen, daß man dies Institut mit Geld unterstützen wolle, wenn ich mich entschließen könne, dasselbe so, wie es den Interessen der Staatskanzlei gemäß wäre, zu redigieren. Ich, der keine anderen Interessen, als die Ew. Königlichen Majestät, welche, wie immer, so auch diesmal, mit denen der Nation völlig zusammenfielen, berücksichtigte, weigerte mich anfangs, auf dieses Anerbieten einzugehen; da mir jedoch, infolge dieser Verweigerung, von seiten der Zensurbehörde solche Schwierigkeiten in den Weg gelegt wurden, die es mir ganz unmöglich machten, das Blatt in seinem früheren Geiste fortzuführen, so bequemte ich mich endlich notgedrungen in diesen Vorschlag: leistete aber in einem ausdrücklichen Schreiben an den Präsidenten, HE. Gruner, vom 8. Dez. v. J. auf die

a–c = S. 376/77ᵃ⁻ᶜ.

mir angebotene Geldunterstützung ehrfurchtsvoll Verzicht, und bat mir bloß, zu einiger Entschädigung, wegen beträchtlich dadurch verminderten Absatzes, der zu erwarten war, die Lieferung offizieller das Publikum interessierender Beiträge von den Landesbehörden aus. Von dem Augenblick an, da Sr. Exzellenz mir dies versprachen, gab das Blatt den ihm eignen Charakter von Popularität gänzlich auf; dasselbe trat unter unmittelbare Aufsicht der Staatskanzlei, und alle Aufsätze, welche die Staatsverwaltung und Gesetzgebung betrafen, gingen zur Prüfung des HE. Regierungsrats von Raumer. Gleichwohl blieben jene offiziellen Beiträge, ohne welche, bei so verändertem Geiste, das Blatt auf keine Weise bestehen konnte, gänzlich aus; und obschon ich weit entfernt bin, zu behaupten, daß Sr. Exzellenz Absicht war, dies Blatt zugrunde zu richten, so ist doch gewiß, daß die gänzliche Zugrundrichtung desselben, in Folge jener ausbleibenden offiziellen Beiträge, erfolgte, und daß mir daraus ein Schaden von nicht weniger als 800 Thl. jährlich erwuchs, worauf das Honorar mit meinem Verleger festgesetzt war. Wenn ich nun gleich, wie schon erwähnt, anfangs jede Geldunterstützung gehorsamst von mir ablehnte, so war doch nichts natürlicher, als daß ich jetzt, wegen des Verlusts meines ganzen Einkommens, wovon ich lebte, bei Sr. Exzellenz um eine Entschädigung einkam. Aber wie groß war mein Befremden, zu sehen, daß man jene Verhandlungen mit der Staatskanzlei, auf welche ich mich berief, als eine lügenhafte Erfindung von mir behandelte und mir, als einem Zudringlichen, Unbescheidenen und Überlästigen, mein Gesuch um Entschädigung gänzlich abschlug! Sr. Exzellenz haben nun zwar, auf diejenigen Schritte, die ich deshalb getan, in ihrem späterhin erfolgten Schreiben vom 18. April d. J., im

d–f = S. 378/79d–f.

allgemeinen mein Recht, eine Entschädigung zu for-   g
dern, gnädigst anerkannt; über die Entschädigung
selbst aber, die man mir durch eine Anstellung zu bewirken einige Hoffnung machte, ist, so dringend meine
Lage auch solches erfordert, bis diesen Augenblick
noch nichts verfügt worden, und ich dadurch schon
mehr als einmal dem traurigen Gedanken nahe-
gebracht worden, mir im Ausland mein Fortkommen
suchen zu müssen. Zu Ew. Königlichen Majestät Gerechtigkeit und Gnade flüchte ich mich nun mit der
alleruntertänigsten Bitte, Sr. Exzellenz, dem HE.
Staatskanzler aufzugeben, mir eine Anstellung im   h
Zivildienst anweisen zu lassen, oder aber, falls eine
solche Stelle nicht unmittelbar, wie sie für meine Verhältnisse paßt, auszumitteln sein sollte, mir wenigstens
unmittelbar ein Wartegeld auszusetzen, das, statt jenes
besagten Verlusts, als eine Entschädigung gelten kann.
Auf diese allerhöchste Gnade glaube ich um so mehr
einigen Anspruch machen zu dürfen, da ich durch   i
den Tod der verewigten Königin Majestät, welche
meine unvergeßliche Wohltäterin war, eine Pension
verloren habe, welche Höchstdieselbe mir, zur Begründung einer unabhängigen Existenz und zur Aufmunterung in meinen literarischen Arbeiten, aus ihrer Privatschatulle auszahlen ließ.

186. An Georg Reimer   Berlin, 21. Juni 1811

    Wollen Sie ein Drama von mir drucken, ein *vater-
ländisches* (mit mancherlei Beziehungen), namens *der
Prinz von Homburg,* das ich jetzt eben anfange, abzuschreiben?
    – Lassen sie ein paar Worte hierüber wissen Ihrem
Freund H. v. Kleist.

g–i = S. 380/81g–i.

187. An Georg Reimer   [Berlin, Juli 1811]

Ich bitte um die Gefälligkeit, mir Ihre Entschließung wegen des Pr. v. Homburg zukommen zu lassen,
welchen ich bald gedruckt zu sehen wünsche, indem es
meine Absicht ist, ihn der Prinzess. Wilhelm zu dedi-
zieren. – Dabei zeige ich zugleich an, daß ich mit einem
Roman ziemlich weit vorgerückt bin, der wohl zwei
Bände betragen dürfte, und wünsche zu wissen, ob Sie
imstande sind*, mir bessere Bedingungen zu machen,
als bei den Erzählungen. Es ist fast nicht möglich, für
diesen Preis etwas zu liefern, und so ungern ich außer-
halb der Stadt drucken lasse, so würde ich doch mit
Cotta wieder in Verbindung treten müssen, der, wie
ich glaube, nicht abgeneigt ist, meine Sachen zu verlegen.

---

* falls er Ihnen gefiele.

188. An Marie von Kleist   [Berlin, Sommer 1811]

Sobald ich mit dieser Angelegenheit fertig bin, will
ich einmal wieder etwas recht Phantastisches vornehmen. Es weht mich zuweilen, bei einer Lektüre oder im
Theater, wie ein Luftzug aus meiner allerfrühsten
Jugend an. Das Leben, das vor mir ganz öde liegt,
gewinnt mit einemmal eine wunderbar herrliche Aussicht, und es regen sich Kräfte in mir, die ich ganz er-
storben glaubte. Alsdann will ich meinem Herzen ganz
und gar, wo es mich hinführt, folgen und schlechterdings auf nichts Rücksicht nehmen, als auf meine eigne
innerliche Befriedigung. Das Urteil der Menschen hat
mich bisher viel zu sehr beherrscht; besonders das
Käthchen von Heilbronn ist voll Spuren davon. Es
war von Anfang herein eine ganz treffliche Erfindung, und nur die Absicht, es für die Bühne passend
zu machen, hat mich zu Mißgriffen verführt, die ich

jetzt beweinen möchte. Kurz, ich will mich von dem
Gedanken ganz durchdringen, daß, wenn ein Werk
nur recht frei aus dem Schoß eines menschlichen Gemüts hervorgeht, dasselbe auch notwendig darum der
ganzen Menschheit angehören müsse.

189. An Marie von Kleist   [Berlin, Sommer 1811]

Müllers Abreise hat mich in große Einsamkeit ver-
senkt. Er war es eigentlich, um dessentwillen ich mich
vor nun ohngefähr einem Jahr wieder in Berlin nie-
derließ, und ich bin gewiß, so wenig dies auch mancher
begreifen wird, daß er mich in Wien, wohin ich ihm
nicht habe folgen können, vermissen werde. Nicht als
ob ich ihm zu seinem Zwecke daselbst hätte behülflich
sein können, sondern weil er mich braucht, um sich
dessen, was er sich erringt und erstrebt, am Ziel zu erfreuen. Ich kann Ihnen nicht sagen, wie rührend mir
die Freundschaft dieses Menschen ist, fast so rührend,
wie seine Liebe zu seiner Frau. Denn sein Treiben in
der Welt, abgerissen und unvollendet, wie es noch da-
liegt, ist mancherlei Mißdeutungen unterworfen: es gehört ein Wohlgefallen, so gänzlich rücksichtslos, und
uneigennützig, in Persönlichkeiten, die ihm ganz fremd
und ungleichartig sind, dazu, um die innerliche Unschuld und Güte seines Wesens zu erkennen. Derjenige, mit dem ich jetzt am liebsten, wenn ich die
Wahl hätte, in ein näheres Verhältnis treten möchte,
ist der gute, sonst nur zu sehr von mir vernachlässigte
Achim Arnim. Aber dieser läßt sich, seitdem er verheiratet ist, weder bei mir noch einem andern sehen.
Er hat sich mit seiner Frau ganz wie lebendig in
einen Pavillon des Vossischen Gartens begraben, und
es ist nichts Lächerliches zu sehen, als das Acharnement
der Menschen über diese Einsamkeit. Sie würden ihm
eher alles andre vergeben, als daß er sich bei seiner
Frau besser gefällt als in ihrer nichtigen und erbärm-

lichen Gesellschaft. Auch Beckendorf, den ist sonst zuweilen sah, ist fort von hier, und ich kann wohl sagen, daß ich, von so mancher Seite verlassen, ihn mehr als sonst vermisse.

190. An Marie von Kleist   [Berlin, Sommer 1811]

Das Leben, das ich führe, ist seit Ihrer und A. Müllers Abreise gar zu öde und traurig. Auch bin ich mit den zwei oder drei Häusern, die ich hier besuchte, seit der letzten Zeit ein wenig außer Verbindung gekommen, und fast täglich zu Hause, von Morgen bis auf den Abend, ohne auch nur einen Menschen zu sehen, der mir sagte, wie es in der Welt steht. Sie helfen sich mit Ihrer Einbildung und rufen sich aus allen vier Weltgegenden, was Ihnen lieb und wert ist, in Ihr Zimmer herbei. Aber diesen Trost, wissen Sie, muß ich unbegreiflich unseliger Mensch entbehren. Wirklich, in einem so besondern Fall ist noch vielleicht kein Dichter gewesen. So geschäftig dem weißen Papier gegenüber meine Einbildung ist, und so bestimmt in Umriß und Farbe die Gestalten sind, die sie alsdann hervorbringt, so schwer, ja ordentlich schmerzhaft ist es mir, mir das, was wirklich ist, vorzustellen. Es ist, als ob diese in allen Bedingungen angeordnete Bestimmtheit meiner Phantasie, im Augenblick der Tätigkeit selbst, Fesseln anlegte. Ich kann, von zu viel Formen verwirrt, zu keiner Klarheit der innerlichen Anschauung kommen; der Gegenstand, fühle ich unaufhörlich, ist kein Gegenstand der Einbildung: mit meinen Sinnen in der wahrhaftigen lebendigen Gegenwart möchte ich ihn durchdringen und begreifen. Jemand, der anders hierüber denkt, kömmt mir ganz unverständlich vor; er muß Erfahrungen angestellt haben, ganz abweichend von denen, die ich darüber gemacht habe. Das Leben, mit seinen zudringlichen, immer wiederkehrenden Ansprüchen, reißt zwei Gemüter schon in dem Augenblick

der Berührung so vielfach auseinander, um wieviel
mehr, wenn sie getrennt sind. An ein Näherrücken ist
gar nicht zu denken; und alles, was man gewinnen
kann, ist, daß man auf dem Punkt bleibt, wo man ist.
Und dann der Trost in verstimmten und trübseligen
Augenblicken, deren es heutzutage so viel gibt, fällt
ganz und gar weg. Kurz, Müller, seitdem er weg ist,
kömmt mir wie tot vor, und ich empfinde auch ganz
denselben Gram um ihn, und wenn ich nicht wüßte,
daß Sie wiederkommen, würde mir es mit Ihnen ebenso
gehn.

191. *An Marie von Kleist*   [Berlin, Sommer 1811]

Ich fühle, daß mancherlei Verstimmungen in meinem Gemüt sein mögen, die sich in dem Drang der
widerwärtigen Verhältnisse, in denen ich lebe, immer
noch mehr verstimmen, und die ein recht heitrer Genuß des Lebens, wenn er mir einmal zuteil würde, vielleicht ganz leicht harmonisch auflösen würde. In diesem Fall würde ich die Kunst vielleicht auf ein Jahr
oder länger ganz ruhen lassen, und mich, außer einigen
Wissenschaften, in denen ich noch etwas nachzuholen
habe, mit nichts als der Musik beschäftigen. Denn ich
betrachte diese Kunst als die Wurzel, oder vielmehr,
um mich schulgerecht auszudrücken, als die algebraische
Formel aller übrigen, und so wie wir schon einen
Dichter haben – mit dem ich mich übrigens auf keine
Weise zu vergleichen wage – der alle seine Gedanken
über die Kunst, die er übt, auf Farben bezogen hat, so
habe ich, von meiner frühesten Jugend an, alles allgemeine, was ich über die Dichtkunst gedacht habe,
auf Töne bezogen. Ich glaube, daß im Generalbaß die
wichtigsten Aufschlüsse über die Dichtkunst enthalten
sind.

192. An Ulrike von Kleist   Berlin, 11. August 1811

In dem Louisenstift, dessen erste Abteilung erst organisiert ist, wird nun für die zweite Abteilung,
welche gleichfalls organisiert werden soll, eine Ober-
aufseherin gesucht; eine Dame, deren Bestimmung nicht
eigentlich unmittelbar die Erziehung der Kinder,
sondern die Aufsicht über das ganze weibliche Per-
sonale ist, dem jenes Geschäft anvertraut ist. Eine
solche Stelle, an und für sich demnach ehrenvoll genug,
ist mit völlig freier Station und einem Gehalt von
400 Rth. verknüpft. Da Du nun, wie ich höre, damit
umgehst, eine Pension in Frankfurt anzulegen, und
sogar dazu schon einige Schritte getan hast: so ist mir
eingefallen, ob es Dir vielleicht, die wohl vorzugsweise
dazu geeignet ist, konvenieren würde, eine solche Stelle
anzunehmen? ... Dieser Plan schmeichelt meinem
Wunsch, Dich auf dauerhafte Weise in meiner Nähe zu
wissen; und obschon mancherlei Verhältnisse, zum
Teil auch die Einrichtung dieses Instituts selbst, unmöglich machen, mich mit Dir zusammen zu etablie-
ren, so würde mir doch Dein Aufenthalt in Berlin,
von wo ich mich wohl sobald nicht zu entfernen denke,
zur größten Freude und Befriedigung gereichen.

193. An Fouqué   Berlin, 15. August 1811

Zum Dank für das liebe, freundliche Geschenk
das Sie mir mit Ihren Schauspielen und Ihre Frau
Gemahlin mit ihren kleinen Romanen gemacht haben,
übersende ich Ihnen diesen soeben fertig gewordenen
zweiten Band meiner Erzählungen. Möge er Ihnen
nur halb soviel Vergnügen machen, als mir die vortrefflichen Erzählungen Ihrer Frau Gemahlin, in welchen die Welt der Weiber und Männer wunderbar ge-
paart ist, gemacht haben. Auch Ihren vaterländischen
Schauspielen bin ich einen Tag der herzlichsten Freude

schuldig; besonders ist eine Vergiftungsszene im Walde-
mar mit wahrhaft großem und freien dramatischen
Geiste gedichtet und gehört zu dem Musterhaftesten in
unserer deutschen Literatur. Wenn es Ihnen recht ist,
so machen wir einen Vertrag, uns alles, was wir in den
Druck geben, freundschaftlich mitzuteilen; es soll an
gutem Willen nicht fehlen, mein Geschenk dem Ihrigen, soviel es in meinen Kräften steht, gleich zu machen.
Vielleicht kann ich Ihnen in kurzem gleichfalls ein
vaterländisches Schauspiel, betitelt: der Prinz von
Homburg, vorlegen, worin ich auf diesem, ein wenig
dürren, aber eben deshalb fast, möcht' ich sagen, reizenden Felde, mit Ihnen in die Schranken trete. Geschäfte,
der unangenehmsten und verwickeltsten Art, haben mich
für diesen Sommer abgehalten, Ihnen in Nennhausen
meine Aufwartung zu machen; inzwischen kommt es
mir vor, als ob eine Verwandtschaft zwischen uns prä-
stabilitiert wäre, die sich in kurzer Zeit gar wunderbar entwickeln müßte, und es gehört zu meinen liebsten Wünschen, dies noch im Lauf dieses Herbstes zu
versuchen. Vielleicht, mein liebster Fouqué, wenn Sie
zu Hause bleiben, erscheine ich noch ganz unvermutet bei Ihnen, und erinnere Sie an die freundschaftliche
Einladung, die Sie mir zu wiederholtem Male gemacht
und nun vielleicht schon wieder vergessen haben.

194. An Marie von Kleist   [Berlin, 17. Sept. 1811]

Wenn ich doch zu Ihren Füßen sinken könnte, meine
teuerste Freundin, wenn ich doch Ihre Hände ergreifen und mit tausend Küssen bedecken könnte, um
Ihnen den Dank für Ihren lieben, teuren Brief auszudrücken. Das lange Ausbleiben desselben hatte mir die
Besorgnis erweckt, daß es Ihre Absicht sein könnte,
mir gar nicht mehr zu schreiben; in der Tat hatte ich
es verdient, und ich war darauf gefaßt, wie man auf
das Trostloseste, das über ein Menschenleben kommen

kann, gefaßt sein kann. Mehreremal, wenn ich auf den Gedanken geriet, daß Sie vielleicht einen Brief von mir erwarteten, hatte ich die Feder ergriffen, um Ihnen zu schreiben; aber die gänzliche Unfähigkeit, mich anders, als durch die Zukunft auszusprechen, machte sie mir immer wieder aus den Händen fallen. Denn die Entwickelung der Zeit und der Anteil, den ich daran nehmen werde, ist das einzige, was mich wegen des Vergangenen mit Ihnen versöhnen kann; erst wenn ich tot sein werde, kann ich mir denken, daß Sie mit dem vollen Gefühl der Freundschaft zu mir zurückkehren werden. Endlich gestern komme ich zu Hause und finde einen Brief so voll von Vergebung – ach, was sage ich, Vergebung? so voll von Güte und Milde, als ob ich gar keine Schuld gegen Sie hätte, als ob in Ihrer Brust auch nicht der mindeste Grund zum Unwillen gegen mich vorhanden wäre. Sagen Sie mir, wodurch habe ich so viele Liebe verdient? Oder habe ich sie nicht verdient, und schenken Sie sie mir bloß, *a* weil Sie überhaupt nicht hassen können, weil Sie alles, was sich Ihrem Kreise nähert, mit Liebe umfassen müssen? Nun, der Himmel lohne Ihnen diesen Brief, der mir, seit Ihrer Abreise, wieder den ersten frohen Lebensaugenblick geschenkt hat. Ich würde Ihnen den Tod wünschen, wenn Sie zu sterben brauchten, um glücklich zu werden; es scheint mir, als ob Sie, bei solchen Empfindungen, das Paradies in Ihrer Brust mit sich herum tragen müßten.

Unsre Verhältnisse sind hier, wie Sie vielleicht schon wissen werden, friedlicher als jemals; man erwartet den Kaiser Napoleon zum Besuch, und wenn dies geschehen sollte, so werden vielleicht ein paar Worte ganz leicht und geschickt alles lösen, worüber sich hier unsere Politiker die Köpfe zerbrechen. Wie diese Aussicht auf mich wirkt, können Sie leicht denken; es ist

a vgl. S. 110ª, 200ª.

mir ganz stumpf und dumpf vor der Seele, und es ist
auch nicht ein einziger Lichtpunkt in der Zukunft, auf
den ich mit einiger Freudigkeit und Hoffnung hinaussähe. Vor einigen Tagen war ich noch bei G[neisenau]
und überreichte ihm, nach Ihrem Rat, ein paar Aufsätze, die ich ausgearbeitet hatte; aber das alles scheint
nur, wie der Franzose sagt, moutarde après diner. Wirklich, es ist sonderbar, wie mir in dieser Zeit alles, was
ich unternehme, zugrunde geht; wie sich mir immer,
wenn ich mich einmal entschließen kann, einen festen
Schritt zu tun, der Boden unter meinen Füßen entzieht.
G[neisenau] ist ein herrlicher Mann; ich fand ihn
abends, da er sich eben zu einer Abreise anschickte,
und war, in einer ganz freien Entfaltung des Gesprächs
nach allen Richtungen hin, wohl bis um 10 Uhr bei
ihm. Ich bin gewiß, daß wenn er den Platz fände, für
den er sich geschaffen und bestimmt fühlt, ich, irgendwo in seiner Umringung, den meinigen gefunden haben
würde. Wie glücklich würde mich dies, in der Stimmung, in der ich jetzt bin, gemacht haben! Denn es ist
eine Lust, bei einem tüchtigen Manne zu sein; Kräfte,
die in der Welt nirgends mehr an ihrem Orte sind,
wachen, in solcher Nähe und unter solchem Schutze,
wieder zu einem neuen freudigen Leben auf. Doch
daran ist nach allem, was man hier hört, kaum mehr
zu denken. Wozu raten Sie mir denn, meine teuerste
Freundin, falls auch diese Aussicht, die sich mir eröffnete, wieder vom Winde verweht würde? Soll ich,
wenn ich das Geld von Ulriken erhalte, nach Wien
gehen? Und werde ich es erhalten? – Ich gestehe, daß
ich mit ebensoviel Lust, bei Regen und Schneegestöber,
in eine ganz finstere Nacht hinausgehen würde, als
nach dieser Stadt. Nicht, als ob sie mir an und für sich,
widerwärtig wäre; aber es scheint mir trostlos, daß ich
es nicht beschreiben kann, immer an einem anderen
Orte zu suchen, was ich noch an keinem, meiner eigentümlichen Beschaffenheit wegen, gefunden habe. Gleich-

wohl sind die Verhältnisse, in die ich dort eintreten könnte, von mancher Seite vorteilhaft: es läßt sich denken, daß meine Liebe zur Kunst dort von neuem wieder aufwachte – und auf jeden Fall ist gewiß, daß ich hier nicht länger bestehen kann. Sprechen Sie ein Wort, meine teuerste Freundin, sprechen Sie ein bestimmtes Wort, das mich entscheide; ich bin schon so gewohnt, alles auf Ihre Veranlassung und Ihren Anstoß zu tun, daß ich die Kraft, mich selbst zu entscheiden, fast ganz entbehre. – Der Brief an R[ex = Friedrich Wilhelm III.] ist besorgt und zwar, wie Sie mir befohlen haben, eigenhändig. Ich habe dabei in einer sehr langen Unterredung auch ihn Gelegenheit gehabt, näher kennenzulernen, und kann [unlesbar gemachter Name] Meinung über ihn nicht ganz teilen; mich dünkt er hat Herz und Verstand, mehr als Sie alle beide ihm zutrauen. –

195. An Freiherrn von Hardenberg   Berlin, 19. Sept. 1811

Wenngleich die Entfernung HE. v. Raumers, der gewiß allein schuld an der Ungnade war, die Ew. Exzellenz unlängst auf mich geworfen haben, mich von der einen Seite aufmuntert, meine Entschädigungssache wegen des Abendblatts wieder aufzunehmen, so ist doch der Augenblick, da das Vaterland eine Gefahr bedroht, zu wenig geeignet und geschickt dazu, als daß ich eine solche Streitsache wieder in Erinnerung bringen sollte. Ich lasse, in Erwartung einer besseren Zeit, in welcher es mir ohne Zweifel glücken wird, Ew. Exzellenz zu überzeugen, wie wenig unbillig meine Forderung war, diesen Gegenstand gänzlich fallen. Da jedoch Sr. Majestät der König geruht haben, mich, durch ein soeben empfangenes allerhöchstes Schreiben, im Militär anzustellen, und mir, bei der beträchtlichen Unordnung, in welche, durch eben jenen Verlust des Abendblatts, meine Kasse geraten ist, die Anschaffung

einer Equipage höchst schwierig wird: so wage ich, im
Vertrauen auf Ew. Exzellenz vielfach erprobten Pa-
triotismus, Höchstdieselben um einen Vorschuß von
20 Louisdor, für welche ich Denenselben persönlich
verantwortlich bleibe, anzugehn. Die Gewährung dieser Bitte wird mir die meinem Herzen äußerst wohl-
tuende Beruhigung geben, daß Ew. Exzellenz Brust
weiter von keinem Groll gegen mich erfüllt ist; und
indem ich Ew. Exzellenz die Versicherung anzunehmen
bitte, daß ich unmittelbar nach Beendigung des Krieges,
Anstalten treffen werde, Höchstdenenselben diese
Ehrenschuld, unter dem Vorbehalt meiner ewigen und
unauslöschlichen Dankbarkeit, wieder zuzustellen, ersterbe ich ...

196. An Ulrike von Kleist [Frankfurt a. d. O., Sept. 1811]

Der König hat mich durch ein Schreiben im Militär
angestellt, und ich werde entweder unmittelbar bei
ihm Adjutant werden, oder eine Kompanie erhalten.
Die Absicht, in der ich hierher kam, war, mir zu einer
kleinen Einrichtung, welche dies nötig macht, Geld
zu verschaffen, entweder unmittelbar von Dir, oder
durch Dich, auf die Hypothek meines Hauses. Da Du
Dich aber, mein liebes, wunderliches Mädchen, bei meinem Anblick so ungeheuer erschrocken hast, ein Umstand, der mich, so wahr ich lebe, auf das allertiefste
erschütterte: so gebe ich, wie es sich von selbst versteht, diesen Gedanken völlig auf, ich bitte Dich von
ganzem Herzen um Verzeihung, und beschränke mich,
entschlossen, noch heut Nachmittag nach Berlin zu-
rückzureisen, bloß auf den anderen Wunsch, der mir
am Herzen lag, Dich noch einmal auf ein paar Stunden zu sehn. Kann ich bei Dir zu Mittag essen? – Sage
nicht erst ja, es versteht sich ja von selbst, und ich
werde in einer halben Stunde bei Dir sein.

197. An Sophie Sander [Berlin, Oktober 1811]

Meine liebste Freundin, nun werde ich einmal Ihre Freundschaft auf die Probe stellen und sehen, ob Sie mir böse werden, wenn ich heute Abend nicht komme. Ich werde morgen herankommen, und Ihnen sagen, welch ein ganz *unvermeidliches* Geschäft, dem Sie selbst dies Beiwort zugestehen werden, mich davon abgehalten hat; und wenn Sie mir, liebste, beste Freundin, ein krauses Gesicht ziehn und mir böse sind, so erinnere ich Sie an den Vertrag, den wir beide miteinander abgeschlossen haben.

198. An Rahel Levin Berlin, 16. [Oktober 1811]

Liebe, warum sind Sie so repandiert? Eine Frau, die sich auf ihren Vorteil versteht, geht nicht aus dem Hause; da erst gilt sie alles, was sie kann und soll. Doch, machen Sie das mit Ihrem Gewissen aus. Ein Freund vom Hause läßt sich nicht abschrecken, und ich bin Sonnabend, noch vor Sonnabend, vielleicht noch heute, bei Ihnen.

199. An Rahel Levin Berlin, 24. [Oktober 1811]

Obschon ich das Fieber nicht hatte, so befand ich mich doch, infolge desselben, unwohl, sehr unwohl; ich hätte einen schlechten Tröster abgegeben! Aber wie traurig sind Sie, in Ihrem Brief. – Sie haben in Ihren Worten so viel Ausdruck, als in Ihren Augen. Erheitern Sie sich; das Beste ist nicht wert, daß man es bedauere! Sobald ich den Steffen ausgelesen bringe ich ihn zu Ihnen.

200. An Marie von Kleist Berlin, 10. Nov. 1811

Deine Briefe haben mir das Herz zerspalten, meine teuerste Marie, und wenn es in meiner Macht gewesen

wäre, so versichre ich Dich, ich würde den Entschluß
zu sterben, den ich gefaßt habe, wieder aufgegeben
haben. Aber ich schwöre Dir, es ist mir ganz unmöglich länger zu leben; meine Seele ist so wund, daß
mir, ich möchte fast sagen, wenn ich die Nase aus dem
Fenster stecke, das Tageslicht wehe tut, das mir darauf
schimmert. Das wird mancher für Krankheit und überspannt halten; nicht aber Du, die fähig ist, die Welt
auch aus andern Standpunkten zu betrachten als aus
dem Deinigen. Dadurch daß ich mit Schönheit und
Sitte, seit meiner frühsten Jugend an, in meinen Gedanken und Schreibereien, unaufhörlichen Umgang gepflogen, bin ich so empfindlich geworden, daß mich die
kleinsten Angriffe, denen das Gefühl jedes Menschen
nach dem Lauf der Dinge hienieden ausgesetzt ist,
doppelt und dreifach schmerzen. So versichre ich Dich,
wollte ich doch lieber zehnmal den Tod erleiden, als
noch einmal wieder erleben, was ich das letztemal in
Frankfurt an der Mittagstafel zwischen meinen beiden
Schwestern, besonders als die alte Wackern dazukam,
empfunden habe; laß es Dir nur einmal gelegentlich
von Ulriken erzählen. Ich habe meine Geschwister
immer, zum Teil wegen ihrer gutgearteten Persönlichkeiten, zum Teil wegen der Freundschaft, die sie für
mich hatten, von Herzen lieb gehabt; so wenig ich davon gesprochen habe, so gewiß ist es, daß es einer
meiner herzlichsten und innigsten Wünsche war, ihnen
einmal, durch meine Arbeiten und Werke, recht viel
Freude und Ehre zu machen. Nun ist es zwar wahr, es
war in den letzten Zeiten, von mancher Seite her, gefährlich, sich mit mir einzulassen, und ich klage sie
desto weniger an, sich von mir zurückgezogen zu
haben, je mehr ich die Not des Ganzen bedenke, die
zum Teil auch auf ihren Schultern ruhte; aber der
Gedanke, das Verdienst, das ich doch zuletzt, es sei
nun groß oder klein, habe, gar nicht anerkannt zu
sehn, und mich von ihnen als ein ganz nichtsnutziges

Glied der menschlichen Gesellschaft, das keiner Teilnahme mehr wert sei, betrachtet zu sehn, ist mir überaus schmerzhaft, wahrhaftig, es raubt mir nicht nur
die Freuden, die ich von der Zukunft hoffte, sondern es
vergiftet mir auch die Vergangenheit. – Die Allianz,
die der König jetzt mit den Franzosen schließt, ist
auch nicht eben gemacht mich im Leben festzuhalten.
Mir waren die Gesichter der Menschen schon jetzt,
wenn ich ihnen begegnete, zuwider, nun würde mich gar,
wenn sie mir auf der Straße begegneten, eine körperliche Empfindung anwandeln, die ich hier nicht nennen
mag. Es ist zwar wahr, es fehlte mir sowohl als ihnen
an Kraft, die Zeit wieder einzurücken; ich fühle aber
zu wohl, daß der Wille, der in meiner Brust lebt, etwas
anderes ist, als der Wille derer, die diese witzige Bemerkung machen: dergestalt, daß ich mit ihnen nichts
mehr zu schaffen haben mag. Was soll man doch, wenn
der König diese Allianz abschließt, länger bei ihm
machen? Die Zeit ist ja vor der Tür, wo man wegen
der Treue gegen ihn, der Aufopferung und Standhaftigkeit und aller andern bürgerlichen Tugenden,
von ihm selbst gerichtet, an den Galgen kommen kann.

201. An Marie von Kleist   [Berlin, 19. Nov. 1811]

Meine liebste Marie, mitten in dem Triumphgesang,
den meine Seele in diesem Augenblick des Todes an-
stimmt, muß ich noch einmal Deiner gedenken und
mich Dir, so gut wie ich kann, offenbaren: Dir, der
einzigen, an deren Gefühl und Meinung mir etwas gelegen ist; alles andere auf Erden, das Ganze und Einzelne, habe ich völlig in meinem Herzen überwunden.
Ja, es ist wahr, ich habe Dich hintergangen, oder vielmehr ich habe mich selbst hintergangen; wie ich Dir
aber tausendmal gesagt habe, daß ich dies nicht überleben würde, so gebe ich Dir jetzt, indem ich von Dir
Abschied nehme, davon den Beweis. Ich habe Dich

während Deiner Anwesenheit in Berlin gegen eine andere Freundin vertauscht; aber wenn Dich das trösten
kann, nicht gegen eine, die mit mir leben, sondern, die
im Gefühl, daß ich ihr ebensowenig treu sein würde,
wie Dir, mit mir sterben will. Mehr Dir zu sagen, läßt
mein Verhältnis zu dieser Frau nicht zu. Nur so viel
wisse, daß meine Seele, durch die Berührung mit der
ihrigen, zum Tode ganz reif geworden ist; daß ich die   *a*
ganze Herrlichkeit des menschlichen Gemüts an dem
ihrigen ermessen habe, und daß ich sterbe, weil mir auf
Erden nichts mehr zu lernen und zu erwerben übrig
bleibt. Lebe wohl! Du bist die allereinzige auf Erden,
die ich jenseits wiederzusehen wünsche. Etwa Ulriken?
– ja, nein, nein, ja: es soll von ihrem eignen Gefühl
abhangen. Sie hat, dünkt mich, die Kunst nicht verstanden sich aufzuopfern, ganz für das, was man liebt,
in Grund und Boden zu gehn: das Seligste, was sich
auf Erden erdenken läßt, ja worin der Himmel bestehen muß, wenn es wahr ist, daß man darin vergnügt
und glücklich ist. Adieu! – Rechne hinzu, daß ich eine
Freundin gefunden habe, deren Seele wie ein junger
Adler fliegt, wie ich noch in meinem Leben nichts Ähnliches gefunden habe; die meine Traurigkeit als eine
höhere, festgewurzelte und unheilbare begreift, und
deshalb, obschon sie Mittel genug in Händen hätte
mich hier zu beglücken, mit mir sterben will; die mir
die unerhörte Lust gewährt, sich, um dieses Zweckes
willen, so leicht aus einer ganz wunschlosen Lage, wie
ein Veilchen aus einer Wiese, herausheben zu lassen;
die einen Vater, der sie anbetet, einen Mann, der
großmütig genug war sie mir abtreten zu wollen, ein
Kind, so schön und schöner als die Morgensonne, um
meinetwillen verläßt: und Du wirst begreifen, daß
meine ganze jauchzende Sorge nur sein kann, einen

*a = Penthesilea, V. 2865: „Ganz reif zum Tod, o Diana, fühl
ich mich!"*

Abgrund tief genug zu finden, um mit ihr hinabzu-
stürzen. – Adieu noch einmal! –

202. *An Sophie Müller*   Berlin, 20. Nov. 1811

Der Himmel weiß, meine liebe, treffliche Freundin,
was für sonderbare Gefühle, halb wehmütig, halb aus-
gelassen, uns bewegen, in dieser Stunde, da unsere
Seelen sich, wie zwei fröhliche Luftschiffer, über die
Welt erheben, noch einmal an Sie zu schreiben. Wir
waren doch sonst, müssen Sie wissen, wohl entschlossen, bei unseren Bekannten und Freunden keine Karten p. p. c. abzugeben. Der Grund ist wohl, weil wir
in tausend glücklichen Augenblicken an Sie gedacht,
weil wir uns tausendmal vorgestellt haben, wie Sie in
Ihrer Gutmütigkeit aufgelacht (aufgejauchzt) haben
würden, wenn Sie uns in der grünen oder roten Stube
beisammen gesehen hätten. Ja, die Welt ist eine wunderliche Einrichtung! – Es hat seine Richtigkeit, daß
wir uns, Jettchen und ich, wir zwei trübsinnige, trüb-
selige Menschen, die sich immer ihrer Kälte wegen an-
geklagt haben, von ganzem Herzen liebgewonnen
haben, und der beste Beweis davon ist wohl, daß wir
jetzt mit einander sterben.

Leben Sie wohl, unsre liebe, liebe Freundin, und
seien Sie auf Erden, wie es gar wohl möglich ist, recht
glücklich! Wir, unsererseits, wollen nichts von den
Freuden dieser Welt wissen und träumen lauter himmlische Fluren und Sonnen, in deren Schimmer wir, mit
langen Flügeln an den Schultern, umherwandeln werden. Adieu! Einen Kuß von mir, dem Schreiber, an
Müller; er soll zuweilen meiner gedenken, und ein
rüstiger Streiter Gottes gegen den Teufel Aberwitz
bleiben, der die Welt in Banden hält. –

Gegeben in der grünen Stube.

203. An Marie von Kleist

[Stimmings bei Potsdam, 21. Nov. 1811]

Meine liebste Marie, wenn Du wüßtest, wie der Tod und die Liebe sich abwechseln, um diese letzten Augenblicke meines Lebens mit Blumen, himmlischen und irdischen, zu bekränzen, gewiß Du würdest mich gern sterben lassen. Ach, ich versichre Dich, ich bin ganz selig. Morgens und abends knie ich nieder, was ich nie gekonnt habe, und bete zu Gott; ich kann ihm mein Leben, das allerqualvollste, das je ein Mensch geführt hat, jetzo danken, weil er es mir durch den herrlichsten und wollüstigsten aller Tode vergütigt. Ach, könnt' ich nur etwas für Dich tun, das den herben Schmerz, den ich Dir verursachen werde, mildern könnte! Auf einen Augenblick war es mein Wille mich malen zu lassen; aber alsdann glaubte ich wieder zuviel Unrecht gegen Dich zu haben, als daß mir erlaubt sein könnte vorauszusetzen, mein Bild würde Dir viel Freude machen. Kann es Dich trösten, wenn ich Dir sage, daß ich diese Freundin niemals gegen Dich vertauscht haben würde, wenn sie weiter nichts gewollt hätte, als mit mir leben? Gewiß, meine liebste Marie, so ist es; es hat Augenblicke gegeben, wo ich meiner lieben Freundin, offenherzig, diese Worte gesagt habe. Ach, ich versichre Dich, ich habe Dich so lieb, Du bist mir so überaus teuer und wert, daß ich kaum sagen kann, ich liebe diese liebe vergötterte Freundin mehr als Dich. Der Entschluß, der in ihrer Seele aufging, mit mir zu sterben, zog mich, ich kann Dir nicht sagen, mit welcher unaussprechlichen und unwiderstehlichen Gewalt, an ihre Brust; erinnerst Du Dich wohl, daß ich Dich mehrmals gefragt habe, ob Du mit mir sterben willst? – Aber Du sagtest immer nein – Ein Strudel von nie empfundner Seligkeit hat mich ergriffen, und ich kann Dir nicht leugnen, daß mir ihr Grab lieber ist als die Betten aller Kaiserinnen der Welt. – Ach, meine teure

Freundin, möchte Dich Gott bald abrufen in jene bessere Welt, wo wir uns alle, mit der Liebe der Engel, einander werden ans Herz drücken können. – Adieu.

204. An Ulrike von Kleist
Stimmings bei Potsdam, 21. Nov. 1811

Ich kann nicht sterben, ohne mich, zufrieden und heiter, wie ich bin, mit der ganzen Welt, und somit auch, vor allen anderen, meine teuerste Ulrike, mit Dir versöhnt zu haben. Laß sie mich, die strenge Äußerung, die in dem Briefe an die Kleisten enthalten ist, laß sie mich zurücknehmen; wirklich, Du hast an mir getan, ich sage nicht, was in Kräften einer Schwester, sondern in Kräften eines Menschen stand, um mich zu retten: die Wahrheit ist, daß mir auf Erden nicht zu helfen war. Und nun lebe wohl; möge Dir der Himmel einen Tod schenken, nur halb an Freude und unaussprechlicher Heiterkeit dem meinigen gleich: das ist der herzlichste und innigste Wunsch, den ich für Dich aufzubringen weiß. Dein Heinrich.

Stimmings bei Potsdam, d. – am Morgen meines Todes.

205. An Ernst Friedrich Peguilhen
Stimmings bei Potsdam, 21. Nov. 1811

Ich kann wohl Ihre Freundschaft auch, mein liebster Peguillhin, für einige kleine Gefälligkeiten in Anspruch nehmen. Ich habe nämlich vergessen, meinen Barbier für den laufenden Monat zu bezahlen, und bitte, ihm 1 Rth. à $^1/_3$ C zu geben, die Sie eingewickelt in dem Kasten der Mad. Vogel finden werden. Die Vogeln sagt mir eben, daß *S i e* den Kasten aufbrechen und alle Kommissionen die sich darin finden besorgen möchten: damit Vogel nicht gleich damit behelligt würde –

Endlich bitte ich noch, das ganze, kleine, schwarz-
lederne Felleisen, das mir gehört, mit Ausnahme der
Sachen, die etwa zu meiner Bestattung gebraucht werden möchten, meinem Wirt, dem Quartiermeister Müller, Mauerstraße Nr. 53, als einen kleinen Dank für
seine gute Aufnahme und Bewirtung, zu schenken. –
Leben Sie recht wohl, mein liebster Peguillhin; meinen
Abschiedsgruß und Empfehlung an Ihre vortreffliche
Frau und Tochter.

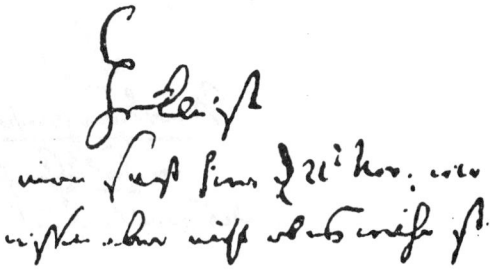

[man sagt hier d. 21. Nov.; wir wissen aber nicht ob es
wahr ist.]

N. S. In dem Koffer der Mad. Vogel, der in Berlin
in ihrem Hause in der Gesindestube mit messingnem
Vorlegeschloß steht, und wozu der kleine versiegelte
Schlüssel, der hier im Kasten liegt, paßt – in diesem
Koffer befinden sich drei Briefe von mir, die ich Sie
noch herzlichst zu besorgen bitte ...

[Auf einem kleinen Zettel]

N. S. Kommen Sie recht bald zu Stimmings hinaus,
mein liebster Peguillhin, damit Sie uns bestatten können. Die Kosten, was mich betrifft, werden Ihnen von
Frankfurt aus, von meiner Schwester Ulrike wieder
erstattet werden. – Die Vogeln bemerkt noch, daß zu
dem Koffer mit dem messingnen Vorhängeschloß, der
in Berlin, in ihrer Gesindestube steht, und worin viele

Kommissionen sind, der Schlüssel hier versiegelt in dem hölzernen Kasten liegt. – Ich glaube ich habe dies schon einmal geschrieben, aber die Vogel besteht darauf, daß ich es noch einmal schreibe.

[Anschrift]

[der Bote bekommt noch 12 gr. Cour.]

ANMERKUNGEN

(Für biographische Angaben wird grundsätzlich auf das Personenregister verwiesen; erforderliche Literaturnachweise finden sich in der von Helmut Sembdner herausgegebenen zweibändigen Kleist-Ausgabe.)

1 *(Nr. 1)* Ältestes uns bekanntes Dokument von Kleists Hand.

2 *(Nr. 2)* Der Brief trägt hier und weiterhin (S. 6) das falsche Datum 1792; auch später irrte sich Kleist gelegentlich in den Datierungen.

4 *Friedrich mit der gebißnen Wange* – Titel eines Trivialromans von Friedrich Schlenkert, anonym Leipzig 1785/88 erschienen, von Ludwig Tieck in „Prinz Zerbino" verspottet.

5 *ich dachte an meine Mutter* – sie war kurz zuvor, am 3. Februar 1793, gestorben. *Vach* – Vacha; auch weiterhin unkorrekte Schreibungen: *Schüchtern* (Schlüchtern), *Westminster* (Salmünster?), *Kellnhausen* (Gellnhausen), *Wirzburg* usw.

10 *(Nr. 4)* Nach Ed. von Bülow (Kleists Leben und Briefe, Berlin 1848) schrieb Kleist diese Worte „zu Ende seines ersten Dienstjahrs [1793!] einer zärtlich geliebten Freundin" ins Album. Sie stammen aus Wielands „Gesicht von einer Welt unschuldiger Menschen", Episode aus einem nicht zustande gekommenen Werk, die erst 1798 im Supplement zu Wielands Sämtlichen Werken veröffentlicht wurde. Zu Luise von Linckersdorf vgl. S. 69.

11 *(Nr. 5)* Der Brief stimmt in wesentlichen Partien mit einem zuvor für Rühle von Lilienstern verfaßten „Aufsatz, den sichern Weg des Glücks zu finden" überein.

12 *Wenn man also nur seiner eigenen Überzeugung folgen darf* – Der Absatz stellt die freie Wiedergabe eines Diskurses von Helvetius (in „De l'esprit", Paris 1758) dar.

13 *meinem Vormunde* – George Friedrich Dames.

19 *Brief ... an den König* – nicht überliefert.

22 *mit einem jüngeren Freunde vom Regiment* – Rühle

von Lilienstern, in dessen Biographie (1847) es heißt:
„Wissenschaften, Dichtkunst und Musik waren der
Stoff welcher die Zusammenkünfte dieser jungen Offi-
ziere [Rühle, Pfuel, Kleist] belebte."

25 *höhere Theologie* – nämlich: Mathematik, Philosophie
und Physik (das Komma hinter „Physik" fehlt)!

28 *(Nr. 6)* Kleists „Revers" erfolgte auf die Königl. Kabinettsorder vom 13. April 1799, wonach der König
gegen Kleists Vorsatz, sich den Studien zu widmen,
nichts einzuwenden hatte; erst danach, am 26. April,
wurde die Entlassungsorder vom 4. April zugestellt.

30 *(Nr. 7)* eine Art Abhandlung, mit der ein mündlich
begonnenes Gespräch fortgesetzt wurde; die Datierung
ist unsicher.

32 *Ein freier, denkender Mensch bleibt da nicht stehen* –
nach Lessings „Nathan der Weise" III, 5: „Ein Mann
wie du, bleibt da / Nicht stehen, wo der Zufall der
Geburt / Ihn hingeworfen: oder wenn er bleibt / Bleibt
er aus Einsicht, Gründen, Wahl des Bessern."

39 *man müßte wenigstens täglich ein gutes Gedicht lesen . . .* – nach Goethe, „Wilhelm Meisters Lehrjahre"
V, 1: „Man sollte alle Tage wenigstens ein kleines
Lied hören, ein gutes Gedicht lesen, ein treffliches Gemälde sehen und, wenn es möglich zu machen wäre,
einige vernünftige Worte sprechen."

44 *wie es Rousseau mit dem Könige von Frankreich ging* –
nach Rousseaus „Confessions" (1781), 8. Kapitel. *Ein
französischer Offizier* – nach Voltaires „Siècle de
Louis XIV" (1751), 25. Kapitel.

44 *Experimentalphysik bei Wünsch* – Professor Wünschs
Eintragung: „Experimentalphysik nach Erxleben für
eine geschlossene Gesellschaft von 12 illiteratis. Den
18. November begonnen, 9. April geschlossen." Wilhelmine von Zenge (1803): „Wir waren sehr aufmerksame Zuhörerinnen, repetierten mit unserem Unter-
lehrer, dem Herrn von Kleist, und machten auch Aufsätze über das, was wir hörten."

51 *(Nr. 11 u. 12)* Beispiele für die sich über einen längeren Zeitraum erstreckenden Denkübungen. Wilhelmine
von Zenge (1803): „Er gab mir interessante Fragen
auf, welche ich schriftlich beantworten mußte, und er

korrigierte sie ... Auch schärfte er meinen Witz und
Scharfsinn durch Vergleiche, welche ich ihm schriftlich
bringen mußte."

54 *Zuerst fragt mein Verstand: was willst du?* – nach
Kants „Anthropologie" (1798): „Was will ich?" (fragt
der Verstand) „Worauf kommts an?" (fragt die Urteilskraft) „Was kommt heraus?" (fragt die Vernunft)

59 *die Kulturgeschichte* – vermutlich ein Kolleg von Professor Hüllmann.

63 *Knedelbaum* – Knedel- oder Knödelbaum; wilde Birne
(Pyrus communis).

67 *Nicht aus des Herzens bloßem Wunsche* – Anfang
eines längeren sentenzenreichen Gedichtes, das sich
Kleist und Wilhelmine zum Abschied für einander ab-
geschrieben hatten, das aber schwerlich von Kleist
selbst angefertigt war: „Nicht aus des Herzens bloßem
Wunsche keimt / Des Glückes schöne Götterpflanze
auf. / Der Mensch soll mit der Mühe Pflugschar sich /
Des Schicksals harten Boden öffnen, soll / Des Glückes
Erntetag sich selbst bereiten, / Und Taten in die offnen
Furchen streun."

70 *die Matrikeln* – Einschreibungsurkunden; die Leipziger Immatrikulationsliste enthält am 1. Sept. 1800 die
Eintragung von „Bernhoff" und „Klingstedt". *Abällino* – Zschokkes Dramatisierung seiner anonymen
Räubergeschichte „Abällino der große Bandit" (Frankfurt a. d. O. 1795).

76 *wo wir Dinge gehört haben* – Schon 1796, während
des ersten Koalitionskriegs, wurden keine Fremden
nach Wien hereingelassen; seit 1799 befand sich Österreich abermals im Kriegszustand mit Frankreich. *besieh
Deine neue Tasse* – „Er schenkte ihr in dieser Zeit
eine Tasse, die noch heute in der Familie aufbewahrt
wird; auf dem Boden der Schale steht ‚Vertrauen', auf
dem der Untertasse ‚uns' und auf der Rückseite des
Bodens derselben ‚Einigkeit', so daß das Ganze – eine
Art Rebus – bedeutet: Vertrauen auf uns und Einigkeit unter uns." (Zolling 1885)

78 *wär's auch mit einem Tropfen Schweißes nur* – Abge-
wandeltes Zitat aus dem S. 67 angeführten Gedicht:
„Er soll mit Etwas den Genuß erkaufen, / Wärs auch

mit des Genusses Sehnsucht nur"; bei Kleist keine An-
führungszeichen.

84 *Stück von Lucas Cranach* – gemeint ist vermutlich
das Altarwerk von Michel Wohlgemut (1479). *nach
dem modernsten Geschmack* – Die spätgotische Nikolai-
kirche war 1797 im klassizistischen Stil ausgebaut worden. *Schade, daß ein* – – – zu ergänzen: *Pfaffe*
(ebenso in der Lücke S. 109).

86 *(Nr. 23)* Bei diesem Fragment handelt es sich vermutlich um das Schlußstück des sonst nicht überlieferten
ersten Schreibens aus Würzburg.

90 *bis ihm das Schnupftuch in der Tasche brennt* – Der
gleiche Ausspruch wird später (1806!) von dem Magde-
burger Kommandanten Franz Kasimir von Kleist berichtet (Immermann, Memorabilien, Bd. I, 1840). Auch
in Brentanos „Märchen vom Rhein" (1846).

93 *ein Mönch* – Schon 1785 berichtete eine Besucherin des
Würzburger Hospitals: „Unter den Narren war einer
ein fanatischer Mönch, dessen Seele voll von dem Begriff einer ganz reinen Liebe zu Gott war."

94 *Ein 18jähriger Jüngling* – eine ähnliche Schilderung in
Hufelands „Kunst, das menschliche Leben zu verlängern" (Jena 1796).

97 *Verstehst Du die Inschrift der Tasse?* – s. Anm. zu
S. 76.

106 *Vaux-hall* – Vergnügungsort nach Londoner Vorbild,
wie es ihn seit 1781 auch in Berlin gab. *Harmonie der
Sphären* – nach Pythagoras das Tönen der sieben
Planetensphären. *disparois!* – franz. „verschwindet!"

107 *in dem Gasthofe* – Nach dem Würzburger Intelligenz-
blatt vom 12. Sept. 1800 waren „Hr. Bernhoff, Hr.
Klingstedt, Studenten von Leipzig" im „Fränkischen
Hof" abgestiegen.

109 *der in Wänden von Glas wohnte* – Der in Rousseaus
„Nouvelle Héloise" (1761) ohne Namen erwähnte
Römer war der Volkstribun Livius Drusus, der nach
Plutarch einen Baumeister aufgefordert haben soll,
sein Haus so durchsichtig zu bauen, daß alle Bürger
sehen könnten, wie er lebe.

110 *Unser Wirt heißt übrigens Wirth* – Der Stadtchirurg
Joseph Wirth wohnte in einem Eckhaus am Neuen

Markt, später als Schmalzmarkt registriert; laut Protokoll vom 18. Sept. 1800 wurde ihm vorgeworfen, zwei junge fremde Leute ohne Quartierzettel aufgenommen zu haben, worauf er sich damit entschuldigte, „es seien zwei Akademiker und kämen von Leipzig, hätten auch ihre Matrikel-Scheine bei sich, deswegen habe er nicht geglaubt, Quartierzettel haben zu müssen, der eine [Kleist!] seie wirklich krank, und könnten nicht fortreisen in ihr Land nach Pommern."

112 *mein Geburtstag ist heute* – Nach dem Kirchenbuch ist Kleist nicht am 10., sondern am 18. Oktober geboren; Wilhelmines Geburtstag war laut Kirchenbuch auch nicht der 18. August, wie Kleist meinte, sondern der 20. August.

113 *Hauptbrief* – muß als verloren gelten.

116 *wie Du den Eigensinn des einen zu Standhaftigkeit ... die Neugierde aller zu Wißbegierde umzubilden weißt* – nach Goethes „Werther" (1774): „wenn ich in dem Eigensinne [der Kinder] künftige Standhaftigkeit ... erblicke"; ähnlich Wielands „Sympathien" (1798): „wie sie seine Zärtlichkeit zu Menschenliebe, seinen Stolz zu Großmut, seine Neugier zu Wahrheitsliebe erhöhen wollen". *O lege den Gedanken wie einen diamantenen Schild um Deine Brust ...* – Wielands „Sympathien": „Mach dich stark, und lege um diese allzu zarte Brust, wie einen diamantenen Schild, den großen Gedanken: Ich bin für die Ewigkeit geschaffen."

123 *(Nr. 29) An Minister von Struensee* – Der Handelsminister genehmigte am 6. Nov. Kleists Gesuch mit dem gleichzeitigen Anraten, „sich nebenbei als Auskultator oder Referendarius bei der p. Kammer zu einer künftigen Versorgung im Zivil geschickt zu machen, weil bei der p. Deputation wenig oder gar keine Hoffnung für ihn sei, je zu einiger Besoldung zu gelangen".

131 *Verpflanzung der neuesten Philosophie in dieses Land* – Eine solche Aufgabe übernahm 1801 Charles de Villers in Frankreich.

133 *ein Gefangener* – der französische Naturforscher Quatremère-Disjonval, von dem 1794 die Zeitungen berichtet hatten.

134 *weil alle Steine auf einmal einstürzen wollen* – Die Zeichnung fertigte Kleist nach seiner Rückkehr in Frankfurt a. d. O. „am vorletzten Tage im alten Jahrhundert".

138 Aus Wünschs *„Kosmologischen Unterhaltungen* für junge Freunde der Naturerkenntnis" (2. Aufl., Leipzig 1791/94) stammen die meisten der angeführten Beispiele.

140 *ein kleines Ideenmagazin* – vielleicht angeregt durch Rousseaus „Confessions" (1781), 6. Kap.: „Je me dis: commençons par me faire un magasin d'idées, vraies ou fausses, mais nettes, en attendant que ma tête en soit assez fournie pour pouvoir les comparer et choisir . . ." (nach R. Ayrault 1966).

141 *Sitzungen der technischen Deputation* – Kleist war zu der ersten Sitzung am 12. Nov. 1800 nicht erschienen, da er das Datum verwechselt hatte; er nahm erst wieder am 3. Dez. 1800 teil. Der *Minister* ist Struensee.

143 *die Prinzen* – Prinz Heinrich (geb. 1781) und Prinz Wilhelm (geb. 1783), Brüder Friedrich Wilhelms III.

150 *Männerstolz vor Königsthronen* – aus Schillers „Lied an die Freude" (in der „Thalia", 1786).

153 *beispiellose Tat und ebenso beispiellose Verzeihung* – hängt vermutlich mit Kleists Würzburger Reise zusammen.

160 *Brokes* – Über ihn schreibt Varnhagen (1847): „Dieser Herr von Brockes – zuweilen schrieb er sich auch der Aussprache gemäß Brokes – war nicht nur ein inniger Freund Kleists, sondern in vielen deutschen Lebenskreisen eine bedeutende und vertraute Erscheinung, ein edler gebildeter Mann voll hohen Ernstes der Seele und von großer Zartheit des Gemütes, in seiner Anspruchslosigkeit und Stille wirkte er stark auf seine Freunde, und Männer wie Frauen hingen mit Leidenschaft an ihm."

167 *Porsenna* – Nicht er, sondern der seleukidische König Antiochus IV. wurde auf diese Weise von dem römischen Gesandten zur Räumung Ägyptens gezwungen.

171 *ein Talent bildet sich im stillen...* – nach Goethes „Tasso" I, 2: „Es bildet ein Talent sich in der Stille, / Sich ein Charakter in dem Strom der Welt." *Goethe*

sagt – vielmehr Schiller („Piccolomini" II, 6): „Wo
eine / Entscheidung soll geschehen, da muß vieles /
Sich glücklich treffen und zusammenfinden –"

173 *die Nadeln* – mit ihnen verband sich eine Begegnung
in der „Gartenlaube", worauf er ein Gedicht machen
wollte (s. S. 85). *Luise* – Epos von Joh. Heinr. Voss
(1795).

174 *durch eine Schrift von Wieland* – „Sympathien" (1756);
s. S. 215. *sogenannte Kantische Philosophie* – Nach
L. Muth (1954) war es Kants „Kritik der Urteilskraft",
1790, die Kleists teleologisches Weltbild zerstörte; andere Schriften Kants kannte Kleist schon früher.

176 *Kettenträger* – Als Verfasser des 1796 anonym erschienenen Romans vermutet man Friedrich Maximilian
Klinger.

183 *Beifolgendes Bild* – die bekannte Miniatur, wahrscheinlich von Peter Friedel, einem seit 1800 in Berlin an-
sässigen Maler; sie diente später als Vorlage für eine
oft reproduzierte Kopie und für die anonyme Kreide-
zeichnung (Umschlagabbildung dieser Ausgabe).

184 *(Nr. 45)* Zu diesem Brief bemerkt Kunth: „Da der
Herr von Kleist mündlich versichert hat, daß er seinen
Entschluß auch bereits des Herrn Chefs Exzellenz gemeldet habe, so bedarf es weiter keines Berichts, sondern dieses Schreiben ist bloß zu den Akten zu nehmen."

188 *(Nr. 48)* Am gleichen Tag trug sich auch Ulrike von
Kleist mit „Leb wohl, leb wohl! auf Wiedersehn!" ein;
Caroline von Schlieben bewahrte einen tags zuvor
„mit dem guten Kleist" gebundenen Blumenkranz auf.

189 *Tankred* – in Tassos „Befreitem Jerusalem", 13. Gesang; Kleist kannte die Stelle vermutlich aus Goethes
„Wilhelm Meisters Lehrjahre" (1795): „Aber wie ging
mir das Herz über, wenn in dem verzauberten Walde
Tankredens Schwert den Baum trifft, Blut nach dem
Hiebe fließt und eine Stimme ihm in die Ohren tönt,
daß er auch hier Chlorinden verwunde, daß er vom
Schicksal bestimmt sei, das, was er liebt, überall unwissend zu verletzen!"

190 *ganz neue Welt voll Schönheit* – Ulrike über ihren
Bruder (1828): „Er sah die Gemälde, die Kunstwerke,

und lebte nur für die Kunst. Er machte Bekanntschaft
mit einem jungen Maler [Lohse], der ihn rumführte,
und statt, wie er glaubte, Heinrich belehren zu können, verwundert dastand, und ihm zuhörte, was er
über die Kunstwerke sagte." *Wouvermann* – Vermutlich Verwechslung mit Francesco Francia, von dem
Wackenroders „Herzensergießungen" (1797) berichte-
ten: „Schon vierzig Jahre alt, trat er in die Schranken
einer neuen Kunst; er übte sich mit unbezwinglicher
Geduld im Pinsel".

195 *wie Goethe sagt* – in „Torquato Tasso" II, 1. *die
große Schrift* – vermutlich die verlorengegangene „Geschichte meiner Seele".

197 *Ode an den Tod* – „Tod, kannst du dich auch verlieben, / Warum holst du denn mein Mädchen? ... /
Tod, was willst du mit dem Mädchen? / Mit den Zähnen ohne Lippen / Kannst du es ja doch nicht küssen."
Von „Beißen" ist bei Gleim nicht die Rede.

198 *Friedensfeste* – Zugleich mit dem Jahrestag der Ba-
stille-Erstürmung (14. Juli 1789) wurden 1801 die
Friedensabschlüsse von Lunéville und Florenz gefeiert.

199 *Glückskranz* – s. Anmerkung zu S. 188.

202 *Campane* – Glasglocke einer Vakuumpumpe, in deren
luftleerem Raum ein Ton nicht weiterklingt.

205 *mâts de cocagne, jeux de caroussels, theatres forains,
escamoteurs, danseurs de corde* – Klettermasten, Ka-
russels, Jahrmarktsbühnen, Taschenspieler, Seiltänzer.
Alexander von Humboldt – Nicht er, sondern sein
Bruder Wilhelm war damals in Paris.

215 *schon als Knabe* – 1793 bei der Belagerung von Mainz.

220 *steinerner Satyr* – eine Figur der berühmten Wasser-
künste von Schloß Wilhelmshöhe bei Kassel.

221 *Apoll vom Belvedere* – Jene Statue aus dem Vatikan
war mit vielen anderen italienischen Kunstschätzen
auf Befehl Napoleons nach Paris geschafft worden,
wo sie eine Hauptattraktion bildete; die *mediceische
Venus* sah Kleist damals allerdings nur in einem
Bronzeguß. *Das herrliche niederländische Tableau* –
von Jakob Jordaens (1539 bis 1678). *Palais royal* – be-
rühmtes Pariser Bordell.

223 *zyklopische Einseitigkeit* – Von der „zyklopischen Ge-

lehrsamkeit" (der nämlich das Auge der wahren Philosophie fehlt) spricht Kants „Anthropologie" (1798).

226 *Poulets à la suprême* – feines Gericht aus Hühner-
fleisch. *Rousseau* – in seinem preisgekrönten „Discours
sur les sciences et les arts" (1750).

227 *Ixion* – nach der griech. Sage auf ein ewig rollendes
Rad geschmiedet; hier vermengt mit der Sage von
Sisyphos, der einen immer wieder stürzenden Felsblock
auf einen Berg wälzen mußte.

231 *in einem dazu bestimmten Gewölbe* – die Morgue, das
Pariser Leichenschauhaus, in dem 1803 auch Kleists
Leiche gesucht wurde. *ein paar schlug er tot* – Zschokke
berichtet in seiner „Selbstschau" (1842), daß 1800 ein
Freund während eines Pariser Nationalfestes von
einem herabfallenden Raketenstock getötet wurde.

233 *die Franzosen mit der Kleidung* – deutlicher Einfluß
von Montesquieus „Lettres persanes", 99. Brief (1754).

237 *von Paris nach Frankfurt* – Kleist schreibt versehentlich: *Frankreich. à l'inséparable* – unzertrennlich. *au
dernier goût* – nach letztem Geschmack.

240 *Bastarde nennen sie es* – ähnlich Goethes Xenion
(1797): „Hast du an liebender Brust das Kind der
Empfindung gepfleget, / Einen Wechselbalg nur gibt
dir der Leser zurück."

241 *Unter den persischen Magiern gab es ein religiöses
Gesetz* – nach Montesquieus „Lettres persanes", 119.
Brief.

246 *der heilge Johannes von Raphael* – 1787 vom Galerie-
direktor Tischbein erworben, heute im Museum von
Detroit; vermutlich nur aus der Schule Raffaels.
Guido – Guido Reni (1575–1642).

249 *Johann* – Durch die eigenmächtige Abreise des Dieners
war Kleist in eine peinliche Lage gekommen, da er
mit dem Anschirren der Pferde nicht Bescheid wußte
und ihm erst ein Schneider aus dem Volk zu Hilfe
kommen mußte.

250 *Kienast* – Burgruine Kynast im Riesengebirge, die
Kleist im Juli 1799 besucht hatte.

252 *Liestal* – Kleist schreibt *Liechsthal;* Hauptstadt des
Kantons Basel-Land.

253 *Caroline* – von Schlieben, Lohses Dresdner Verlobte.

alle holden Töne aus dem Instrumente – nach Shake-speares „Hamlet" III, 2.

255 *das entsetzliche Bild* – Der Wagen der Schwester war kurz vor dem Ziel ihrer Rückreise umgeworfen und sie mit allem Gepäck völlig durchnäßt worden.

257 *In der Bibel steht* – im 128. Psalm: „Du wirst dich nähren von deiner Hände Arbeit; wohl dir, du hast es gut."

260 *(Nr. 64)* Kleist schreibt im Datum versehentlich: *1801. der berühmte Cunctator* – Quintus Fabius Maximus, genannt „der Zauderer". *„Ich komme, ich weiß nicht, von wo? . . ."* – Ähnlich findet sich noch heute der alte Spruch an einem alten Fachwerkhaus von 1776 in Mülenen, Berner Oberland: „Ich leb und weiß nicht wie lang / Ich sterb und weiß nicht wie und wann / Ich fahre und weiß nicht wohin / Wie kommts, daß ich noch fröhlich bin? / Drum hilf Herr leben mit Dir allein / So bin ich auch im Tode Dein."

262 *in den Hafen der philosophischen Ruhe* – Zschokke hatte Ende 1801 sein Regierungsamt niedergelegt. *Cousin de la Suisse* – Napoleon; „Cousin" war die damals übliche Anrede der Staatshäupter unterein-ander.

263 *Pays de Vaud* – Waadtland. *wohleingerichtet Häus-chen* – Es wurde später ausgebaut und 1940 ganz ab-gerissen. *(Nr. 67)* Auch hier das falsche Datum: *1801.*

264 *Mädeli* – vermutlich die vierundzwanzigjährige Elisa-beth Magalena Stettler. *ich besteige das Schreckhorn* – Der Gipfel ist in der Luftlinie etwa 40 Kilometer von Thun entfernt; es können nur die hügelartigen Aus-läufer gemeint sein, wenn man das Ganze nicht über-haupt für ein Phantasiespiel halten will.

265 *den letzten Brief von Dir* – Wilhelmine von Zenge (1803): „Ich bat ihn mit den rührendsten Ausdrücken, in sein Vaterland zurückzukehren, und gestand, daß ich ihm zwar folgen wolle, wohin er ginge, doch würde es mir sehr schwer werden, meine Eltern zu verlassen, und besonders, mich so weit von ihnen zu entfernen. Ehe dieser Brief beantwortet wurde, mußte ich 5 Monat alle Posttage vergebens auf Antwort warten!"

267 *(Nr. 70)* Auf diesen Brief fuhr Ulrike ungesäumt nach
Bern und holte ihren Bruder nach Deutschland zurück.

268 *Osmannstädt* – Wielands Landsitz bei Weimar. *in dem
es spukt* – In der Umgebung des Wittumspalais in
Weimar, wo Wieland ein Haus gekauft hatte, spukte
angeblich der Geist Johann Friedrichs IV.

269 *trotz einer sehr hübschen Tochter Wielands* – Die damals knapp 14jährige Luise spricht später wiederholt
von ihrer Begegnung mit Kleist, „dem als Dichter das
zur Jungfrau heranblühende Mädchen interessant wurde
und der durch dieses Interesse das kindlich unerfah-
rene Wesen gewann, die es für Liebe hielt" (1813 an
ihren Verlobten).

270 *mit vollkommner Deklamation vorgetragen* – Später
suchte Kleist den Vortrag seiner Dichtungen durch bestimmte Zeichen anzudeuten, die das Heben, Tragen,
Sinkenlassen der Stimme usw. kenntlich machen sollten; eine ähnliche Funktion übernehmen bei Kleist
auch die Satzzeichen.

271 *Als ich sie dem alten Wieland ... vorlas* – Nach Wielands eigener Darstellung hatte Kleist die Guiskard-
Szenen sowie Stücke aus anderen Dramen nicht vorgelesen, sondern „aus dem Gedächtnis vordeklamiert".
Der 3. Mai – nicht Wielands, sondern seiner Tochter
Luise Geburtstag! *Erscheinung eines neuen Dichters* –
Die begeisterte Besprechung im „Freimüthigen" Nr. 36
vom 4. 3. 1803 stammte nicht von Kotzebue, sondern
von L. F. Huber.

272 *(Nr. 76)* Der Brief steht auf der letzten Seite eines
undatierten Schreibens von Caroline von Schlieben an
ihren Verlobten.

273 *Anerbieten eines Freundes* – Als Ulrike auf Kleists
Aufforderung nach Dresden kommt, findet sie ihn
„ganz vergnügt über die Aussicht, mit seinem lieben
Pfuel so lange zusammen sein zu können".

274 *inliegenden Brief von Wieland* – Es hieß darin unter
anderem: „Nichts ist dem Genius der heiligen Muse,
die Sie begeistert, unmöglich. Sie *müssen* Ihren Guis-
card vollenden, und wenn der ganze Kaukasus und
Atlas auf Sie drückte."

275 *nach dem Sprüchwort* – vgl. S. 278: „Ein Hundsfott

gibt sie besser, als er kann." *es wächst irgendwo ein Stein* – für ein Denkmal; ähnlich im Gedicht „An Franz den Ersten" (1809): „in Klüften irgend / Wächst dir ein Marmelstein".

276 *Kuxe* – Wertpapiere über einen Bergwerksanteil. *(Nr. 80)* Am Anfang des Briefes von Kleist gestrichen: *Sei mein starkes Mädchen!* (wörtliches Zitat aus „Wallensteins Tod", V. 2927)

278 *Kökritzen* – Frh. von Stein nennt den Generaladjutanten des Königs „einen ehrlichen, wohlmeinenden Mann", dabei „beschränkt, ungebildet, geschwätzig, nur der flachsten Ansichten fähig". *Marquis von Lucchesini* – der preußische Gesandte in Paris; am 31. Okt. 1803 hatte er dem König gemeldet, daß Kleist, „ohne sich mit meinen Pässen zu versehen und ohne jede Erlaubnis von seiten der Pariser Polizei, nach St. Omer gegangen ist, wo er verdienterweise, besonders in Kriegszeiten, Gefahr laufen konnte, als verdächtig festgenommen zu werden". Nach einem zweiten vergeblichen Versuch, in das französische Expeditionsheer aufgenommen zu werden, bat Kleist Ende November von Boulogne aus Lucchesini um einen Paß, der ihm unmittelbar nach Potsdam ausgestellt wurde.

279 *ein Versprechen* – ursprünglich: *ein Versprechen, das ich Sorge getragen hätte, bis auf den heutigen Tag unter meinen Papieren aufzubewahren";* Kleist meint die Kabinettsorder vom 13. April 1799, wonach ihm der König sein Wohlwollen zusicherte, „wenn Ihr Euch eifrig bestrebet, Eure Kenntnisse zu erweitern, und Euch zu einem besonders brauchbaren Geschäftsmanne zu bilden".

280 *Wielands Brief* – s. Anmerkung zu S. 274.

283 *Madonna del Monte* – berühmter Wallfahrtsort bei Varese; nach Frau von Werdecks Tagebuch hatten sie sich am 11. August 1803 zuerst in Meiringen, dann am 21. August in Bellinzona getroffen und am 29. August in Crevola wieder getrennt.

285 *nach Franken* – Der Minister v. Altenstein hatte Kleist eine Anstellung in dem damals noch preußischen Ansbach in Aussicht gestellt.

286 *wie der Erzengel* – Gabriel zu Satan in Klopstocks

„Messias" (1780), 13. Gesang: „Wenn du lernen könntest, so würdest du einmal lernen, / Daß der Kampf des Endlichen mit dem Unendlichen Qual ist / Für den immer Besiegten und immer wieder Empörten! / Aber du lernest es nie." *jener nackte König Richard* – in Shakespeares „Richard II.", III, 4.

291 *Professor Krause* – Christian Jakob Kraus, Anhänger der Adam Smithschen Wirtschaftslehre, um den 1810 in Kleists „Abendblättern" eine heftige Diskussion entbrannte. *Geschenk von der Königin* – Wie Kleists eigene Pension stammte das Geld vermutlich nicht von der Königin Luise, sondern von Marie von Kleist. *Dobran* – Doberan in Mecklenburg, wohin Marie zur Erholung gereist war.

292 *Hydrostat* – ein von Pfuel und Kleist ausgeklügeltes, aus zwei Halbschalen bestehendes Unterwasserfahrzeug. *Gualtieri ... habe sich eklipsirt* – „aus dem Staub gemacht"; der preußische Gesandte war am 27. Mai 1805 in Aranjuez plötzlich gestorben. Die Todesanzeige in der Vossischen Zeitung, 18. 7. 1805, nennt als Ursache ein Katarrhalfieber. *Neuholland* – alter Name für Australien.

293 *te duce* – lat. „unter deiner Führung".

294 *der Feind und sein Mädchen* – In dem von den Franzosen besetzten Dresden wohnte die von Pfuel verehrte Emma Körner. *wie Shakespeare sagt* – „Heinrich IV.", Teil I, I, 3.

295 *Einschließung einer Festung* – das von den Franzosen besetzte Hameln. *Durchbruch der Franzosen durch das Fränkische* – Im September 1805 war Bernadotte, um die österreichische Armee bei Ulm zu umfassen, unter Mißachtung der preuß. Neutralität durch die Provinz Ansbach marschiert.

296 *Kaiser in Ollmütz* – Franz I. war vor der Besetzung Wiens nach Olmütz geflohen. *Kurfürst von Bayern* – Maximilian Joseph, Napoleons Verbündeter, erhielt wirklich im Frieden zu Preßburg, am 26. 12. 1805, die Königswürde.

299 *Ein fortdauernd kränklicher Zustand* – „Auch war seine Gesundheit schon sehr angegriffen, er hatte häufig Fieber und lag oft ganze Tage lang, wie er freilich

sagte, mehr aus Unlust als aus Unwohlsein, zu Bett, oder ließ sich doch, in sein Zimmer verschlossen, vor keinem Menschen sehen." (Bülow 1848)

300 *Brief an Hardenberg* – Auf diesen nicht überlieferten Brief gewährte ihm Hardenberg, wie er an Auerswald schrieb, „in der Voraussetzung der Richtigkeit seiner Angabe" einen sechsmonatigen Urlaub, doch solle er „nicht ohne die dringendste Not" von jener Bewilligung Gebrauch machen.

303 *ein Trauerspiel unter der Feder* – vermutlich „Penthesilea".

306 *Pension von der Königin* – s. Anmerkung zu S. 291.

308 *Berlin erreicht* – Das Berliner Intelligenzblatt meldete am 28. Jan. 1807 die Ankunft der „Partikuliers" Kleist und Gauvain und am 31. Jan. die Ankunft von „Rittmeister a. D." Ehrenberg. *Wustermark* – Dorf 30 km. westl. Berlins; von dort richtete Gauvain ein Gesuch an den preuß. Kriegsminister v. Angern mit einer Schilderung des unterirdischen Gefängnisses.

310 *(Nr. 105)* Der Brief, in dem sich Kleist im Namen der Kameraden für drei Bücher bedankt (Archenholz' „Reise nach Italien", ein Wörterbuch und eine französische Grammatik), wurde kurz vor der Abreise von Fort de Joux nach Chalons geschrieben.

312 *Kriegsminister* – der preuß. Kriegsminister v. Angern. *Prinz August von Preußen* – Kleist wußte nicht, daß dieser ebenfalls in Kriegsgefangenschaft geraten war. *Gen. Clarke* – Ulrike hatte am 3. 4. 1807 an den französ. Generalgouverneur von Berlin ein mutiges Schreiben in französ. Sprache gerichtet: „Ich wiederhole es, ich fordere Gerechtigkeit ... Wenn Eure Exzellenz die öffentliche Meinung befragt, wird Sie leicht erfahren können, daß mein Bruder in der literarischen Welt Deutschlands nicht ohne Namen und Ansehen ist ..."

313 *Sol* – bis 1715 gültiger Name für Sou, französische Kupfermünze.

314 *ein Manuskript* – „Amphitryon"; die anderen erwähnten Arbeiten sind „Der zerbrochne Krug" und „Penthesilea".

315 *was mir Hekuba sei* – Hamlet-Monolog II, 2: „Was

ist ihm [dem Schauspieler] Hekuba, was ist er ihr, /
Daß er um sie soll weinen?"

316 *in jenem Sommer vor 3 Jahren* – Bei Gelegenheit des
Selbstmordversuchs ihres Freundes Schlotheim 1804 in
Berlin hatte Kleist mit Pfuel „ein sehr merkwürdiges
Gespräch" (Bülow 1848). *eine Fatigue* – franz. „An-
strengung, Strapaze". *ein Gemälde* – „Die sterbende
heilige Magdalena" von Simon Vouet in der Kirche
St. Loup zu Chalons.

317 *das Geld von Arnold* – 24 Louisdor für „Amphitryon", der Anfang Mai 1807 bei Arnold in Dresden
erschienen war.

318 *Abschluß des Friedens* – Frieden von Tilsit, 9. Juli
1807. *Präbende* – hier: Leibrente.

319 *nicht einer Silbe zur Antwort* – Rühle, der wegen
seines bei Cotta erschienenen „Berichts eines Augen-
zeugen von dem Feldzuge 1806" vielfach angegriffen
wurde, beherzigte Kleists Rat: „Übrigens lasse ich
mich durchaus auf keinen Federkrieg ein."

320 *mit dem Prinzen* – Bernhard von Sachsen-Weimar,
zweiter Sohn des Herzogs Karl August.

321 *Fitt* – Major von Vieth, Freund des Körnerschen Hauses; die Aufführung kam nicht zustande. *in Weimar
läßt Goethe das eine aufführen* – Goethe hatte am
28. Aug. 1807 an Adam Müller geschrieben, er wolle
sehen, „ob etwa ein Versuch der Vorstellung zu machen
sei"; die Aufführung vom „Zerbrochnen Krug" fand
erst am 2. März 1808 statt.

322 *Jeronimo und Josephe* – Unter diesem Titel war
Kleists „Erdbeben in Chili" kurz zuvor in Cottas
„Morgenblatt für gebildete Stände" (10. bis 15. Sept.
1807) erschienen, was Kleist noch nicht erfahren hatte.

323 *Kodex Napoleon* – Code Napoléon, das in den Rhein-
bundstaaten eingeführte bürgerliche Gesetzbuch vom
14. 4. 1806; die darauf bezüglichen Stellen in Kleists
Brief wurden von späterer Hand dick durchstrichen
und unleserlich gemacht.

325 *da ich von Boulogne zurückkehrte* – November 1803
in Paris. *Dittersbach* – in Sachsen.

326 *(Nr. 117)* Die in der Briefkopie unlesbar gemachten
Zeilen konnten inzwischen anhand von Infrarot-Auf-

nahmen annähernd entziffert werden: *wie leicht hät-*
ten Sie es unter ähnlichen Umständen vielleicht ebenso
gemacht. (K. u. E. Kanzog, Jahrb. d. Dt. Schillerges.
1969): *jetzt ist sie tot* – Pfuel selbst erzählte später
umgekehrt, Kleist sei ganz verstört zu ihm ins Zimmer getreten und habe auf die erschreckte Anfrage,
was ihm sei, unter Tränen erwidert: Jetzt ist sie tot!

327 *(Nr. 118)* Wie im vorigen Brief sind auch hier einige
Zeilen von Marie unlesbar gemacht worden. Nach
Kanzogs Entzifferung lautete der Schluß: *Und auch*
wozu vor Ihnen Geheimnisse haben, Sie, die mir gut
sind, ich mag sein wie ich will. Dies Gefühl ist ein
Unendliches und ein ganzes Zeitalter, vor mir auf
Knien, würde mir nicht halb das sein, was eine einzige
Regung von Ihnen.

328 *Schmutz zugleich und Glanz meiner Seele* – Das in
der überlieferten Kopie einwandfrei lesbare Wort
„Schmutz" wurde von Tieck und den späteren Her-
ausgebern unberechtigt in „Schmerz" abgeändert.

329 *Lehrer des Gegensatzes* – „Die Lehre vom Gegen-
satze" von Adam Müller, Berlin 1804.

330 *noch ungedruckter Schriften des Novalis* – Im „Phöbus" erschienen drei Gelegenheitsgedichte von Novalis;
im übrigen soll die Schwester von Novalis' Braut Sophie von Kühn damals wichtige Papiere, Briefe und
Gedichte Ernst von Pfuel oder Rühle von Lilienstern
zur Verfügung gestellt haben.

331 *Kapitalvorschuß eines Kunstfreundes* – d. i. Karl Adolf
von Carlowitz, mit dessen Geld der „Phöbus" gestiftet wurde. *nach dem erweiterten Plane der Horen* –
Schillers Monatsschrift „Die Horen" war 1795 bis 1798
bei Cotta erschienen. *Aufsatz für das Morgenblatt* –
nicht bekannt.

332 *Rosse im Macbeth* – Shakespeares „Macbeth" IV, 3.

333 *Die Horen setzten 3 000 Exemplare ab* – Die Auflage von Schillers Zeitschrift betrug im ersten Jahrgang 2 000, im zweiten 1 500, im dritten 1 000. Die
Anfangsauflage des „Phöbus" ist nicht bekannt; vom
7. Stück an wurden angeblich nur noch 150 Ex. gedruckt. *Velin* – glattes, gutes Papier. *an alle Fürsten*
Deutschlands – Wir wissen nur von der Übersendung

an Kaiser Franz von Österreich und König Jérome
von Westfalen (Napoleons Bruder!).

334 *auf den „Knieen meines Herzens"* – nach dem bibli-
schen Gebet Manasse: „Darum beuge ich nun die
Kniee meines Herzens." Eine ähnliche Metapher von
den „Händen des Herzens" im „Käthchen von Heilbronn" V, 11.

335 *ein Fragment* – „Organisches Fragment aus dem
Trauerspiel: Penthesilea". *Ew. Exzellenz gütige Äußerungen* – Goethe hatte Adam Müller am 1. Jan. 1808
geschrieben, daß er, sobald es Zeit und Gesundheit erlauben werde, Beiträge zum Phöbus geben wolle, was
aber nicht geschah. Am 1. Febr. 1808 antwortete
er Kleist: „Mit der Penthesilea kann ich mich noch
nicht befreunden. Sie ist aus einem so wunderbaren
Geschlecht und bewegt sich in einer so fremden Re-
gion, daß ich mir Zeit nehmen muß mich in beide zu
finden"; auch betrübe es ihn, junge Männer von Geist
und Talent zu sehen, die auf ein Theater warteten,
welches da kommen solle.

336 *(Nr. 128)* Der Brief ist von Adam Müller geschrieben.
Franz I. von Österreich erhielt am 10. Febr. 1808
zwei Exemplare des ersten Phöbus-Heftes mit einem
eigens gedruckten Widmungsblatt und behielt sich gegenüber seinem Adjutanten seine weiteren „Entschlie-
ßungen" vor.

339 *nach dem inliegenden Anschlag* – Danach beliefen sich
die Druckkosten bei einer Auflage von 750 Exem-
plaren auf 203 Taler und 14 Groschen. *Zeichnungen
von HE. Hartmann* – Schon im Herbst 1807 wollte
Ferdinand Hartmann eine Sammlung von Gedichten
seiner Freunde mit Zeichnungen herausgeben. *Stücke,
wovon im Phöbus Fragmente erschienen* – d. i. „Penthesilea", „Der zerbrochne Krug", „Robert Guiskard",
„Käthchen von Heilbronn"; das angekündigte weitere
Stück müßte „Die Hermannsschlacht" gewesen sein.

340 *durch die Übernahme der Penthesilea* – Cotta, der das
Werk vor seiner Auslieferung nicht zu sehen bekommen hatte, war nach Varnhagens Bericht „unzufrieden mit dem Erzeugnis, und wollte das Buch gar nicht
anzeigen, damit es nicht gefordert würde".

341 *an die Sächsische Hauptbühne verkauft* – „Käthchen
von Heilbronn" wurde erst am 17. März 1810, und
zwar in Wien, uraufgeführt.

342 *einen reitenden Boten* – vermutlich in Zusammenhang
mit Kleists geheimer politischer Tätigkeit. *Graf P.* –
unbekannter Mitverschworener.

343 *in der Sache der Fr. v. Haza* – Sie betrieb die Scheidung von ihrem Mann, dessen Familienbesitz in Lewitz lag, und heiratete 1809 Adam Müller. Nach
Ulrikes Aussage tat Kleist damals alles mögliche, das
Hazasche Ehepaar wieder zu vereinigen.

344 *Inhalt der letzten Berliner Zeitungsblätter* – Nach Ab-
zug der französ. Truppen im Dezember 1808 hatte
man den Einzug des preußischen Militärs stürmisch
gefeiert und bereitete sich auf den Empfang des
Königspaares vor.

345 *jener Sohn der Erde* – Antäus, ein Riese, dessen Kraft
sich, wenn er im Ringkampf niedergeworfen wurde,
durch die Berührung mit seiner Mutter Erde verdop-
pelte; eine von Kleist wiederholt erwähnte griech.
Sagengestalt.

346 *der Kontrakt* – Ende Oktober 1808 waren ohne
Kleists Wissen alle noch ausstehenden Abonnements-
gelder an den Verleger Walther abgetreten worden; in
der heftigen Auseinandersetzung, die bis zu einer
Duellforderung führte, rechtfertigte sich Adam Müller
gegenüber Rühle und Pfuel: „Der Phöbus hätte mit
Ende Mai aufgehört, der Verlust wäre noch größer
gewesen und Schande obenein erfolgt – niemand hat
mir beigestanden, ich habe in der ungünstigsten Lage
der Dinge einen Verleger geschafft, wodurch wenigstens 130 Taler und die Ehre der Entreprise gerettet
worden ist." *für das nächste Jahr* – Nach Erscheinen
des letzten Heftes des ersten Jahrgangs Ende Februar
1809 kam kein zweiter Jahrgang zustande. *nach Wien
reisen* – Kleist, der erst am 29. April 1809 mit seinem
Freund Dahlmann Dresden verließ, kam nur noch bis
Prag.

347 *von der kleinen Erbschaft* – Im Testament der am
11. Jan. 1809 verstorbenen Tante Auguste von Massow
war Kleist, „jetzt auf Reisen", mit 400 Talern bedacht

worden, auszuzahlen sechs Monate nach dem Tode.
der Verleger hat es nicht gewagt, sich zu nennen –
In der Originalausgabe, Wien 1809, ist Anton Strauß
als Verleger genannt.

348 *einen Pendant zur Geschichte von Spanien* – Der vom
Volk zur Abdankung gezwungene Karl IV. von
Spanien war nach Frankreich geflohen; das sächsische
Königspaar mußte sich auf Napoleons Befehl vor den
anrückenden Österreichern nach Frankfurt a. M. in
Sicherheit bringen.

349 *feucht aus der Presse kommend* – vermutlich ein
österr. Heeresbericht von dem Sieg bei Aspern.

350 *Brief an Hartmann* – Friedrich Laun berichtet in seinen „Memoiren" (1837), Ferdinand Hartmann habe
bald nach Kleists Abreise zwei Briefe von ihm mit
dem Ersuchen erhalten, ihm eine Quantität Arsenik zu
besorgen.

351 *eine höhere Bewilligung* – Auf das am 17. Juni 1809
dem Kaiser vorgelegte Gesuch war bis zum 13. September noch keine Entschließung erfolgt.

352 *die letzten Vorfälle* – Niederlage bei Wagram, Waffenstillstand bei Znaim und Friede zu Wien vom
14. Juli 1809. *ein Paar ältere Manuskripte* – „Die
Hermannsschlacht" und „Käthchen von Heilbronn".

353 *ich gehe nach dem Österreichischen zurück* – geschah
nicht. Bis auf eine Reise, die ihn nach Frankfurt a. M.
und Gotha führte, blieb Kleist nunmehr in Berlin.

355 *den Dank* – Der Kaiser hatte Collin zum Hofrat und
Ritter des Leopoldordens ernannt.

356 *an ihrem Geburtstag* – Am 10. März 1810 hatte Kleist
vermutlich sein Sonett „An die Königin von Preußen"
überreicht. *ein Stück von mir* – Die Aufführung des
damals noch nicht vollendeten „Prinz Friedrich von
Homburg" auf dem Privattheater des kunstliebenden
Fürsten Radziwill fand nicht statt.

357 *22 Pränumerationsscheine* – Kleists Freund v. Schlotheim in Gotha hatte ihn zum Einzug von 22 Talern
vergebens gezahlter Pränumeration auf eine Karte von
Schwedisch-Pommern ermächtigt.

358 *Vermählungsfeierlichkeiten* – Napoleons Vermählung
mit Maria Luise von Österreich fand nicht im März,

sondern erst am 2. April 1810 statt. *inliegenden Arti-kel* – Vossische Zeitung, 12. Apr. 1810: „Den 17. März wurde im Theater an der Wien das Käthchen von Heilbronn mit sehr geteiltem Beifall gegeben, doch aber mit solchem Zulaufe, daß das Stück drei Tage hintereinander gespielt wurde." *wenn es ein Junge gewesen wäre* – Kleists bissiges, auf Ifflands homophile Neigung anspielendes Billett wurde bald zum Berliner Stadtgespräch.

359 *mit 60 Talern völlig zufrieden* – Reimer zahlte für das „Käthchen von Heilbronn" 75 Taler.

360 *Machen Sie doch den Brentano wieder gut* – Kleist hatte aus Brentanos zu langem Dialog „Empfindungen vor Friedrichs Seelandschaft" einen höchst eigenwilligen eigenen Beitrag gemacht, wofür er sich in den „Berliner Abendblättern" vom 22. Okt. 1810 zu entschuldigen sucht: „Gleichwohl hat dieser Aufsatz dadurch, daß er nunmehr ein bestimmtes Urteil ausspricht, seinen Charakter dergestalt verändert, daß ich, zur Steuer der Wahrheit, falls sich dessen jemand noch erinnern sollte, erklären muß: nur der Buchstabe desselben gehört den genannten beiden Herrn; der Geist aber, und die Verantwortlichkeit dafür, so wie er jetzt abgefaßt ist, mir." *die Komposition* – Eine Musikbeilage erschien nicht.

361 *die beiden Artikel* – „Der Branntweinsäufer und die Berliner Glocken" (Kleists Anekdote berichtet von einem Soldaten „vom ehem. Regiment Lichnowsky") und „Anekdote aus dem letzten Kriege" (vom Tambour, der sein Herz nicht zum Ziel will geben). *der Beobachter an der Spree hat ihn schon abgedruckt* – Das Wochenblatt bildete Kleists frei benutzte Quelle.

362 *sein erhabener Schluß* – Der englandfreundliche Artikel spricht von dem tiefen Eindruck, den der Anblick des geisteszerrütteten ehrwürdigen Georg III. hervorbringe, „wenigstens auf uns, die wir hohen Gefühls voll genug sind, um vor der bretternen Bühne Tränen für den König Lear zu haben, der die tote Cordelia in seinen Armen hält".

364 *das Honorar* – Am 16. Dez. 1810 zahlte Reimer einen Abschlag von 11 Talern 12 Groschen auf ein

Gesamthonorar von 56 Talern 12 Groschen für den
„Zerbrochnen Krug".

365 *für die Abendblätter bestimmten Aufsatz* – vermutlich Kleists Beitrag über die Luxussteuern, der am
20. Dez. 1810 erschien. *Schreiben von HE. A. Müller*
– Raumer notiert dazu: „Dieser Aufsatz von Müller
enthielt itzt so große Schmeicheleien und Lobpreisun-
gen des Kanzlers, als ein andrer wenige Tage zuvor
Angriffe und Schmähungen enthielt."

367 *Übernahme des Theaterartikels* – kam durch das Ver-
bot aller Theaterkritik nicht zustande.

372 *Kabinettsschreiben vom 13. April 1799* – s. Anm. zu
S. 279.

373 *zwischen dem Ober- und Unterbaum* – Wassersperren
am Ein- und Ausgang der Spree; vermutlich meinte
Kleist die in der Mitte liegende Fähre an der Waisen-
brücke.

374 *ein Punier* – im Altertum Urbild der Verschlagenheit.
Müllers Buch – „Die Elemente der Staatskunst" von
Adam Müller, Berlin 1809.

375 *Spur im Sande* – von Kleist gern gebrauchtes Bild;
z. B. Amphitryon V. 2013 u. 2103. *vortreffliche Darstellung der Penthesilea* – In ihren mimisch-plastischen
Darbietungen hatte die Schauspielerin nach einer ein-
leitenden Rezitation durch ihren Mann auch Szenen
aus Kleists Trauerspiel gebracht.

381 *eine Pension verloren* – s. S. 306 und Anm. zu S. 291.

382 *durch Lieferung eines tüchtigen Werks* – Die Rein-
schrift des „Prinz Friedrich von Homburg" wurde am
3. Sept. 1811 durch Marie von Kleist dem Prinzen
mit einer Widmung für dessen Gattin Amalie Marie
Anne zugestellt. *Melpomene* – die Muse der Tragödie;
die Muse der Komödie ist aber Thalia.

386 *Prinzess. Wilhelm* – s. Anm. zu S. 382. *Roman* –
Noch 1816 erwähnt der bei Reimer arbeitende Ferdinand Grimm den verschollenen Roman „in zwei
Bänden", „von dem ich zwar bis heute nichts erblickt
habe"; vermutlich existierte auch gar kein Manuskript
davon.

387 *Müllers Abreise* – Ende Mai nach Österreich. *seitdem
er verheiratet ist* – Arnim hatte am 11. März 1811

Bettina Brentano geheiratet und wohnte im Garten des Vossischen Palais in der Wilhelmstraße. *das Acharnement* – franz. „Erbitterung, Wut".

388 *Beckendorf* – Ludolph Beckedorff hatte Ende Mai 1811 Berlin verlassen.

389 *einen Dichter* – Goethe, dessen „Farbenlehre" 1810 erschienen war. *Generalbaß* – mathematisch bestimmte Harmonielehre.

390 *Louisenstift* – am 19. Juli 1811 eröffnete Anstalt zur Erziehung junger Mädchen gebildeter Stände.

393 *moutarde après diner* – franz. Redensart: „Senf nach dem Mittagessen".

394 *die Verhältnisse, in die ich dort eintreten könnte* – In Wien lebten Adam Müller sowie Heinrich von Collin, der Beziehungen zum dortigen Theater besaß. *die Entfernung HE. v. Raumers* – Er war Anfang September an die Breslauer Universität berufen worden. *allerhöchstes Schreiben* – Auf sein Gesuch vom 7. Sept. 1811 war Kleist am 11. Sept. zur Anstellung notiert worden, wenn auch nicht abzusehen sei, „ob der Fall, für den Sie dies Anerbieten machen, wirklich eintreten wird".

395 *Equipage* – Offiziersausrüstung. Hardenberg vermerkt zu Kleists Brief am 22. Nov. 1811: „Zu den Akten, da der p. v. Kleist 21. 11. 11. nicht mehr lebt."

396 *repandiert* – franz. „gesellig, wenig häuslich". *den Steffen* – vermutlich Henrik Steffens' „Geognostisch-geologische Aufsätze", Hamburg 1810.

398 *Die Allianz* – Abgeschlossen wurde das Bündnis zwischen Preußen und Frankreich 24. Febr. 1812. *die Zeit wieder einzurücken* – nach „Hamlet" I, 5: „Die Zeit ist aus den Fugen; Schmach und Gram, / Daß ich zur Welt, sie einzurichten, kam!" *(Nr. 201)* in Marie von Kleists Abschrift irrtümlich auf den 9. Nov. 1811 datiert.

399 *während Deiner Anwesenheit in Berlin* – Anfang September 1811.

400 *p. p. c.* – pour prendre congé; franz. „um Abschied zu nehmen". *mit langen Flügeln an den Schultern* – Homburg V. 1833: „Es wachsen Flügel mir an beiden Schultern". *Streiter Gottes gegen den Teufel Aberwitz*

– Adam Müller beklagt sich am 10. Dez. 1811 über die schriftlichen Beweise, „daß beide Verstorbene das Andenken an uns in das frevelhafte Spiel ihrer letzten Gedanken verwickelt haben". *in der grünen Stube* – in Henriettens Wohnung.

401 *(Nr. 203)* in Marie von Kleists Abschrift durch Ziffernvertauschung auf den 12. Nov. 1811 datiert. *diese letzten Augenblicke meines Lebens* – Marie spricht 1830 von den „letzten Briefen, geschrieben in den letzten Augenblicken seines Daseins": „Eine Poesie wie die in seinem Brief hat noch nie existiert, so wie nie eine solche Art Liebe, geschöpft aus allen Dichtern und Dichtungen der Vorwelt."

404 *Ich glaube, ich habe dies schon einmal geschrieben* – Der Brief war schon versiegelt, als der Zettel nachträglich eingeschoben wurde. Die auf den gefalteten und versiegelten Brief gesetzte *Anschrift* dürften die letzten von Kleist geschriebenen Worte sein. Der Bote ging um 12 Uhr mittags von Stimmings ab und traf gegen 4 Uhr in Berlin ein.

REGISTER

Personen

(Bei Empfängern Kleistscher Briefe sind die *Nummern* dieser Briefe vorangestellt. Die *Seitenangaben* beziehen sich auf namentliche oder mittelbare Erwähnungen.)

Vieth (Kleist schreibt „Fitt"), Johann Justus von, Major; Freund des Körnerschen Hauses in Dresden. S. 321.

Vitzthum, Karl Graf von, Direktor des Dresdener Königlichen Theaters. S. 341.

Vogel, Adolfine Henriette, geb. Keber (1777–1811), Kleists Todesgefährtin. Seit 1799 verheiratet mit Louis Vogel, Rendant der Landschaftskasse in Berlin. S. 399 ff.

Voltaire, François Marie Arouet de (1694–1778), Hauptvertreter der franz. Aufklärung. S. 225.

Voß, Johann Heinrich (1751 bis 1826), Idyllendichter: „Luise" (1795). S. 173.

Vouet, Simon (1590–1649), Maler der „Sterbenden Heiligen Magdalena" in der Kirche St. Loup zu Châlons s. Marne. S. 316 f.

Wackern, die alte. S. 397.

Wallis, Joseph Graf von (1767 bis 1818), Oberstburggraf von Böhmen. S. 350.

Walther, Georg Moritz, übernahm im Mai 1808 die Walthersche Hofbuchhandlung in Dresden und verlegte ab Nov. 1808 den „Phöbus". Nr. 143. S. 343.

Wenck, Friedrich August Wilhelm (1741–1810), Historiker, Rektor der Leipziger Universität. S. 72.

Werdeck, Adolfine von, geb. von Klitzing (1772–1844), seit 1791 verheiratet mit Christoph Wilhelm v. W. (1759–1817); Kleist von Potsdam her bekannt; 1803 gemeinsame Reise nach Paris. Nr. 54, 59, 116. S. 274, 283.

Wetzel, Friedrich Gottlob (1772 bis 1819), Arzt und Schriftsteller, Mitarbeiter am „Phöbus" und den „Abendblättern". S. 340.

Wieland, Christoph Martin (1733–1813), geistvoller Dichter der Aufklärung; von Einfluß auf Kleist, für den er sich schon früh einsetzte. Nr. 121. S. 11, 76, 96, 174, 215, 264, 268 f., 271, 274, 280, 328, 331 f., 334.

– Ludwig (Louis) (1777–1819), Sohn; lebte im Hause seines Schwagers Geßner in Bern, schriftstellerte. S. 264 f., 330.

– Luise (1789–1815), Tochter; verliebte sich in Kleist, heiratete 1814 Dr. Gustav Emminghaus. S. 269, 330.

Wilhelm IX. Landgraf von Hessen-Kassel. S. 235.

Wilhelm Prinz von Preußen (1783–1851), Bruder Friedrich Wilhelms III. Nr. 183. S. 143.

– Amalie Maria Anna, geb. Prinzessin von Homburg, seine Gattin (1785–1846), Tochter des Landgrafen Friedrich Ludwig von Hessen-Homburg; ihr widmete Kleist sein letztes Drama. S. 386.

Wirth, Joseph, Chirurg in Würzburg; Kleists Quartiergeber. S. 110.

Wöllmitz, Johann Samuel, Kaufmann. S. 353.

Wouwerman, Philips (1619 bis 1668), holländischer Maler. S. 190.

Kleists Werke

INHALT

Insel taschenbücher
Alphabetisches Verzeichnis